Début d'une série de documents en couleur

CORRESPONDANCE
DU
MARÉCHAL DAVOUT

PRINCE D'ECKMÜHL

SES COMMANDEMENTS, SON MINISTÈRE

1801 — 1815

AVEC INTRODUCTION ET NOTES

PAR

CH. DE MAZADE
DE L'ACADÉMIE FRANÇAISE

TOME PREMIER

PARIS
LIBRAIRIE PLON
E. PLON, NOURRIT ET Cie, IMPRIMEURS-ÉDITEURS
RUE GARANCIÈRE, 10
—
1885
Tous droits réservés

EN VENTE A LA MÊME LIBRAIRIE :

Correspondance de Napoléon Ier, suivie de ses Œuvres à Sainte-Hélène. 32 vol. in-8° se vendant séparément, à 6 fr. L'ouvrage complet. . 192 fr.

Correspondance militaire de Napoléon Ier, extraite de la Correspondance générale, et publiée par ordre du ministre de la guerre. Dix vol. in-18. Prix de chaque vol. . . . . 3 fr.

Itinéraire de l'empereur Napoléon pendant la campagne de 1812, par le baron DENNIÉE. Un vol. in-12. Prix. . . . . 3 fr. 50

Waterloo. Étude de la campagne de 1815, par le lieutenant-colonel prince Édouard DE LA TOUR D'AUVERGNE. Un vol. in-18, avec cartes et plans. 8 fr.

Dictionnaire-Napoléon, ou Recueil alphabétique des opinions et jugements de Napoléon Ier, avec introduction et notes, par M. DAMAS-HINARD. 2e édition. Un vol. grand in-8°. Prix . . . . 10 fr.

Correspondance inédite du prince de Talleyrand et du roi Louis XVIII pendant le congrès de Vienne, publiée sur les manuscrits conservés au dépôt des affaires étrangères, avec préface, éclaircissements et notes, par G. PALLAIN. 3e édition. Un vol. in-8°. Prix . . . . 9 fr.

Mémoires, documents et écrits divers laissés par le prince de Metternich, chancelier de cour et d'État, publiés par son fils, le prince Richard DE METTERNICH. 1re partie (1773 à 1815). T. I et II (3e édition). 2e partie : L'Ère de paix (1816-1848). T. III, IV (2e édition), V, VI, VII. 3e partie : La Période de repos (1848-1859). T. VIII. — Prix de chaque volume in-8°, 9 fr. Prix des huit volumes. . . . . 72 fr.

Dépêches inédites du chevalier de Gentz aux Hospodars de Valachie, pour servir à l'histoire de la politique européenne (1813 à 1828), publiées par le comte PROKESCH-OSTEN fils. Trois vol. in-8°. . . . . . . 24 fr.

Essais d'histoire et de critique. Metternich, Talleyrand, Mirabeau, Élisabeth et Catherine II, l'Angleterre et l'Émigration française, la diplomatie de Louis XV, les colonies prussiennes, l'alliance russe et la Restauration, la politique française en 1866 et 1867, la diplomatie et le progrès, par Albert SOREL. Un vol. in-18. Prix. . . . . 3 fr. 50

Correspondance inédite de Mallet du Pan avec l'empereur d'Autriche (1794-1798), publiée par André MICHEL, avec une préface de M. TAINE, de l'Académie française. Deux vol. in-8°. Prix. . . . . 16 fr.

Réimpression illustrée de l'Ancien Moniteur. Seule histoire authentique et inaltérée de la Révolution française. 32 forts vol. grand in-8°, enrichis de 620 grandes gravures hors texte. Prix. . . . . 250 fr.

Correspondance diplomatique de M. de Bismarck (1851-1859), publiée d'après l'édition allemande de M. DE POSCHINGER, sous la direction et avec une préface de M. FUNCK-BRENTANO. Traduction de M. L. SCHMITT. Deux vol. in-8°. Prix . . . . 16 fr.

Deux Chanceliers. — Le prince Gortschakof et le prince de Bismarck, par Julian KLACZKO. Un vol. in-8°. 2e édition. . . . . 7 fr. 50

Gouvernement de la Défense nationale, du 30 juin au 22 juillet 1871, par M. Jules FAVRE, de l'Académie française. Trois vol. in-8°. Prix. . 24 fr.

Rome et la République française, par M. Jules FAVRE, de l'Académie française. Un beau vol. in-8° cavalier. Prix. . . . . 8 fr.

PARIS. TYPOGRAPHIE E. PLON, NOURRIT ET Cie, RUE GARANCIÈRE, 8.

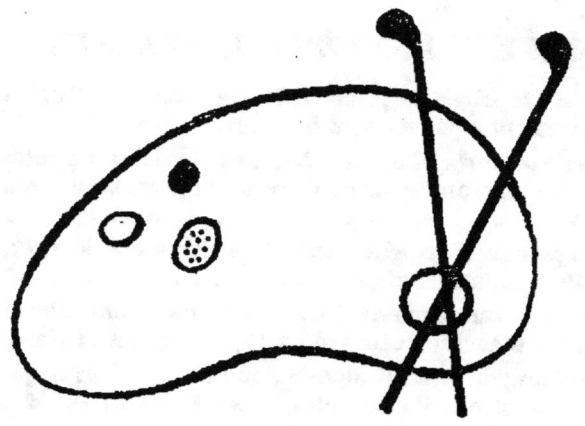

Fin d'une série de documents en couleur

CORRESPONDANCE

DU

MARÉCHAL DAVOUT

L'auteur et les éditeurs déclarent réserver leur droits de traduction et de reproduction à l'étranger.

Ce volume a été déposé au ministère de l'intérieur (section de la librairie) en juin 1885.

CORRESPONDANCE

DU

MARÉCHAL DAVOUT

PRINCE D'ECKMÜHL

SES COMMANDEMENTS, SON MINISTÈRE

1801 — 1815

AVEC INTRODUCTION ET NOTES

PAR

CH. DE MAZADE

DE L'ACADÉMIE FRANÇAISE

TOME PREMIER

PARIS

LIBRAIRIE PLON

E. PLON, NOURRIT et Cⁱᵉ, IMPRIMEURS-ÉDITEURS

RUE GARANCIÈRE, 10

—

1885

Tous droits réservés

INTRODUCTION

I

La France, depuis près de cent ans, a compté trois grandes et fortes générations; l'une, fille du dix-huitième siècle par les idées comme par les illusions, est apparue à l'aube de 1789, et elle est restée comme la représentation historique d'un des plus grands mouvements humains dans son premier essor, avant les malheurs et les crimes qui en ont troublé le cours ou obscurci l'honneur. A un quart de siècle de distance, après toutes les catastrophes, au lendemain de 1815, s'est élevée une génération nouvelle qui était la fille d'une société déjà transformée, qui, pendant trente-cinq années de paix, a donné à la France, avec les mœurs et les institutions libérales, l'éclat des arts et des lettres, de l'éloquence et de la science; mais entre ces deux générations politiques, séparées par tant d'événements, il y en a eu une autre toute militaire, sortie de la première explosion de 1792, destinée à passer des camps de la république sous les aigles de l'empire, faite pour la guerre et par la guerre. Tandis que les partis se déchiraient dans leurs luttes sanglantes et que la révolution s'épuisait par ses excès, cette génération avait grandi aux armées du Nord, de Sambre-et-Meuse, de Rhin-et-Moselle, du Rhin ou d'Italie, détachée des factions intérieures, le regard fixé sur la frontière; elle formait les armées nouvelles qui remplaçaient l'ancienne armée.

De cette race guerrière, les uns étaient des fils du peuple; d'autres tenaient aux classes bourgeoises, même à des familles nobles qui n'avaient point émigré. Différents d'origine, ils se confondaient tous sous le drapeau, dans une commune ardeur de jeunesse et de patriotisme. La plupart sortaient des levées en masse. Hoche, Marceau, Ney, Soult, Lannes, Gouvion Saint-Cyr, bien d'autres encore, avaient passé par les bataillons de volontaires avant de devenir en peu de temps des généraux, des chefs d'armée improvisés devant l'ennemi. Napoléon, plus tard, à Sainte-Hélène, revenant sur ces premiers temps et sur ces hommes de sa génération, disait : « C'est une chose bien remarquable que le nombre des grands généraux qui ont surgi tout à coup dans la révolution. Et presque tous de simples soldats; mais aussi là semblent s'être épuisés les efforts de la nature; elle n'a pu rien produire depuis, je veux dire du moins d'une telle force. C'est qu'à cette époque tout fut donné au concours parmi trente millions d'hommes, et la nature doit prendre ses droits, tandis que plus tard on était rentré dans les bornes plus resserrées de l'ordre... »

Ils représentaient toutes les formes de l'héroïsme et du génie militaire, ces jeunes hommes qui étaient des fils de la révolution et qui bientôt, les circonstances aidant, sous un chef sorti de leurs rangs, allaient parcourir l'Europe en victorieux, être des maréchaux, des ducs, des princes et même des rois. Dans cette élite guerrière d'un ordre nouveau, Davout, — celui qui a été le maréchal Davout, duc d'Auerstaëdt, prince d'Eckmühl, — est un des premiers par le caractère comme par les services. Il a son rôle, sa vive et forte originalité, entre tous ces soldats d'autrefois, aux figures si diverses. Celui-là n'a rien d'un personnage de roman ou de légende. C'est un vrai personnage de l'histoire, sévère, ponctuel au devoir, allant droit son chemin, sobre de paroles, toujours prêt à l'action, mêlé pendant vingt ans à des événements qui ont l'Europe pour théâtre, qui se déroulent à travers les coups de foudre de la guerre. Il appartient à son temps, et c'est lui-même qui, par ses lettres militaires, par sa correspondance incessante avec l'Empereur, peut le mieux raconter la part qu'il a eue dans le grand drame du commencement du siècle. C'est le soldat qui se montre pour ainsi dire jour par jour dans cette série de mémorables campagnes où il n'a cessé de grandir avec les hommes de sa génération.

Au moment où éclatait la révolution, celui qui devait être un des premiers lieutenants de Napoléon, et qui n'était encore que Louis Davout, avait à peine vingt ans. Il était né à Annoux, en pleine terre bourguignonne, le 10 mai 1770. Par sa naissance il se rattachait à une vieille famille de noblesse provinciale qui avait été mêlée autrefois, souvent l'épée à la main, aux luttes des anciens ducs de Bourgogne, et qui avait gardé des traditions de race. A dix ans il avait perdu, par un accident de chasse, son père, qui avait fait, comme lieutenant au régiment de Royal-Champagne cavalerie, les campagnes d'Allemagne, où il avait été blessé; il était resté l'aîné d'une sœur, Julie Davout, devenue depuis la femme du général de Beaumont, et de deux frères, Alexandre et Charles Davout, qui devaient plus tard servir auprès de lui. Il avait fait sa première éducation auprès d'une mère à la raison calme, et d'une aïeule qui alliait l'esprit à la tendresse. Placé bientôt à une école préparatoire d'Auxerre, dirigée par des Bénédictins, il avait fait d'assez sérieuses études, surtout en mathématiques, sous un honnête religieux, Dom Laporte, et de là il était allé à l'École militaire de Paris. Il n'avait quitté l'École militaire que pour entrer avec son brevet de sous-lieutenant au régiment de Royal-Champagne, où il retrouvait les souvenirs de son père et où il se rencontrait avec un major, son cousin, brave homme plus affectionné qu'éclairé, qui ne démêlait pas en lui les qualités d'un officier français. C'était en réalité un jeune homme sérieux, réfléchi, formé par l'étude, ayant des opinions hardies et déjà une certaine ténacité de caractère.

On était en 1789. Le jeune sous-lieutenant de Royal-Champagne, alors en garnison à Hesdin, partageait les ardeurs, les idées, les illusions du jour. Il entrait avec impétuosité dans ce grand courant de la révolution qui allait tout emporter, les hommes et les institutions ; il y entrait si vivement qu'il ne tardait pas à se faire des querelles, des difficultés avec les autres officiers fidèles aux traditions d'ancien régime, et dans un banquet de corps où ceux-ci portaient d'un accent de défi un toast « au Roi », il répliquait aussitôt en portant un toast « à la nation ». Ce jeune révolutionnaire de vingt ans n'hésitait pas à se prononcer pour toutes les nouveautés, à aller représenter le régiment à la fédération de 1790, à se mettre du parti des patriotes d'Hesdin, à défendre des cavaliers congédiés pour quelques manifestations trop fréquentes en ce moment. Il faisait si bien qu'un jour, par ordre du ministre de la guerre d'alors, M. de la Tour du Pin-Gouvernet, il était envoyé à la citadelle d'Arras, — d'où il sortait à la vérité peu après, à la suite du retentissement que les affaires de Royal-Champagne avaient eu dans l'Assemblée nationale. Il donnait sa démission pour se retirer en Bourgogne, dans sa famille. C'était une sorte de rupture avec la vie militaire; mais les événements marchaient avec une si foudroyante rapidité en ce temps-là que bientôt, à l'approche de la coalition européenne et de l'invasion, au moment de la levée de trois cent mille gardes nationaux, au mois de septembre 1791, Louis Davout était élu spontanément chef d'un des bataillons de volontaires de l'Yonne.

Sorti de l'ancienne armée comme sous-lieutenant, il entrait comme chef de bataillon dans l'armée nouvelle de la révolution ; il y entrait en même temps que Lannes, Soult, Hoche, Marceau, Kléber, Gouvion Saint-Cyr et tous ces inconnus des bataillons de volontaires qui ne tardaient pas à être les généraux de la République. Il se jetait sans regarder derrière lui dans cette terrible mêlée de la guerre où il n'allait cesser de grandir. En 1792 et au commencement de 1793, il était à l'armée du Nord, sous Rochambeau, sous Luckner, sous Dumouriez, suivant activement la campagne, distingué par ses chefs à Nerwinden, et, par une curieuse particularité, Dumouriez, au moment de sa défection et de sa fuite au camp autrichien, avait failli être pris par le jeune commandant des volontaires de l'Yonne. Pendant l'été de 1792, il était envoyé comme adjudant commandant à l'armée de l'Ouest, en Vendée, où il se rencontrait pour la première fois et se liait d'amitié avec le jeune Marceau. Il se trouvait aux Sables-d'Olonne lorsqu'au même instant, par un jeu étrange de la fortune révolutionnaire, il recevait coup sur coup sa nomination de général de brigade, puis l'offre du grade de général de division, qu'il refusait modestement, — et, d'un autre côté, il tombait sous le coup d'un décret conventionnel qui expulsait les anciens nobles de l'armée. Il n'était pas plus heureux avec l'armée de la révolution qu'avec l'ancienne armée.

Encore une fois, il semblait condamné à sortir de la vie militaire, et ce n'est que par une faveur due à son compatriote Bouchotte, qu'il était censé autorisé à se retirer en Bourgogne, où il se trouvait bientôt enveloppé dans une bien autre aventure. Sa mère était arrêtée comme suspecte, conduite à Auxerre pour être jugée par le tribunal révolutionnaire, et elle pouvait être perdue par une correspondance avec des émigrés, qu'elle avait laissée dans sa maison à Ravières, qui serait infailliblement découverte à la première perquisition. Le jeune Davout, qui avait suivi sa mère dans son voyage à Auxerre, et qui était mis au courant du danger, réussissait à se dérober pendant la halte de nuit, courait à Ravières détruire les papiers compromettants et revenait partager la captivité de sa mère. Il restait en prison pendant quelques mois, heureusement pour lui et pour sa mère comme pour les milliers de Français victimes de la Terreur : le 9 thermidor éclatait sur ces entrefaites comme une délivrance!

La révolution de thermidor ne rendait pas seulement le courageux jeune homme à la liberté, elle le rendait, et cette fois définitivement, à la vie militaire pour laquelle il était fait, au rôle du soldat qui était dans son caractère. Peu après, en effet, pendant l'hiver de 1794, Davout se retrouve comme général de brigade à l'armée de la Moselle chargée du blocus de Luxembourg, et dans les opérations du siége, dans les combats qui se renouvellent sans cesse pendant quelques mois, il montre une imperturbable audace. Au printemps de 1795, après la prise de Luxembourg, il est à l'armée de Rhin-et-Moselle commandée par Pichegru, et il sert sous Desaix, tenant tête à Wurmser sur le Rhin et sur le Neckar, partageant la fortune de la garnison française enfermée et assiégée dans Manheim par les Autrichiens.

Victime d'un accident de guerre, de la capitulation de Manheim, signée par le commandant de la place après dix-sept jours de brèche ouverte, il rentre pour quelques mois dans l'inaction comme prisonnier, autorisé toutefois à revenir en France sur parole, par une marque d'estime de Wurmser, qui se souvient d'avoir servi avec un de ses parents. Il profite de ses loisirs forcés pour se livrer à de sérieuses et fortes études militaires dans sa retraite d'Annoux; mais bientôt délié de ses engagements par un échange de prisonniers, il reparaît à la division Desaix, dont il est un des brigadiers avec Duhesme, avec Vandamme. Il prend part aux savantes opérations de cette armée de Rhin-et-Moselle, conduite maintenant par Moreau. Des derniers mois de 1796 à l'été de 1797, il est à presque toutes les actions. Il se signale par son intrépide fermeté devant Kehl, et bientôt à Haslach, à Diersheim; en l'absence de Desaix et de Duhesme blessés, Davout et Vandamme soutiennent, deux jours durant, un combat aussi sanglant qu'opiniâtre, qui assure à Moreau le passage du Rhin, et après avoir contribué à la défaite des Autrichiens, Davout poursuit dès le lendemain ses succès dans la vallée de la Kintzig; il précipite la retraite de l'ennemi par un nouveau combat, lorsque la nouvelle des préliminaires de Léoben portée par un des généraux de l'armée d'Italie, par Leclerc, suspend la marche de l'armée du Rhin; on touche déjà à la glorieuse paix de Campo-Formio, et l'on commence à entrevoir de nouveaux horizons.

Ces quelques années remplies de tant d'événements, de tragédies, de convulsions, n'avaient point évidemment passé sans exercer leur influence sur cette génération militaire qui grandissait dans les camps, et particulièrement sur Davout. Elles avaient mûri ce jeune capitaine qui, aux premières heures, s'était donné de cœur et d'esprit à la révolution, qui avait eu même un instant sa phase d'ardeur républicaine, mais qui, dans sa sincérité et dans sa droiture, n'avait pas tardé à sentir le dégoût des crimes des factions dont il avait failli être victime. Si Davout avait été républicain, il l'était à la romaine, et l'on dit même que Foy, qui servait déjà à l'armée du Rhin, l'appelait le dernier des Romains. Il avait, comme bien d'autres, perdu sans doute plus d'une illusion. De ces années agitées, il gardait ce qui n'a plus passé après tout, ce qu'il a pour sa part toujours conservé à travers les hasards de sa vie, un sentiment assez profond des circonstances nouvelles, l'instinct de la justice sociale et du droit nouveau, la passion de l'unité nationale et de la patrie. Il restait et est toujours resté, avec la hauteur de cœur et la dignité de manières qu'il tenait de son origine et de son éducation, le fils des temps nouveaux. Davout, dans sa vie des camps, représente assez bien en ce moment une classe d'hommes qui, en demeurant attachés à la révolution pour ses principes, se lassaient de ses excès, des mobilités de ses gouvernements, et aspiraient à la voir fixée et coordonnée. C'était toute sa politique; mais ce qu'il y avait en lui, c'était bien moins un politique qu'un soldat, un homme de guerre promptement et grandement formé au feu des événements.

L'instinct de l'action et du commandement était dans sa nature et n'avait eu qu'à se développer. Chef de bataillon de volontaires de l'Yonne à vingt et un ans, adjudant commandant et général de brigade à vingt-trois ans, tenté par l'offre du grade de général de division qu'il avait refusé avec modestie, et au plus épais des mêlées de la guerre dans le Nord, sur la Moselle et sur le Rhin, il s'était montré aussitôt à la hauteur de toutes les missions. Il avait eu l'occasion de déployer les qualités qui ont fait depuis son originalité, l'audace réfléchie, une vigueur indomptable et opiniâtre, le sang-froid dans l'action, le caractère qui est le premier don de l'homme de guerre. Tout révolutionnaire qu'il fût ou qu'il parût être en 1793, il n'avait pas moins un sentiment profond des conditions de la vie militaire, et dès son premier commandement de simple chef de bataillon, il écrivait aux administrateurs de son département : « ...Jamais vous ne verrez une délibération quelconque de la part de vos frères du troisième bataillon de l'Yonne, qui savent combien les délibérations des corps armés sont illicites et en même temps attentatoires à la liberté et à l'égalité... » Il avait aussi un sentiment très-vif de la probité, d'une stricte et rigoureuse probité dans le commandement, et il le témoignait en toute circonstance par le soin qu'il mettait à réprimer les gaspillages, par la haine dont il poursuivait les « fripons » et les « exploiteurs ». Vigueur réfléchie au combat, intégrité sévère, instinct de la discipline, ce sont les linéaments du caractère de l'homme, du soldat tel qu'il apparaît déjà dans ces premières guerres de la révolution.

A travers ces années si étranges, si dévorantes, Davout avait eu naturellement l'occasion de se mêler à toute cette jeunesse militaire qui se pressait dans les camps, de connaître ceux qui étaient bientôt des généraux comme lui et qui allaient être des chefs d'armée ou trouver une fin prématurée. Il s'était particulièrement lié d'amitié avec Marceau, et entre les deux jeunes gens il y avait même, dit-on, un projet destiné à resserrer le lien qui les unissait. Marceau, à ce qu'il semble, avait un instant dû épouser la sœur de Davout. La mort emportait le jeune héros qui avait su se faire respecter des Autrichiens. Davout s'était fait un autre ami des plus sérieux, le sage et vaillant Desaix, qui était son divisionnaire sur le Rhin, et qui, le voyant tous les jours à l'œuvre, avait promptement conçu pour lui autant d'estime que de sympathie. Ces généreuses et viriles amitiés se formaient rapidement au feu.

Jusque-là, cependant, jusqu'à la paix de Campo-Formio, Davout ne s'était jamais rencontré avec Bonaparte. Il était de la première armée du Rhin tandis qu'au delà des Alpes s'illustrait une autre armée, impétueuse et brillante, enivrée de son jeune chef dont le génie ressemblait à une révélation. Davout sentait vivement les succès de la campagne d'Italie; il connaissait peu Bonaparte, qu'il se souvenait à peine d'avoir vu à l'École militaire de Paris. C'est par Desaix qu'il était conduit, en mars 1798, au petit hôtel de la rue de la Victoire, auprès de celui qui allait bientôt éclipser tous les autres et dont l'ascendant se faisait déjà sentir à ceux qui l'approchaient. Une courte entrevue suffisait pour décider des relations de ces deux hommes. Davout était en apparence appelé à servir avec Desaix à l'armée de l'Océan, destinée à une expédition en Angleterre, et en réalité il recevait l'ordre de se rendre à Marseille et à Toulon, où tout se disposait pour l'organisation et le départ de l'armée d'Orient. C'était le commencement de cette expédition d'Égypte qui ne devait pas tarder à devenir pour Bonaparte et pour beaucoup de ses compagnons, associés à son entreprise, le prélude d'une fortune nouvelle.

C'est au mois de mai 1798, — floréal an VI, — que cinglait à travers la Méditerranée l'armée destinée à conquérir l'Égypte, et cette expédition d'où Bonaparte devait revenir avant dix-huit mois pour changer la face de la France et de l'Europe, offrait à des hommes jeunes toutes les occasions d'action et de gloire. Davout avait le commandement de la cavalerie, qu'il devait d'abord organiser, et dès le début des opérations, dans la marche sur le Caire, il prenait une brillante part aux premiers combats, surtout à la bataille des Pyramides.

Pendant près de deux années de campagne, sauf quelques

semaines où il était condamné au repos par la fièvre, il menait la vie d'un soldat infatigable, d'un capitaine habile, sur cette vieille terre peuplée de souvenirs, revêtue de l'éclat de l'Orient et faite pour exciter l'imagination. Envoyé dans la haute Égypte auprès de Desaix, il était de moitié dans les succès de son chef. Avec lui il tenait tête aux tribus guerrières, aux mameluks de Murad-Bey et d'Osman-Bey; il avait avec les redoutables cavaliers une série d'affaires audacieuses et sanglantes, dont l'une faisait dire à Desaix, dans l'un de ses rapports, qu'il « n'avait jamais rien vu de beau et d'imposant comme la charge impétueuse de notre cavalerie... » Davout conduisait cette charge impétueuse. Il était dans la haute Égypte, sous Desaix, avec des hommes que plus tard il devait avoir souvent pour compagnons, Friant, Rapp, Belliard, Lassalle. Rappelé au printemps de 1799 sur le Caire, où le général Dugua se voyait menacé d'une insurrection dans la ville même, au moment où Bonaparte marchait sur Saint-Jean d'Acre, et où les communications se trouvaient interrompues, il descendait le Nil, réprimait toutes les velléités de révolte, délivrait le Caire et se portait au-devant de l'armée de Syrie. Peu après, le 7 thermidor an VII, il contribuait par son énergie, par une attaque irrésistible, au succès de la bataille d'Aboukir livrée à vingt mille Turcs débarqués avec l'aide des navires anglais. Il était accouru, quoique malade, du Caire, et c'est lui qui se trouvait chargé de conduire le dernier assaut à la place de Lannes et de Murat qui venaient d'être blessés. Depuis qu'une armée française était sur le Nil, Davout n'avait cessé de grandir comme homme de guerre, toujours prêt à l'action, sous les yeux de Desaix et du général en chef lui-même, qui le considérait désormais comme un des siens.

A ce moment, sans doute, bien peu restait à faire pour la

conquête de l'Égypte, pour l'établissement de notre domination sur le Nil; mais déjà plus préoccupé de l'Occident que de l'Orient, informé que de nouvelles coalitions se formaient, que les armées françaises avaient éprouvé des revers, pressé par d'autres avis secrètement envoyés de Paris, Bonaparte songeait à reparaître en Europe. Le 22 août 1799, — 5 fructidor an VII, — il quittait mystérieusement Alexandrie, emmenant avec lui Berthier, Lannes, Murat, Marmont, Monge, Berthollet, remettant le commandement en chef de l'armée à Kléber, laissant d'un autre côté à Desaix l'ordre ou l'autorisation de rentrer en France avec Davout, aussitôt que les circonstances le permettraient. Au premier instant, le départ de Bonaparte causait une vive déception dans l'armée. Kléber, quoique le plus intrépide des hommes, n'était pas sans subir l'influence du découragement; il n'était pas de ceux qui avaient l'enthousiasme de l'Égypte, il voyait la situation sous les couleurs les plus sombres; de plus, il n'avait jamais subi qu'avec impatience l'ascendant de Bonaparte, et bientôt, soit par une faiblesse qu'il ne s'avouait pas, soit par un secret ressentiment contre son prédécesseur, il se laissait aller à une dangereuse inspiration. Il ne songeait plus qu'à quitter l'Égypte avec ses soldats; il ouvrait avec les Turcs campés sur la frontière de Syrie et avec les Anglais, maîtres de la mer, une négociation qui devait conduire à la convention dite d'El-Arisch, convention dont le dernier mot en définitive était le départ de l'armée française, sous la seule condition, bien entendu, que la retraite s'accomplirait avec tous les honneurs de la guerre.

C'était une pensée malheureuse; au camp français les esprits étaient très-divisés. Desaix éprouvait un profond chagrin; Davout ne cachait pas sa vive désapprobation, et, dans un conseil de guerre, tenait tête à Kléber lui-même.

La convention cependant finissait par être signée, et tout se disposait pour le prochain départ de notre armée, lorsqu'en plein mouvement de retraite l'incident le plus imprévu changeait encore une fois la face des choses. Le chef de l'escadre anglaise, sir Sidney Smith, venait de recevoir de son gouvernement l'ordre tardif de n'accepter aucun arrangement avec l'armée française, de traiter cette armée en prisonnière de guerre, d'exiger qu'avant tout elle mît bas les armes. A cette nouvelle, Kléber avait senti se réveiller son âme héroïque, il avait suspendu son mouvement, repris ses positions de guerre, et avant peu il gagnait la bataille d'Héliopolis, pour périr presque aussitôt sous les coups d'un assassin armé par le fanatisme musulman. Tout ceci avait pris bien des mois, depuis novembre 1799 jusqu'aux mois de février et de mars 1800.

Pendant ce temps, dès le lendemain même de la convention d'El-Arisch, sans attendre les suites d'une retraite qui le désolait, Desaix, profitant de l'ordre que lui avait laissé à son départ son premier général en chef, s'était décidé à quitter l'Égypte avec Davout. Vainement Kléber, oubliant de récents démêlés, avait essayé de retenir Davout et lui avait même offert le grade de général de division. Davout avait refusé un avancement qui se rattachait à des circonstances douloureuses, il avait tenu à accompagner Desaix. Par une coïncidence singulière, les deux amis apprenaient sur le rivage même où ils allaient s'embarquer, les événements qui s'étaient passés en Europe depuis quelques mois, et qui étaient encore ignorés au camp français, la révolution du 18 brumaire, l'avénement du général Bonaparte, sous le titre de premier consul, à la toute-puissance. Ils quittaient ensemble l'Égypte, avec des passe-ports anglais, et après avoir échappé à plus d'un péril, au danger d'être assassinés en Sicile où ils touchaient, au danger d'être retenus prisonniers par lord Keith, ils débarquaient à Toulon au mois de mai 1800, au moment où la seconde campagne d'Italie était déjà engagée.

A peine connue au camp du premier consul et à Paris, leur arrivée était signalée par le journal officiel comme un événement heureux. Le premier consul témoignait le désir de les avoir tous les deux auprès de lui. L'un, Desaix, devait avant peu trouver la mort des héros en décidant la victoire de Marengo; l'autre survivait et se retrouvait bientôt à Paris, où il recevait, avec le grade de général de division qu'il avait trois fois refusé, le commandement supérieur de la cavalerie à l'armée d'Italie. Il prenait son rang dans cette élite militaire qui, après avoir traversé la révolution, se groupait maintenant autour du jeune victorieux revêtu du titre consulaire et allait partager sa fortune.

II

Tout avait, en effet, singulièrement changé en peu de temps. Bonaparte, illustré par sa première campagne d'Italie, revenant d'Égypte avec le prestige du mystère, n'avait eu qu'à paraître pour voir le Directoire s'affaisser devant lui et la France se rallier à un pouvoir fondé sans doute par la force, mais par la force décorée de gloire. L'acte du 18 brumaire de l'an VIII, quoique accompli par un soldat, était plus qu'une violence soldatesque ajoutée à tant d'autres violences qui s'étaient succédé depuis dix ans; il était l'avénement d'un régime représenté par un jeune homme qui savait tout et qui pouvait tout, selon le mot d'un des politiques du jour; qui alliait à une immense ambition un incomparable génie; il avait pour complices les instincts révoltés, les sentiments froissés, les consciences opprimées, les intérêts perdus, tout ce qui aspirait enfin, après de si longues et de si cruelles épreuves, à voir la révolution fixée, dégagée des excès et des corruptions. C'était la raison du succès de cet acte, œuvre d'un homme qui n'apparaissait pas seulement comme un général victorieux, qui entreprenait de rendre à la France, avec la grandeur militaire, un ordre civil, la paix religieuse, une organisation administrative et financière.

Quel serait l'avenir de ce gouvernement consulaire qui dès les premiers pas semblait tout renouveler? Comment se fixerait-il lui-même? A quelles destinées était-il promis? On ne le savait pas encore, il commençait avec le siècle. Quel que fût son avenir, Davout, avec ses jeunes émules de l'armée, se trouvait désigné d'avance pour avoir son rôle dans ce nouveau régime. Il avait sa place marquée par ses services, par une renommée qui venait de grandir en Égypte, et par un attachement aussi sérieux que sincère pour celui dont il avait d'abord subi la fascination comme soldat, en qui il voyait maintenant un réparateur glorieux, le guide acclamé de la France. De son côté, Bonaparte, habile à démêler les hommes, avait vu rapidement en Davout un de ceux sur qui il pouvait compter, un lieutenant de choix. Il l'avait vu à l'œuvre, et il lui témoignait un vif intérêt. Il avait envoyé Davout, dès son retour d'Égypte, commander la cavalerie à l'armée d'Italie; il le rappelait au courant de 1800 pour lui donner le commandement des grenadiers dans la garde consulaire, et il s'occupait même de l'attacher de plus près à sa fortune par un mariage qui allait fixer sa vie sans en enchaîner l'essor.

Par une rencontre singulière, à ce moment où se formait

la cour consulaire, il y avait à Saint-Germain une femme, madame Campan, qui avait été de la maison de la reine Marie-Antoinette, et qui depuis avait créé une institution où elle élevait nombre de jeunes filles sorties de la bourgeoisie ou même de la noblesse, et promises à des destinées bien inattendues. Les sœurs de Bonaparte, Caroline, Pauline, Hortense de Beauharnais, la fille de Joséphine, avaient été chez madame Campan. Mademoiselle Auguié, qui allait être la femme de Ney, était dans cette maison. Il y avait aussi une brillante jeune fille, mademoiselle Aimée Leclerc, sœur du général Leclerc, marié à Pauline Bonaparte et prêt à partir pour Saint-Domingue où il devait mourir. C'est cette jeune fille d'une beauté séduisante, de qualités sérieuses, que Bonaparte, d'accord avec le général Leclerc, unissait à Davout, qui devenait ainsi l'allié de la famille du premier consul, de sorte que, dans l'année 1801, Davout, par son mariage avec une personne d'élite, belle-sœur de Pauline Bonaparte, et par son commandement des grenadiers de la garde du gouvernement, se trouvait comme associé au régime consulaire. Ce n'était que le commencement d'une destinée nouvelle qui allait s'agrandir avec les événements, avec la fortune de celui dont le génie et l'ambition, embrassant l'Europe, le monde, ne pouvaient connaître le repos même dans la gloire.

La campagne de Marengo, complétée par la campagne de Hohenlinden, sous Moreau, avait fini par la paix de Lunéville avec l'Autriche (1801). La paix d'Amiens avec l'Angleterre (1802) semblait clore une guerre de dix ans ; mais ce n'était qu'une trêve avec l'Angleterre comme avec l'Autriche, et avant qu'une année fût écoulée, année de réorganisation intérieure et de consolidation pour le pouvoir consulaire ; avant que cette année 1802-1803 fût passée, on touchait à des guerres nouvelles. La paix d'Amiens était rompue, et déjà, avec cette activité extraordinaire qu'il mettait à tout, aux affaires du gouvernement, au Code civil, au Concordat comme à ses entreprises militaires, le premier consul était tout entier à cet ensemble de créations qui a pris dans l'histoire le nom de « camp de Boulogne ». Sous le Directoire, il avait eu la pensée d'aller attaquer l'Angleterre en Égypte; chef de gouvernement, il ne craignait plus maintenant de la prendre corps à corps, de préparer contre elle les plus vastes armements de mer et de terre. Il établissait pour la défense des côtes de l'Océan, du Texel à Bayonne, et éventuellement pour la descente qu'il méditait sur les côtes d'Angleterre, ces camps, dont les principaux étaient les camps de Saint-Omer, de Montreuil, de Bruges, d'Utrecht, tous placés sous le commandement direct du premier consul, avec le ministre de la guerre Berthier comme chef d'état-major. Soult était envoyé à Saint-Omer; Ney revenant de Suisse, au moment de la médiation qui pacifiait la petite république, allait à Montreuil; Marmont était à Utrecht; Davout avait le commandement du camp de Bruges où, trois années durant, il concourait, avec ses autres compagnons d'armes, aux grands desseins de celui qui, après avoir été le premier parmi les consuls, passait consul à vie et était déjà presque un souverain.

Rien, certes, de plus redoutable que cette guerre si promptement rallumée par la rupture de la paix d'Amiens entre deux puissances dont l'une aspirait à la prépondérance sur le continent et l'autre régnait sur la mer. En réalité, elle contient en germe les événements de quinze années, puisque plus tard c'était toujours pour soutenir la lutte contre l'Angleterre, que Napoléon se laissait aller à la tentation de dominer l'Europe. En 1803, la première pensée du jeune maître de la France était d'aller prendre l'Angleterre corps à corps, par un passage du détroit de Calais, par une descente sur les côtes britanniques, avec une armée de 150,000 hommes. L'entreprise était aussi nouvelle que gigantesque, et de plus singulièrement compliquée. Transformer les côtes et les ports de la Manche en un vaste arsenal maritime et militaire, préparer la construction de bâtiments de tout genre, de toute forme, l'immense flottille destinée à transporter au jour voulu, à travers les croisières anglaises, les hommes avec leur matériel, leur artillerie, leurs chevaux, leurs approvisionnements, c'était un premier point; c'était la première partie du problème que Bonaparte s'étudiait passionnément à résoudre. Organiser l'armée de débarquement, la former et l'aguerrir aux exercices de mer, à la défense des côtes insultées ou menacées par les Anglais, c'était un autre point; ce n'était pas le moindre, puisque l'idée du passage du canal dût-elle devenir irréalisable, l'armée resterait.

Cette armée qui, en dehors d'un corps dirigé sur le Hanovre, devait compter 150,000 hommes, le premier consul mettait toute son activité à la constituer, à lui donner la cohésion et la force. Les éléments ne lui manquaient pas; il avait d'abord tous les vieux soldats qui venaient de faire les guerres de la république, qui étaient depuis dix ans au feu en Italie, en Égypte, sur le Rhin; mais à ces vieux soldats qui restaient les meilleurs des cadres, qui formaient la partie solide de l'armée, il tenait à ajouter une partie plus jeune, plus vive, qu'il trouvait dans la conscription récemment établie : de sorte qu'en peu de temps, cette armée devait réunir toutes les conditions. Partagée en corps distincts dans les camps de Bruges, de Montreuil, de Saint-Omer, elle passait le temps à se former, à s'instruire, à guerroyer contre les Anglais, sous des chefs choisis avec soin par le premier consul, pleins de son esprit, dévoués à leur état, fiers d'être associés à une grande entreprise. Le camp de Bruges était, entre tous, une forte école militaire. Davout, déjà renommé comme homme de guerre, se signalait de plus en plus dans le commandement, par ses talents d'organisateur, par son activité vigilante dans le service et sa sollicitude pour ses troupes, comme par sa mâle résolution toutes les fois qu'il y avait à combattre, à se mesurer de jour et de nuit avec les Anglais. Formation de l'armée des camps de la Manche et préparatifs maritimes marchaient d'un pas égal; mais, pendant ce temps, au milieu même de la préparation d'une grande guerre, celui qui conduisait tout, qui déjà ne connaissait plus de rivaux, entrait dans une phase nouvelle de sa fortune.

Le mouvement qui depuis quatre ans transformait ou emportait la France ne s'arrêtait plus; il était favorisé par les circonstances autant que par le génie de l'homme qui avait la toute-puissance. La conspiration de Georges devenait le prétexte d'une transformation nouvelle. La stabilité était le mot d'ordre du jour, et par une étrange, par une mystérieuse logique des choses, du sein ensanglanté de la révolution, renaissait une monarchie militaire décorée de gloire. En peu d'années, le consulat temporaire de la première heure était devenu le consulat à vie; maintenant le consulat à vie était l'empire héréditaire déclaré à Paris le 28 floréal an XII (18 mai 1804), accueilli avec enthousiasme au camp de Boulogne. Un des premiers actes du nouvel empereur était d'élever avec lui ses principaux lieutenants, en nommant quatorze maréchaux de l'Empire. Davout était de cette promotion, avec Berthier, Soult, Ney, Lannes, Bessières, Murat, Masséna, Augereau, Bernadotte, Moncey, Mortier,

Jourdan, Brune. Il y avait de plus quatre maréchaux honoraires, Lefebvre, Kellermann, Serrurier, Pérignon.

La France révolutionnaire voyait tout à coup reparaître un souverain, une cour, des dignitaires, un connétable, des maréchaux. Tout ce monde grandissait à la fois, et comme pour donner un air plus caractéristique à cet empire nouveau, la plupart de ces hommes étaient jeunes. Le premier de tous, Napoléon, avait trente ans à l'époque du consulat, trente-cinq ans au moment de l'Empire; Berthier, qui était le plus ancien de ses lieutenants, avait cinquante ans, Masséna avait quarante-six ans. Les autres, Bessières, Mortier, avaient trente-six ans; Soult, Ney, Lannes avaient l'âge de l'Empereur. Davout avait trente-quatre ans; Marmont, qui n'était pas encore maréchal, mais qui commandait le camp d'Utrecht, avait trente ans. Ils étaient tous ou presque tous jeunes; ils avaient la séve d'une génération ascendante, l'habitude du succès, une confiance absolue dans celui dont ils pouvaient considérer la fortune comme leur œuvre, comme la garantie de leur propre fortune, et, de plus, ils avaient sous leurs ordres des soldats remplis du même esprit, faits pour tout entreprendre.

On en était là en 1804, encore en 1805, toujours à la veille de la grande entreprise contre l'Angleterre, et toutes ces diversions éclatantes d'un règne naissant, du couronnement, du sacre, ne suspendaient pas les préparatifs de Boulogne. Napoléon, devenu empereur, semblait au contraire poursuivre plus que jamais et hâter la réalisation de ses projets, lorsque dans l'été de 1805 tout changeait subitement de face : l'Autriche, soit qu'elle se crût elle-même menacée par le nouvel Empire, soit qu'elle cédât à des excitations extérieures, l'Autriche, par ses démonstrations militaires, attirait sur elle l'orage qui menaçait l'Angleterre. Par le fait, c'était une nouvelle coalition européenne, et si l'Autriche semblait pour le moment entrer seule en scène, elle avait sûrement l'alliance de la Russie, elle se flattait d'entraîner la Prusse, elle pouvait, dans tous les cas, compter sur les secours de l'Angleterre qui, déjà en guerre avec la France, était intéressée à une telle diversion. Sans perdre un instant, Napoléon, prompt à prendre ses mesures, se détournait de la Manche pour se porter avec toutes ses forces au cœur du continent, et c'est ici qu'éclatait l'art profond qui avait présidé à ces formations militaires des côtes de l'Océan.

Depuis plus de deux ans, sous la vive impulsion du premier consul et de chefs habilement choisis, les camps de Bruges, d'Utrecht, de Montreuil, de Saint-Omer, avaient servi à l'organisation et à l'instruction des troupes; les effectifs avaient été augmentés et fortifiés par la fusion d'éléments nouveaux, des nouvelles classes de conscrits, avec tout ce qui restait de combattants des dernières guerres. Sans être en campagne, ces soldats, anciens et nouveaux, habilement fondus dans leurs cadres, s'aguerrissaient ensemble par la vie active sur les côtes, par des exercices de tous les jours, par des combats incessants contre les Anglais. Le matériel, l'artillerie, l'outillage militaire, tout avait été renouvelé ou complété. Le jour où les événements rappelaient l'attention sur le continent, il n'y avait plus qu'un changement de front à opérer, un ordre à donner, une organisation de marche à décider. Les camps se transformeraient instantanément en corps d'armée : le 2ᵉ à Utrecht, sous Marmont; — le 3ᵉ à Bruges et Ambleteuse, sous Davout; — le 4ᵉ à Boulogne même, sous le maréchal Soult; — le 5ᵉ, formé d'une division de Soult, de la division Gazan et des grenadiers d'Oudinot, sous Lannes; — le 6ᵉ à Montreuil, sous le maréchal Ney. Au jour voulu, tous ces corps complets en toutes armes, composés de façon à se suffire à eux-mêmes, se mettaient en mouvement par des routes différentes, sans bruit, sans confusion, pour se rencontrer, après vingt-cinq marches, au delà du Rhin, avec le 1ᵉʳ corps de Bernadotte venant du Hanovre, à travers l'Allemagne, avec la garde impériale venant de Paris, sous les ordres de Bessières, et la grande réserve de cavalerie concentrée sous le premier des cavaliers du temps, Murat. Je ne parle pas des autres forces, déjà prêtes ou appelées à servir de réserve, le 7ᵉ corps d'Augereau, qui, venant de Brest à travers la France, ne pouvait arriver que plus tard, l'armée d'Italie réunie derrière l'Adige, sous Masséna, et destinée à former le 8ᵉ corps, — un corps organisé sous Lefebvre.

C'était la « Grande Armée », qui, à la vérité, n'allait pas durer longtemps, deux ou trois campagnes tout au plus, mais qui, telle qu'elle apparaissait alors, pouvait passer pour le modèle des armées ; qui, dirigée sur le Danube pour se jeter entre les Autrichiens et les Russes déjà en mouvement, allait en quelques semaines franchir ces victorieuses étapes, Ulm, Vienne et Austerlitz. Dans cette marche de Boulogne jusqu'en Moravie, — septembre-décembre 1805, — le maréchal Davout s'assurait du premier coup une place distincte avec ces divisions Friant, Gudin, Morand, qui allaient faire pour quelques années du 3ᵉ corps une petite armée dans la « Grande Armée », un être collectif uni par la discipline, vigoureux, inexpugnable, sur le théâtre toujours agrandi des batailles européennes.

A vrai dire, cette campagne de 1805, qui ramenait subitement Napoléon de la Manche sur le Danube, n'était pas seulement la compensation éclatante d'une expédition contrariée. Déjà elle portait en elle tout l'Empire. C'était l'évolution instantanée, décisive, d'une politique qui, après avoir voulu saisir l'Angleterre corps à corps jusque dans son île et ayant été détournée de son but, allait poursuivre pendant dix ans la grande ennemie à travers une série de coalitions et de guerres européennes. C'est la clef de l'histoire de l'Empire.

Cette campagne de 1805 où Napoléon enveloppe les Autrichiens à Ulm, brise les Russes et ce qui reste des Autrichiens à Austerlitz, cette campagne n'est qu'un premier pas en effet. Un an après, c'est la Prusse qui entre à son tour en scène, bientôt appuyée encore par la Russie; Napoléon abat la Prusse à Iéna et Auerstædt, s'enfonce jusqu'en Pologne, atteint les Russes à Eylau et à Friedland. Cette fois le but est bien distinct. Dans la glorieuse paix de Tilsit qui clôt la campagne de 1806-1807, tout est tourné contre l'Angleterre. Napoléon, à son passage à Berlin, a déjà décrété le blocus continental; pour achever de fermer l'Europe aux Anglais, il se prépare à aller bientôt les poursuivre jusqu'au delà des Pyrénées, jusqu'à Lisbonne et à Cadix. Avec l'alliance de la Russie qu'il pense avoir conquise à Tilsit, puis à Erfurt, il se flatte de pouvoir accomplir ses desseins sur le Midi; mais, pendant qu'il est engagé dans la fatale guerre d'Espagne, l'Autriche, se sentant menacée de tous côtés, reprend courage pour une lutte nouvelle. Napoléon accourt du fond du Midi, se jette sur l'Autriche, qu'il abat plus que jamais, à Eckmühl, à Wagram : c'est la guerre de 1809! Cette fois du moins Napoléon peut croire être arrivé au faîte de la puissance. Il entre dans les vieilles familles souveraines par son mariage avec une archiduchesse. Il a étendu l'Empire français jusqu'aux bouches de l'Elbe, jusqu'à Hambourg. Il a créé des royautés feudataires, qu'il a fait reconnaître par ceux qu'il a vaincus. Tout peut sembler accompli ; rien n'est encore fini cependant. Il reste un point noir, non plus seulement en Espagne, mais au nord. La Russie froissée dans son orgueil, dans ses ambitions, se retire par degrés de l'alliance de Tilsit, devient secrètement hostile et recommence à être l'espoir de tous les vaincus impatients de s'affranchir de la vaste domination qui enlace l'Europe. Napoléon lui-même sent qu'il aura une dernière résistance à vaincre sur le Niemen, peut-être au delà du Niemen; il se prépare, pendant l'année 1811, à cette lutte suprême qu'il provoque autant qu'il l'accepte.

Ainsi va dix années durant cet impétueux génie, changeant la configuration de l'Europe, détruisant d'anciens États et créant des États nouveaux, étendant sans cesse ses projets dans la mesure de son ambition et de ses succès, jusqu'au jour où, engagé en Russie, vaincu par la nature, par la force des choses plus que par les armes, il plie sous le poids des coalitions, entraînant dans sa chute cet Empire qui a touché un moment à la domination universelle.

Dix ans, quinze ans tout au plus, c'est la durée de l'ère napoléonienne, et dans ce court espace on est à se demander encore comment le chef, Napoléon, a pu trouver le temps de faire ce qu'il a fait, de battre toutes les routes de l'Europe, d'aller du nord au midi et du midi au nord, d'administrer la France, de s'occuper de tout à la fois, de créer des institutions, des traditions; — comment aussi ceux qui ont été ses compagnons, ses lieutenants de toutes les heures, ont pu suffire à cette vie dévorante. C'est pourtant ainsi, surtout depuis le camp de Boulogne. Ces hommes de fer, au premier ordre, étaient toujours prêts à entrer en campagne, à aller prendre leur rang à la tête de leurs corps. Tel maréchal, pendant dix ans, a passé à peine quelques mois à Paris. Ils ne s'arrêtaient quelques jours que pour reprendre leur course, pour se retrouver bientôt sur le Danube, sur l'Elbe, sur l'Oder, sur le Niemen ou sur le Tage, à Vienne, à Berlin, à Varsovie ou à Madrid. Ils étaient tous emportés dans ce rêve de guerre avec celui qui les conduisait, dont ils ne discutaient même plus les ordres, et, chemin faisant, à mesure que l'Empire s'agrandissait ou s'imposait, les uns devenaient des rois, les autres devenaient des ducs et des princes, prenant les noms de leurs victoires ou des grandes actions auxquelles ils avaient été mêlés.

Par une combinaison toujours rare dans l'histoire, avec le plus impétueux et le plus audacieux des génies se rencontraient les hommes les mieux faits pour concourir aux plus vastes desseins : à eux tous ils formaient ce monde aux mœurs militaires, aux physionomies originales et fortes, aux ambitions grandissantes, marchant sous le commandement d'une volonté unique. Entre le chef et les lieutenants il y a une telle solidarité qu'on ne peut les séparer, et ici, avant d'aller plus loin, je voudrais montrer ce qu'a été réellement ce monde impérial, quels étaient les rapports des maréchaux entre eux ou avec leur chef couronné, quelle était aussi la nature des rapports de l'Empereur avec ses maréchaux, avec ces compagnons de sa fortune et de sa gloire.

On a brodé quelquefois sur cette histoire des rapports de Napoléon et de ses lieutenants, en montrant que dans cet empire militaire tout ne répondait pas aux apparences; on a dit que les maréchaux étaient mal soumis, prompts à s'émanciper et à se disputer, impatients et frondeurs à l'égard de celui qu'ils avaient vu sortir de leurs rangs et dont ils ne subissaient pas la domination sans de secrètes révoltes; on a dit aussi que l'Empereur, de son côté, avait des jalousies d'orgueil à l'égard de ses lieutenants, qu'il s'étudiait à éteindre leur gloire ou à la diminuer, qu'en les comblant de faveurs apparentes, il avait pour eux des disgrâces et des rigueurs imméritées. Il ne faudrait pas trop faire du roman. Assurément dans cet ordre nouveau si récemment établi, si rapidement fixé sous la forme d'une hiérarchie puissante, il y avait des passions, des rivalités, des chocs, des agitations d'envie et d'ambition. Avec des origines, des tempéraments, des éducations et des caractères différents, ces grands soldats étaient des hommes; de plus, ils sortaient d'une révolution violente, ils faisaient depuis dix ans la guerre. Ils avaient l'habitude de la force, les instincts énergiques de la vie d'action, l'orgueil du succès. Ils n'étaient pas faciles à manier. Leurs émulations guerrières se transformaient aisément en querelles. Entre eux ils se heurtaient souvent, et chose curieuse, au plus fort d'une affaire sanglante comme la bataille d'Essling, on voyait deux maréchaux, deux héros, Lannes et Bessières, sur le point d'en venir à un combat singulier parce que Bessières se trouvait offensé d'avoir reçu de Lannes l'ordre de *charger à fond*, prétendant qu'il n'avait pas l'habitude de charger autrement! La mort de Lannes tranchait seul cet étrange différend. Davout lui-même, pendant le règne, eut avec Berthier des altercations violentes qui avaient laissé entre ces deux hommes d'assez âpres ressentiments ; il eut ses querelles avec Murat pendant la campagne de 1812, et Murat voulait faire avec lui comme Bessières avec Lannes. Ces héros ne se cédaient pas aisément, ils ne s'aimaient pas toujours, et ils se querellaient souvent. C'étaient de rudes et redoutables émules des camps; mais s'ils avaient parfois entre eux de vives contestations, d'ardentes rivalités, ils étaient les plus soumis des hommes devant l'Empereur.

 Libres et familiers dans une certaine mesure, ils avaient pris bien vite l'habitude du respect et d'une obéissance sans limites. Ils ne voyaient plus dans l'homme qui avait été général comme eux que le chef élevé au-dessus d'eux par le génie. Ils n'avaient pas même l'idée de se dérober à l'ascendant souverain de celui qui en leur demandant leur dévouement, leur intrépidité et leur sang, ne leur ménageait ni les grandes récompenses, ni les honneurs, ni la fortune. Les récalcitrants, les frondeurs, et il y en avait sans doute dans les camps, n'allaient pas bien loin dans leur mauvaise humeur et n'étaient pas les moins obéissants. Un mot de l'Empereur faisait taire les mauvais propos et réchauffait tous les zèles. Une citation ou une omission dans un bulletin remuait ces vaillantes natures, les remplissait de joie ou de chagrin : témoin Lannes qui passait pour avoir la parole vive. En 1806, au lendemain d'Iéna, pendant que Lannes, avec la cavalerie de Murat, poursuivait sans repos l'armée prussienne, Napoléon arrivant à Berlin publiait un ordre du jour où il avait omis le 5ᵉ corps; Lannes, sensible pour lui-même comme pour ses soldats, exprimait vivement son chagrin à Napoléon, qui, avec son tact de grand manieur d'hommes, se hâtait de lui répondre : « Vous et vos soldats, vous êtes des enfants. Est-ce que vous croyez que je ne sais pas ce que vous avez fait?... Il y a de la gloire pour tous; un autre jour ce sera votre tour de remplir de votre nom les bulletins de la Grande Armée... » Il n'en fallait pas plus! — Et Lannes, transporté, oubliant son ressentiment, se hâtait d'écrire à l'Empereur qu'il avait fait lire sa lettre à la tête des troupes, que ses paroles avaient touché le cœur de tous; il ajoutait que ses soldats s'étaient mis à crier : Vive l'Empereur d'Occident! — «...Il m'est impossible, poursuivait-il, de dire à Votre Majesté combien ces braves gens l'aiment, et vraiment on n'a été jamais aussi amoureux de sa maîtresse qu'ils le sont de votre personne. Je prie Votre Majesté de me faire savoir si elle veut qu'à l'avenir j'adresse mes dépêches à l'Empereur d'Occident, et je le demande au nom de mon corps d'armée... » Davout écrivait que toutes les fois qu'il voyait l'Empereur, il revenait plus content, mieux disposé pour le service. Ils étaient tous ainsi, même ceux qui passaient pour frondeurs.

Ce n'était pas servilité, ces vaillants hommes obéissaient à un mobile plus élevé. Ils reconnaissaient la supériorité et subissaient la fascination de celui qui les commandait, qu'ils suivaient avec une confiance absolue. Ils sentaient, ils comprenaient d'instinct que l'Empereur était leur lien et leur force, qu'avec lui, sous ses ordres, ils pouvaient tout, que loin de lui, livrés à leur propre inspiration, tout en restant d'héroïques soldats, ils n'étaient plus les mêmes. Sous les yeux de l'Empereur ils faisaient tous comme Ney, se précipitant au premier ordre, sans regarder derrière lui, au milieu des masses russes, dans la fournaise de Friedland. Ils marchaient ainsi avec la confiance superbe de combattants accoutumés à une direction infaillible, sans douter d'un succès qu'ils contribuaient à assurer par leur indomptable vigueur, mais dont ils ne songeaient pas à disputer la première gloire à celui qui l'avait préparé par ses puissantes combinaisons.

La grande raison de l'ascendant de l'Empereur sur ses lieutenants était assurément dans son génie, dont aucun d'eux ne méconnaissait la supériorité. Napoléon y joignait au plus haut degré l'art de manier tous ces hommes, de discipliner ces énergiques natures qui ne se soumettaient qu'à lui. Il connaissait à fond ses lieutenants, il avait leur mesure, et comme il le disait plus tard à Sainte-Hélène, avec une familiarité soldatesque, leur « tirant d'eau ». Il savait qu'il ne pouvait mettre indifféremment à tous les postes des hommes aux aptitudes et aux tempéraments si divers, comme Murat et Soult, Ney et Davout, Lannes et Masséna; il les plaçait là où il devait attendre d'eux tout ce qu'ils pouvaient donner de services. Napoléon avait sans doute avec ses maréchaux ses tactiques, ses procédés, ses calculs, sa diplomatie, mélange de familiarité et de hauteur, d'exigences et de ménagements; il avait même quelquefois à leur égard ses libertés de jugement et de langage. Ce qu'il se permettait, il ne le permettait guère aux autres, et au besoin il rappelait rudement au respect les jeunes états-majors du prince Eugène qui parlaient avec légèreté de Masséna. Dire que l'Empereur avait des jalousies à l'égard de ses lieutenants, qu'il s'étudiait à éteindre ou à diminuer leur gloire en l'absorbant à son profit, c'est un peu puéril; c'est prendre trop au sérieux quelques propos de cour ou de quartier général, peut-être quelques ombrages qui pouvaient passer dans cette puissante tête. En réalité, Napoléon avait trop d'orgueil pour craindre ses lieutenants, et si chez quelques-uns l'ambition avait grandi avec la fortune, au point de leur faire voir partout des couronnes, il pouvait s'en irriter par instants sans cesser de les employer. Il se sentait supérieur à tous; il les dominait dès qu'il le voulait par son génie, il les liait aussi par ses libéralités, et ici encore il ne faudrait pas rabaisser les hommes, pas plus celui qui donnait que ceux qui recevaient.

Il faut rester dans le vrai. Napoléon, qui calculait toutes ses actions, pouvait se promettre sans doute de s'attacher de vaillants hommes en leur prodiguant les titres et les dotations, en étendant ses libéralités dans la mesure de ses conquêtes. Lui qui n'avait pas une trop bonne opinion de la nature humaine, il pouvait croire jusqu'à un certain point au pouvoir des grandes récompenses et des richesses; mais il avait aussi évidemment une préoccupation d'un ordre plus élevé ou moins vulgaire. Fondateur d'un vaste et puissant système sous le nom d'Empire, il se proposait de créer une hiérarchie nouvelle avec des familles, des illustrations liées à l'ordre nouveau. Ces maréchaux, ces généraux à qui il demandait de jouer tous les jours leur vie sur les champs de bataille, il s'occupait de les doter, de les établir, avec la pensée d'en faire d'abord la décoration du règne, puis les étais d'un régime que son ambition rêvait de rendre durable. Il les associait à sa fortune par ses libéralités qui étaient tout à la fois une récompense et un acte de prévoyance politique. Et c'est ainsi que par l'ascendant du génie, par la communauté de gloire et d'intérêts, se formait ce faisceau d'hommes énergiques, divers de caractère et de talent, lancés sur toutes les routes de l'Europe à la poursuite de conquêtes toujours nouvelles, concourant à la plus vaste des œuvres sous le plus puissant des chefs, — jusqu'à l'heure où ce qui avait été fait par la guerre périssait par la guerre.

A cette œuvre prodigieuse de puissance, à ces événements de dix années, le maréchal Davout avait une part principale, et par ses commandements, et par le rôle qui lui était toujours réservé après comme avant la victoire. Depuis le départ du camp de Boulogne, il ne cessait pas d'être à l'action au premier rang; c'est à peine si une fois, en 1810, au moment du mariage de Napoléon avec Marie-Louise, il passait quelques mois de suite à Paris, et une chose à remarquer, c'est que, seul peut-être ou presque seul parmi les maréchaux, il n'avait pas l'occasion d'être employé en Espagne, où ses compagnons d'armes allaient s'user successivement dans la plus ingrate des guerres. Ces dix années n'étaient pas moins occupées pour lui depuis le premier jour jusqu'au dernier.

Je ne veux que courir à travers les faits. En 1805, pour

la première campagne d'Autriche, le maréchal Davout est un des chefs de cette «Grande Armée», qui, partie des bords de l'Océan, arrive en trois mois en Moravie, en passant par Ulm, par Vienne, et il est un des héros d'Austerlitz. — En 1806, dès l'ouverture de la campagne de Prusse, dès l'entrée en Thuringe, il est chargé de marcher sur Naumbourg, tandis que Napoléon se porte sur un autre point de la Saale, à Iéna, et, au moment même où Napoléon combat à Iéna, le maréchal de son côté, avec ses vingt-cinq mille soldats, rencontre au delà du pont de Naumbourg une grande partie de l'armée prussienne, quatre-vingt mille hommes, qu'il met en déroute à Auerstædt; il a l'heureuse fortune de livrer cette seconde bataille qui n'éclipse pas la première, qui la complète et assure le succès des combinaisons stratégiques de Napoléon en décidant du sort de la monarchie prussienne. — En 1807, engagé en Pologne contre les Russes accourus tardivement au secours des Prussiens, il soutient par le plus rude hiver les terribles combats de Czarnowo, de Nasielsk, de Golymin, et peu après il prend une part décisive à la sanglante et formidable affaire d'Eylau. — En 1808, il reste à Varsovie, avec la mission délicate, difficile, de surveiller, de protéger dans son organisation le grand-duché créé par la paix de Tilsit, d'observer Russes et Autrichiens. — En 1809, il se retrouve sur le Danube, dans la seconde campagne d'Autriche, et par son audacieuse intrépidité dans sa marche de flanc sur la rive droite du fleuve, avec l'ennemi toujours sur les bras, par trois jours de combats opiniâtres il prépare l'éclatante victoire d'Eckmühl; bientôt il est à Wagram, et, après le traité de Vienne, il reste chargé, comme il l'avait été en 1805, après le traité de Presbourg, de l'exécution des conditions de la paix, de la lente et laborieuse évacuation de l'Autriche. — En 1811, à ce moment de l'extension démesurée de l'Empire par l'annexion des bouches de l'Elbe et des pays hanséatiques, il est placé à Hambourg, qui devient un poste de premier ordre, et, à mesure que tout se dispose pour une guerre déjà prévue contre la Russie, il a la mission d'organiser les forces françaises au nord, de faire l'avant-garde d'une nouvelle grande armée destinée à marcher sur le Niemen.

A peine la campagne de 1812 est-elle engagée, Davout marche en première ligne ; il livre seul la bataille de Mohilef ; il combat à Smolensk, il est blessé à la Moskowa avec la plupart de ses généraux, et, lorsque vient bientôt l'heure de la fatale retraite, il tient l'arrière-garde de cette armée française, naguère victorieuse, maintenant vaincue par la nature ennemie, réduite à se frayer un passage à travers les neiges en couvrant sa route de ses débris. — En 1813, à peine échappé à la catastrophe de Russie, il se retrouve sur l'Elbe, où Napoléon va tenter encore une fois la fortune. Il est chargé de reprendre la ville de Hambourg, un moment enlevée par les Russes ; rentré à Hambourg, il tient la campagne, tandis que Napoléon, vainqueur à Lutzen, à Bautzen, à Dresde, va succomber à Leipzig. Puis séparé de la France, livré à lui-même, il s'enferme dans la place de l'Elbe, où il soutient un siége de cinq mois sans se laisser forcer ni ébranler par les événements qui se précipitent. Il ne remet son commandement, au mois de mai 1814, que devant un ordre du Roi restauré à Paris, et il garde à la France une armée qui n'a pas capitulé, qui peut rentrer avec les honneurs de sa vaillante défense. Traité en disgracié par le nouveau gouvernement, il reparaît en 1815, pendant les Cent-Jours, pour être le dernier ministre de la guerre de Napoléon, et, après Waterloo, le commandant en chef de la dernière armée impériale sur la Loire. C'est l'abrégé rapide de cette vie militaire à travers l'Empire.

III

Ainsi le maréchal Davout est partout, aux grandes journées, aux heures les plus brillantes, comme aux heures les plus difficiles, les plus décisives, sans trêve et sans repos. Il est partout, et partout où il se trouve, il apparaît avec la vigueur d'une nature fortement trempée, avec ces dons qui ont fait de lui un personnage essentiel du drame napoléonien, un chef supérieur même dans cette élite guerrière du temps. Il garde son originalité auprès de ses glorieux émules, de ces grands soldats qui n'étaient quelquefois que des hommes du champ de bataille ou d'une fonction.

L'un, incomparable chef d'état-major, sans rival dans l'art de traduire les ordres rapides, multipliés de l'Empereur, était peu fait pour diriger par lui-même une armée; l'autre, prodigieux soldat au cœur de lion, se laissait souvent emporter par son tempérament. Celui-ci, grandi par la vaillance d'un « Roland » et par l'esprit naturel, ne se défendait pas toujours des vives et promptes susceptibilités de l'homme du Midi; celui-là, doué du « privilége particulier », selon le mot de l'Empereur, de ne se retrouver tout entier, dans la plénitude de ses facultés supérieures, qu'au milieu du feu et des canons grondants, avait hors du combat ses faiblesses. Je ne rappelle que quelques-uns de ces hommes, sans avoir certes la pensée de les diminuer : c'étaient de grands et héroïques soldats. Davout, entre tous, était fait pour le commandement. Il avait ce que Napoléon a toujours considéré comme la première qualité à la guerre, le caractère, le don de ne pas se laisser déconcerter, l'esprit de suite; il était du petit nombre de ceux qui en toute circonstance pouvaient se suffire à eux-mêmes.

Sévère pour son propre compte, il l'était aussi pour les autres, et, en s'occupant sans cesse de ses soldats, il n'entendait souffrir autour de lui ni indiscipline, ni désordres, ni pillage. Il avait toutes les prévoyances du chef, une attention vigilante de tous les instants, la fermeté de décision devant le péril, et, une fois à l'action, une opiniâtreté invincible. Il avait certes au plus haut degré le feu du champ de bataille, la résolution du général de combat; il avait aussi la précision méthodique, le sentiment puissant de l'ordre, l'art de l'administrateur militaire, d'un grand organisateur de troupes. Il s'occupait de tout, entrant dans tous les détails du service, tenant à tout vérifier, s'assurant minutieusement de l'exécution de ses ordres en temps de paix comme devant l'ennemi. Il savait que pour faire la guerre il faut la préparer, et que pour avoir au moment voulu des soldats capables d'un grand effort, il faut les former par des soins assidus, veiller à leur moral comme à leur bien-être, les animer de son esprit, entretenir leurs forces sans en abuser inutilement. Chargé assez souvent par Napoléon de ces laborieuses missions d'organisation et d'ordre, il déployait dans cette œuvre un zèle aussi actif que prévoyant. Aux approches de la campagne de Russie, l'Empereur, qui l'avait initié à ses projets en le plaçant à Hambourg, lui écrivait : « On va faire la guerre dans un pays nu où l'ennemi détruira tout. Il faut se préparer à s'y suffire à soi-même. » Et Davout pouvait répondre : « J'ai soixante-dix mille hommes dont l'organisation est complète; ils ont pour vingt-cinq jours de vivres. Chaque compagnie compte des nageurs, des maçons, des boulangers, des armuriers, des ouvriers de toute espèce. Elles portent tout avec elles. Mon corps d'armée est comme une colonie, des moulins à bras suivent. Tous les besoins sont prévus, tous les moyens d'y pourvoir sont prêts. »

Ces qualités du vigoureux homme de guerre et de l'habile organisateur, le maréchal Davout les avait montrées dès le premier jour avec une sorte d'originalité saisissante dans ce 3ᵉ corps qu'il avait commandé à sa formation au départ de Boulogne, qui restait sous sa main pendant des années et ne disparaissait à la veille de la guerre de 1812 que pour se fondre dans le 1ᵉʳ corps de l'armée de Russie. Il avait fait de ce 3ᵉ corps ce qu'on a justement appelé une articulation de la première « Grande Armée », un des ressorts d'acier de cette puissante organisation. Il avait eu et il gardait longtemps pour généreux complices ces hommes d'élite, Friant, Gudin, Morand, chefs éprouvés, modèles des divisionnaires. C'était comme un être collectif vivant et agissant. Les généraux ne changeaient pas, les régiments restaient les mêmes, les officiers, même en s'élevant en grade, en recevant les récompenses de leurs services, tenaient à ne pas quitter ce qui était devenu leur famille militaire. Une exacte et sévère discipline régnait au 3ᵉ corps. Le maréchal ne souffrait pas un manquement, il tenait à l'honneur de son corps, — et en revanche il était tout entier à ses soldats, à ses officiers qu'il suivait dans leur carrière, qu'il retenait le plus possible, qu'il défendait au besoin avec ténacité. Ils étaient tous partis ensemble pour la campagne d'Autriche en 1805; ils s'étaient accoutumés à marcher, à combattre ensemble, ils comptaient les uns sur les autres. On savait qu'un ordre donné était un ordre exécuté avec autant de résolution que de ponctualité. Les soldats ne doutaient pas de leurs chefs, les chefs ne doutaient pas de leurs soldats, à qui ils donnaient l'exemple par leur fière contenance. Napoléon, toutes les fois qu'il engageait une opération décisive, savait qu'il pouvait compter sur le 3ᵉ corps, Davout savait qu'il pouvait compter sur Friant, sur Gudin, sur Morand, pour aller au but désigné. C'est la raison des succès à la guerre. C'est ce qui fait qu'à la veille d'une action comme Austerlitz, une division, la division Friant, pouvait faire une marche de trente-six lieues en trente-six heures pour être à la bataille ; c'est ce qui fait que des soldats, sans compter l'ennemi, sans calculer le danger, peuvent livrer des batailles comme celles d'Auerstædt, de Thann, d'Eckmühl, et rester victorieux.

Cette vigueur de commandement qui caractérisait le maréchal Davout n'était pas, si l'on veut, exempte de quelque rudesse. Le maréchal n'était pas en effet ce qu'on appelle un homme facile et ne transigeait pas sur certains points. Ainsi qu'il le disait un jour à Napoléon, il avait sa manière de servir qui n'était qu'à lui, et des sévérités, des exigences qui pouvaient ne pas plaire à tout le monde. Comme il ne s'épargnait pas lui-même, il se croyait le droit de demander beaucoup aux autres ; comme il avait une parfaite intégrité, il n'admettait pas les déprédations, les abus, qui déshonorent la guerre, et comme avec tout cela il avait des succès, il était exposé à avoir contre lui les envieux de sa gloire et ceux qui pensaient avoir eu à souffrir de son autorité. Il se préoccupait peu des récriminations, des jalousies et des plaintes ; il allait droit son chemin, soutenu par un très-fier sentiment du devoir. Il se laissait faire une réputation d'homme terrible qui l'amusait quelquefois et qui avait l'avantage d'en imposer, d'intimider en le dispensant justement de sévir. En réalité il n'était dur qu'en apparence, il avait tous les sentiments d'une nature droite, loyale et généreuse. Je ne parle pas de l'homme privé qui, dans ses rapports de famille, était délicat, passionné et presque romanesque. Dans la vie militaire, s'il se montrait parfois inflexible par honneur ou par devoir, dans l'intérêt même de son armée, il était juste et humain. S'il s'était trompé, il n'hésitait pas à faire justice publiquement à ceux pour qui il avait été sévère, et il n'abandonnait jamais les officiers qui l'entouraient, qu'il captivait. Sensible à l'amitié, fidèle dans ses attachements, il éprouvait et il exprimait l'émotion profonde d'un cœur viril à la mort de Desaix à Marengo, de Gudin à Valoutina, de Duroc à Reichenbach. Emporté par la guerre, il s'arrêtait un instant pour exhaler dans l'intimité un cri de douleur qui ne sortait sûrement pas d'une âme inflexible.

Dans cette carrière agitée, Davout aurait-il eu personnellement à souffrir, pour son caractère ou pour ses succès, des ombrages de Napoléon, d'une sorte de défaveur impériale qui l'aurait poursuivi depuis Auerstaedt en le laissant dans une disgrâce prolongée, en le reléguant au loin? Étrange et peu dangereuse disgrâce, on en conviendra, qui aurait consisté à placer toujours le maréchal au premier rang, à lui confier les plus sérieuses missions, à l'associer à toutes les fortunes de l'Empire, à lui donner les noms des deux belles victoires d'Auerstaedt et d'Eckmühl, à le mettre au poste de confiance du ministère de la guerre dans la crise terrible et définitive des Cent-jours, à en appeler enfin sans cesse à son dévouement. Napoléon, sans ignorer ce que disaient du maréchal les envieux de sa gloire et les malveillants, ne s'y arrêtait pas; de tous ses lieutenants Davout était celui dont il pouvait le moins douter. Le maréchal, de son côté, ne se tenait nullement pour un disgracié lorsqu'il était le lieutenant de l'Empereur à Varsovie, à Hambourg, ou à la tête de l'armée d'Allemagne à Erfurt, lorsqu'il recevait les titres de duc d'Auerstaedt et de prince d'Eckmühl, quand il se voyait comblé de faveurs et de dotations. Il pouvait avoir jusque dans la fortune ses déplaisirs ou ses froissements intimes ; il avait certainement sa fierté et son orgueil qu'il n'abaissait ni devant ses rivaux, ni devant leur chef à tous. Il n'avait pas même l'idée de se plaindre de Napoléon, à qui il restait profondément attaché, invariablement dévoué, non pour les récompenses qu'il en recevait, mais parce qu'il voyait en lui la représentation vivante et couronnée de la France nouvelle, et aussi parce qu'il subissait la séduction de celui qui était pour tous le plus glorieux, quoique souvent le plus difficile des maîtres.

Pour lui, l'Empereur, qu'il ne séparait pas de la France, restait toujours hors de question, au-dessus de tous les griefs, des petites passions de cour ou d'état-major. Il n'avait pas même la pensée de sortir de son rôle vis-à-vis de Napoléon, et le jour où, tout couvert encore de la gloire d'Auerstædt, désigné pour entrer le premier à Berlin, il recevait des mains des magistrats les clefs de la ville, il les leur rendait en disant qu'elles « appartenaient à plus grand que lui ». Il mettait son ambition à être un lieutenant fidèle, habile et résolu, toujours prêt à remplir ses devoirs, sans voir partout des apparences de défaveur ou des injustices, disant au besoin la vérité avec indépendance sans s'inquiéter des conséquences, passionnément dévoué sans obséquiosité et sans servilité. Il avait peut-être les inconvénients de sa forte nature, qui lui attiraient des jalousies et des inimitiés promptes à interpréter jusqu'à un regard du maître ; il en avait aussi les avantages, que Napoléon connaissait mieux que tout autre, dont il n'avait pas envie de se priver, sachant bien que là où il placerait un tel lieutenant, tout ce que peut l'énergie d'un homme serait fait pour l'exécution de ses ordres, pour le succès de ses combinaisons.

IV

Le maréchal Davout avait eu, en quelques années, bien des occasions de déployer ces qualités militaires, cette force de caractère, tous ces dons du capitaine et de l'administrateur qui avaient fait son originalité d'homme de guerre et sa renommée grandissante. Il avait montré ce que peuvent l'audace et l'intrépidité suppléant au nombre, à Auerstædt et à Thann, ce prélude de la bataille d'Eckmühl; il avait montré ce que peut le zèle expérimenté de l'organisateur, dans ses commandements d'Allemagne, de Pologne, de Hambourg; ce que peut l'héroïsme d'un dévouement opiniâtre, à l'arrière-garde de la retraite de Russie. Une des dernières et des plus tragiques circonstances où il ait eu l'occasion de se montrer lui-même tout entier, c'est cette défense de Hambourg, par laquelle il illustrait le déclin de l'empire au nord de l'Europe, tandis que Napoléon, sur le sol de la France, retrouvait toutes les ressources de son génie, l'éclat de ses premières inspirations, pour disputer pied à pied le terrain à l'invasion.

Avec moins d'orgueil, l'Empereur eût sans doute compris bien vite que, par un système démesuré de conquête et de domination qui multipliait ses points vulnérables, il s'était créé d'avance de singulières difficultés de défense; il aurait reconnu que s'obstiner à ne rien abandonner, laisser de très-importantes garnisons à Danzig, à Hambourg, c'était se priver de forces sérieuses qui auraient été bien utiles au cœur de la France envahie. Il avait persisté à espérer contre l'espérance; il avait cru pouvoir jouer le tout pour le tout; il se croyait encore près de revenir sur l'Oder quand il se battait déjà sur la Marne. Dès qu'il avait pris la redoutable résolution de tout défendre jusqu'aux bouches de l'Elbe, sous prétexte que la 32ᵉ division faisait partie de l'Empire, le prince d'Eckmühl, — il portait ce nom depuis 1809, — était assurément l'homme le mieux fait pour tenir le drapeau de la France à cette extrémité de l'Europe. Le maréchal avait suivi la Grande Armée, ou ce qui restait de la grande armée de Russie, sur la Vistule, puis sur l'Oder, puis sur l'Elbe, entre Dresde et Magdebourg, où il se retrouvait au commencement de 1813. Il avait été retenu sur cette dernière ligne par la volonté de l'Empereur, qui l'employait à la réorganisation de l'armée pour la campagne prochaine, et, chose à remarquer, malgré les cruelles épreuves qu'il venait de subir, il était peut-être, entre tous les chefs militaires, celui qui montrait l'âme la plus forte, la résolution la plus virile. Il ne doutait nullement encore de la fortune de Napoléon, il s'irritait de la précipitation avec laquelle on avait quitté la Vistule. Le maréchal avait été chargé de défendre surtout le bas Elbe, de reprendre Hambourg un moment perdu, et Hambourg une fois repris, il avait la mission de former un 13ᵉ corps destiné à concourir aux opérations de la guerre nouvelle qui s'ouvrait victorieusement, au mois de mai, à Lutzen et à Bautzen.

Il avait tenu la campagne avec son corps dans le Mecklembourg tant qu'il avait pu, jusqu'à l'échec des troupes françaises sur la route de Berlin, jusqu'à la catastrophe de Vandamme à Kulm, jusqu'au désastre plus grand encore de Leipzig, ce cruel anniversaire d'Iéna (14 octobre 1813). Séparé de tout désormais, n'ayant plus de communication avec la France et avec l'Empereur, il s'était trouvé dans la position d'un chef militaire réduit à ne plus pouvoir compter que sur lui-même, sur ses propres forces, sur son énergie. Il se voyait abandonné par les Danois, un instant alliés de la France; il se voyait menacé par les Suédois et les forces russes, qui marchaient de tous côtés sur le bas Elbe. Il n'avait plus d'autre ressource que de s'enfermer avec son armée, près de 40,000 hommes, dans Hambourg, où, depuis quelques mois, la prévoyance de l'Empereur avait fait accumuler les travaux de fortification, où le maréchal lui-même avait présidé à l'organisation de la défense, avec le concours du colonel du génie Deponthon, d'un ingénieur éminent, M. Jousselin, de l'intendant des finances, M. de Chaban, de ses généraux, de ses officiers, unis dans la même pensée. A partir des premiers jours de novembre 1813, le siége de Hambourg avait commencé pour ne plus s'interrompre pendant cinq mois.

Cinq mois durant, en effet, se déroulait cette lutte, à laquelle le maréchal Davout s'était préparé en accumulant les approvisionnements, en se hérissant d'ouvrages de toute sorte, et qu'il soutenait maintenant contre une armée nombreuse avec une indomptable énergie. Vainement avec l'hiver l'Elbe avait gelé et offrait aux assaillants de dangereuses facilités pour leurs opérations : le maréchal redoublait d'industrie et de vigueur, veillant à tout sans repos, adoucissant autant que possible les souffrances de ses soldats et enflammant leur courage par son exemple, faisant face à toutes les difficultés, répondant aux attaques par d'audacieuses sorties, allant chercher l'ennemi jusque dans ses retranchements. La configuration même de la place, la complication des travaux sur les deux rives, sur les divers bras du fleuve, sur les îles, ajoutaient grandement aux difficultés de la défense et faisaient de cette lutte un drame plein de péripéties toujours nouvelles. Que le commandant de Hambourg, dans ce duel contre une armée incessamment grossie autour de lui, se permît, comme on l'en a singulièrement accusé après coup, d'éloigner les bouches inutiles, d'abattre quelques maisons gênantes pour la défense, de se servir des ressources de la Banque pour suffire aux dépenses du siége, c'est possible. Le maréchal s'inspirait des circonstances, en conciliant toujours l'humanité avec ses obligations, avec les sévérités inévitables d'un grand siége. Il se conduisait en chef uniquement, passionnément préoccupé de l'honneur, de la sûreté, de l'inviolabilité de la place dont il était le gardien. Quels que fussent les événements qui se passaient au loin, qu'il connaissait à peine, il entendait tenir à outrance, sans se troubler de son isolement, sans espoir de secours, par un sentiment profond de devoir militaire, — et il tenait, réussissant par sa contenance superbe, à bien montrer aux Russes qu'il ne se laisserait pas forcer. Il avait traversé victorieusement l'hiver, la saison la plus défavorable; il se flattait, avec le printemps, d'ajouter à ses ressources, de refaire son armée, fort éprouvée, quoique toujours courageuse, de pouvoir, en un mot, prolonger la défense, lorsque tout à coup, vers la mi-avril 1814, éclatait aux portes de Hambourg la nouvelle des événements de France, de la prise de Paris par les alliés, de l'abdication de Napoléon à Fontainebleau, de la restauration des Bourbons!

La situation était nouvelle autant que critique pour des chefs qui, depuis cinq mois, soutenaient un siége sous le drapeau de l'Empire, et qui se trouvaient subitement en face d'une révolution qu'ils ne connaissaient d'abord que vaguement par le camp ennemi. Que faire dans ces circonstances? Le maréchal Davout n'hésitait pas, ne cherchait pas à ruser avec lui-même, avec le devoir du soldat. Il n'avait reçu encore aucun ordre, aucune nouvelle directe; il n'avait pas été relevé du poste dont il avait la garde; il était résolu à le défendre jusqu'au bout. Il déclinait toutes les ouvertures, les offres de négociation pour la reddition de la ville, et à tout ce que lui transmettaient les Russes, il répondait en renvoyant l'article du règlement sur la défense des places interdisant d'accueillir les nouvelles communiquées par l'ennemi. Aux attaques que l'ennemi tentait, en se couvrant du drapeau blanc, pour essayer d'avoir par subterfuge ce qu'il n'avait pu conquérir jusque-là par les armes, le maréchal répondait par la force, par le feu de ses batteries. Il demeurait en garde contre toute surprise, décidé à se faire respecter, acceptant seulement d'envoyer un de ses officiers à Paris pour avoir des nouvelles et recevoir des ordres. Il ne prétendait pas balancer le destin qui s'accomplissait loin de lui et traiter de parti pris en ennemi ce drapeau blanc qu'on lui présentait, que ses soldats ne connaissaient pas; quel que fût le gouvernement élevé à Paris, il se faisait une obligation stricte de garder intact jusqu'à la dernière heure le dépôt qui lui avait été confié, de ne pas le livrer, surtout, par une capitulation qu'il avait acquis le droit de ne pas subir, et par cette vigoureuse attitude, il restait en état de ne remettre la ville et le commandement qu'à un Français, à un de ses anciens lieutenants, au général Gérard, envoyé au commencement de mai 1814 par le roi Louis XVIII. Il avait réussi à dégager l'honneur militaire, à sauver une armée de près de 30,000 hommes, qui pouvait rentrer en France avec ses canons, avec son matériel, sans avoir capitulé. On aurait dû lui en savoir gré à Paris. Les passions du jour se hâtaient, au contraire, de diffamer l'héroïque défense; mais les passions se sont éteintes depuis longtemps, et le siége de Hambourg reste, pour tous ceux qui ont à défendre des places, un éternel modèle par la vigilance, l'esprit de ressources, la stoïque intrépidité, le sentiment du devoir militaire de celui qui, dans un cadre restreint, est là tout entier avec ses sérieuses et fortes qualités.

Une autre, une dernière épreuve attendait le défenseur de Hambourg, et celle-ci d'un ordre peut-être plus compliqué. Le prince d'Eckmühl était revenu en France aussitôt après le dénoûment de l'affaire de Hambourg, et il s'était même fait un point d'honneur de marcher avec une des colonnes de ses anciens soldats. Mal accueilli, traité avec méfiance par le nouveau gouvernement, quoiqu'il n'eût témoigné aucun sentiment d'hostilité pour les Bourbons, il avait reçu l'ordre de rester provisoirement hors de Paris. Il avait vécu dans la retraite, à Savigny, uniquement occupé de défendre les actes de son commandement de Hambourg par un mémoire au Roi qui dissipait toutes les obscurités, bien étranger assurément à toute conspiration, passant néanmoins toujours pour suspect. Il était resté libre de tout engagement personnel, pendant ces mois de la première Restauration, et c'est ainsi qu'aux Cent-jours, le soir même du 20 mars 1815, seul peut-être parmi les maréchaux, il pouvait, sans manquer à sa parole, accourir aux Tuileries, auprès de Napoléon, qui, retrouvant en lui un vieux compagnon, l'ami des premiers temps, se hâtait de le choisir pour ministre de la guerre du règne recommençant.

Le maréchal, qui n'était pas venu pour chercher des faveurs, qui n'avait été conduit aux Tuileries que par un attachement toujours vivant pour Napoléon, avait, à vrai dire, des scrupules et se défendait vivement d'être ministre de la guerre. Il invoquait la réputation de rudesse qu'on lui avait faite, ses habitudes d'exigence, sa manière de servir qui n'était pas celle de tout le monde et qui pouvait créer des difficultés; il ne refusait pas son dévouement qu'il était prêt à donner tout entier, partout, excepté au ministère de la guerre. L'Empereur, alors, dans un entretien intime, n'hésitait pas à lui dévoiler ce qu'il ne voulait pas avouer à d'autres, la gravité de sa situation, son isolement en face de l'Europe coalisée; il ne lui cachait pas que le jour où il devrait partir encore une fois pour l'armée, il avait besoin de laisser un homme sûr à Paris; que cet homme, c'était lui, Davout, et il terminait l'entretien en disant : « Je suis seul!... voulez-vous m'abandonner? » Le maréchal, devant cette confiance virile, n'insistait plus, acceptait tout, et pour trois mois, à dater du soir du 20 mars, il était le ministre de la guerre le plus actif, s'employant jour et nuit à rétablir partout l'autorité impériale, à rallier les dissidents, à refaire avec l'Empereur une armée que la marche des événements ne rendait que trop nécessaire.

Ce n'était cependant encore que la première partie de la crise ouverte par le prodigieux et fatal retour du 20 mars. La guerre était inévitable et imminente, Napoléon le savait bien; elle ne pouvait tarder à éclater, et à peine engagée après le 10 juin, sur la frontière de Belgique, elle se dénouait par un coup de foudre, par cette tragique bataille qui n'était connue d'abord que sous le nom de Mont-Saint-Jean, qui est restée dans l'histoire la bataille de Waterloo. La bataille de Ligny, gagnée la veille sur les Prussiens, n'avait été qu'un dernier et trompeur sourire de la fortune voilant le redoutable inconnu du lendemain.

Ici le drame se serrait d'une terrible façon. Aux premiers moments du retour de l'Empereur, non plus aux Tuileries, mais à l'Élysée, au lendemain de Waterloo, le maréchal Davout, ce n'est point douteux, ne voyait qu'un moyen possible de salut. Il conseillait au grand vaincu de suspendre les Chambres, de rallier l'armée et de faire appel au patriotisme de la France pour tenir tête résolûment à la coalition victorieuse, à une invasion nouvelle. Il avait l'énergie d'un homme prêt à soutenir une guerre nationale sous les ordres d'un chef qui pouvait renouveler les prodiges de la dernière campagne de France; mais Napoléon, soit qu'il fût sous l'impression de l'effroyable désastre du 18 juin, soit qu'il eût perdu d'un seul coup toute illusion sur son avenir, se décidait à une seconde abdication qui cette fois ne pouvait qu'être définitive. Dès lors, tout se trouvait singulièrement changé, et pour la France et pour les hommes aux prises avec les événements, surtout pour le ministre de la guerre demeuré généralissime avec une commission exécutive de gouvernement, — chargé de la suprême défense du pays. A quoi s'arrêter? Napoléon avait disparu par son abdication; une tentative nouvelle de sa part eût diminué sa dignité; il ne comptait plus! Napoléon II, proclamé un instant, n'était visiblement qu'un expédient éphémère qui ne décidait rien, qui ne serait pas admis par l'Europe. Le maréchal Davout le voyait, son âme vigoureuse se débattait sous le poids de toutes les impossibilités, de toutes les nécessités. Il avait à vaincre en lui-même des sentiments intimes, des idées, des préjugés, il l'avouait. Il ne tardait pas cependant à reconnaître que, Napoléon une fois disparu, il n'y avait plus d'autre solution que de rappeler spontanément les Bourbons en demandant au Roi Louis XVIII de rentrer dans la capitale « sans les troupes étrangères qui ne devaient jamais y mettre les pieds ».

On a dit quelquefois que le prince d'Eckmühl, avec sa mâle candeur de soldat, avait été dupé par Fouché, qui avait fait jouer au maréchal un rôle qu'il n'osait pas trop avouer et prendre lui-même aux premiers moments de la transition. Le maréchal n'était pas la dupe de Fouché. Il disait ce qu'il pensait, il obéissait à une conviction déterminée par « la plus irrésistible nécessité » : il proposait simplement de faire avec franchise, par patriotisme, par un acte de raison courageuse, ce que le remuant et louche duc d'Otrante poursuivait par des intrigues, avec des calculs intéressés. Dans tous les cas, quoi qu'il arrivât, le maréchal Davout avait devant les yeux un point de ralliement invariable, l'honneur militaire qui se confondait pour lui avec l'honneur national. Il ne perdait pas un instant pour rappeler sous Paris les débris de l'armée du Nord avec tout ce qu'il pouvait rassembler de forces; il se mettait en mesure de tenir tête aux armées alliées qui s'approchaient de Paris. Bien que toujours ministre de la guerre et généralissime, il ne pouvait prendre sur lui d'engager la lutte; il aurait été aussitôt accusé de jouer au dictateur, de compromettre par une impatience soldatesque les négociations qu'on était réduit à ouvrir avec les alliés. Il se tenait prêt à se battre, même à se battre à outrance, s'il en avait l'ordre, si l'ennemi voulait imposer des conditions trop dures, — et sans attendre des ordres, ayant à préserver Paris de toute insulte, il livrait à la dernière heure, avec les cavaliers d'Exelmans et de Piré, un brillant combat aux Prussiens de Blücher qui avaient déjà dépassé Versailles. Il restait, en un mot, militaire avant tout dans cette terrible crise, et il le restait encore même après l'inévitable dénoûment, après la convention ou capitulation du 3 juillet, qui, en ouvrant aux alliés les portes de Paris, décidait la retraite de l'armée française derrière la Loire.

C'est, en effet, au ministre de la guerre de la veille, au défenseur de Hambourg, à l'heureux vainqueur d'Auerstædt, que revenait la mission d'être dans cette phase suprême le dernier commandant en chef de ce qui restait d'une grande armée, de ceux que la fureur des partis allait bientôt appeler les « brigands de la Loire ». Quelle étrange fortune ramenait au cœur de la France ce général et ces soldats qui pendant tant d'années avaient parcouru l'Europe, sous un autre chef plus grand qu'eux tous, emporté à cette heure même sur un navire étranger vers une île perdue dans l'Océan lointain! La mission du prince d'Eckmühl était certes aussi douloureuse que difficile, avec une armée mal soumise, passionnée encore pour Napoléon, exaspérée et démoralisée par la défaite, menacée des insultes de l'ennemi qui, sous prétexte de l'observer, la suivait et la harcelait dans sa retraite. Davout était par le fait une sorte de plénipotentiaire de cette armée, dont le gouvernement royal reconstitué affectait de ne plus reconnaître l'existence légale et les droits. Il avait tout à la fois à la défendre contre le gouvernement et à la défendre contre elle-même, contre la désorganisation ; il avait à la maintenir dans l'obéissance et la discipline, à négocier sa soumission en ménageant son orgueil et ses intérêts, à la préserver des offenses de l'ennemi qui s'avançait de toutes parts. Davout conciliait tous ces devoirs avec les plus rares sentiments de patriotisme et d'honneur.

A part l'instinct du soldat qui était si puissant chez lui et qui n'admettait pas le désordre, il comprenait que si l'armée se laissait aller à des excès, elle allait offrir aux alliés un prétexte pour étendre l'invasion, pour dévaster les provinces françaises ; que, si elle restait disciplinée et unie, elle pouvait être pour le nouveau gouvernement, s'il le voulait, une force précieuse dans les négociations avec l'étranger. Il sentait aussi d'un autre côté que le seul moyen de rallier, de gagner cette armée, était de respecter chez les soldats, comme chez leurs chefs, les plus légitimes susceptibilités de l'orgueil militaire. C'était le mobile de toutes ses actions et de son langage dans ses communications avec le nouveau ministre de la guerre, qui était le maréchal Gouvion Saint-Cyr. Le prince d'Eckmühl acceptait loyalement la monarchie nouvelle comme une nécessité; il n'avait sûrement pas la pensée de prendre l'attitude d'un factieux, d'un agitateur militaire : il avait horreur de la guerre civile devant l'ennemi! Il entendait simplement faire sa soumission et la soumission de ses soldats avec dignité, sans désavouer un passé de vingt-cinq ans, sans refuser un dernier salut à un drapeau qui avait été le drapeau glorieux de la France. Il se faisait une obligation de couvrir tous ses officiers, et lorsqu'une ordonnance royale du 24 juillet 1815 ouvrait des listes de proscription où un certain nombre de ses généraux étaient compris, il n'hésitait pas à les défendre avec une généreuse vivacité. Il écrivait aussitôt au maréchal Gouvion Saint-Cyr que si ces généraux étaient frappés pour leurs actes pendant les Cent-jours, il y avait injustice ou méprise, qu'il était seul responsable, puisque, seul, il avait donné, comme ministre de la guerre, les ordres qui avaient été exécutés. Il ne craignait pas d'ajouter avec une tristesse fière que s'il protestait, ce n'était pas par un mouvement de mauvaise humeur, c'était par un sentiment de douleur profonde à la pensée des malheurs nouveaux préparés à la France par ces représailles, — et il sommait le ministre de la guerre de mettre sa protestation sous les yeux du Roi. Il agissait et parlait ainsi jusqu'au bout, jusqu'au jour où il n'avait plus de place à la tête de cette armée de la Loire, que le sage Macdonald recevait la mission de licencier définitivement et de réorganiser.

Puisque le maréchal Davout avait été mêlé si activement à tout ce qui s'était fait depuis quelques mois, particulièrement entre la journée de Waterloo et la rentrée du Roi à Paris, il croyait de son droit, de son devoir de défendre hautement des hommes compromis sous ses ordres, en revendiquant pour lui-même toutes les responsabilités. Il se croyait bien plus obligé encore d'intervenir peu après, dans le procès du maréchal Ney, lorsqu'il était appelé en témoignage et interrogé sur la signification de l'article de la convention du 3 juillet qui promettait une sorte d'amnistie, l'oubli du passé. Le prince d'Eckmühl déclarait nettement, résolûment, que si la convention n'avait pas contenu l'article dont on parlait, qu'il avait réclamé lui-même, qui devait couvrir tous les actes accomplis pendant les Cent-jours, il ne l'aurait jamais signée, il aurait préféré rompre les négociations et recourir aux armes; mais la réaction du moment était plus forte que tous les témoignages, que toutes les déclarations, que tous les conseils de la sagesse et de la prévoyance. Davout ne sauvait pas Ney, il irritait les royalistes, et s'il n'était pas lui-même mis en jugement, condamné, il était tout au moins interné à Louviers, où il restait assez longtemps sous la surveillance de la police! Ce n'est qu'après quelques années, lorsque la Restauration avait eu le temps d'oublier ses colères, de se pacifier et de devenir libérale, sous le ministère de M. de Serre, que le prince d'Eckmühl, déjà réintégré dans sa dignité de maréchal de France, était appelé à la Chambre des pairs. Il entrait dans cette vie nouvelle avec plaisir, sans embarras, gardant, je crois, ses affections intimes, n'ayant néanmoins aucun effort à faire pour concilier ses souvenirs et sa loyauté, pour respecter un ordre nouveau qu'il n'avait pas appelé, mais qu'il avait accepté, — prêt à servir le Roi, qui était pour lui la France, comme l'Empereur avait été la France; mais comme si ces fortes natures ne pouvaient vivre que dans l'action, le prince d'Eckmühl se sentait bientôt atteint dans sa vigoureuse constitution, et il s'éteignait, dans la force de l'âge, le 1ᵉʳ juin 1823.

Avec lui disparaissait encore un des représentants de cette puissante génération militaire de la Révolution et de l'Empire, dont les rangs commençaient à s'éclaircir. Combien avaient déjà disparu! Napoléon, le premier de tous, venait de mourir depuis peu dans son île lointaine. Murat avait péri fusillé en courant après sa couronne sur une plage de Naples. Berthier, la tête perdue, s'était jeté par une croisée d'un château de Bavière, en 1815. Lannes avait eu la mort des héros à Essling. Bessières avait été emporté par un boulet à Lutzen. Duroc avait été enlevé à Reichenbach. Desaix était mort depuis longtemps. Davout s'éteignait loin des champs de bataille, en pleine Restauration, à cinquante-trois ans. Il avait assez vécu pour rester une des plus fières et des plus saisissantes images d'une grande époque, du commencement du siècle.

P. S. — C'est l'homme de guerre, et rien que l'homme de guerre, qui parle dans ces lettres, rassemblées ici pour répondre à la piété filiale de la comtesse de Cambacérès, dont la rare intelligence, l'élévation de caractère, les qualités de cœur ont charmé tous ceux qui l'ont connue, qui ne peut plus malheureusement aujourd'hui lire cette histoire de son illustre père écrite par lui-même. Toutes ces dépêches ont été recueillies dans les archives, classées par ordre de dates et de campagnes. Tout a été respecté dans le texte, sauf quelques noms qu'il a paru inutile de laisser. Aux lettres du maréchal on a cru devoir joindre les lettres, les ordres, les réponses de l'Empereur qui les éclairent, et l'on a relié l'ensemble par des notes explicatives qui marquent le cours des événements. Le lecteur a ainsi sous les yeux, en quelque sorte, chaque campagne en action jour par jour, et si, malgré les soins qui ont été pris, quelques erreurs se sont encore glissées dans ce long travail, c'est qu'elles auront échappé à une vérification attentive et scrupuleuse. Le nom du maréchal, comme il arrive des anciennes familles, a été assez souvent écrit d'une façon inexacte et même de toutes les façons. Il est certain, sans entrer dans plus de détails, que, jusqu'à la Révolution, la véritable orthographe était *d'Avout;* depuis la Révolution, le maréchal signa toujours *Davout,* jusqu'au moment où il n'a plus signé que duc d'Auerstædt et prince d'Eckmühl. C'est l'orthographe du maréchal lui-même dans ses lettres qui a été respectée. Il est à peine nécessaire de rappeler que ce nom de Davout, duc d'Auerstædt, reste dans nos annales militaires contemporaines, dignement porté par son neveu, qui en a hérité et qui est fait pour continuer dans l'armée française les traditions d'un si illustre ancêtre.

Ch. DE MAZADE.

15 juin 1885.

CORRESPONDANCE
DU
MARÉCHAL DAVOUT[1]

I

CAMP DE BRUGES

La paix entre la France et l'Angleterre avait été signée, sous la forme de préliminaires, à Londres, le 9 vendémiaire an X (6 octobre 1801), et consacrée définitivement, sous la forme de traité, à Amiens, le 4 germinal an X (25 mars 1802). Cette paix d'Amiens, qui se liait au rétablissement de la paix générale après dix ans de guerre, qui avait été accueillie avec enthousiasme à Londres, et qui était à Paris l'occasion d'une fête publique célébrée le jour de l'anniversaire du 18 brumaire, paraissait alors devoir être durable. Une année avait à peine passé, les plus violents dissentiments s'étaient réveillés entre la France et l'Angleterre au sujet de l'exécution du traité d'Amiens.

Dès le commencement de l'année 1803 (an XI), on touchait à une rupture qui tenait à bien des causes, dont le prétexte immédiat était le refus de l'Angleterre d'évacuer l'île de Malte comme elle s'y était obligée. Un exposé des affaires de la République

---

[1] Au moment où commence cette correspondance, trois années sont déjà passées depuis la constitution du Consulat. Davout n'était pas à Paris au 18 brumaire. Il était encore en Égypte, d'où il n'était revenu avec Desaix que quelques mois après, en germinal de l'an VIII (juin 1800). Desaix n'arrivait que pour aller, à quelques jours d'intervalle, mourir glorieusement à Marengo. Davout avait reçu bientôt après le commandement de la cavalerie à l'armée d'Italie. De cette époque date une lettre au Premier Consul inté-

présenté à l'ouverture du Corps législatif le 1ᵉʳ ventôse an XI (10 février 1803) témoignait des ressentiments que le Premier Consul avait d'ailleurs déjà exprimés dans des conversations avec l'ambassadeur britannique, lord Whitworth. A cet exposé le roi d'Angleterre avait répondu le 8 mars par un message demandant au Parlement des subsides et de nouveaux armements. Dès lors la guerre était devenue inévitable, et le Premier Consul se préparait aussitôt avec son activité extraordinaire à cette lutte nouvelle qui allait prendre des proportions gigantesques, qui dans sa pensée devait se dénouer par une invasion de l'Angleterre. De là cette œuvre militaire qui a gardé dans l'histoire le nom de « camp de Boulogne ». Il s'agissait non-seulement d'assurer la défense des côtes de l'Océan, de préparer les moyens de transport maritime pour une descente en Angleterre, mais d'organiser l'armée d'invasion. Six camps avaient été formés du Texel à Bayonne. Les principaux, ceux qui étaient particulièrement destinés à l'action, étaient le camp de Saint-Omer sous le général Soult, le camp de Montreuil sous le général Ney, le camp de Bruges sous le général Davout, le camp d'Utrecht sous le général Marmont. Davout avait déjà à cette époque, depuis 1801, le commandement des grenadiers dans la

ressante à reproduire, ne fût-ce que pour les pressentiments singuliers qu'elle contient au sujet des affaires polonaises où Davout devait, quelques années plus tard, avoir un rôle :

« *Au général Bonaparte, Premier Consul.*

« Milan, 13 thermidor an VIII.

« Mon Général, j'ai l'honneur de vous rendre compte que votre arrêté qui me donne le commandement de la cavalerie de l'armée d'Italie n'a eu son exécution qu'en partie. L'intention primitive du général Masséna a été de l'exécuter, mais le général Laboissière, qui avait déjà ce commandement, a représenté qu'il était très-ancien général de division : mon intention n'étant pas de faire tort à qui que ce soit, je saute tout détail. Le général Masséna m'a donné le commandement de toute la cavalerie lorsqu'elle serait en ligne, et hors cette circonstance, il commandera et correspondra directement avec le général Laboissière, qui a sous ses ordres la grosse cavalerie qui fait la réserve de l'armée. Par ce tempérament, votre arrêté paraissant être reconnu, j'ai cru devoir m'y conformer. J'avais rejeté toute proposition qui me paraissait s'éloigner de l'exécution de vos ordres, auxquels j'attachais plus d'importance qu'au commandement lui-même.

« On m'a représenté ici comme ne connaissant que l'infanterie ; j'ai décliné des explications, j'ai seulement répondu que si je n'avais pas les talents nécessaires pour le commandement de la cavalerie, la jalousie en aurait d'autant plus de prise sur moi.

« J'ai la plus forte envie, mon Général, de mériter toute votre estime et

garde consulaire, et il était un des hommes sur qui le Premier Consul comptait le plus.

Ces premières formations militaires auxquelles le Premier Consul donnait des soins infinis, tant pour l'organisation des troupes que pour le choix des hommes appelés à les commander, avaient une grande importance. Elles sont devenues le noyau de ce qui allait bientôt s'appeler la « grande armée ». Les troupes du camp de Bruges ont formé ce 3e corps aux trois divisions Friant, Gudin, Morand, que Davout devenu maréchal devait conduire sur tous les champs de bataille, à Austerlitz, à Auerstaedt, etc.

---

1. — LE MINISTRE DE LA GUERRE
AU GÉNÉRAL DAVOUT.

Paris, le 11 fructidor an XI de la République française
(29 août 1803).

Je vous préviens, Citoyen Général, que le Premier Consul, dans son travail du 10 de ce mois, vous a nommé général commandant en chef le camp de Bruges : vous pouvez correspondre immédiatement avec le Premier Consul.

Le camp de Bruges fait partie des camps qui vont être for-

votre confiance, et de vous donner des preuves de mon entier dévouement; j'ajouterai à cela le désir que je vous ai souvent témoigné de faire la guerre sous vos yeux, si elle a lieu.

« Jablonowski est employé sous mes ordres; indépendamment de l'intérêt que je lui porte comme ancien camarade, il s'y mêle encore d'autres motifs. Un je ne sais quoi m'attache à tout ce qui est polonais; qui sait ce qui est écrit dans le grand rouleau? Vous avez dit, il y a quelques années : Donnez à la République de bonnes lois organiques, et l'Europe sera libre. Quelquefois je vous entends, mon Général; ces lois organiques, vous nous les donnez, et le reste se fera, on arrivera. L'Europe vous devra sa civilisation, et la destruction d'une foule de préjugés qui ne seront pas remplacés, comme cela a manqué de nous arriver, par d'autres peut-être encore plus antisociaux. — Mais j'en dis trop pour le temps que vous avez à me donner.

« L. Davout. »

Davout n'avait exercé que peu de temps ce commandement. Il était rentré en France pour être un des généraux de la garde du gouvernement. Il s'était marié à cette époque avec une sœur du général Leclerc, commandant de l'expédition de Saint-Domingue, qui, lui-même, avait épousé Pauline, sœur du général Bonaparte, et il s'était trouvé ainsi associé, presque par un lien de famille, à la fortune consulaire.

més sur les côtes de l'Océan et dont les troupes sont destinées à s'embarquer sur la flottille nationale qui doit porter sur le territoire de l'Angleterre la guerre que cette puissance a voulu faire à la République.

Les opérations militaires des différents camps sont immédiatement commandées par le Premier Consul, comme général.

L'état-major de cette grande expédition est composé ainsi qu'il suit :

Le ministre de la guerre, chef d'état-major général; le premier inspecteur d'artillerie, commandant en chef l'artillerie; le premier inspecteur du génie, commandant en chef l'arme du génie; le citoyen Petiet, conseiller d'État, commissaire général; le citoyen Daru, adjoint; le citoyen Villemanzy, inspecteur en chef aux revues.

Cet état-major, qui sera réuni à Saint-Omer, sera le centre d'où partiront les ordres et les dispositions tant militaires qu'administratives.

Le camp de Bruges que vous commandez sera organisé ainsi qu'il suit :

Le général Dumas, chef d'état-major; le général Sorbier, commandant l'artillerie; le général de brigade Andréossy, commandant le génie; le citoyen Chambon, ordonnateur en chef.

Le camp de Bruges sera composé de trois divisions.

La première sera commandée par le général Oudinot, qui aura à ses ordres les généraux de brigade Debilly, Eppler, Petit; un adjudant commandant, le citoyen Leclerc des Essarts; deux adjoints à l'état-major; un commissaire des guerres, le citoyen Feugères.

La 2ᵉ division sera commandée par le général Durutte, ayant à ses ordres les généraux de brigade Bonnet, Reille; un adjudant commandant, le citoyen Labruyère; deux adjoints; un commissaire des guerres[1].

La 3ᵉ division sera commandée par le général Friant, qui aura à ses ordres les généraux de brigade Grandeau, Serras;

---

[1] Le général Gudin allait être bientôt nommé commandant de cette division.

un adjudant commandant, le citoyen Hervo ; deux adjoints ; le citoyen Rolland, commissaire des guerres.

La cavalerie sera formée d'après de nouveaux ordres qui seront donnés ; mais, en attendant, il sera mis à la disposition du général Davout une brigade de cavalerie formée des :

1er régiment de chasseurs, dont le 4e escadron restera à Gand et les trois premiers à Bruges ;

7e de hussards, qui se rendra à Maëstricht, où restera le 4e escadron ; les trois premiers se rendront à Bruges.

Les trois premiers escadrons de chaque régiment seront complétés au pied de guerre.

Le général Walther commandera la cavalerie, ayant à ses ordres le général de brigade Vialanes, qui commandera la brigade.

Le général Marmont, le général Marescot et le citoyen Petiet vous feront passer l'organisation tant du personnel que du matériel de l'artillerie, du génie et de l'administration destinée à votre armée, en conséquence des dispositions que j'ai arrêtées.

Les officiers de santé et les agents d'administration seront organisés par le ministre de l'administration de la guerre, dans la proportion déterminée par le commissaire général suivant la force des divisions.

Le général Gérard, dit Vieux, commandant la 16e division militaire, ne fera aucun mouvement dans le département de la Lys, sans avoir reçu vos ordres. Il ne donnera également aucun ordre aux dépôts et aux détachements qui font partie des troupes du corps d'armée que vous commandez.

Vous établirez votre quartier général à Bruges. Vous ferez former sur-le-champ deux camps en baraques à Ostende, sur la droite et sur la gauche du port, pour qu'au 1er vendémiaire la 1re et la 2e division puissent s'y baraquer.

Il sera également construit un camp en baraques à Dunkerque pour la 3e division ; tous ces camps doivent être le plus à portée possible des points où les troupes doivent s'embarquer. Les baraques de ces camps seront occupées tout l'hiver ;

les généraux de division et les généraux de brigade seront baraqués au milieu de leur camp.

J'expédie des lettres de service aux généraux employés dans votre armée.

Je vous ferai connaître incessamment ce que le gouvernement aura décidé sur le traitement extraordinaire qui vous sera alloué, ainsi qu'aux généraux employés sous vos ordres.

Le Premier Consul, par son travail du 10, m'ayant autorisé à vous donner des ordres relativement au commandement en chef qu'il vous a confié, vous partirez du 15 au 20 fructidor, pour vous rendre à Bruges, après avoir pris les ordres du Premier Consul [1].

Vous recevrez incessamment votre commission de général en chef. Il est instant que vous vous occupiez d'activer la construction des baraques, qui doivent former les camps d'Ostende et de Dunkerque.

Je vous prie, Citoyen Général, de vous trouver chez moi jeudi matin à dix heures, pour conférer sur les objets dont vous auriez à me parler relativement à votre commandement.

A. BERTHIER.

2. — INSTRUCTIONS POUR LE GÉNÉRAL DAVOUT,
COMMANDANT LE CAMP DE BRUGES.

Paris, le 18 fructidor an XI de la République française
(5 septembre 1803).

Tout se fait, Citoyen Général, pour préparer la grande expédition contre l'Angleterre; mais rien n'est encore terminé.

On travaille à Ostende, à Dunkerque, à la construction de plusieurs chaloupes et de plusieurs batteries. Vous devez favoriser et fournir de tous les moyens qui dépendent de vous ce qui peut activer ces travaux si importants.

---

[1] Lettre du Premier Consul au général Berthier, ministre de la guerre, en date du 16 fructidor : « Donnez ordre aux généraux Soult et Davout de partir le 20 pour se rendre à leur quartier général... » *Correspondance de Napoléon*, t. VIII, p. 511. — Édition in-8°, librairie Plon.

Les ennemis peuvent tenter, par des bombardements, par des attaques de nuit, de retarder tous les travaux. C'est à vous, Général, qu'il appartient de se concerter avec l'amiral Bruix ou le vice-amiral, afin de prendre toutes les mesures possibles pour que les travaux ne soient pas retardés et que l'ennemi ait lieu de se repentir de toutes les entreprises qu'il voudrait faire.

Le premier obstacle que nous ayons à franchir pour arriver au but que le Premier Consul se propose ne peut l'être sans les secours les plus efficaces de la marine.

Un objet important de la conduite des généraux commandant en chef doit consister à vivre en très-bonne harmonie avec l'amiral; encourager, soutenir un corps auquel les individus de l'armée de terre sont disposés à reprocher les malheurs qu'a éprouvés la marine; il faut éloigner ces souvenirs et concilier autant que possible l'affection de la marine et de l'armée de terre; il ne faut pas se dissimuler que nous avons une tâche très-difficile dans cette expédition.

La surveillance des côtes : bien placer les détachements de cavalerie, les batteries mobiles; les inspections fréquentes sur les batteries des côtes, tant pour s'assurer de l'aptitude des canonniers que de l'approvisionnement et de la bonne tenue des batteries, sont des parties importantes et qui doivent attirer les soins du général, sur le service des côtes.

Il doit y avoir un mouvement de bateaux de Dunkerque à Ostende. L'ennemi mettra tous ses soins à l'intercepter : il faut donc que l'armée soit disposée de manière que, lorsque les mouvements auront lieu, les bâtiments de la flottille soient protégés, et par les batteries mobiles et par des détachements de cavalerie et d'infanterie bien placés.

Lorsqu'il y aura des péniches et des bâtiments en rade, l'amiral doit les faire sortir; on doit alors y mettre des garnisons, ainsi qu'il a été ordonné. Il est extrêmement nécessaire que ces soldats s'accoutument à manier les avirons, car nous n'aurons jamais assez de matelots si les soldats ne s'exercent pas à ramer.

Une fois le détroit passé, on aura à faire une campagne

d'hiver; il faut donc veiller à ce que le soldat ait tout ce qui lui est nécessaire.

Une grande partie de l'armée est composée de conscrits; il est donc important de veiller à ce que dans les cantonnements et aux corps les soldats s'exercent fréquemment; les conscrits particulièrement doivent faire souvent l'exercice à feu.

Les ordres ont été donnés pour la formation des camps à Dunkerque et à Ostende; il est important qu'ils puissent être placés de manière que dans un quart d'heure l'armée puisse s'embarquer si cela était nécessaire.

Telles sont, Citoyen Général, les principales idées sur lesquelles vous devez baser vos ordres et vos dispositions.

Les baraques pour les soldats doivent être faites de manière à pouvoir y passer l'hiver.

Quant aux officiers généraux, le Premier Consul ne tient pas à ce qu'ils aient des baraques en planches, au milieu du camp, ce qui serait très-cher; ils pourront occuper les maisons qui se trouvent à portée des troupes dont le commandement leur est confié.

Je préviens le général Belliard qu'il ne doit donner aucun ordre dans l'île de Cadzandt, ni faire aucun mouvement qu'après en avoir obtenu votre agrément.

A. BERTHIER.

3. — AU MINISTRE DE LA GUERRE.

23 fructidor an XI (15 septembre 1803).

J'ai l'honneur de vous rendre compte que je suis arrivé hier à Bruges. Je vais me rendre à Ostende pour y reconnaître l'emplacement qui sera destiné à faire baraquer deux divisions à la droite et à la gauche du canal suivant les intentions du Premier Consul.

…Avant de rendre compte au Premier Consul de la situation de l'armée, je veux parcourir la côte afin de lui faire connaître les dispositions que j'aurai prises pour l'exécution de ses ordres, où en sont au juste les constructions maritimes.

Le service des vivres et fourrages paraît assuré. Le 22, le général Monnet croyait à une attaque prochaine contre l'île de Walcheren; je n'y crois point [1].

Il n'y a rien de nouveau sur la côte depuis cinq ou six jours, si ce n'est que d'Ostende à Nieuport on a aperçu quinze voiles anglaises qui faisaient route dans la Manche.

J'ai envoyé un officier à Breskens qui communiquera tous les jours avec le général Monnet.

L. DAVOUT.

4. — AU PREMIER CONSUL.

28 fructidor an XI (10 septembre 1803).

Mon Général, j'ai prévenu le ministre de la guerre de mon arrivée, et lui ai mandé que je voulais avoir le temps de me mettre au fait du commandement que vous m'avez confié, et me procurer des renseignements sur les divers objets que me prescrivent vos instructions avant d'avoir l'honneur de vous rendre compte de l'exécution de vos ordres.

Trois objets m'ont été particulièrement recommandés :

1° La prompte organisation de l'armée et la faire baraquer pour le 1er vendémiaire dans les camps sous Ostende et Dunkerque;

2° Les constructions maritimes;

3° Défense des côtes et particulièrement Ostende.

1° *La prompte organisation de l'armée, etc.*

La 13e légère, les 51e, 61e, 108e et 111e de ligne, qui sont les seules troupes parvenues dans l'arrondissement du camp de Bruges, seront baraqués d'ici au 1er vendémiaire sous Ostende dans deux camps que j'ai reconnus sur les dunes à la droite et à la gauche de cette place, de manière à remplir vos intentions pour la proximité des lieux d'embarquement.

---

[1] Le général Monnet avait le commandement de l'île de Walcheren, sous Davout.

La position des camps est la plus saine du pays, et ayant fait creuser dans les dunes sur toute la ligne à 3 pieds de profondeur, on a trouvé de l'eau meilleure que celle dont on fait usage à Ostende.

Les baraques sont faites avec deux perches de sapin et couvertes de joncs. Cette couverture est préférée à la paille dans le pays, qui offre sous ce rapport assez de ressources.

J'ai envoyé pour commander provisoirement la division qui doit se rassembler sous Dunkerque, le général de division Durutte, le seul que j'eusse encore. Ce camp sera baraqué à peu près à la même époque.

Les divers services sont assurés.

Quant à l'artillerie, je n'ai encore connaissance que de la nomination du général Sorbier; j'ai deux faibles compagnies d'artillerie à pied employées à la défense d'Ostende.

2° *Constructions maritimes.*

Toutes celles ordonnées à Ostende seront prêtes pour l'époque convenue dans les marchés, à l'exception de deux prames qui n'avancent point faute de bois. J'espère lever ces obstacles d'ici à quelques jours.

A Bruges, les péniches et quelques autres bâtiments seront prêts. J'ai trouvé à mon arrivée une grande mésintelligence qui arrêtait la construction de deux prames dont on a seulement placé les quilles. Ces obstacles et d'autres sont levés, et les chantiers sont en pleine activité. Sous trois mois on a l'espérance d'avoir les deux.

A Gand, le rapport ci-joint de mon aide de camp que j'avais envoyé pour cet objet, vous fera connaître les retards et les motifs.

A l'égard d'Anvers et des autres endroits où l'on construit, il y a encore plus de lenteur. Je suis informé qu'on vous en a rendu compte particulièrement.

3° *Défense des côtes, et particulièrement d'Ostende.*

Ostende est dans un état satisfaisant, et on le doit à l'activité et à l'intelligence du contre-amiral Magon. Je regrette qu'il ait reçu une autre destination.

La batterie du musoir de l'est est ausssi avancée que les terres l'ont permis.

Dès que j'aurai des pièces de campagne, j'établirai le service des batteries mobiles.

66 bateaux de pêche de Blankenberg sont entrés à Ostende dans la nuit du 27. On a eu beaucoup de peine à faire sortir les maîtres pêcheurs et à les y conduire. C'est le pilote dont vous avez placé le fils à Compiègne qui est sorti le premier, et a déterminé les autres par son exemple.

Le général Durutte me mande que les bateaux canonniers sont partis pour Boulogne le 27 à dix heures du matin.

Les rapports du général Monnet annonçant toujours l'attaque de l'île de Walcheren, et quelques autres circonstances, ont porté mon attention sur la défense de l'île de Cadzandt : la mauvaise saison pour les maladies ne me permettant que d'y tenir des postes, j'ai fait reconnaître toutes les communications par lesquelles je me propose de m'y porter rapidement avec deux demi-brigades à la première annonce que j'aurai de l'approche de l'ennemi. A cet effet, je tiens à Ecloo la 13ᵉ légère qui se portera par Ardenbourg sur Groede et la 61ᵉ par l'Écluse (où les moyens de passer le Swin sont préparés) sur l'estran pour attaquer les Anglais par les derrières, en supposant qu'ils eussent effectué un débarquement et marché sur Breskens. Ma dernière brigade, dans ce cas, aurait l'ordre de se porter à l'Écluse pour servir de réserve.

Comme il n'existait à Breskens qu'un seul mortier, j'ai donné les ordres pour qu'on y en transportât quatre qui existaient à Nieuport entièrement inutiles.

Demain, je vais avec le général Dumas dans l'île de Cadzandt.

Je dois vous faire connaître, mon Général, que la besogne d'un général en chef, avec un chef d'état-major comme le général Dumas, devient bien plus facile.

Respect et dévouement sans bornes.

P. S. — Je reçois à l'instant une lettre du général Monnet. J'ai l'honneur, mon Général, de vous la faire passer.

5. — AU PREMIER CONSUL.

1ᵉʳ vendémiaire an XII (24 septembre 1803).

Mon Général, j'ai été obligé de retenir quelques heures votre courrier pour pouvoir me procurer quelques états qui m'étaient nécessaires pour satisfaire aux ordres que vous me donnez par votre lettre du quatrième jour complémentaire [1].

Je commencerai par vous rendre compte du baraquement, qui m'a presque exclusivement occupé depuis mon arrivée.

CAMP ET BARAQUE.

J'ai l'honneur de vous adresser :
1° Le plan d'une baraque de soldats ;
2° Celui d'une baraque d'officier ;
3° Celui des deux camps d'Ostende.

De tous les différents modèles de baraques que nous avons essayés, c'est celui que je vous présente qui nous a paru le plus convenable.

Depuis trois jours tous les matériaux nécessaires pour baraquer les troupes présentes sont rendus sur le terrain à Ostende, et demain ils le seront à Dunkerque. D'ici au 4, tous ceux nécessaires pour toutes les troupes qui doivent faire partie du camp de Bruges seront rendus dans ces deux endroits.

Les soldats prendront possession des baraques qu'ils construiront lorsque les bidons, marmites et couvertures seront arrivés ; nous avons l'espoir d'avoir demain les trois premiers

---

[1] Lettre du Premier Consul (4ᵉ jour complémentaire de l'an XI, 21 septembre 1803) donnant des ordres et des instructions, demandant l'état de situation de la flottille, des constructions à Nieuport, Ostende et Flessingue. Le Premier Consul ajoute : « Je ne saurais trop vous recommander la santé des troupes ; cet article est bien important. Si Nieuport est malsain, tenez-y très-peu de monde ; si la saison est encore malsaine à Ostende, retardez de quinze jours vos campements et asseyez vos camps dans des endroits salubres. C'est la première de toutes les considérations. » (*Correspondance de Napoléon*, t. VIII, p. 546.)

articles ; mais quant aux couvertures, le commissaire général Petiet n'en a encore pas à sa disposition.

Vos intentions, mon Général, sont remplies pour l'emplacement des camps ; ils sont assis dans les endroits les plus sains de la côte ; et en outre le corps le plus éloigné du chenal peut y être rendu dans moins de vingt minutes : en creusant dans le bas des dunes, on trouve sur toute la ligne de l'eau meilleure que celle d'Ostende.

Le colonel du génie Touzard nous a été fort utile pour le détail du tracé du camp. Il nous a aussi indiqué un moyen prompt de purifier l'eau la plus corrompue ; il consiste à la faire filtrer à travers du charbon pilé dans une chausse de flanelle : l'expérience faite sous mes yeux ayant complétement réussi, je l'ai adoptée comme dernière précaution, fût-elle surabondante. Je ferai délivrer une de ces chausses à chaque ordinaire de baraque ; cet objet est peu coûteux.

ARTILLERIE.

6 pièces de 36 viennent d'arriver de Luxembourg ; mais les 8,000 boulets de ce calibre attendus, n'arriveront qu'avec les 4 mortiers expédiés de Strasbourg ; je les désire d'autant plus que nous n'en avons point de ce calibre à Ostende.

La plupart de ces pièces manquent d'affûts ; le ministre a ordonné au directeur de Bruges d'en construire ; cet ordre est inexécutable : chefs ouvriers, ouvriers, outils, bois, fer, arsenal, dessins, argent, rien de tout cela n'existe.

Jusqu'ici, on a attendu pour construire les affûts des trois pièces de 36 qui doivent tirer sur l'angle de 45 degrés, un officier ouvrier que le général Marmont avait annoncé ; il n'arrive point. On va se servir d'un capitaine du 8e à pied qui est ici depuis quelques jours et qui est en état de diriger le travail.

Je vais inviter tous les commandants des principaux endroits qui se trouvent sur les canaux par où doivent passer les mortiers venus de Strasbourg, à concourir de tous leurs moyens pour en accélérer l'arrivée.

A l'égard des mortiers, je crois devoir, mon Général, vous donner l'extrait d'une lettre du directeur d'artillerie de Strasbourg à celui de Bruges :

« Trois desdits mortiers ont été coulés pleins et forés ensuite ; le quatrième a été coulé à noyau. Ils sont tous remplis de tant de défauts qu'ils auraient été certainement mis au rebut, si l'on n'était pas si pressé d'envoyer des mortiers sur la côte, et si le fondeur ne prétendait pas qu'ils ne peuvent être à son compte, et qu'il n'est pas responsable des pièces de nouveau modèle. Ces mortiers, dont la chambre contient 21 et jusqu'à 23 livres de poudre, ont porté les bombes à 1700 et quelques toises. »

On manque totalement à Ostende de roches à feu, d'étoupilles, de lances à feu, de fusées à bombes chargées, de fusées de signaux, de fusées pour obus de 6 pouces. Ces demandes ont été faites au directeur de Douai par celui de Bruges, les 28 thermidor et 26 fructidor ; il n'y a eu aucune réponse.

Voici la note de la quantité des objets demandés, et que le directeur de Bruges a jugés nécessaires :

Des roches à feu pour le chargement de 12,000 bombes ;
Étoupilles, 30,000 ;
Des lances à feu à préparation des étoupilles ;
Fusées à bombes chargées, 6,000 ;
Fusées de signaux, 400 ;
Fusées pour obus de 6 pouces, 1200.

Il est d'autant plus instant de faire droit à cette demande qu'il n'existe aucun artifice, et aucun moyen d'en construire.

Le ministre a ordonné le 29 fructidor de mettre à la disposition de la marine 42 pièces de fer de 24 et de 18 ; 27 le seront ces jours-ci, le restant le sera lorsque les pièces de bronze seront arrivées, pour ne point dégarnir les batteries de côte, et l'on remplacera les pièces de fer par celles de bronze à mesure qu'elles arriveront.

8 mortiers placés à la gauche du phare le sont sur affûts de 10 pouces trop légers de 700 à 800 livres. On y a remédié par un madrier placé en biais au recul. Mais il est à craindre que cela ne résiste point à un long feu.

Les 4 mortiers de Nieuport que j'avais destinés pour la batterie de Breskens ont été dirigés sur Ostende.

Je vais faire faire, mon Général, les diverses expériences sur la laisse de basse mer que vous me prescrivez; j'aurai l'honneur de vous en adresser les différents procès-verbaux. Je n'ai pas encore reçu du ministre de la guerre l'état de la flottille et de ce qui sera envoyé sur chaque bâtiment. Aussitôt qu'il y aura des bâtiments de prêts, je suis convenu avec le contre-amiral Emeriau d'y faire mettre des garnisons de soldats que l'on changera pour les exercer au canon, à la rame, etc.

Le mémoire ci-joint que m'a remis la chambre d'Ostende il y a quelques jours vous fera connaître l'état des travaux de ce port. Les faits avancés sont exacts, je les ai vérifiés.

L'ingénieur qui a fait les derniers travaux à l'écluse de Slyckens est vivement désiré par la chambre de commerce, pour mettre à exécution toutes vos intentions sur ce port qu'il connait particulièrement.

Les ventes de terre que vous avez ordonnées ne se font pas; elles produiront peu de choses, tant que le barrage ne sera pas entrepris.

Le quai de Nieuport, suivant le rapport de l'ingénieur, sera achevé le 25 vendémiaire, ainsi que les portes d'ebbe qui manquent à l'écluse du canal d'Ypres qui débouche dans ce port.

Les deux divisions de corvettes de pêche à Ostende ne sont pas encore prêtes : les états de situation ci-joints des bâtiments armés et à armer vous donneront connaissance de ce qui existe à Ostende, Nieuport, Bruges et Gand.

Quelque longue que soit cette lettre, mon Général, je ne peux la finir sans vous faire connaître que nous avons trouvé tout le zèle et la bonne volonté possibles dans les préfets de la Lys et de l'Escaut.

J'enverrai ces jours-ci dans l'île de Cadzandt Touzard pour examiner la situation de la batterie de Breskens, et projeter un ouvrage fermé qui la mette à l'abri d'un coup de main.

12 ou 15 voiles de guerre ont paru ces jours derniers devant Flessingue.

Le général Monnet a reconnu qu'on lui avait fait de faux rapports au sujet de la sortie de l'expédition préparée à Margatte; et en effet tous les vaisseaux neutres qui sont arrivés à Ostende n'ont point fait mention qu'ils l'eussent rencontrée en mer.

Un bâtiment sous pavillon neutre est entré il y a deux jours à Flessingue; les papiers ayant été reconnus faux, le général Monnet l'a fait saisir, le capitaine était Anglais.

Dans une tournée dans l'île de Cadzandt, on m'a rendu compte qu'on avait remarqué des bateaux avec des flambeaux sur la côte de Walcheren, et qu'on présumait que c'était pour relever des sondes.

L'officier que j'ai envoyé à Breskens n'étant pas arrivé, je prends le parti d'expédier votre courrier. Demain, j'aurai l'honneur de vous faire passer la situation de la flottille de l'île de Walcheren.

6. — AU PREMIER CONSUL.

2 vendémiaire an XII (25 sept. 1803).

Mon Général, j'ai l'honneur de vous adresser :

1° La situation actuelle des constructions maritimes bataves et françaises dans le port de Flessingue;

2° Une carte de l'île de Walcheren avec tous les moyens de défense de l'île en artillerie, et les forces françaises et hollandaises qui existent dans les rades.

Je vous ferai faire sur ce modèle le plan d'Ostende; on y joindra les sondes à partir du banc du stroom jusqu'au chenal.

J'ai oublié de vous parler hier des signaux établis sur la côte. Ils ne sont d'aucune utilité. Les gardes-signaux sont pour la plupart sans intelligence et ne sont point payés depuis plusieurs mois : aussi peu d'entre eux font le service.

On a signalé hier à Flessingue 4 frégates et 1 cutter.

Respect et dévouement sans bornes.

7. — AU PREMIER CONSUL.

7 vendémiaire an XII (30 sept. 1803).

Mon Général, j'ai l'honneur de vous rendre compte que les épreuves de batteries sur la laisse de basse mer faites en conséquence de vos ordres, par les moyens simples qui ont été employés à Boulogne, n'ont pu réussir à Ostende à cause de la finesse des sables : les affouillements ont été considérables, quoique la mer ait toujours été belle.

Le résultat des procès-verbaux qui ont été dressés exactement après chaque marée est, quant au crapaud de mortier, que les sables ont été entraînés tout autant et inégalement, de manière qu'il reste au milieu d'une flaque d'eau un peu déversé, et tellement enfoncé qu'il est certain qu'en tirant une seule bombe avec le mortier qu'on voudrait y établir, il disparaîtrait absolument ou se renverserait. Quant à la plate-forme sur laquelle on n'avait point encore hier établi la pièce, quelque soin qu'on ait pris de fixer les madriers, les sables ayant été emportés, la plate-forme a été entièrement enlevée et jetée sur les dunes.

L'amiral Emeriau, aussi bien que les officiers d'artillerie, pensent qu'on ne pourrait établir ces batteries sur la laisse de basse mer, qu'en frappant des pilotis, les défendant par un fascinage, et ils croient encore que les 150 toises qu'on peut seulement gagner entre la laisse de haute mer et celle de basse mer ne peuvent être dans aucun cas un avantage assez considérable, vu le gisement de la côte et la position des mouillages, pour devoir faire préférer l'établissement de ces batteries sur la laisse de basse mer à celui d'une batterie placée sur la dune la plus avancée, à la droite de la jetée de l'est.

Aujourd'hui, on a fait l'expérience de la pièce ; demain, je me rends à Ostende, d'où j'aurai l'honneur de vous faire passer ces différents procès-verbaux.

J'ai l'honneur de vous envoyer aussi, mon Général, copie d'un rapport d'un capitaine suédois qui est entré à Ostende ce matin, et qui déclare avoir vu 60 ou 80 voiles de transport et de guerre qu'il présume anglaises.

J'en ai fait passer tout de suite une copie au général Monnet.

---

8. — AU PREMIER CONSUL.

8 vendémiaire an XII (1er oct. 1803).

Mon Général, j'ai l'honneur de vous assurer qu'il n'existe dans l'île de Cadzandt que 250 hommes de la 13e légère, et qui y sont par l'ordre du général Belliard. J'ai seulement pris les mesures pour, dans les vingt-quatre heures, pouvoir porter 3,000 à 4,000 hommes dans cette île. Voilà, mon Général, l'exacte vérité. Vous pouvez être certain qu'en cherchant à remplir de mon mieux vos intentions, celle de veiller à la santé de vos soldats excitera toujours mes soins particuliers [1].
J'ai le plaisir de vous annoncer que les maladies ne sont pas, à beaucoup près, aussi considérables qu'on s'y attendait.

J'ai écrit hier au ministre de la guerre relativement aux deux bataillons de campagne de la 13e légère qui restent toujours sous les ordres du général Belliard, parce qu'il n'a pas eu encore l'ordre de les mettre à ma disposition.

---

9. — AU PREMIER CONSUL.

10 vendémiaire an XII (3 oct. 1803).

Mon Général, j'ai l'honneur de vous envoyer le procès-verbal des diverses expériences que vous avez ordonnées et qui viennent d'être faites sur la laisse de basse mer; elles n'ont produit aucun résultat satisfaisant. L'instabilité des bancs de sable et la mobilité du fond ne permettent pas d'y établir des plates-formes pour canons et pour mortiers sans avoir recours

---

[1] Réponse à une nouvelle lettre du Premier Consul du 7 vendémiaire, multipliant les recommandations pour la santé des troupes, et répétant sans cesse : « C'est la première des considérations militaires. » (*Correspondance de Napoléon*, t. IX, p. 7.)

à des pilotis et à des encaissements qui exigeraient beaucoup de temps et un travail conséquent. Mais j'ai présumé, mon Général, que vos intentions seraient remplies en établissant une batterie de mortiers et de canons sur une des dunes de la partie de l'est à la distance d'environ 600 toises du musoir. La laisse de basse mer dans cette partie n'est d'environ que de 150 toises; et cette position est d'autant plus avantageuse qu'elle peut battre le petit passage qui existe à environ 300 toises de cette partie, entre le banc du Stroom et la terre, et par lequel des canonnières ennemies pourraient entrer, découvrir le port et le bombarder.

Le contre-amiral Emeriau est d'avis de l'établissement et de l'utilité de cette batterie.

J'en ai ordonné la construction; elle sera prête sous peu de jours.

A moins de gros temps, le musoir de l'est sera susceptible de recevoir son artillerie dans quinze jours; mais, mon Général, pour faire les différents armements de pièces de 36 que vous avez ordonnés, nous n'avons encore reçu que 6 pièces et 3 affûts : ainsi c'est 9 pièces de 36 et 12 affûts que le général Marmont doit envoyer pour que vos intentions soient remplies.

La destination de ces 15 pièces est, suivant vos ordres, 4 pour la batterie du musoir de l'est, 8 pour celle de la jetée, et 3 doivent être disposées pour tirer sur un angle de 45 degrés.

Nous n'avons pas encore reçu les quatre mortiers partis de Strasbourg et les boulets de 36 de Luxembourg.

---

10. — AU PREMIER CONSUL.

Bruges, le 16 vendémiaire an XII (9 oct. 1803).

Mon Général, j'ai l'honneur de vous assurer que les deux compagnies d'artillerie légère qui existent dans l'arrondissement de l'armée sont organisées en batteries mobiles; l'une est à la disposition de l'adjudant général Foy à Dunkerque, et l'autre dans les environs d'Ostende à la disposition du contre-amiral Emeriau, et doit se porter sur l'Estran au premier avis du départ des bateaux de pêche de Nieuport pour Ostende. Cette dernière compagnie n'a même reçu de chevaux qu'après la prise du sloop dont il est question dans votre lettre du 13. Ce sloop avait un équipage de trois ou quatre hommes qui a été s'échouer à une portée de canon au delà de la batterie.

Vos intentions, mon Général, ont été remplies relativement à Gravelines le 13. Au moment où vous écriviez votre lettre, je passais devant cette place la revue du 2ᵉ bataillon de la 25ᵉ (le 1ᵉʳ était depuis longtemps à Dunkerque), et le 14 au matin, ce 2ᵉ bataillon a eu l'ordre de se rendre à Dunkerque et y est arrivé le même jour. Ce bataillon n'a laissé à Gravelines que quatre-vingts hommes qui seront relevés tous les huit jours.

Le 1ᵉʳ bataillon de la 25ᵉ est entré hier dans ses baraques au camp sous Dunkerque, le 2ᵉ doit y entrer demain.

En même temps, j'ai fait écrire par mon chef d'état-major au général Gérard dit Vieux pour l'inviter à relever s'il lui était possible les quatre-vingts hommes que nous avions laissés à Gravelines, et les faire remplacer par des soldats des dépôts coloniaux.

Je désirerais vous apprendre bientôt comme vous le désirez la mise en rade d'une ou deux divisions de corvettes de pêche, mais je vous tromperais si je vous donnais cette espérance; la lettre ci-jointe que m'a remise hier le contre-amiral Emeriau, vous mettra au fait de ce qui en est.

Quant à l'artillerie des canons de 36 et de 24 à établir sur l'angle de 45 degrés, le général Sorbier, qui se rend avec moi à Ostende pour y passer huit ou dix jours, m'a fait espérer qu'il les établirait sans être obligé d'avoir recours à Douai.

J'ai reçu du ministre de la guerre l'état de la flottille, et déjà le contre-amiral Emeriau avait fait placer sur une corvette de pêche deux chevaux et généralement tout ce qui est porté sur les états. La corvette a été jugée pouvoir comporter le tout et tenir la mer dans les huit ou dix jours que je vais passer à Ostende. J'entrerai dans tous les détails, je ferai faire les expériences devant moi, et j'aurai l'honneur de vous en faire un rapport afin que vous puissiez savoir sur quoi compter. Je ferai tout mon possible pour faire armer plus promptement que n'en a l'espoir le contre-amiral les trois corvettes de pêche.

J'aurai l'honneur de vous envoyer ces jours-ci, mon Général, l'état détaillé et comparatif, compagnie par compagnie, tel que vous le désirez, des malades depuis le 1ᵉʳ fructidor jusqu'au 15 vendémiaire. Il vous donnera l'assurance que nous n'en avons pas à beaucoup près autant qu'il y avait lieu d'en attendre, dans la saison où nous sommes; et pour en diminuer le nombre, j'ai recours à toutes les précautions possibles.

J'ai ordonné entre autres il y a quelques jours aux chefs de corps de faire acheter pour leurs soldats des sabots et chaussures de laine. Quelques demi-brigades, entre autres la 3ᵉ, ont déjà exécuté une partie de l'ordre, et pour lever toutes les difficultés de manque de fonds que les chefs de corps ont mises en avant, je leur ai accordé à chacun 25 louis que je prendrai sur les frais extraordinaires que vous m'avez accordés. Par ce moyen, j'ai obtenu la certitude que mon ordre aurait son entière exécution avant la fin de ce mois.

Pour pouvoir faire entrer dans les baraques les soldats, j'ai été obligé de me servir des couvertures tirées des effets de casernement. Mais ce moyen est usé, et il est bien temps que le ministre Dejean nous fasse expédier les couvertures qui nous sont annoncées depuis le 1ᵉʳ vendémiaire pour pouvoir faire baraquer les demi-brigades qui font partie du camp, et qui toutes doivent être rendues à la fin du mois et au commencement de l'autre.

Dans la tournée que je viens de faire depuis Blankenberg jusqu'à Gravelines, j'ai vu tous les corps de garde des garde-côtes et signaux dans le plus mauvais état. J'en ai écrit au préfet maritime pour qu'il les fasse réparer.

J'ai l'honneur de vous rendre compte, mon Général, que la solde des troupes est mise au courant. Il n'y a eu de plainte que contre le pain; le commissaire ordonnateur en chef m'a promis d'y remédier.

11. — AU PREMIER CONSUL [1].

21 vendémiaire an XII (14 oct. 1803).

Mon Général, d'après les comptes qui m'ont été rendus de la prise du sloop *le Sans-Façon*, et par les renseignements que j'ai pris moi-même sur les lieux vingt-quatre heures après l'événement, il résulte que le sloop *le Sans-Façon* ayant apporté de Dunkerque à Ostende de l'artillerie et voulant retourner dans ce premier port sur son lest, il rencontra entre Nieuport et Dunkerque un brick anglais qui lui donna chasse, et qui mit à la mer son canot pour l'atteindre plus promptement. Ce sloop était armé de 4 pièces de 12; mais n'ayant que 4 hommes d'équipages dont un mousse, le capitaine du sloop, se voyant joindre par le canot anglais armé d'un obusier et de 30 hommes, prit le parti d'échouer et de se sauver avec son monde dans son canot. La marée, qui déjà commençait à monter, mit bientôt le sloop à flot, et les Anglais s'en rendirent maîtres au moment où quelques hommes venaient pour la défendre.

Le 7ᵉ régiment de hussards, mon Général, vient d'arriver seulement aujourd'hui. Demain, je me rends à Bruges pour en passer la revue, et ensuite je le répandrai sur la côte. Jusqu'à ce moment, je n'ai pu y avoir qu'un très-petit nombre

---

[1] Le Premier Consul s'était très-vivement préoccupé de la prise de ce sloop, qu'il regardait, disait-il, « comme un événement important, vu que si les ordres avait été exécutés, il n'aurait pas été pris ». Il avait demandé immédiatement les détails les plus précis, et dans une lettre du 19 vendémiaire, à laquelle répond la lettre du général Davout, il disait : « Tenez constamment six escadrons de cavalerie sur l'Estran, depuis Ostende jusqu'à Calais, afin que tout bâtiment qui s'échouerait sur la plage soit sur-le-champ protégé par un grand nombre d'hommes, qui le mettraient à l'abri des insultes des péniches anglaises. L'officier général ou supérieur que vous avez nommé pour inspecter la côte, doit être tout le jour à cheval. Il doit, toutes les semaines, avoir fait faire l'exercice à toutes les batteries de côte; il doit même exercer la cavalerie aux manœuvres du canon, afin que les compagnies puissent se porter aux batteries attaquées, augmenter le nombre des servants. Choisissez de préférence de vieux soldats qui ont nécessairement plus de sang-froid et de courage que de nouvelles levées. C'est par de semblables mesures que, sur la côte de Normandie, nous n'avons plus de semblables événements. » (*Correspondance de Napoléon*, t. IX, p. 50.)

de cavalerie, n'ayant à ma disposition que le 1ᵉʳ régiment de cavaliers qui se trouve assez faible.

Tous vos ordres pour ce genre de service seront ponctuellement mis à exécution.

Ayant communiqué au contre-amiral Emeriau vos intentions sur les 54 bateaux de pêche que vous ordonnez de mettre en état de tenir la mer au 1ᵉʳ brumaire, ce général m'a encore déclaré de nouveau l'impossibilité où il était de remplir vos intentions. Voici ses principales raisons que j'ai vérifiées.

La plupart de ces bateaux de pêche ont besoin d'être calfatés et installés en raison de l'artillerie qu'on veut y placer; plusieurs manquent de voiles, de matériel et d'équipages, et dans ce moment 14 seulement sont carénés, calfatés et ont leurs équipages, et il emploie tous ses moyens pour que ces 14 bateaux soient prêts au 1ᵉʳ brumaire. Il ne peut pas, mon Général, employer plus d'ouvriers conscrits si on ne lui envoie point des contre-maîtres charpentiers pour les diriger. Il en a demandé à plusieurs reprises, et il n'a obtenu jusqu'ici que des promesses, et je ne dois point vous dissimuler, mon Général, que tant qu'on ne lui en enverra point, ainsi qu'un certain nombre de calfats, voiliers et canonniers marins, rien n'arrivera à Ostende. Le contre-amiral n'a à sa disposition pour montrer le tir du canon aux soldats, que deux canonniers marins très-vieux, et qui ne pourront point tenir longtemps au métier qu'ils font depuis quelques jours. Il serait à désirer que le ministre de la marine envoie de Paris, et par la diligence s'il le faut, un nombre suffisant de contre-maîtres charpentiers, calfats, etc. C'est le seul moyen de nous mettre à même de remplir vos intentions.

La solde des marins de ce port n'est pas encore liquidée pour l'an XI, et ils n'ont rien reçu pour l'an XII. Les fonds nécessaires pour payer les entrepreneurs et les fournisseurs de la marine ne sont pas faits exactement et éprouvent toujours des retards qui ne font qu'augmenter les difficultés dans un pays où l'on ne peut traiter qu'au comptant.

A l'égard des avirons, il est impossible d'en faire dans ce

pays. Le préfet maritime de Dunkerque en a promis de Bruxelles, où il s'est fait un marché. S'il ne s'exécute pas, ni corvettes, ni péniches ne seront armées.

Les troupes sont animées de la meilleure volonté.

J'ai l'honneur de vous envoyer, mon Général, l'état de situation que vous m'avez demandé par votre lettre du 13. J'y joins celui de la 25ᵉ de ligne que je reçois à l'instant et qui est le seul qui manquait.

Depuis quelques jours, j'ai pris le parti d'assigner à chaque corps une maison dans les environs du camp pour y faire donner les premiers secours par les corps eux-mêmes à ceux qui sont attaqués des fièvres du pays. Cette mesure a réussi et nous rend promptement des hommes qui, si on les évacuait, seraient perdus longtemps pour l'armée.

La troupe se trouve parfaitement du séjour du camp.

---

12. — AU PREMIER CONSUL.

5 brumaire an XII (8 oct. 1803).

Mon Général, j'ai l'honneur de vous adresser un mémoire et un plan sur le projet d'un fort à établir dans l'île de Cadzandt. Les motifs qui m'ont déterminé à faire faire les reconnaissances nécessaires se trouvent développés dans le mémoire. Je ne les répéterai point ici.

Le rapport ci-joint du général Serras rend compte de l'échouage d'un corsaire français de Boulogne entre Gravelines et Calais. L'artillerie légère, la cavalerie et l'infanterie qui se sont portées sur l'Estran ont empêché l'ennemi d'emmener les bâtiments.

La batterie du musoir n'est pas totalement achevée. J'ai profité de la partie du plancher qui était faite pour mettre 3 pièces de 36 en batterie à 60 toises à l'est du musoir. Il y a une batterie de 3 mortiers et de 3 pièces forte et armée. Une autre à 600 toises plus loin sera de 9 mortiers et pièces qui seront en batterie dans quarante-huit heures. Elle se trouve précisément à la fin de l'Estran et à 500 toises :

c'est par là que les Anglais sont venus lorsqu'ils ont bombardé Ostende il y a quelques années. J'ai fait établir aussi deux batteries à l'ouest du musoir, de 9 pièces chacune, qui seront également armées et achevées en deux jours : l'une à 600 mètres du musoir, l'autre à 1200. Les 4 mortiers à grande portée sont arrivés de Strasbourg depuis quelques jours, et ils sont en batterie. Le général Marmont connaît notre position et a dû vous en rendre compte; il m'a promis deux compagnies de canonniers qui sont nécessaires pour servir toutes ces pièces.

Je voudrais, mon Général, vous rendre un compte aussi satisfaisant de la mienne. Cependant malgré que cela n'aille pas aussi vite que vous le désirez, il y règne une bien plus grande activité depuis quelque temps.

Nous aurons pour la fin du mois une trentaine de péniches et 42 corvettes ou chaloupes de grande pêche armées. Les corvettes se trouvent à Dunkerque et à Nieuport.

La première division des écuries flottantes, au nombre de 27 bâtiments, sera prête dans une dizaine de jours.

On manquait d'ouvriers charpentiers et de calfats. J'ai envoyé un aide de camp dans différentes communes pour s'assurer s'il en existait : il en a déjà trouvé une trentaine de très-bons. Cela prouve la négligence que l'on avait apportée lors de la levée de ces ouvriers.

Les deux prames de Bruges et les deux prames d'Ostende seront achevées pour la fin de frimaire. Les trois de Gand l'auraient été aussi pour cette époque, sans la mesure que l'on vient de prendre de retirer tous les ouvriers charpentiers et calfats qui y travaillaient.

Les troupes s'exercent à toutes les manœuvres et aux feux que vous avez ordonnés; elles sont animées du meilleur esprit, et il y a peu de maladies.

J'attends avec bien de l'impatience les huit mille couvertures que le ministre Dejean nous annonce depuis bien longtemps. Mais elles ne sont ni à Saint-Omer, ni à Bruges, ni à Ostende. Elles existent seulement sur le papier; on nous en a procuré d'un particulier d'Ostende 2,000; mais il lui devient impossible d'en trouver d'autres. Le ministre Dejean, qui a approuvé ce marché, en ayant reculé les époques de payement, nous a ôté par ce moyen toute espèce de crédit à des ressources pour l'avenir.

Nous avons en vue dans ce moment-ci 5 bâtiments anglais, corvettes ou frégates; ils sont mouillés à 3,000 toises du port. J'attribue leur présence au rapport de quelques bâtiments neutres sortis hier d'Ostende, qui, ayant aperçu dans le port 9 corvettes de pêche, auront supposé qu'elles devaient sortir.

Votre ordre, mon Général, pour envoyer à Calais la 17ᵉ légère, aura son exécution sitôt qu'elle sera arrivée à Dunkerque.

---

13. — AU PREMIER CONSUL.

16 brumaire an XII (.. nov. 1803).

Mon Général, j'ai l'honneur de vous rendre compte que le général Serras est chargé de l'inspection de la côte depuis Calais jusqu'à Dunkerque, et réside habituellement à Gravelines, où est placée une compagnie d'artillerie légère; une autre compagnie est à Dunkerque. Le général Vialanes a celle depuis ce dernier endroit jusqu'à Ostende : il reste à Nieuport, ainsi qu'une demi-compagnie d'artillerie légère, et le général Eppler depuis Ostende jusqu'à l'Escaut. Il est établi à Blankenberg avec une demi-compagnie prête à se porter dans l'île de Cadzandt si cela est nécessaire [1].

Des postes de cavalerie et d'infanterie sont placés à toutes les batteries de la côte, et le restant des 6 escadrons occupe les villages les plus près de la côte.

---

[1] Par une lettre nouvelle du 7 brumaire, à laquelle répond celle-ci, le Premier Consul avait renouvelé les ordres les plus sévères pour l'organisation de la surveillance et de la défense de la côte : « Les deux généraux inspecteurs doivent être toujours à cheval, inspecter les canonniers garde-côtes, faire manœuvrer les batteries de côte, escorter sur l'Estran les divisions de la flottille lorsqu'elles se mettront en mouvement. » (*Correspondance de Napoléon*, t. IX, p. 67.)

Il y a maintenant 4 pièces en batterie au musoir de l'est ; la cinquième y a été portée et sera placée aussitôt que le plancher sera terminé.

Il nous tombe très-peu de malades maintenant : les premiers commencent à rentrer. Nous avons été d'autant plus heureux de ne pas en avoir beaucoup qu'il n'existe pas encore un seul hôpital du camp ouvert pour les deux divisions de Bruges campées sous Ostende. Il ne se trouve pas plus de ressources, pas un lit de plus dans aucun des hospices civils de l'arrondissement, qu'il n'y en avait avant la réunion de l'armée. Aussi a-t-on été obligé d'évacuer sur Lille, ce qui indubitablement nous en fera perdre une partie.

Ce n'est que d'hier seulement que les 18,000 francs accordés à l'hospice civil de Bruges pour une succursale de 500 lits que l'on doit y établir ont été payés. On attend encore de Lille une partie des effets nécessaires à l'ouverture de cette succursale.

Nous sommes dans la même position pour la succursale d'Ostende. Cette dernière est pour 200 lits. Nous n'avons que très-peu de ressources à Gand ; il n'est point question de les augmenter, les projets qu'on avait eus à cet égard n'ayant pu recevoir leur exécution à raison des fonds que le génie demandait pour les réparations et qu'on n'a point accordés.

L'ordonnateur en chef a demandé au commissaire général des camps 20,000 francs pour les premiers frais d'établissement, et des effets à l'ordonnateur de la 16e division ; s'il est fait droit à ces demandes, les succursales de Bruges et d'Ostende seront ouvertes.

La première livraison des 8,000 couvertures que devait fournir dans le mois la compagnie Delpont a été faite seulement hier au nombre de trois cent vingt. Peu de probabilité d'en avoir d'autres d'ici à quelque temps ; il est impossible, mon Général, comme j'ai eu l'honneur de vous l'annoncer, d'en acheter dans ce pays, le ministre Dejean ayant reculé les époques de payement pour le marché des deux mille couvertures passé avec un particulier d'Ostende.

Notre situation sous le rapport des fourrages est encore bien plus mauvaise; l'un des entrepreneurs s'est présenté il y a quelque temps à l'armée, il y a fait quelques achats et beaucoup de marchés. Mais les fonds qu'il avait annoncés n'ayant pas été envoyés, rien de tout cela n'a eu son exécution, et ce service est totalement tombé. L'ordonnateur en chef du camp de Bruges y a suppléé par un apport de denrées; nous vivons au jour le jour et par réquisitions. Voilà, mon Général, l'exacte vérité.

Le service de la viande est parfaitement fait, et il paraît assuré. Celui du pain l'est aussi.

La solde est exactement payée : les fonds pour la gratification de campagne sont annoncés seulement pour les officiers d'état-major.

Les marins sont toujours sans solde depuis plusieurs mois et dans un état total d'abandon. Le caractère apathique du contre-amiral n'a pas peu contribué à cet état de choses : heureusement que cet officier vient d'être changé et remplacé par un autre contre-amiral.

Mon Général, depuis quelques jours, une plus grande quantité de bâtiments anglais se montrent du côté de Flessingue.

---

14. — AU PREMIER CONSUL.

16 brumaire.

Mon Général, j'ai l'honneur de vous prier d'attacher à cette armée le général Raguet, colonel du 33°; il se trouve dans ce moment à Ostende. Il attendra vos ordres, le colonel qui l'a remplacé venant de rejoindre.

---

15. — AU PREMIER CONSUL.

27 brumaire an XII (19 nov. 1803).

Mon Général, j'ai l'honneur de vous rendre compte de l'arrestation d'un baron de Bulow qui a été lieutenant de marine au service de Russie et qui est retiré à Berlin depuis sept à huit ans. Cet homme est arrivé vers midi à Ostende le 21 de ce mois; vers les deux heures, il est entré dans le camp de la 21ᵉ et ensuite dans différentes baraques de soldats, leur a fait différentes questions sur la quantité d'hommes qu'elles renfermaient, sur les vivres, sur la solde, etc. Un sergent du corps étant venu prévenir le lieutenant-colonel de semaine qu'un étranger parcourait le camp, celui-ci a donné ordre de l'arrêter; il l'a été dans la baraque du sous-lieutenant du 21ᵉ. M'étant trouvé au camp dans ce moment et d'après le compte qui m'a été rendu, je l'ai fait conduire en prison. Vers les huit heures du soir, j'ai reçu une lettre de cet individu avec son passe-port de l'ambassadeur russe à Berlin, visé par le ministre Laforêt. Aussitôt je l'ai fait transférer dans l'auberge où il était descendu. Les différentes questions et propos à un maréchal des logis et à un gendarme m'ont fait prendre le parti d'examiner ses papiers. On y a mis assez de maladresse et de lenteur pour qu'il en ait pu soustraire une partie. Cependant, dans ceux qu'on a trouvés, on voit que c'est un homme absolument sans fortune, et néanmoins il était porteur d'une somme de 500 louis en or. Un compte d'un banquier prouve qu'il a touché 1,600 francs par ordre du baron de..... Son passe-port a été visé par le ministre Laforêt le 6 vendémiaire an XI à Berlin.

On lui a trouvé une épée et une paire de pistolets à deux coups avec de la poudre.

Dans la prison et dans son auberge, il a mis à différentes fois la conversation sur vous, en vous désignant par le petit caporal qui est au-dessus de Moreau, mais que cela ne durera pas longtemps.

Il se défend beaucoup d'être espion. Il avoue l'avoir été autrefois et a fait connaître la manière dont il s'y était pris.

Bulow avait avec lui un domestique qu'il a dû avoir pris à Francfort, mais celui-ci dans son interrogatoire a désigné Cologne, où Bulow lui avait demandé s'il voulait suivre les Anglais. Il a seulement accepté de l'accompagner à Ostende. Il s'est déclaré être apothicaire et avoir été forcé par le besoin à se mettre domestique. Il a été conduit à la prison de Bruges et mis au secret jusqu'à ce qu'il parle; ce qui a donné des inquiétudes à son maître.

Bulow est sujet à se griser et quelquefois parle. C'est dans ces moments qu'on a su qu'il avait été soumis à un jugement qui a dû durer quelques années en Russie où il s'est marié. Il s'est séparé d'avec cette femme et en a épousé une autre qui réside à Francfort. Celle-ci lui écrit en date du 28 octobre 1803 (il paraît avoir reçu cette letre à Bruxelles), après beaucoup de détails sur ses occupations et sur le chagrin qu'elle éprouve de ne plus le serrer dans ses bras, etc., etc. : « Mais je veux cesser de gémir et de me plaindre, puisque « cette séparation doit contribuer à notre bonheur, et faire « que nous laissions à ceux qui nous suivront des monuments « de gloire et non de blâme. Voilà les sentiments de ta « femme; qu'en penses-tu? » Cette lettre est en allemand. Cela annonce qu'elle connaît le but de ce Bulow.

Il a donné treize louis en or au gendarme qui le gardait pour faire passer deux lettres : une à sa femme, l'autre à M. de Markoff; il n'a pas trop paru croire cependant que ces lettres parviendraient à leur adresse. Il a proposé et donné dans les mêmes intentions une tabatière d'or du prix de 20 à 25 louis au chef d'escadron Florainville que celui-ci a eu l'air d'accepter.

Dans la crainte qu'il ne cherche à corrompre, j'ai autorisé à tout recevoir pourvu qu'on déclare.

Toutes ces circonstances m'ont déterminé à le mettre sous la garde de quelques gendarmes et au jour dans une chambre particulière. Je l'ai fait venir hier et lui ai déclaré que je le traiterais avec sévérité jusqu'à ce qu'il ait parlé sur le but de son voyage; j'ai eu l'idée de lui déclarer aussi que je lui donnerais trois fois autant d'argent qu'il en avait déjà reçu, s'il voulait nous rendre des services, et me faire connaître entre autres le but et le nom des ennemis qui l'avaient envoyé dans ce pays. Après quelques minutes d'hésitation, il m'a dit : Je comprends très-bien Votre Excellence, mais je ne sortirai d'ici que par la porte d'un homme de caractère. Je l'ai congédié en lui disant de faire ses réflexions.

En sortant de chez moi, il a offert au gendarme de se sauver avec lui et pour récompense de lui donner tout son argent.

Il a donné différentes lettres pour son ambassadeur Markoff, pour sa femme, qui m'ont été remises; elles ne jettent aucun jour.

Une lettre trouvée dans ses papiers, adressée par quelqu'un de la légation russe à Berlin à M. le baron de Krudener, assesseur du collége de Sa Majesté l'Empereur de Russie à Paris, parle d'affaires particulières. Il y a quelques lignes qui vous concernent écrites avec beaucoup de virulence.

Cette nuit, les deux gendarmes qui l'ont gardé, s'étant amusés à boire quelques verres de punch avec lui, se sont trouvés incommodés. Heureusement qu'au premier malaise ils ont fait prévenir leur commandant, qui tout de suite s'est transporté à l'auberge, et les gendarmes ont été remplacés. Tout annonce qu'il s'était servi d'opium pour les endormir et s'échapper.

J'ai fait reconnaître ce matin une maison non habitée où il sera transféré. Toutes les précautions seront prises pour qu'il ne puisse point communiquer.

J'aurai l'honneur, mon Général, de vous mettre sous les yeux, lorsque vous serez ici, tous les détails de cette affaire, qui me parait de la plus grande importance. En attendant, je ferai tout ce qui dépendra de moi pour parvenir à l'éclaircir.

Ce Bulow parle allemand, latin et russe. Son domestique a déclaré qu'il avait servi en Angleterre, et qu'il connaissait cette langue. Bulow nie : il convient connaître quelques mots d'anglais.

J'ai l'honneur de vous envoyer, mon Général, quelques journaux anglais que vient de me faire passer le général Monnet, d'une date assez récente.

16. — AU PREMIER CONSUL.

29 brumaire an XII (21 nov. 1803).

Mon Général, j'ai l'honneur de vous adresser, conformément à vos ordres du 26 [1] :

---

[1] Lettre du Premier Consul, datée de Saint-Cloud, 26 brumaire. Le Pre-

1° Un livret qui renferme l'état de situation des trois divisions, etc.;

L'état des postes sur la côte depuis Calais jusqu'à Breskens (personnel et matériel);

L'état des magasins;

L'état des détachements fournis par les troupes de la 1re division pour la garnison des bâtiments de la flottille;

L'état comparatif des malades depuis le 1er vendémiaire;

2° Un rapport particulier que j'ai fait adresser au ministre de la guerre par mon chef d'état-major sur les objets les plus essentiels du service.

Je dois vous observer, mon Général, que sur les 1,106 hommes portés sur le livret aux hôpitaux, il en existe près de 400 aux hôpitaux réglementaires peu malades, traités par les officiers de santé des corps et qui rentrent journellement.

Je me suis vu obligé de faire cet établissement pour fermer une porte à la désertion. N'ayant point d'hôpitaux dans l'arrondissement de l'armée, je me suis aperçu que beaucoup faisaient les malades et obtenaient des billets d'hôpitaux, pour aller à Lille, et de là se rendaient chez eux. Mais depuis qu'il existe à Bruges et à Ostende des hôpitaux pouvant contenir 600 à 700 lits, ces hôpitaux régimentaires ne serviront plus qu'à traiter les galeux et les vénériens.

Nous avons préservé nos camps des eaux par des saignées, des fossés considérables, et en élevant le terrain où l'on est campé de près d'un pied avec le sable des dunes.

Je vous demande, mon Général, d'approuver quelques distributions extraordinaires de paille lorsque le temps sera mauvais.

Je vais vous entretenir particulièrement, mon Général, des fourrages. Ce service ayant totalement manqué avant l'arrivée du commissaire général Petiet, je me suis déterminé à avoir recours aux préfets de la Lys, de l'Escaut, des Deux-Nèthes et de la Dyle, ne connaissant point encore votre décision sur les appels aux réquisitions de denrées.

---

mier Consul venait de faire un voyage à Boulogne, où il avait passé dix jours, inspectant tout par lui-même, multipliant les ordres et les instructions.

J'autoriserai l'ordonnateur en chef à faire former par des marchés d'urgence, faits par l'intervention et sous les yeux des préfets, un approvisionnement au moins de trois mois, là seulement où les préfets auraient jugé impossible d'obtenir immédiatement des denrées par voie de réquisition.

C'est l'exécution de ces marchés qui, soutenant le service dans ce moment, me permet de conserver ma cavalerie sur la côte et d'attendre l'effet des réquisitions auxquelles plusieurs préfets se sont refusés.

Il est nécessaire que les payements convenus pour les marchés d'urgence soient effectués. Ces payements s'élèveraient en totalité tout au plus à 80,000 francs, et il suffit qu'on mette les préfets à portée de soutenir la confiance par un premier payement de 30,000 à 40,000 francs.

Je vous demande ces secours afin que les administrés aient confiance dans la promesse des préfets. Ceux de l'Escaut et des Deux-Nèthes ont apporté dans cette circonstance un grand zèle et nous ont rendu service. Je vais maintenant exiger d'eux qu'ils se conforment au mode que vous avez prescrit au commissaire général, et qu'ils fassent pour l'avenir des appels de denrées. L'exécution des marchés pour la partie qui n'a pu être suspendue nous donnant heureusement un approvisionnement d'environ un mois, ce service, qui m'avait donné beaucoup d'inquiétude surtout à cause des pailles de couchage, sera assuré.

Les marchés de terre de marées ont lieu très-souvent, et j'espère, mon Général, que vous serez content de vos soldats lorsque vous les verrez, ils ont la meilleure volonté. Toutes les différentes batteries entreprises à l'est et à l'ouest du chenal sont achevées; il y en a cinq à 10 pièces ou mortiers chacune. Il y a eu des remuements de terre très-considérables qui n'ont rien coûté à l'État. Comme elles étaient devant le front du camp, elles ont été faites par les soldats. Les 5 pièces du musoir sont en batterie, on est après à faire le chemin de halage.

Je ne vous parlerai point de la marine, le ministre allant probablement remédier au défaut d'administration et aux lenteurs qui jusqu'ici n'ont point permis au contre-amiral Magon de tirer du pays toutes les ressources qui s'y trouvent. Je lui dois la justice de vous faire connaître qu'Ostende depuis son arrivée n'est plus reconnaissable.

---

17. — AU PREMIER CONSUL.

29 brumaire an XII (21 nov. 1803).

J'ai eu l'honneur, vous croyant à Boulogne, de vous adresser un de mes aides de camp pour vous faire connaître les mesures de sûreté que j'ai cru devoir prendre contre un aventurier. Vous trouverez les détails qui me sont revenus de Boulogne.

Cette affaire, depuis mon rapport, est toujours dans le même état. Le baron de Bulow, s'étant aperçu que ses lettres à sa femme et à M. de Markoff étaient interceptées, ne dit plus rien à ses gardes. Il est toujours dans de grandes inquiétudes.

Son passe-port était visé, comme je vous l'ai annoncé, du ministre Laforêt; mais il ne paraît point en avoir fait usage depuis son entrée sur le territoire français, puisqu'il n'était revêtu d'aucun visa.

J'ai l'honneur de vous prier, mon Général, de faire mettre des fonds à ma disposition, les 25,000 francs que j'ai touchés à Paris étant employés et bien au delà.

---

18. — AU PREMIER CONSUL.

5 frimaire an XII (27 novembre 1803).

A peine arrivé à Gand, où je m'étais rendu pour visiter notre hôpital de seconde ligne et quelques autres établissements, j'y reçois votre lettre du 1er frimaire, un quart d'heure après celle du grand juge, datée du 3, toutes les deux relatives au nommé Bulow [1].

---

[1] Lettre du Premier Consul, 1er frimaire : « Au lieu de le retenir dans une maison particulière, il faut le mettre au secret, en prison, nommer une commission de cinq officiers pour le faire juger dans les vingt-quatre heures

Le ministre me demande des renseignements que je ne pourrai lui donner qu'à Ostende où je me rends tout de suite.

Vos ordres, mon Général, pour la mise en jugement de cet espion recevront leur exécution, et sous huit jours il sera fusillé, à moins que vous ne m'envoyez celui de suspendre, pour faciliter les recherches auxquelles le grand juge paraît mettre de l'importance.

Je ne suis pas certain de l'arrivée des 50 boots.

Je vais y envoyer, et j'aurai l'honneur de vous en rendre compte.

---

19. — AU PREMIER CONSUL.

7 frimaire an XII (29 novembre 1803).

Mon Général, j'ai l'honneur de vous annoncer que j'envoie au grand juge tous les papiers qui ont été trouvés dans la malle du baron de Bulow.

Cet homme que j'ai fait venir ce matin est décidé à finir comme un homme de caractère, et je le crois depuis que je lui ai parlé.

Le grand juge m'ayant mandé de tâcher d'obtenir de lui une lettre pour sa femme, où il ne serait pas question de son arrestation, j'en suis venu à bout, et je la lui adresse. Peut-être que par ce moyen on pourra parvenir à découvrir la signification de cette affaire, que je regarde comme de la dernière importance.

Je vous envoie, mon Général, les pistolets anglais à deux coups trouvés sur lui. Ils lui ont vraisemblablement été donnés pour s'en servir. Cette conviction que j'ai et que me donne encore plus le caractère de cet homme, me le fera traiter comme un espion, et il en subira le sort dans cinq jours si je n'ai pas un contre-ordre de vous.

comme espion et le faire fusiller. Cet exemple est nécessaire, nos côtes sont inondées de ces misérables... » (*Correspondance de Napoléon*, t. IX, p. 103.)

20. — AU PREMIER CONSUL.

7 frimaire.

Mon Général, j'ai l'honneur de vous rendre compte qu'aujourd'hui, 7 frimaire, il n'existait à Flessingue que douze des boots que vous avez fait acheter en Hollande. Le général Monnet n'avait pas l'avis de l'arrivée des autres.

Le contre-amiral hollandais Verhuel est parti de Flessingue pour la Haye il y a une trentaine de jours.

Il existe à Flessingue, en nouvelles constructions, quatorze bateaux plats tous gréés et armés, mais sans équipages; sept autres sur les chantiers qui seront lancés dans huit à dix jours.

Le général Monnet me mande que parmi ces douze boots, il s'en trouve quelques-uns qui ne sont pas très-bons.

On ne s'aperçoit pas dans nos camps des pluies continuelles qu'il fait depuis près d'un mois; les eaux s'écoulent tout de suite dans les fossés qui ont été ouverts.

---

21. — AU PREMIER CONSUL.

14 frimaire (6 décembre 1803).

J'ai l'honneur de vous adresser copie du jugement condamnant à mort le nommé Bulow, qui vient d'être fusillé, il y a une heure, à la tête du camp et en présence d'une grande partie des habitants de cette ville.

Ce matin, suivant sa demande, on lui a envoyé un ministre de la religion. La première question qu'il lui a faite a été de lui demander s'il voulait se charger d'écrire à sa femme et à quelques autres personnes qu'il lui désignerait. Sur le refus de l'ecclésiastique, motivé sur ce qu'il ne pouvait lui rendre ce service sans manquer à ce qu'il devait à César, Bulow alors n'a plus voulu des secours spirituels de ce prêtre, qu'il a beaucoup plaisanté devant les gendarmes. Il a été à la mort avec fermeté.

J'ai ordonné que le produit des effets et l'argent trouvés

sur Bulow soient partagés entre les gendarmes des départements voisins, ceux faisant le service des côtes et les gendarmes attachés à l'armée. Cette gratification est autant pour les indemniser des dépenses extraordinaires que leur occasionne leur service qui est très-actif, que pour les encourager à continuer leur surveillance. C'est en grande partie à elle que je dois le peu de déserteurs qui existe dans ce camp.

J'ai reçu, mon Général, deux lettres datées d'Embden, des 24 et 26 novembre, de l'homme que j'ai envoyé en Angleterre par votre autorisation. Dans la première, il m'annonce qu'il existe beaucoup d'Anglais à Embden qui ont organisé des correspondances avec des agents de France; qu'ils font parvenir leurs lettres sous enveloppe, à l'adresse de différents banquiers de plusieurs villes de l'intérieur et particulièrement de la Belgique; que pour leur correspondance de ports de mer, ils envoient leurs lettres sous enveloppe à l'adresse des agents de commerce des puissances neutres résidant dans nos différents ports.

Dans la deuxième, il m'annonce l'arrivée à Embden d'un officier anglais originaire d'Ostende, qui se fait appeler le capitaine Grible, et qui lui a confié, étant un peu pris de vin, qu'il venait de recevoir des paquets de la Belgique, et particulièrement de Bruxelles et d'Ostende, pour différents ministres et agents anglais.

Si Lavalette m'envoyait un homme de confiance avec l'autorisation de décacheter les lettres adressées aux banquiers et consuls, on obtiendrait bientôt des renseignements importants pour les données que j'ai.

L'individu est parti le 28 novembre pour l'Angleterre.

Le 11, le général Monnet venait de recevoir l'avis de la prochaine arrivée de la flottille batave à Flessingue.

Il est arrivé hier à Ostende 5 boots venant de Flessingue.

Le contre-amiral Magon n'avait aucun avis de leur arrivée, ni de ceux qui doivent s'y rendre.

22. — AU PREMIER CONSUL.

22 frimaire an XII (12 décembre 1803).

Mon Général, j'ai l'honneur de vous adresser l'état de situation de l'armée, corps par corps, que vous m'avez demandé par votre lettre du 16 [1], ainsi que celui de nos garnisons sur la flottille de guerre. J'y joins aussi la situation de la flottille de transport à Ostende, des 53 corvettes de pêche, celle de Flessingue tant en bâtiments de transport qu'en bâtiments de guerre à la date du 20 frimaire.

Tous les bâtiments de transport que la commission a achetés dans la Belgique sont arrivés à Ostende. Les cinq derniers y sont depuis hier. Le contre-amiral Magon vient de recevoir du ministre de la marine l'ordre de les diriger sur Boulogne, et de ne garder à Ostende que les corvettes de pêche. Toutes les mesures sont prises sur la côte pour empêcher les bâtiments anglais de s'emparer de ceux qui seraient obligés de faire côte.

Le contre-amiral Magon va faire partir pour Boulogne les 5 boots qui sont arrivés à Ostende, ainsi que je vous en ai rendu compte.

J'ai fait écrire, mon Général, par l'ordonnateur en chef Chambon au commissaire général Petiet pour qu'il fixe l'approvisionnement extraordinaire de foin et d'avoine que l'on aura à faire à Ostende pour l'embarquement. Aussitôt sa réponse, on travaillera à cet objet avec la plus grande activité.

La fabrication d'un million de rations de biscuit ordonnée à Bruges, Gand et Bruxelles va avec assez d'activité, et j'ai lieu de croire qu'elle sera terminée à l'époque où vous voudrez en disposer.

Il a été fait par le ministre Dejean un marché pour la fourniture de 13,400 caisses et d'un plus grand nombre si les besoins l'exigent, pour ramasser le biscuit fabriqué; j'ai lieu de craindre l'inexécution de ce marché : ce qui fera gâter une très-grande quantité de biscuit qui se gâte facilement.

[1] Lettre du Premier Consul, 16 frimaire. (*Correspondance de Napoléon*, t. IX, p. 133.)

J'ai l'honneur de vous rendre compte aussi, mon Général, qu'il n'existe dans les places de l'arrondissement de l'armée aucun effet, ni médicaments affectés au service des ambulances. Il me paraît que cet article essentiel est totalement oublié.

Je dois aussi vous prévenir qu'il n'y a pas de marchés passés pour les pièces à eau nécessaires à l'approvisionnement de la flotille de transport pour le service des troupes d'embarquement. Il en est de même pour les hamacs. Il n'a été pris de précautions pour ces deux objets que pour les garnisons de nos corvettes de pêche.

On ne s'occupe point non plus des approvisionnements d'eau-de-vie, fromage, etc.

Sous vingt jours tous les bâtiments de guerre et de transport pourront être à la rigueur prêts à Ostende, et cependant on serait arrêté par le manque d'approvisionnements dont je viens d'avoir l'honneur de vous entretenir.

Je vous rendrai compte par le retour du courrier qui m'a apporté votre lettre du 19, de la quantité de bateaux plats et des bâtiments de transport qui seront arrivés des ports de Hollande à Flessingue depuis le 20.

23. — AU PREMIER CONSUL.

Le 25 frimaire an XII (16 décembre 1803).

Mon Général, j'ai l'honneur de vous annoncer que du 20 au 23 frimaire il est arrivé à Flessingue 33 bateaux plats venus de Hollande : le général Monnet attendait à chaque instant les autres bateaux annoncés et qui paraissent effectivement être tous en marche.

L'aide de camp du contre-amiral qui est à Flessingue depuis quelque temps, a fait mettre beaucoup d'activité dans les travaux du port. Les réparations à faire dans l'intérieur consistant en caisses pour placer les armes et effets militaires, ont été terminées pour 30 bateaux plats dans l'espace de deux jours.

Le 23 frimaire, il existait 23 boots à Flessingue, non compris les 5 rendus à Ostende.

Le même jour, 15 bateaux de Blankenberg chargés d'effets maritimes tels que chanvre, etc., sont partis d'Ostende pour Boulogne. J'ai lieu de croire qu'ils sont arrivés sans aucun événement.

J'ai l'honneur de vous envoyer, mon Général, plusieurs journaux anglais d'une assez fraîche date que je viens de recevoir de Flessingue : c'est le courrier depuis le 1er jusqu'au 8 décembre.

Je crois devoir vous faire part d'une observation que le contre-amiral Magon a faite au ministre de la marine, sur l'ordre d'envoyer des transports à Boulogne. Le ministre ayant donné l'ordre d'expédier toutes les corvettes de pêche, on fut arrêté dans cette expédition parce qu'elles tiraient presque toutes plus de 8 pieds d'eau, et parmi les bâtiments de transport, il y en a 40 au moins qui en tirent plus que cette quantité.

Malgré les pluies continuelles qu'il fait, les troupes sont presque aussi bien que dans les casernes. Il n'y a presque plus de malades.

24. — AU PREMIER CONSUL.

Le 28 frimaire an XII (19 décembre 1803).

Mon Général, j'ai l'honneur de vous accuser la réception de votre lettre du 25 [1]. Les ordres qu'elle contient sur l'approvisionnement en avoine et en son vont recevoir leur exécution.

Il est bien urgent que le ministre Dejean envoie les caisses pour le biscuit avant les gelées. Je lui ai écrit par ce courrier.

Mon Général, je vous envoie la situation du port de Flessingue à l'époque du 26 frimaire.

Le général Monnet m'ayant fait connaître que le 21e était insuffisant pour former les garnisons des bateaux plats et

---

[1] Lettre du Premier Consul (*Correspondance de Napoléon*, t. IX, p. 155).

autres bâtiments de guerre, j'ai donné l'ordre au 17ᵉ régiment d'infanterie de ligne qui est à Berg-op-Zoom de se rendre dans l'île de Walcheren, à Midelbourg et à West.

Le général Monnet éprouve le plus grand embarras pour se procurer des matelots; il compte sur le retour de ceux qui ont conduit les quinze boots à Boulogne, pour en expédier d'autres.

Cet officier général n'avait pu encore savoir, malgré toutes ses démarches, laquelle des deux marines devait fournir les vivres journaliers et de campagne aux troupes à bord. Aucun des commissaires n'avait reçu l'ordre de son gouvernement à cet égard.

Je vais m'occuper, mon Général, comme je viens d'avoir l'honneur de vous le marquer, de faire faire les approvisionnements en son et avoine pour les bâtiments et écuries, quoique l'amiral Magon presse le départ de tous les bâtiments de transport pour Boulogne, en exécution des ordres du ministre, de manière qu'il ne restera plus à Ostende que les 53 corvettes de pêche armées.

Les états ci-joints de l'artillerie de l'armée vous prouveront, mon Général, qu'il n'existe pas assez de canonniers pour faire le service des bâtiments de guerre et des batteries destinées à la défense des ports d'Ostende et de Dunkerque.

25. — AU PREMIER CONSUL.

30 frimaire an XII (21 décembre 1803).

Mon Général, j'ai l'honneur de vous rendre compte que quatre bâtiments de transport de Blankenberg chargés de cordages et faisant partie d'un convoi envoyé d'Ostende à Boulogne, étant restés en arrière, poursuivis par plusieurs bâtiments anglais, ont échoué entre Gravelines et Calais à une heure après midi. Les Anglais, ayant mis leurs chaloupes et leurs canots à la mer pour s'emparer de ces bâtiments, ont été contraints après un combat de trois quarts d'heure de renoncer à leur projet par la 2ᵉ compagnie d'artillerie légère du

5ᵉ régiment, la 8ᵉ compagnie de chasseurs à cheval du 1ᵉʳ régiment, et plusieurs détachements du 85ᵉ d'infanterie. Toutes ces troupes se sont portées avec la plus grande activité au secours de ces bâtiments.

Le feu a été très-vif de part et d'autre. Pendant près de trois quarts d'heure, les Anglais ont dû perdre du monde, plusieurs coups de notre artillerie ayant porté à bon, et entre autres des obus, ce qui les a forcés de prendre le large. Les quatre bâtiments de Blanckenberg ont tout de suite continué leur route pour Boulogne.

Le général Serras, qui est chargé de la surveillance de la côte depuis Dunkerque jusqu'à Calais, fait ce service avec beaucoup d'activité.

J'ai l'honneur, mon Général, de renvoyer une note du général de division Sorbier, commandant en chef l'artillerie de l'armée, contenant la copie d'une lettre du ministre de la guerre qui fixe la quantité de pièces d'artillerie que l'on doit envoyer. Il résulte qu'il manque encore 16 pièces de différents calibres. L'approvisionnement est aussi incomplet.

---

26. — AU PREMIER CONSUL.

10 nivôse an XII (1ᵉʳ janvier 1804).

Mon Général, votre courrier que vous avez expédié le 30 frimaire pour Boulogne, Ostende et la Haye, et qui devait se rendre à Paris par les mêmes endroits, n'est pas encore de retour. Je crains quelque accident, à moins que l'amiral Verhuel expédie directement de la Haye sur Paris. J'ai écrit pour avoir des informations.

Le 8 nivôse, il y avait à Flessingue 101 bateaux canonniers de rendus et 30 pièces de 18; les autres étaient attendus incessamment.

L'amiral Verhuel a dû arriver à Flessingue le 9 au matin.

Les dernières tempêtes n'ont nullement endommagé nos camps.

J'ai invité le général Durutte à prendre ses mesures pour

que les rapports qu'il me fait ne soient pas communiqués en même temps aux journalistes.

La communication, mon Général, avec votre quartier général de Slikens est si mauvaise et si dangereuse qu'elle est totalement interrompue ; cette mesure a été nécessaire pour la faire rétablir, et à tout événement on a fait préparer votre quartier général à Ostende, en conservant celui de Slikens.

Le général Sandoz-Laroche est arrivé hier, se disant revenant de Londres. Rien de si obscur, de si vague et de si insignifiant que toute son histoire. J'espère la débrouiller, et je vous en rendrai compte. Il assure avoir entendu dire dans un café à Londres par des émigrés français, entre autres par un nommé Caraman, que Georges était parti pour Jersey et Guernesey, d'où il devait être jeté sur nos côtes avec quelques bandits.

Je viens de découvrir un homme très-riche de ces pays-ci qui commissionnait deux individus d'Ostende pour aller, entre autres, donner de l'argent à tous les prisonniers anglais que nos corsaires amènent à Ostende. J'espère sous huit ou dix jours en savoir davantage et avoir acquis les preuves de conviction nécessaires pour démasquer, suivant toutes les apparences, le chef de l'agence anglaise dans ces contrées.

J'ai l'honneur de vous adresser, mon Général, des caricatures anglaises sur vous dont on amuse le peuple de ce pays. Je les tiens de Sandoz.

---

27. — AU PREMIER CONSUL.

Le 11 nivôse (2 janvier 1804).

Mon Général, apprenant à l'instant votre arrivée à Boulogne [1], j'ai l'honneur de vous envoyer un de mes aides de camp vous porter deux de mes dépêches que j'ai fait retirer de la poste, et un rapport que vient de me remettre l'ex-

---

[1] Le Premier Consul était arrivé à Boulogne le 10 nivôse pour passer l'inspection de la flottille et des camps. Il ne put pas cette fois aller à Bruges. (Lettre à Davout, 13 nivôse. *Correspondance de Napoléon*, t. IX, p. 183.)

général Sandoz-Laroche. Il me paraît constant qu'il a été à Londres. Il restera ici jusqu'à votre arrivée. Vous verrez, mon Général, le parti que vous pouvez en tirer.

Je conserve pour les mettre sous vos yeux tous les passe-ports anglais dont il se trouve muni.

L'amiral Verhuel n'était pas encore arrivé le 9 au soir à Flessingue.

Les mauvais temps qui ont eu lieu ont causé des malheurs et des avaries dans les divers canaux de la Hollande.

Par réflexion, j'ai l'honneur de vous envoyer, mon Général, 1° une note adressée à Sandoz, depuis son départ de Londres, pour qu'il ne se serve point de la maison d'Amsterdam pour sa correspondance avec lord Hawkesbury ;

2° Un passe-port de l'amirauté ;

3° Un passe-port de l'Alien-Office.

Le général Andreossy pourra vous donner des renseignements sur l'authenticité de ces diverses pièces, ainsi que sur le signalement du lord Hawkesbury qui est joint au rapport.

40 bâtiments de transport sont prêts à appareiller pour Boulogne. Le vent vient de changer et les empêche de sortir du port.

---

28. — AU PREMIER CONSUL.

19 nivôse.

Mon Général, j'ai l'honneur de vous expédier les dépêches de votre aide de camp Savary qui est parti ce matin à trois heures pour Bruges et Flessingue ; ce n'est qu'à deux heures du matin qu'il a pu avoir de la marine les derniers états qu'il vous expédie.

Le 85° est parti de Calais pour la division du général Suchet, suivant vos ordres, et a été relevé par le 12°, de manière qu'il ne reste plus à Dunkerque pour fournir la garnison de la flottille et faire le service que le 26°.

L'artillerie légère qui est à Gravelines vient encore de forcer quelques vaisseaux anglais qui avaient voulu s'emparer de plusieurs bâtiments de pêche à prendre le large.

J'ai l'honneur de vous adresser, mon Général, trois états relatifs au camp de Bruges que je devais mettre sous vos yeux, croyant que vous seriez venu :

1° La situation du camp de Bruges à l'époque du 15 nivôse an XII ;

2° Un état présentant la situation de l'habillement, équipement et des sommes dues aux différents corps composant le camp;

3° Celui des emplois vacants dans les différents corps de l'armée.

Quant à l'état des emplois vacants, je me suis assuré que les choix qu'on vous propose ont été faits avec toute l'impartialité possible, et tombent sur des sujets qui le méritent pour leurs talents et leurs services.

L'établissement de l'hôpital des convalescents nous rend les plus grands services. Ignorant l'époque, mon Général, où vous viendrez nous voir, je ne veux pas ajourner plus longtemps la demande que je devais vous faire d'accorder le pain bis blanc, et un quart en sus de la livre de viande à chaque convalescent.

J'ai fait partir Sandoz pour Londres par Hambourg, ainsi que vous me l'avez ordonné.

Le 48° régiment arrive aujourd'hui à Berg-op-Zoom, et en partira tout de suite pour Flessingue.

29. — AU PREMIER CONSUL.

28 nivôse an XII (19 janvier 1804).

Mon Général, j'ai l'honneur de vous rendre compte qu'ayant envoyé un de mes aides de camp s'assurer de la confection et de la quantité du biscuit qu'on manutentionne à Bruges, Gand et Bruxelles, il en a trouvé 800,000 rations. Celui de Bruges est très-bon, celui de Gand assez bon, et celui de Bruxelles plus que médiocre. Il n'était encore arrivé que 1,000 caisses à Gand et à Bruges, et à Bruxelles seulement des planches pour en construire la même quantité. Il est fâcheux que le ministre Dejean n'ait pas eu connaissance des ressources qu'offrent ces pays-ci en ce genre; alors il aurait pu se passer de Paris, et, indépendamment d'une grande économie d'argent et de transport, il en aurait eu une plus précieuse, celle du temps.

Une caisse contient 60 rations. Ainsi il n'y a pas encore le cinquième de ce qui est nécessaire d'arrivé.

J'ai fait faire, mon Général, un approvisionnement de 30,000 boisseaux d'avoine. Votre intention est-elle qu'on la répartisse sur les différents bâtiments à écurie qui ont l'ordre de se rendre à Boulogne?

Par l'instruction générale sur l'organisation de la flottille et d'après un relevé fait sur les états qui y étaient joints, il résulte que les objets ci-après détaillés doivent être embarqués sur les 53 corvettes de pêche armées en guerre et les transports, savoir:

1,431 fusils avec baïonnettes, épinglettes et tire-bourre;
1,060 baïonnettes de rechange;
63,600 pièces à feu;
53 caisses pour renfermer les objets ci-dessus;
636,000 cartouches;
536 caisses pour renfermer ces cartouches;
1,431 outils;
240,000 cartouches à mettre sur 60 « Betruts » de Blankenberg.
240 caisses pour lesdites cartouches.

VIVRES.

782 milliers de biscuit;
15,640 caisses pour contenir les biscuits ci-dessus;
54,060 pintes d'eau-de-vie.

Quant à l'approvisionnement des chevaux, aucune indication n'a encore été donnée à cet égard.

Ayant demandé, mon Général, au ministre de la marine si c'était dans le port d'Ostende, en complétant l'armement des 5 corvettes de transport, que tous ces objets devaient être embarqués, il m'a répondu n'en rien savoir. Il est bien instant qu'il soit pris une décision à cet égard, puisque plusieurs divisions de la flottille de transport sont en partance; pour prévoir le cas où l'embarquement devrait s'en faire à Ostende, je viens de donner l'ordre au général Sorbier de faire faire les 53 caisses pour renfermer les 1,431 fusils, 1,060 baïonnettes de rechange et les 63,000 pièces à feu.

Quant aux 876,000 cartouches, on pourra les laisser en baril.

Le détachement de matelots de votre garde est arrivé, et est déjà occupé au gréement.

Mon aide de camp ayant ramené une trentaine de calfats, l'amiral Magon aura des moyens pour pousser avec plus d'activité le calfatage.

Il existe à Anvers quatre péniches qui vont être lancées ces jours-ci. Comme il n'y a pas d'ordre pour leur destination, je vous demanderai, mon Général, pour éviter les délais, les vôtres, afin de les faire partir tout de suite pour la destination que vous leur donnerez.

Je pousse avec beaucoup d'activité l'exercice des péniches. Nous avons déjà près de 2,000 soldats bons rameurs. Le général Magon ayant l'ordre d'envoyer toutes les péniches à Boulogne, excepté les trois affectées aux matelots de la garde, nos exercices vont être arrêtés. Je vous prierai, mon Général, de m'autoriser à dire au général Magon d'en garder une par chaque régiment.

J'ai l'honneur de vous envoyer six journaux anglais d'une date assez fraîche, que je reçois du général Monnet.

30. — AU PREMIER CONSUL.

29 nivôse an XII (20 janvier 1804).

Mon Général, j'ai l'honneur de vous rendre compte que le 26 treize bâtiments partis de Dunkerque pour Boulogne ont été forcés, le vent ayant changé, de mouiller entre Gravelines et Calais. A l'entrée de la nuit, un de ces bâtiments ayant heurté contre une canonnière, les voiles et les vergues se sont engagées, et le capitaine du bâtiment ainsi que tout son équipage l'ont abandonné pour passer sur la canonnière, qui n'est parvenue à se dégager de cet abordage qu'à coups de hache. On ne sait ce qu'est devenu ce bâtiment livré à lui-même ainsi qu'un chirurgien qui est resté dedans.

L'artillerie légère de Gravelines qui escortait cette flottille a passé la nuit à la hauteur du mouillage : celle de Calais qui était venue au-devant n'en a pas agi ainsi, elle s'est retirée à la fin du jour. J'en ai écrit au général Soult.

Le 29 au matin, trois bâtiments de guerre anglais sont venus à toutes voiles pour s'emparer de ces bâtiments; l'artillerie légère, qui heureusement avait passé la nuit au bivouac, a eu encore le bonheur de forcer, par un feu extrêmement vif, les ennemis de prendre le large, et les bâtiments ont été sauvés malgré le grand désordre que l'apparition des Anglais avait mis dans les équipages, chacun ayant cherché à sauver son bâtiment, le commandant de la canonnière en ayant lui-même donné l'exemple.

Par votre dernière lettre, mon Général, vous attendiez l'arrivée du ministre de la marine pour connaître les mesures prises pour procurer des matelots à Ostende. Savary aura dû vous rendre compte que depuis longtemps, prévoyant que l'on serait obligé d'avoir recours à une levée extraordinaire, je me suis occupé de découvrir les endroits où l'on pourrait en trouver dans les départements voisins. J'ai fait faire ces recherches très-secrètement par la gendarmerie, et elle m'a fourni à cet égard tous les renseignements qu'on peut désirer. Un de mes aides de camp, que j'ai envoyé sous différents prétextes dans ces pays, m'a confirmé l'exactitude des indications : l'amiral Magon y a envoyé lui-même plusieurs officiers de marine, qui se sont assurés que les hommes portés sur ces différentes listes s'y trouvent; ainsi, mon Général, lorsque vous m'en donnerez l'ordre, je ferai enlever et conduire à Ostende tous ces marins. Cette opération nous en fournira une quantité suffisante. Mais si l'on régularise trop cette mesure, et que l'on s'adresse aux préfets, ceux-ci aux commissaires de marine et aux syndics, tous les marins seront prévenus, se sauveront en Hollande ou dans les départements voisins.

Des lettres directes à tous les maires, la menace positive de traiter les parents des marins qui se soustrairaient à la levée comme le sont tous les parents des conscrits, des détachements de gendarmerie et de cavalerie et beaucoup d'officiers porteurs de ces ordres, du secret, de l'ensemble et de la célérité dans cette mesure, voilà les seuls moyens de réussir, d'après ce que je vois et la connaissance que j'ai de ce pays.

Je ne dois pas vous laisser ignorer, mon Général, que cela ne sera pas encore suffisant, et que si l'on ne prend le parti de faire fusiller ceux de ces marins qui déserteraient d'Ostende, il n'en restera pas le quart dix jours après leur arrivée.

Un uniforme est arrêté au moins sur le papier dans les ordres du jour de la flottille de Boulogne; il est indispensable qu'on le donne ici à chacun des marins qu'on va lever; ce sera une dépense de 20,000 à 30,000 francs que l'on pourra recouvrer même sur leur solde. Alors la gendarmerie qui fait très-bien son service aura les moyens de distinguer ceux qui déserteront.

Les 2 bataillons de guerre du 48e régiment sont arrivés dans l'île de Walcheren, forts de 1,700 hommes présents, remplis de bonne volonté, tous bien armés et habillés.

Une forte indisposition [1] que j'ai eue et dont je suis heureusement débarrassé m'a empêché de suivre l'affaire d'un homme très-riche de Flessingue qui commissionnait deux particuliers d'Ostende pour remettre de l'argent à tous les prisonniers anglais. Je vais la suivre et l'éclaircir.

---

[1] Lettre du Premier Consul, 11 pluviôse an XII (1er février 1804) : « J'ai vu hier madame Davout, qui m'a appris que vous n'étiez pas entièrement rétabli, mais que vous étiez en pleine convalescence. Ménagez-vous, car le temps approche où les mouvements vont commencer. Vous me répondrez par le retour de mon courrier qui va à Flessingue... » (*Correspondance de Napoléon*, t. IX, p. 231.)

31. — AU PREMIER CONSUL.

3 pluviôse an XII (23 janvier 1804).

Mon Général, le ministre de la marine n'a donné connaissance ni au contre-amiral Magon, ni à moi, des mesures qu'il avait adoptées pour une levée de matelots [1]. Ce n'est que par une lettre du sous-commissaire de marine à Gand que j'ai appris qu'il avait donné l'ordre de lever tous les marins de ce quartier. Le ministre a très-certainement pris le plus mauvais de tous les moyens, et je vous garantis qu'il ne retirera pas de cette levée 50 matelots. Tous les commissaires de marine, tous les syndics feront de cette affaire une spéculation; ils en retireront beaucoup d'argent, et ils ne trouveront point de matelots. Ce sont mille renseignements exacts que j'ai qui me donnent cette conviction.

Je me suis occupé tout de suite, mon Général, à remédier à tous ces inconvénients; j'ai déterminé le contre-amiral Magon à aller avec mon chef d'état-major se concerter avec les préfets de l'Escaut, des Deux-Nèthes et de la Dyle pour opérer cette levée. Je ferai poster des détachements où on les jugera nécessaires.

J'ai remis au général Dumas les états des marins qui existent dans ces départements; une pareille mesure sera prise dans celui de la Lys.

Je ne m'avance point, mon Général, en vous donnant l'assurance que nous aurons sous peu plus de marins qu'il nous en faudra pour le service d'Ostende. Tous les bâtiments de transport seront prêts du 15 au 20 du courant. Ils le sont déjà presque tous; il n'en reste que très-peu à calfater. Encore à la rigueur auraient-ils pu s'en passer.

J'ai l'honneur de vous adresser, mon Général, une réclamation de la chambre de commerce d'Ostende sur une déci-

---

[1] Lettre du Premier Consul (30 nivôse) informant le général Davout des mesures que le ministre de la marine a cru devoir prendre pour « presser le pays, comme on a fait en Bretagne et dans plusieurs autres parties de la France », et l'invitant à seconder ces mesures. (*Correspondance de Napoléon*, t. IX, p. 214.)

sion du ministre des finances qui veut que le prix des ventes des terres soit d'abord versé dans la caisse du receveur des domaines et de là dans la caisse municipale. Cette mesure est contre l'esprit de votre arrêté du 24 messidor, et s'il est maintenu, le prix des terres s'en ressentira. Il paraît que le préfet attend une réponse du ministre des finances, sur la réclamation de la chambre de commerce qui l'a communiqué, pour procéder à la vente des terres [1].

Je crois devoir, mon Général, vous faire passer des notes que je viens de recevoir sur l'esprit actuel du gouvernement hollandais. Elles sont d'un adjudant général français au service de cette puissance. Tous les Français qui viennent de la Hollande, avec qui j'ai eu occasion de parler de ce pays, se sont tous accordés à donner de mauvaises intentions au gouvernement batave, et un très-bon esprit à ses armées de terre et de mer.

Avant son départ de Gand, le contre-amiral Magon m'a encore parlé du grand embarras où il se trouvait faute d'argent. Le 3 pluviôse, il n'avait pas encore reçu un sol sur nivôse.

Le ministre de la guerre a donné l'ordre à différentes époques aux directeurs d'artillerie de Metz, Strasbourg, Mayence, Lille, Douai, Maestricht, la Fère et Mézières d'envoyer à Ostende pour mettre à la disposition de la marine des pièces d'artillerie et munitions. Presque aucun de ces objets n'est encore arrivé. J'en ai écrit à ces directeurs.

32. — AU PREMIER CONSUL.

25 pluviôse an XII (14 février 1804).

Mon Général, j'ai l'honneur de vous rendre compte que je me suis rendu à Flessingue, pour y passer la revue des trois régiments qui font partie de l'armée.

---

[1] Lettre du Premier Consul, 10 pluviôse an XII (31 janvier 1804) : « Vous pouvez assurer la chambre de commerce d'Ostende qu'elle peut être tranquille, que l'arrêté du 24 messidor sera exécuté; que cette disposition du

Je les ai trouvés dans le meilleur état et les meilleures dispositions. Il y a quelques arriérés de solde et des gratifications de campagne dus à deux de ces régiments. J'en ai écrit à cet égard au ministre de la guerre de la République batave. Quelques fusils sont aussi à changer, j'ai adressé les demandes au général Berthier.

J'ai un compte non moins avantageux, mon Général, à vous rendre de la flotte batave. Elle est dans le plus bel état. Au 22 pluviôse, il y avait 30 chaloupes canonnières, 124 bateaux plats, et pour les premiers jours de ventôse, on avait presque la certitude que le nombre des premiers se monterait à 40, et celui des bateaux plats à 150. L'installation des armes, des écuries, était faite à bord de presque tous ces bâtiments. La première partie de cette flottille était en partance, mais on est obligé d'attendre le départ des bâtiments de transport qui se trouvent à Ostende; sans cela elle n'aurait pas de place. Il existait 42 bâtiments de transport dont la moitié pouvait contenir de 16 à 20 chevaux; l'autre moitié est seulement propre au transport. L'installation des écuries sera faite sous très-peu de jours; l'amiral Verhuel attendait encore de ces bâtiments sous très-peu de temps, ainsi que 170 bouches à feu, tant canons que caronades de 24 et de 18. Il lui manquera de 700 à 800 matelots pour l'armement de la seconde partie de la flottille. Il a proposé à son gouvernement de prendre des marins qui étaient dans les troupes bataves non destinées à l'expédition et s'offriraient pour ce service. Il m'a dit vous avoir écrit à ce sujet. S'il reçoit cette autorisation, il aura presque ce nombre dans les troupes bataves qui se trouvent dans l'île de Walcheren.

On ne s'était préparé à mettre sur chaque bateau plat que 6 avirons; il a cru devoir porter ce nombre à 14 et à 20. Sur les chaloupes canonnières, il se trouve extrêmement embarrassé pour se procurer les 2,600 qui lui manquent par suite de cette augmentation; il m'a prié de faire mon possible pour lui trouver ce nombre d'avirons dans la Belgique;

ministre des finances n'a sans doute eu pour but qu'une régularisation, et qu'il prendra au reste des mesures pour faire disparaître toute inquiétude. »
(*Correspondance de Napoléon*, t. IX, p. 228.)

en conséquence, j'ai l'honneur, mon Général, de vous prier de m'autoriser à en demander cette quantité à l'entrepreneur de Bruxelles qui en a fourni à Ostende et à Boulogne, à la charge par le gouvernement batave de payer, suivant le marché qui a été convenu avec lui.

L'amiral Verhuel apprécie parfaitement sa position : il inspire la plus grande confiance, et son ambition est de gagner votre estime par ses services. Comme il y aurait beaucoup d'inconvénients à donner du désagrément à un homme qui a parfaitement saisi cette guerre-ci, il est de mon devoir de vous observer que peut-être il en éprouverait si le contre-amiral Magon se trouvait avoir un commandement à Ostende. Magon est certainement un de nos moins mauvais généraux de marine. Mais il n'est pas facile à retenir sur l'article des prestations et des pouvoirs. Il a été jusqu'ici sans inconvénient vis-à-vis de moi qui n'ai jamais perdu de vue une minute la chose, et qui ai tout sacrifié à cette idée, mais il n'en serait pas de même vis-à-vis un commandant des forces navales d'une nation alliée.

Le général Durutte m'a rendu compte, mon Général, qu'à Dunkerque toutes les corvettes de pêche étaient en partance pour Boulogne. Je crois devoir vous en instruire, parce que cela est contradictoire avec les ordres que renferme votre lettre du 10.

La levée des marins se continue et n'a produit jusqu'ici que deux cents hommes ; on compte sur à peu près la même quantité. On a réparé autant que la chose a été possible le mal qu'ont produit les fausses mesures dont j'ai eu l'honneur de vous rendre compte. La plupart des syndics se sont très-mal comportés ; au reste, si la quantité n'est pas suffisante, quelques jours après que les officiers de marine se seront retirés et auront rendu par leur départ la confiance aux fuyards, je prescris des mesures telles qu'avec les renseignements que j'ai, et que j'accumule tous les jours, je peux vous donner la tranquillisante certitude que j'en trouverai assez pour compléter le nombre de matelots nécessaires aux équipages des bâtiments composant la flottille d'Ostende.

33. — AU PREMIER CONSUL.

26 pluviôse an XII (15 février 1804).

Mon Général, le général Soult m'a fait passer copie de votre lettre du 23 [1]. Une surveillance extraordinaire aura lieu sur les côtes et dans l'intérieur de l'armée. Heureusement il n'existe parmi les généraux et autres militaires, du moins à ma connaissance, aucune espèce d'intrigue.

Lorsque tous ces infâmes complots perceront, ils exciteront une indignation universelle et un désir bien prononcé que vous mettiez des bornes à votre clémence. Tout ce qu'il y a de Français vous suppliera d'en finir avec ces brigands qui, n'écoutant que leurs viles passions, foulent aux pieds patrie, gloire et tous les sentiments estimables.

Je viens d'avoir l'honneur, mon Général, de vous rendre compte du bon esprit de l'armée; maintenant je vais vous entretenir d'une personne contre laquelle j'ai les plus violents soupçons. La police pourra s'assurer si c'est un agent de Pichegru et autres. En attendant, des mesures sont prises pour intercepter, sans lui donner aucun soupçon, les lettres qu'elle écrira ou qu'elle recevra. J'y joins aussi une note du général Dumas qui pourra aider la police à découvrir le repaire de Pichegru, si ce misérable n'est déjà arrêté; enfin une note sur Donadieu. Je prends le parti de vous expédier toutes ces pièces par un courrier extraordinaire; car dans

---

[1] Lettre du Premier Consul (23 pluviôse) donnant au général Soult les détails sur l'affaire de Georges, et prescrivant des mesures de surveillance sur les côtes. Cette lettre, écrite à la hâte dans le premier moment, ajoute : « N'ayant pas le temps d'écrire à Davout, faites-lui passer ces mêmes renseignements. » Une lettre directe écrite le lendemain 24 pluviôse à Davout dit : « Nous avons découvert ici une trame ourdie avec beaucoup de mystère. Georges et une trentaine de brigands de sa bande étaient cachés à Paris depuis plusieurs mois. Pichegru était avec eux depuis plusieurs jours. Une partie est arrêtée, on est à la poursuite de l'autre partie. Leur ligne de communication de Paris au Tréport est saisie, et il y a quelque probabilité d'avoir dans les mains Pichegru et Georges. D'autres individus sont évidemment compromis; j'attends que cela s'éclaircisse davantage pour en faire une sévère justice… » (*Correspondance de Napoléon*, t. IX, p. 246-247.)

des circonstances pareilles, les plus petits indices mènent souvent à d'importantes découvertes.

J'ai eu l'honneur, mon Général, de vous écrire le 25, et de vous rendre compte du voyage que j'ai fait à Flessingue.

60 bâtiments de transport sont partis d'Ostende pour Boulogne.

Le général Dumas est persuadé que si Pichegru parvient à se soustraire aux poursuites de la police, il ira se cacher momentanément dans le Jura, où il a toujours cherché à se ménager des asiles.

---

34. — AU PREMIER CONSUL.

1ᵉʳ ventôse an XII (20 février 1804).

J'ai l'honneur de vous rendre compte qu'ayant donné connaissance à l'armée du rapport du grand juge, l'indignation la plus générale s'est prononcée. Les généraux et les colonels m'ont demandé en leur nom et en celui de leurs troupes mon agrément pour vous réitérer en cette circonstance les assurances de leur dévouement et de leur fidélité; je vous les adresse, elles sont spontanées et nullement le fruit d'aucune espèce de sollicitation.

Je dois vous faire connaître, mon Général, que le général Dumas, dans cette circonstance, a fait preuve d'un dévouement sans réserve. L'ordre du jour de l'armée, pièce que je joins ici, est autant de lui que de moi[1].

---

[1] On rapporte ici cet ordre du jour, comme spécimen de l'esprit qui régnait particulièrement aux camps des côtes de l'Océan :

« *Camp de Bruges, état-major général.* — 10 *germinal an XII, le général Mathieu Dumas, conseiller d'État, chef de l'état-major général.* — Le général commandant en chef transmet à l'armée un rapport du grand juge au premier consul, sur les machinations par lesquelles un ministre anglais, M. Drake, accrédité auprès de l'électeur de Bavière, servait les conspirateurs soudoyés par son gouvernement, et ravalait son caractère jusqu'à se faire l'agent obscur des assassins du héros, du chef de la nation française. La conduite déloyale et criminelle de M. Drake a été dénoncée à toutes les puissances, et déjà leurs ambassadeurs ont fait connaître au Premier Consul que tous les chefs des nations civilisées voyaient avec horreur cette violation du droit des gens.

« S'il n'est pas un habitant du continent qui ne doive s'indigner de voir

J'attends à tous moments la première partie de la flottille batave qui est en rade depuis deux jours. Un de mes aides de camp l'a vue prête à appareiller. Je saurai ce soir la raison de ce retard.

Il y a eu, mon Général, 42 bateaux baleiniers expédiés de Flessingue pour Boulogne, sur lesquels 16 se sont perdus en route. Il en existait encore le 29 pluviôse 19 à Flessingue, qui devaient partir pour Boulogne par les canaux; tous les jours on en attendait d'autres des ports de la Hollande. Sur les 108 bâtiments de transport attendus à Flessingue, 57 étaient arrivés.

---

35. — AU PREMIER CONSUL.

2 ventôse (21 février 1804).

J'ai l'honneur de vous rendre compte que la première partie de la flottille batave n'a pas pu appareiller, les vents n'étant pas assez favorables pour doubler l'écluse. J'espère que nous la recevrons aujourd'hui. J'engagerai l'amiral à partir peu de jours après pour Flessingue pour y presser l'armement de la deuxième partie de la flottille. Il m'assure qu'elle sera prête dans une huitaine de jours si les matelots qu'on lui promet lui arrivent. Dans le courant de mars, par toutes les annonces qui lui sont faites, il espère avoir assez de canonnières et de bateaux plats pour former une troisième partie. Cela serait d'autant plus avantageux que ces embarcations pour un combat de mer sont bien supérieures aux corvettes de pêche.

Le contre-amiral Magon a reçu il y a deux jours l'ordre

---

au sein de la paix, que Bonaparte a pu seul rendre à l'Europe, l'Angleterre solder tous les crimes pour tâcher de rallumer la guerre; s'il n'est pas un Français de quelque classe, de quelque opinion qu'il soit, qui n'aspire au moment de confondre tant d'orgueil, de perfidie et de scélératesse, il n'est pas un seul soldat qui n'attende avec l'impatience du courage outragé le jour et le signal de la vengeance. » Cette affaire du ministre anglais Drake, on le sait, avait fait beaucoup de bruit et excité toute l'animadversion du Premier Consul.

d'envoyer les corvettes de pêche à Dunkerque : elles vont partir. J'enverrai aussi dans cet endroit le 21ᵉ régiment qui arrive sur la flottille batave.

La troisième division ne pourra point former les garnisons pour les corvettes de pêche, suivant vos derniers ordres, tant que les 12ᵉ et 85ᵉ régiments resteront, le premier à Calais, et le deuxième dans la division du général Suchet, où il a été envoyé pour les travaux.

Le général Durutte me rend compte qu'un des bâtiments de transport partis d'Ostende a été conduit par son patron et l'équipage aux Anglais.

Je crois devoir vous envoyer un extrait de notes données par le chef de bataillon Bazin revenant de Saint-Domingue par la voie d'Angleterre et de Hollande. Dans toute autre circonstance, je n'y aurais mis aucune importance, mais j'ai pensé qu'il était bon d'attirer les regards de la police sur ces derniers pays, où les Anglais depuis quelque temps, sous le prétexte de renvoyer tous les Français non combattants, y mêlent des hommes dangereux.

---

36. — AU PREMIER CONSUL.

3 ventôse (22 février 1804).

Mon Général, je ne peux avoir l'honneur de vous répondre sur le contenu de votre lettre du 1ᵉʳ[1] que d'après ce que j'ai vu à Flessingue, et ce que m'a dit encore tout récemment l'amiral Verhuel, qui est encore retenu avec sa flottille dans ce port à cause des vents contraires.

Tous les jours j'envoie et je reçois de Flessingue un de mes aides de camp. Celui qui est arrivé cette nuit a vu toute la première partie de la flotille en rade, et l'amiral Verhuel l'exerçant sous voiles à différentes manœuvres de combat, et ayant fait tirer 300 ou 400 coups de canon.

Les canaux de la Hollande ayant été pris pendant quelques

---

[1] *Correspondance de Napoléon*, tome IX, p. 255. Ordres et instructions sur la flottille et sur tous les détails de service.

jours par les glaces ont retardé l'arrivée d'une trentaine de bateaux plats et de 9 ou 10 chaloupes canonnières. Suivant toute apparence, cette cause n'existant plus, ils seront rendus à Flessingue au premier bon vent. Ainsi l'on peut compter sur une quarantaine de chaloupes canonnières et 150 à 160 bateaux plats au premier moment, et l'amiral Verhuel espérait avoir sur la fin de ventôse de quoi composer une troisième partie. Quant aux bâtiments de transport, il en avait déjà 59, et il en attendait encore d'autres. Il en aura beaucoup au delà du minimum que vous fixez pour le transport des chevaux, bagages et artillerie.

38 bateaux baleiniers, non compris les 16 qui se sont perdus en route, sont partis depuis longtemps pour Boulogne. Il en existait hier 28 à Flessingue que le général Monnet devait faire passer tout de suite au Sas de Gand pour de là être envoyés à Boulogne.

Vous m'aviez déjà annoncé, mon Général, que les garnisons de 81 corvettes de pêche devaient être fournies par la division de Dunkerque. J'aurai l'honneur de vous rappeler à cet égard que deux régiments de cette division, le 12e et le 85e, en sont éloignés. Le premier est à Calais, et le deuxième dans la division du général Suchet.

Les 50 corvettes de pêche qui sont ici sont en partance, ainsi que le restant des schutters de Blankenberg et 36 bâtiments de transport. Il n'en restera plus à partir d'ici que 60 de ces derniers qui y seront encore retenus pendant une quinzaine de jours, temps nécessaire pour pouvoir procurer les matelots qui nous manquent.

La prame de Gand avait été retenue par les glaces dans les canaux; elle est ici depuis deux jours. Il reste du cordage à faire, on ne peut pas compter l'avoir avant la fin du mois. Celle construite à Ostende pourra être prête et armée d'ici au 15. Les pièces de 24 annoncées pour l'armement de ces bâtiments n'étant pas arrivées (il n'en existe ici que 5 à la disposition de la marine), je vous propose, mon Général, de les prendre sur l'armement de la place.

Lorsque vous m'enverrez l'ordre, mon Général, de réunir

toutes les troupes pour l'embarquement, alors toute la côte depuis Breskens jusqu'à Calais sera sans aucune surveillance; les Anglais ne manqueront pas d'en être bientôt instruits, et ils vomiront encore par là des brigands; 300 chevaux et une centaine d'hommes d'infanterie seront suffisants pour empêcher ces sortes de communications.

La plus grande surveillance est apportée pour empêcher la désertion des matelots, et elle se fait avec le plus grand succès. Depuis trois semaines le petit nombre de ceux qui se sont évadés ont été arrêtés et reconduits à la marine.

La désertion dans les troupes est presque nulle; depuis trois mois il n'y a pas eu plus de 10 à 12 déserteurs sur toute l'armée.

Une des prames de Bruges sera lancée dans une quinzaine de jours. Elle pourra être prête sur la fin du mois. Celles d'Anvers doivent aller prendre leur armement à Flessingue.

---

37. — AU PREMIER CONSUL.

4 ventôse (23 février 1804).

J'ai l'honneur de vous envoyer par un courrier extraordinaire une gazette anglaise extrêmement intéressante et d'une date très-récente, du 21 février. Elle est arrivée au général Monnet par un bâtiment neutre parti des dunes il y a deux jours. J'y joins la traduction des morceaux relatifs au roi, qui paraît dangereusement malade et au moins atteint de sa première maladie.

L'amiral Verhuel est toujours en rade à attendre les premiers bons vents. Les coups de vent violents qui ont eu lieu hier et aujourd'hui ne lui auraient pas permis de mettre en mer sans craindre de grandes avaries. Il avait déjà des installations de faites à bord des bâtiments de transport pour 480 chevaux, il continue les installations et il me donne l'assurance qu'il en aura assez pour porter 1,000 chevaux, et cela indépendamment des bâtiments de transport pour les gros bagages et l'artillerie qu'il aura dans la quantité fixée par vos instructions. Il ne lui manque pour compléter la deuxième partie de la flotte que 15 à 20 bateaux canonniers et 6 ou 7 chaloupes canonnières qu'il attend à chaque moment. Il a le complet des pièces et affûts pour l'armement de cette deuxième partie de la flottille.

Le conseiller d'État, président du conseil de la marine batave, qui est à Flessingue, a protesté que son gouvernement était disposé à faire tous les sacrifices pour tenir ses engagements vis-à-vis de vous. Beaucoup de bâtiments de toute espèce qui sont en route, selon l'assurance qu'il en a donnée, sont retenus par les glaces et le mauvais temps.

L'amiral Verhuel est toujours dans la pénurie de matelots. Il a prié son gouvernement de désarmer deux frégates de la république batave qui sont à Helvoetsluis, et de mettre à sa disposition tous les équipages. Cela lui ferait un secours de 300 matelots qui ne serait pas encore suffisant pour l'armement des équipages de la deuxième partie de la flottille. Son gouvernement ne lui a pas encore répondu sur sa demande du désarmement des deux frégates, ainsi que sur celle qu'il vous a communiquée pour être autorisé à prendre dans les troupes bataves les hommes qui se présenteraient pour être marins, sous la condition qu'ils jouiraient de leur traitement de soldat et de celui de marin. L'amiral a la certitude que cette mesure lui produirait 1,000 très-bons matelots. Dans les déclarations et papiers de Sandoz que j'ai eu l'honneur de vous adresser, mon Général, lors de votre dernier voyage à Boulogne, il y avait une note sur un moyen de correspondance que lui donnait lord Hawkesbury par l'intermédiaire d'une maison d'Amsterdam, qui y est désignée. Par réflexion, le ministre a indiqué un autre moyen que vous trouverez également désigné dans les papiers dont je n'ai point de copies. Je crois devoir vous rappeler ces notes pour mettre à même la police de découvrir en Hollande les agences anglaises.

Le général Monnet m'écrit le 3 ventôse : « Un particulier
« parti d'Angleterre il y a huit jours m'a déclaré qu'on lui

« avait dit à son départ : Vous allez en Hollande, vous appren-
« drez le plus grand événement arrivé en France. »

Je crois devoir aussi vous adresser la dernière gazette de Leyde. Le rédacteur donne des détails sur la conspiration dont aucun papier public n'a parlé jusqu'ici.

Le général Durutte et les colonels de cavalerie m'ont fait passer des lettres sur le dernier attentat contre votre personne, dans le même esprit que celles que j'ai eu l'honneur de vous adresser le 1er ventôse.

Il y a encore, mon Général, une plus grande amélioration dans le port de Nieuport que dans celui d'Ostende. Il y a quatre mois qu'on était obligé d'attendre les vives eaux pour faire sortir un bâtiment tirant 9 pieds. Aujourd'hui dans les mortes-eaux on en fait entrer, d'après le relevé de toutes les sondes, au tirant de 13 à 14 pieds et 19 à 20 pieds dans les vives eaux.

Je suis toujours occupé, mon Général, à chercher à remplir vos vœux sur ces deux ports; dans une quinzaine de jours j'aurai un travail complet.

38. — AU PREMIER CONSUL.

11 ventôse an XII (2 mars 1804).

Mon Général, j'ai l'honneur de vous adresser un jugement qui condamne à sept ans de travaux publics Paul Chevalier, caporal au 21e régiment d'infanterie légère. Les services de cet homme, sa conduite qui jusqu'ici a été irréprochable, les démarches du Conseil qui l'a condamné, ne peuvent commuer sa peine, aux termes des lois; celles du colonel de ce corps me déterminent à vous demander sa grâce, qui en sera une en même temps pour tous vos anciens et fidèles soldats du 21e. Je joins à ma lettre celle du colonel du 21e, et du président du conseil de guerre.

39. — AU PREMIER CONSUL.

13 ventôse an XII (4 mars 1804).

Mon Général, j'ai l'honneur de vous adresser une lettre anonyme que vient de recevoir le général Dumas, et celle qu'il m'écrit à ce sujet. Toutes les injures, toutes les calomnies, toutes les atrocités que renferme cette diatribe ont l'air d'être un canevas des proclamations que ces brigands méditeraient et de leurs verbiages [1].

L'écriture ne paraît pas contrefaite, et si la police parvient à en découvrir l'auteur, elle mettra vraisemblablement la main sur un des faiseurs de la dernière conspiration. Ces gens aussi lâches que tout ce qui reste des Bourbons de France, ne pouvaient point sortir les Français de la Révolution ; mais depuis que le 18 brumaire a lui sur notre patrie et que le Génie de la France a donné le pouvoir au général Bonaparte, il a su faire marcher sous les mêmes drapeaux des personnes de tous les partis. Le général Dumas, qui a toujours eu le cœur français et qui dans tous ses malheurs n'a jamais consenti à aucune proposition déshonorante, a su apprécier autant que qui que ce soit tous les bienfaits de votre gouvernement. Il sera fidèle au serment qu'il vous a prêté, serment que l'anonyme lui reproche.

Je lui dois la justice que dans ces dernières circonstances, il s'est prononcé de la manière la moins équivoque contre Moreau et tous ces misérables qui ont voulu sacrifier leur patrie à leurs intrigues et leurs petites passions.

Quelques jours avant l'arrestation de Pichegru, il régnait dans l'armée une inquiétude dont on n'osait se rendre compte [2], voyant qu'on avait perdu la trace de ce chef de la

---

[1] Le Premier Consul au général Davout : « Le général Dumas méprise sans doute cette lettre anonyme, quoique signée, qu'il a reçue. » (*Correspondance de Napoléon*, t. IX, p. 278.)

[2] Le général Moreau, compromis dans l'affaire de Georges, avait été arrêté dès le premier moment. Georges échappait encore pour quelques jours à toutes les recherches. Au sujet de Pichegru arrêté dans l'intervalle, le Premier Consul avait écrit le 10 ventôse au général Soult : « ...Pichegru a été

bande de Georges. A ce pénible sentiment a succédé la joie la plus vive et le désir bien prononcé d'apprendre que Moreau, Pichegru et tous ces autres misérables ont subi la peine due à leurs crimes. La femme contre laquelle je vous ai envoyé une note était cette malheureuse qui a été condamnée il y a quelques années à Strasbourg pour des vols et de fausses lettres de change. J'en ai adressé la preuve au conseiller d'État Real, par l'ordre de qui elle a été transférée à Paris.

J'ai l'honneur, mon Général, de vous envoyer l'adresse des habitants d'Ostende qui ont désiré que je sois leur intermédiaire près de vous.

Il y a 80 bâtiments en partance, dont les 25 dernières corvettes de pêche. Les vents sont toujours contraires pour l'appareillage de la flottille batave.

Depuis quelques jours, la croisière ennemie est augmentée. Hier, on a signalé les frégates près de Blanckenberg; aujourd'hui, un vaisseau de ligne a paru pour la première fois. L'amiral Verhuel en est prévenu, si j'en juge par ses dernières dépêches.

40. — AU PREMIER CONSUL.

16 ventôse an XII (7 mars 1804).

Mon Général, j'ai l'honneur de vous rendre compte que depuis les derniers coups de vent de nord-ouest, malgré la violence desquels l'amiral Verhuel avait tenu avec la plus grande partie de la flottille batave sur les rades de Flessingue

arrêté hier. Il n'a pu se servir ni de ses pistolets ni de son poignard. Il s'est battu une demi-heure avec trois ou quatre gendarmes d'élite à coups de poing. Le plaisir qu'a éprouvé le peuple de Paris de cette arrestation fait son éloge. J'ai fait fermer les barrières de Paris et investir les murailles de sentinelles. J'ai fait rendre une loi qui condamne à mort tout individu qui recélerait Georges et ses compagnons. Il est dit dans la loi qu'ils sont soixante, parce que les dépositions le portent; pour moi, je ne pense pas qu'ils soient plus de trente à quarante. J'ai d'ailleurs lieu d'être satisfait de la contenance de Paris et de toute la France... Faites passer au général Davout la nouvelle relative à Pichegru... » (*Correspondance de Napoléon*, t. IX, p. 265.)

et de Breskens, les ennemis avaient renforcé leur croisière de deux vaisseaux et de quelques frégates. Ils ont été ces jours derniers presque toujours en vue de Flessingue, et hier au soir encore on leur comptait 14 voiles de guerre. Leurs corvettes éclaireurs vinrent mouiller sur la rade à petite portée de canon; c'est ce moment même que l'amiral Verhuel a choisi pour appareiller à l'entrée de la nuit, traversant la ligne des croiseurs qui partaient au sud pour couper la route sur Ostende. Cette manœuvre audacieuse a complétement réussi. Ce matin, à la pointe du jour, l'amiral a rallié et fait entrer ses chaloupes et ses bateaux canonniers dans le port d'Ostende, à la vue de la croisière anglaise forcée de mouiller hors de la portée de nos nombreuses batteries. Deux bricks ont vivement poursuivi un bateau canonnier qui était tombé sous le vent [1].

Ces mouvements sur la côte, mon Général, et souvent à quelque distance, à la vue et quelquefois sous le feu de l'ennemi, excitent au plus haut degré l'ardeur de nos soldats, déjà presque tous matelots. Les marins bataves se louent beaucoup de leur hardiesse, de leur intelligence et de leur adresse. Le 21ᵉ régiment de ligne, commandé par le colonel Dufour, a particulièrement mérité dans cette circonstance les plus honorables témoignages d'estime de la part de l'amiral.

Si cet amiral avait un plus grand nombre de pilotes, il aurait pu amener toute la première partie de la flottille; et pour que son arrivée ne dépende plus des vents, je l'ai déterminé à faire venir les 58 bateaux canonniers qui restent dans la rade de Flessingue de cette première partie par Anvers, Gand, Bruges et Ostende. Je fais partir le général Dumas pour aller préparer les relais de chevaux nécessaires pour amener ces bâtiments, dans le cas où le vent ne permettrait pas de faire usage de la voile dans le canal. Les bateaux

---

[1] Lettre du Premier Consul, 18 ventôse : « Je reçois votre lettre du 16 ventôse... Voilà le moment où la guerre va s'engager entre votre rade et les Anglais. Il faut ne point épargner les boulets et les bombes, et dès l'instant que l'ennemi est à portée, faire tirer avec la plus grande activité. » (*Correspondance de Napoléon*, t. IX, p. 277.)

canonniers partiront de nuit de Flessingue, et Sidney Smith, qui commande la croisière, en ne les voyant plus le matin dans la rade, tirera bien des bordées sur Ostende et sur les côtes pour savoir ce qu'ils sont devenus; et très-certainement lorsque le gouvernement anglais apprendra par ses agents de la Belgique que le port d'Ostende, d'où l'on a fait partir depuis quelque temps les bâtiments armés en guerre et de transport qui s'y trouvaient pour Boulogne, se remplit de nouveau par les canaux de bateaux canonniers et des bâtiments de transport (les 108 que doit fournir la Hollande, et dont 80 sont déjà à Flessingue, viendront par le même moyen), il pourra croire que cela cache de grands projets et faire des mouvements de troupe en conséquence. L'amiral Verhuel, passant encore de nouveau au travers de ses croisières avec les chaloupes canonnières qui resteront, leur prouvera que ce n'est point par timidité que les autres bâtiments ont pris le chemin des canaux.

L'amiral Verhuel a obtenu du gouvernement batave 2,000 marins qui sont pris parmi les troupes de terre hollandaises. Sous quinze jours, ces hommes, dont il espère tirer un très-grand parti, seront à sa disposition à Flessingue.

Il y a maintenant dans ce port de quoi former la deuxième partie de la flottille de chaloupes canonnières, et il a la presque certitude qu'il aura sur la fin de mars de quoi composer la troisième partie.

L'amiral Verhuel retourne demain à Flessingue pour y chercher et conduire lui-même à Ostende le restant des chaloupes canonnières de la première partie de la flottille.

41. — AU PREMIER CONSUL.

19 ventôse an XII (10 mars 1804).

Mon Général, j'ai l'honneur de vous rendre compte que le 17, la deuxième et dernière division des corvettes de pêche est partie avec les vingt derniers schuters de Blankenberg. Ces derniers bâtiments sont arrivés à Dunkerque sans aucun événement. Les bateaux de Blankenberg ont continué leur route, et, les vents étant devenus contraires, ont mouillé entre Gravelines et Calais. Le 18 au matin, 2 frégates anglaises les ont canonnés vivement. L'artillerie légère aux ordres du général Serras a donné, comme à son ordinaire, une protection efficace. Les ennemis, après une canonnade de sept heures très-vive, surtout de leur part, ont pris le large après avoir reçu quelques obus à bord. Le feu des Anglais n'a occasionné aucune espèce de dommage. Les vents ayant continué à être contraires, les bateaux de Blankenberg sont entrés à Gravelines.

Il partira d'Ostende à la marée de ce soir 20 bâtiments de transport à écurie; il n'en restera plus qu'une cinquantaine.

Dans la nuit du 17 au 18, des embarcations anglaises ont surpris la patache des douanes de l'Écluse et fait prisonniers 4 douaniers et 3 matelots qui se trouvaient à bord de cette patache sans faire aucune espèce de garde. Le poste de grenadiers n'a été prévenu que par le feu mis par les Anglais à bord de la patache; les secours ont été trop tardifs.

Dans la nuit d'hier, on a aperçu entre Blankenberg et le Swin une lumière en mer se dirigeant sur la côte. 7 individus ayant été vus dans le même moment sur l'Estran ont pris la fuite au premier qui-vive. On a fait feu sans les atteindre, on est à la découverte, et s'ils restent dans les environs, j'espère qu'on parviendra à s'en saisir.

Par les mesures dont j'ai eu l'honneur de vous rendre compte, nous armerons la flottille batave sous trois ou quatre jours.

La croisière anglaise devant Flessingue est toujours très-forte.

42. — AU PREMIER CONSUL.

22 ventôse an XII (12 mars 1804).

La nouvelle de l'arrestation du chef des brigands nous est arrivée en sortant du *Te Deum* chanté pour rendre des actions de grâces à Dieu de ce qu'il avait conservé vos jours, où des détachements de tous les régiments de l'armée avaient assisté : dans un instant elle a été sue de tous les soldats, qui se sont livrés à une joie qui ne peut s'expliquer que par l'amour qu'ils portent à votre auguste personne. L'armée ne forme plus qu'un vœu, qui est celui que justice soit faite de tous ces misérables [1].

J'ai encore à vous annoncer, mon Général, la manœuvre aussi audacieuse que bien conduite de l'amiral Verhuel. Il est arrivé hier en rade avec 13 chaloupes canonnières; trois d'entre elles, entre autres celles qu'il montait, ont eu vers les quatre heures du matin, à la hauteur de Blankenberg, un engagement extrêmement vif avec une frégate et un brick anglais. On s'est battu à portée de pistolet pendant près d'un quart d'heure. L'ennemi a été tellement maltraité par le feu de la mousqueterie que son feu d'artillerie a été totalement éteint. Il a profité de l'obscurité de la nuit pour s'éloigner et mouiller pour se réparer. Le brick anglais eût été infailliblement enlevé à l'abordage que demandaient les soldats, sans les embarras où se trouvaient les 3 chaloupes canonnières qui étaient engagées les unes dans les autres. Après la retraite de l'ennemi, elles ont continué leur route et sont venues mouiller avec les autres dans la rade d'Ostende. Quelques corvettes et frégates anglaises sont venues les canonner d'assez loin, mais sans faire aucune espèce de mal. L'engagement nocturne nous a coûté 5 hommes tués et 10 blessés, tant soldats que marins. L'amiral Verhuel se loue beaucoup du courage du chef de bataillon Vaugrigneuse, des officiers et soldats du 21ᵉ qui montaient les chaloupes, et particulièrement des grenadiers, qui tous ont parfaitement secondé ces braves marins. Le capitaine de frégate hollandais a mérité des éloges particuliers de

---

[1] Lettre du Premier Consul, écrivant le 18 ventôse, neuf heures du soir, au général Davout : « Georges vient d'être arrêté à sept heures du soir, sur la place de l'Odéon. Ce brigand a tiré quatre coups de pistolet, qui heureusement n'ont blessé qu'un homme. Il a été pris vivant et sans avoir aucun mal. Il était déguisé en fort de la halle, et allait à un rendez-vous pour avoir des renseignements sur la possibilité de franchir les murailles des barrières qui, comme vous le savez, sont investies de sentinelles à cinquante pas de distance... nous gardons le blocus encore quelques jours. Cette nouvelle est déjà sue dans Paris ; faites-la passer à Marmont et à Monnet. » (*Correspondance de Napoléon*, t. IX, p. 278.)

cet amiral. Je ne vous parlerai point, mon Général, de l'amiral Verhuel, ses talents et son dévouement vous sont connus. Il nous inspire la plus grande confiance, et est appelé à rendre de grands services dans cette guerre.

Il était sorti de Flessingue à l'époque où votre courrier y est arrivé. Le restant des bateaux canonniers de la première partie de la flottille batave était déjà rendu dans les canaux de l'intérieur, mais la deuxième partie en entier, mon Général, suivra la côte conformément à vos ordres [1]. Il retourne à Flessingue pour l'organiser et l'armer le plus tôt possible. Il conserve toujours la certitude de vous donner pour la fin de mars une troisième partie.

Il est arrivé dans ces derniers temps beaucoup de bateaux baleiniers. 52 ont suivi par l'intérieur les bateaux canonniers. Aussitôt qu'ils seront rendus ici, je les ferai diriger tout de suite par les canaux sur Calais. Ils forment un total de 120 à 130 bateaux baleiniers qui auront été envoyés dans ces derniers ports.

J'ai l'honneur de vous rendre compte, mon Général, que j'ai placé depuis longtemps sur la côte tous les moyens d'artillerie mobile que j'avais pu réunir; 6 pièces d'artillerie légère sont destinées à protéger les mouvements depuis l'île de Cadzandt jusqu'à Ostende. Deux pièces de 8 sont établies à l'embouchure orientale du Swin. Une demi-compagnie est à Nieuport pour protéger les mouvements jusqu'à Dunkerque. A Dunkerque, une autre demi-compagnie jusqu'à Gravelines, et à Gravelines, une compagnie jusqu'à Calais. Les 600 chevaux que j'ai sont répartis sur toute la côte, et ils font avec de nombreux postes d'infanterie des patrouilles continuelles.

Il existe 7 pièces de canon de 24 légères destinées pour l'armement des prames, dont nous ne pouvons d'ailleurs nous servir faute d'affûts. Il reste de disponible au parc de l'armée 3 pièces de 12 et 6 pièces de 8 qui seront employées à protéger à la basse mer la ligne d'embossage de la flottille. Le

---

[1] Le Premier Consul avait écrit à l'amiral Verhuel qu'il « n'approuvait pas que les bateaux canonniers passassent par les canaux ». Avis donné au général Davout, par la lettre du 18 ventôse. (*Correspondance de Napoléon*, t. IX.)

général Sorbier a demandé des obusiers dont nous manquons totalement et des pièces de 12 au directeur.

Pour l'exécution de vos ordres, je vous rends compte, mon Général, que j'ai demandé 10 péniches de celles qui existent dans le port d'Ostende, ce qui fait à raison d'une par section pour aller en rade avec la flottille. Cela est d'autant plus nécessaire que, sans ces embarcations, l'équipage et la garnison d'un des bâtiments de la flottille, qu'un boulet de l'ennemi ferait couler bas, ne pourraient être sauvés.

J'ai écrit à Dunkerque pour faire connaître que votre intention était que les chaloupes canonnières restent et soient réunies dans ce port. Le malentendu avait existé, 9 étaient déjà parties pour Calais. Il en existe à Dunkerque 72, nombre suffisant pour se conformer à vos instructions, embarquer les 4 régiments de la 3ᵉ division.

Le 12ᵉ et le 25ᵉ ont déjà fourni leurs garnisons. Le 85ᵉ les fournira demain, et le 21ᵉ aussitôt que le régiment sera réuni : ce qui sera dans quatre ou cinq jours. J'irai moi-même à cette époque pour mettre à exécution vos différents ordres.

Je n'aime pas, mon Général, à vous entretenir de détails pénibles, mais le bien du service me force à vous dire qu'il est impossible que le contre-amiral Magon, dans la disposition d'esprit où il est, ne soit pas aussi nuisible qu'il a été utile jusqu'à cette époque. Sa présence d'ailleurs ne peut plus servir ici, puisqu'il ne se trouve plus dans ce port que 40 bâtiments de transport qui sont en partance [1].

L'amiral Verhuel a reconnu la grande utilité d'établir des corps morts dans le chenal et sur le pont pour pouvoir opérer dans une seule marée la sortie de la flottille, lorsqu'elle sera réunie ici. Sans cela il ne croit pas qu'il soit possible d'en

---

[1] Lettre du Premier Consul, 26 ventôse an XII (17 mars 1804 : « J'ai vu avec peine vos discussions avec le général Magon. Il ne faut point oublier que la marine ne fait point partie de l'armée, que c'est dans l'État une organisation à part et qu'il y faut une manière d'être tout à fait différente... si les marins croyaient être commandés par des officiers de terre, ils perdraient confiance et finiraient par se dégoûter. Quand je me suis adressé à vous, ç'a toujours été dans la pensée que vous y influassiez, par l'ascendant naturel que vous devez avoir sur Magon. » (*Correspondance de Napoléon*, t. IX, p. 294.)

faire sortir plus de la moitié. J'aurai l'honneur, mon Général, de vous adresser après-demain le plan de la rade d'Ostende avec tous les détails que vous me demandez, et deux ou trois jours après celui de Nieuport. J'ai préféré ce retard pour vous envoyer quelque chose de complet et d'exact.

Les bataillons de guerre se complètent, l'instruction est très-suivie.

Il paraît que la maladie que Sidney Smith a eue en Égypte lui est revenue ; il recommence ses fanfaronnades au sujet d'une patache montée par 4 douaniers qui s'est laissé surprendre. Il a demandé à plusieurs capitaines de bâtiments neutres s'ils voulaient se charger de 200 soldats, dont 8 officiers, qu'il venait de prendre dans le port de l'Écluse. Si l'on m'accorde des péniches, ces embarcations ne se promèneront pas avec autant de tranquillité près de nos côtes.

43. — AU PREMIER CONSUL.

Le 29 ventôse.

Mon Général, j'ai l'honneur de vous adresser l'état nominatif des prames que vous me demandez[1].

Le commissaire général Malouet m'ayant fait connaître qu'il allait envoyer à Flessingue vers le 1ᵉʳ germinal les deux prames *la Ville d'Anvers* et *la Ville d'Aix*, construites à Anvers, pour y recevoir leur artillerie et y compléter leurs équipages, j'ai fait passer à Flessingue 50 hommes à pied du 7ᵉ régiment de hussards et 50 hommes à pied du 1ᵉʳ régiment de chasseurs pour former les garnisons de ces deux prames. Comme il reste 100 hommes à pied de chacun de ces deux régiments, il y aura encore de quoi fournir les garnisons de 4 prames, moins les malades qui se trouvent dans ces détachements. Par

[1] Lettre du Premier Consul (21 ventôse) demandant les renseignements dont il est question ici. Dans cette lettre, le Premier Consul ajoute : « Le Corps législatif se terminera le 30 ou dans les premiers jours de germinal. Je compte qu'à cette époque les affaires de la conspiration seront finies. J'aurai bien du plaisir à vous voir. » Cette lettre est datée de la Malmaison, où s'était retiré le Premier Consul pendant que se préparait la tragédie du duc d'Enghien, ce terrible épilogue de la conspiration de Georges.

l'état ci-joint, vous verrez qu'indépendamment des prames d'Anvers, il en existe déjà 5 de lancées, sur lesquelles une seule est prête à recevoir son armement. Il serait difficile de prévoir les époques où les autres seront prêtes pour cela.

Vous m'ordonnez, mon Général, de vous faire connaître les moyens que nous avons pour pourvoir à l'armement des prames. Il n'existe ici que 7 pièces de 24 courtes, et 2 autres que l'on attend d'un jour à l'autre, 7 pièces de 18 en fer, 2 obusiers de 8 pouces, et si les prames pouvaient comporter quelques mortiers, il en existe ici 6 à petite portée. Voilà toutes nos ressources de ce côté, en y ajoutant cependant 21 pièces de 12 en fer. Ce calibre étant trop petit, je ne présume pas qu'on s'en serve pour l'armement des prames. Tout le reste de l'artillerie est distribué sur la côte pour protéger l'embossage de la flottille.

La plupart de nos bataillons sont déjà portés à 800 hommes par les conscrits de cette année que l'on a tirés des trois bataillons. Tous auront ce complet dans la première quinzaine de germinal, le 21ᵉ régiment d'infanterie légère seul excepté, parce qu'il lui manque encore 400 conscrits pour avoir son complet, et cela indépendamment du nombre qui lui avait été accordé cette année.

Les bateaux canonniers de la première partie de la flottille batave venus par les canaux arrivent ce soir. Demain, j'y installerai les garnisons suivant vos instructions, et ensuite je me rendrai à Dunkerque, où je resterai plusieurs jours, et si le temps le permet, les corvettes de pêche iront en rade, sinon j'y retournerai lorsque les gros temps de l'équinoxe seront passés.

L'amiral Verhuel est à Flessingue depuis plusieurs jours; il a déjà une grande partie des équipages pour la deuxième partie de la flottille. Les bateaux canonniers pour la troisième partie commencent à lui arriver; il en a déjà 14, et si les temps ne sont pas contraires, il espère avoir sur la fin de mars la totalité de la troisième partie en chaloupes canonnières et bateaux canonniers. Il aura aussi par les dernières mesures de son gouvernement les équipages pour cette troisième partie; mais je dois vous observer, mon Général, qu'il n'existera pas de troupes à Flessingue pour former les garnisons de cette troisième partie de la flottille batave.

J'ai adressé au ministre de la guerre une demande de canonniers, les 6 compagnies de 300 hommes que nous avons ici étant insuffisantes pour fournir les garnisons des corvettes de pêche, péniches, bateaux canonniers, chaloupes canonnières, et servir les pièces destinées à la protection de la rade. Nous n'avons pas ici un seul canonnier marin. Ce sont les canonniers de terre qui instruisent nos soldats au canonnage de mer. J'ai fait réimprimer au nombre de 2,000 exemplaires et distribuer à tous les officiers de l'armée l'école du canon des vaisseaux. On fait une théorie pour les officiers et sous-officiers, et l'instruction des soldats par ce moyen va très-vite.

Il y a deux ou trois jours qu'un cutter anglais avec 7 ou 8 embarcations ont attaqué 2 de nos péniches qui étaient le long de la côte pour enlever les balises que les ennemis avaient placées entre Ostende et Flessingue. Le cutter a été frappé, et une embarcation anglaise a été coulée à fond, frappée par nos péniches et l'artillerie légère de la côte de 2 obus et autant de boulets. Il aurait été infailliblement pris par nos soldats, s'il n'avait pas été protégé par une frégate.

Quant au plan de la rade, mon Général, que vous me demandez par votre lettre du 18 ventôse, sur lequel devait être mise la ligne d'embossage, le général Andréossy a fourni à l'ingénieur en chef hydrographe de la marine le plan de la côte sur l'échelle de celui que j'ai l'honneur de vous envoyer, et dont la clef est ci-jointe.

Le travail qui va être adressé par le contre-amiral Magon au ministre de la marine peut être adapté au plan que je vous envoie. Ce dernier vous fera connaître les différentes batteries sur le front de la place et de la côte.

Il existe une grande différence entre la nourriture des matelots bataves et celle des marins français. Les premiers reçoivent de l'orge ou gruau, du beurre, du lard, du stockfish, objets qui n'existent point dans la distribution des seconds, et pour lesquels il n'y a aucune espèce d'approvisionnement. Les officiers bataves témoignent la crainte, si l'on change cette nourriture, de voir une désertion s'ensuivre. L'amiral Verhuel en a écrit au ministre de la marine; il est très-urgent qu'on prenne un parti à cet égard.

---

44. — AU PREMIER CONSUL.

7 germinal an XII (28 mars 1804).

J'ai l'honneur de vous rendre compte qu'on ajoute à l'armement du fort Risban 3 ou 4 mortiers à la Gomer qui viennent d'Ostende et autant au fort Blanc. C'est tout ce que ces forts pourront recevoir avec l'artillerie qu'ils ont déjà. Vos intentions seront remplies, il y aura 14 ou 15 mortiers dans ces deux forts [1].

J'ai ordonné la construction de trois batteries sur les dunes depuis Zuydcoote jusqu'au fort Risban, dans les pointes qui se trouvent aussi rapprochées du Bragues (banc qui borne la rade de Dunkerque) que le fort Risban.

Chacune de ces batteries sera faite de 10 à 12 pièces, dont moitié mortiers.

Ces batteries auxquelles vont travailler les soldats seront prêtes avant la fin du mois, et elles pourront être armées si l'on envoie 15 mortiers à la Gomer. Il se trouve à Dunkerque une quantité suffisante de pièces de 24, mais pas de mortiers à la Gomer et à grande portée.

J'ai vu ici, mon Général, 72 corvettes de pêche : les garnisons sont à bord depuis quelque temps : les exercices de mer se font avec beaucoup d'exactitude. Jusqu'ici l'on n'a pu faire aller cette flottille en rade, faute de vents favorables.

Je ne pense pas que vous serez très-content de cet armement : ces bâtiments, qui ne peuvent point aller à la rame, n'ont d'autre avantage que celui de se comporter assez bien à la mer. La pièce de 24 ne peut tirer qu'en chasse, et pour peu

---

[1] Lettre du Premier Consul, 30 ventôse an XII (21 mars 1804), ordres sur l'armement. (*Correspondance de Napoléon*, t. XI, p. 303.)

qu'il y ait de mer, il est impossible de s'en servir. Ils tirent en outre de 8 à 10 pieds d'eau, et presque toujours lorsque ces bâtiments échouent, ils périssent corps et bien.

L'amiral Verhuel compte toujours sur la troisième partie de la flottille batave, qui se forme tous les jours. Les matelots pour les équipages de la deuxième partie lui sont déjà presque tous arrivés. Il serait d'autant plus avantageux d'avoir cette troisième partie, qui sera sans contredit la meilleure, les chaloupes canonnières et bateaux canonniers qui la composent étant de la nouvelle construction.

J'ai reçu hier une lettre de cet amiral qui me donne des détails sur une nouvelle atrocité des Anglais. Dans la nuit du 2 au 3, ils sont venus attaquer avec 7 chaloupes ou autres embarcations armées une chaloupe hollandaise en station devant Colyns Plaat, île de Nord-Beveland. Le feu le plus vif s'est engagé de part et d'autre, et a duré deux heures. La canonnière a fini par être prise à l'abordage, après avoir eu son capitaine, son lieutenant et la moitié de son équipage tués ou blessés. Les Anglais, irrités de cette résistance, ont tourné leur rage contre le brave capitaine, nommé Ollyve, de la canonnière. Au lieu de lui donner du secours, ils l'ont jeté avec autant d'atrocité que de lâcheté à la mer, quoiqu'il ne fût que blessé. La canonnière a été reprise le matin par le stationnaire de Zirickzée; le pilote qu'on a trouvé à bord est celui qui a fait connaître les détails que je viens d'avoir l'honneur de vous donner. Les Anglais ont eu 17 hommes tués, un plus grand nombre de blessés, et deux de leurs péniches coulées à fond.

Le général Monnet, le 4, me mande qu'un particulier qui avait passé sur un bâtiment neutre venant d'Angleterre lui avait confirmé l'embargo mis dans les ports d'Angleterre. Il était question d'une grande expédition qu'on rassemble dans la rivière de la Tamise. Le Roi était à toute extrémité et dans un état désespéré.

45. — AU PREMIER CONSUL.

8 germinal an XII (29 mars 1804).

J'ai l'honneur de vous adresser six journaux anglais d'une date très-fraîche que je reçois à l'instant du général Monnet. Le contenu m'en a paru assez intéressant pour que j'aie cru devoir vous les expédier par un courrier extraordinaire.

Je me rends demain à Ostende, la marine m'ayant assuré que, suivant toutes les apparences, les vents ne permettraient pas de faire aller aussitôt la flottille en rade. D'ailleurs, la deuxième partie de la flottille batave devant être prête, je veux me trouver sur les lieux pour prendre les mesures, pour lui donner le plus de protection possible sur la côte, tout annonçant qu'elle ne viendra pas sans rencontrer les Anglais qui s'obstinent à mouiller sur le passage. On va commencer dès demain à travailler, mon Général, à l'établissement des nouvelles batteries entre le fort Blanc et Zuydcoote avec la plus grande activité.

Comme j'ai eu l'honneur de vous en rendre compte, il y aura assez de pièces de 24 pour l'armement de ces 3 batteries. J'ai donné l'ordre qu'on les établisse presque toutes pour pouvoir être tirées sous l'angle de 45 degrés. Votre intention étant d'établir beaucoup de mortiers dans les batteries, comme il n'en existe pas à Dunkerque, je vous réitérerai la demande d'une quinzaine pour leur armement. Je dois aussi vous observer qu'il n'existe que 30 canonniers disponibles à Dunkerque.

---

46. — AU PREMIER CONSUL.

12 germinal an XII (2 avril 1804).

J'ai l'honneur de vous rendre compte qu'il ne manque à la deuxième partie de la flottille batave que des matelots. Les mesures prises pour en procurer à l'amiral Verhuel ont dès le commencement produit le plus grand effet. Au lieu de 5 hommes par compagnie, il s'en présentait beaucoup plus et qui tous avaient été ou matelots ou longtemps sur mer. Mais je ne sais à quoi attribuer les entraves et la lenteur que l'on a fait succéder à un instant de bonne volonté. Dans les premiers jours, l'amiral Verhuel avait reçu 16 matelots volontaires dont il est très-content. Cet envoi ayant cessé, et le général Marmont s'étant emparé de 150 bons marins qui étaient sur une frégate hollandaise que l'on a désarmée, et que le gouvernement hollandais avait annoncée à l'amiral Verhuel, celui-ci ne peut plus prévoir l'époque où la deuxième partie de la flottille sera prête.

Il est à craindre que Marmont ne sacrifie la flottille batave à sa flotte.

J'ai l'honneur de vous adresser, mon Général, six gazettes anglaises de date aussi récente que possible, que vient de m'envoyer le général Monnet, qui est toujours très-exact à me faire passer, pour que je vous les envoie, toutes les nouvelles qu'il se procure d'Angleterre.

Tous les renseignements que reçoit le général Monnet et ceux que j'ai eus me donnent la certitude qu'Empden est l'endroit principal où les Anglais dirigent leurs espions, leurs libelles, leurs correspondances secrètes, leurs agents et les brigands ; tout cela passe par la Hollande pour être de là vomi en France.

47. — AU PREMIER CONSUL.

29 germinal an XII (19 avril 1804).

Mon Général, j'ai l'honneur de vous rendre compte qu'en visitant l'île de Cadzandt il y a plusieurs jours, j'ai été passer quelques heures à Flessingue. Tous les bâtiments de la deuxième partie de la flottille étaient armés ; il ne manquait plus qu'une petite quantité de matelots qui sont arrivés depuis. Cette deuxième partie, composée entièrement de bâtiments de nouvelle construction, est superbe. Toutes les chaloupes canonnières portent 7 pièces de 30 (caronades ou pièces longues), et même quelques-unes des caronades de 36. Lorsque l'amiral

Verhuel sera en partance, je pourrai réunir sur un point quelconque de la côte, pour la protection de sa marche, jusqu'à 16 obusiers, dont 6 à grande portée et 12 à 15 pièces de 12 et de 8.

Par les lettres que j'ai de vous, mon Général, l'amiral Verhuel doit faire venir la deuxième partie aussitôt qu'elle sera prête; mais il m'a dit qu'il n'avait pas encore reçu d'ordres positifs : il doit vous en demander lorsqu'il sera en mesure.

Plus de la moitié des chaloupes canonnières et bateaux canonniers qui doivent former la troisième partie de la flottille est à Flessingue. L'amiral Verhuel compte avoir sous peu la totalité. Ce qui pourra le retarder, ce sont les matelots.

Je dois vous observer, mon Général, que les deux bataillons du 48e et un bataillon du 17e, qui sont les seules troupes françaises qui restent à Flessingue, se trouvant embarqués et formant les garnisons de la deuxième partie de la flottille, il ne reste plus de disponibles pour fournir des garnisons à la 3e division du camp de Bruges. Des garnisons fournies par cette division pourraient se rendre à Flessingue lorsqu'elle sera prête.

Les 2 prames d'Anvers sont à Flessingue depuis près d'un mois et en rade. Les officiers qui les commandent ont été surpris de la manière dont ces bâtiments marchent et manœuvrent, attendu leur mauvaise réputation.

Sur les cinq prames qui se trouvent maintenant à Ostende, une est gréée, armée, et a sa garnison à bord. Une deuxième est gréée, mais il manque encore six pièces de 24 pour son armement complet.

Le général Songis, qui nous a quittés hier, a écrit au ministre de la guerre pour qu'on nous fasse l'envoi de toutes les pièces de 24 courtes nécessaires à l'armement des prames qui se trouvent ici. Une troisième sera sous peu de jours gréée, et les deux autres dans le courant du mois prochain. Il ne reste plus sur les chantiers de la Belgique que deux de ces bâtiments, un à Bruges, un à Gand, auxquels on a l'ordre de ne plus travailler. Si l'on y mettait des ouvriers, elles sont assez avancées pour qu'on puisse les avoir dans un mois.

Il ne reste plus à Ostende qu'une vingtaine de bâtiments de transport qui sont en partance pour Boulogne.

L'instruction pour le canonnage de mer et pour la rame se suit avec beaucoup d'activité. Les officiers et soldats y mettent une volonté digne d'éloges.

On travaille à Dunkerque à faire les différentes batteries sur les dunes destinées à protéger la rade. Autant que possible elles seront achevées sous peu.

Je suis sans nouvelles de Sandoz-Laroche, depuis qu'il est retourné en Angleterre.

48. — AU PREMIER CONSUL.

10 floréal an XII (30 avril 1804).

Mon Général, à mon retour de Flessingue, où j'ai accompagné le ministre de la guerre, je m'empresse de vous envoyer des journaux anglais que le général Monnet m'a remis pour vous.

L'amiral Verhuel doit mettre en rade dans le courant de la semaine toute la deuxième partie de la flottille ; il compte y rester douze à quinze jours pour exercer les hommes que son gouvernement lui a envoyés pour faire le service de matelots.

Il ne manque pour avoir la totalité de la troisième partie de la flottille qu'une douzaine de bateaux canonniers et 4 ou 5 chaloupes canonnières qui sont attendues d'un instant à l'autre. Il manquera à l'amiral Verhuel près de 1,100 matelots pour former les équipages. Le ministre de la guerre doit faire des démarches auprès du gouvernement batave pour qu'il adopte la mesure de les prendre dans les différents corps de l'armée hollandaise, comme étant la meilleure, la plus prompte et la seule de laquelle on puisse espérer un succès.

Tous les généraux, officiers, sous-officiers et soldats du camp de Bruges m'ayant témoigné, mon Général, le plus vif désir d'exprimer les vœux qu'ils forment et qu'un même sentiment d'amour, de reconnaissance et d'intérêt national suscite à la fois dans toutes les parties de l'empire, j'ai cru devoir me rendre à ce désir[1]. Demain j'aurai l'honneur de vous transmettre l'expression des vœux communs de l'armée et toutes les adresses qui m'ont été remises par toutes les divisions qui la composent.

Le ministre de la guerre est parti la nuit dernière; il doit vous avoir rendu compte du bon esprit qui anime l'armée, et de sa fidélité et de son dévouement pour votre auguste personne.

49. — AU PREMIER CONSUL.

11 floréal.

Citoyen Premier Consul, j'ai l'honneur de vous adresser l'expression spontanée des généraux, officiers, sous-officiers, soldats, inspecteurs aux services et administrations du camp de Bruges. Tous vous demandent avec tous les Français d'assurer, par un ordre de succession invariable dans votre seule

[1] On sait le mouvement qui avait éclaté à la suite de la conspiration de Georges, et qui conduisait rapidement à une transformation nouvelle du gouvernement consulaire, c'est-à-dire à l'empire. Pendant ces préliminaires, Duroc, un des serviteurs les plus sûrs et les plus discrets du Premier Consul, écrivait à Davout; « ...On ne parle à présent ici que d'empereur, d'hérédité, de succession; c'est le sujet de tous les contes qu'on a forgés depuis la dernière démarche du sénat. Le fait est que nous ne savons absolument rien de positif... On sait seulement qu'il y a des intrigues de tout côté. On avait dit d'abord que le Premier Consul avait l'intention d'établir l'hérédité en adoptant Eugène Napoléon; on a dit ensuite qu'il avait changé d'avis, qu'il établissait l'hérédité dans sa famille, avec Joseph, puis Louis, en excluant Lucien et Jérôme. Maintenant je ne sais ce que l'on dit.

« Je vois au reste, mon cher Général, que tout le monde en veut, qu'il n'y a plus ni modestie ni crainte, et que l'on trouve le morceau bien bon. Je vois aussi que le Premier Consul ne s'est pas prononcé et qu'il écoute; mais ce que je sais bien, c'est que sa volonté sera suivie, et que nous autres, nous lui serons toujours les seuls fidèles et véritablement attachés, et pour moi, quoique dans ces on dit il y en ait beaucoup qui me déplaisent, je n'en verserai pas moins bien volontiers mon sang pour maintenir ce que le Premier Consul aura cru utile à mon pays... » Davout avait et garda toujours une vive amitié pour Duroc, qu'il regardait dès lors « comme un homme bien important pour le Premier Consul, et qui ne serait point du tout facile à remplacer ».

famille, l'hérédité de la suprême magistrature. L'armée désire aussi vous voir prendre le titre d'empereur des Gaules. C'est moins un honneur pour vous qu'un garant de notre bonheur à venir. Votre nom seul surpasse tous les titres que l'on donne à ceux qui gouvernent les peuples. Mais puisque vous commandez à une grande et brave nation, vous lui devez de prendre un titre affecté aux souverains des nations les plus puissantes. En vous rendant à ces vœux, Citoyen Premier Consul, vous préserverez notre patrie des troubles de l'élection. Vous ôterez toute espérance aux Bourbons sans vertus et sans gloire, repoussés par tous les cœurs vraiment français, et vous leur épargnerez les occasions de tenter de nouveaux crimes. Toutes les adresses ci-jointes respirent ces sentiments, ainsi que celui d'amour, de dévouement et de fidélité que vous ont voués tous les soldats. Permettez-moi d'y joindre les miens et ceux de l'état-major général [1].

50. — AU PREMIER CONSUL.

15 floréal an XII (5 mai 1804).

J'ai l'honneur de vous adresser les vœux de plusieurs régiments; ceux-ci comme les premiers vous prient de vous rendre au désir de tous les Français.

L'amiral Verhuel m'ayant annoncé que sur l'ordre qu'il venait de recevoir de vous, mon Général, il profiterait du premier vent pour se rendre à Ostende, je n'ai pas cru pour le moment devoir user de la permission que vous avez bien voulu m'accorder d'aller passer quelques jours à Paris pour

[1] Lettre du ministre de la guerre Berthier au général Davout, 25 floréal an XII (15 mai 1804) : « Le Premier Consul a été ému des sentiments unanimes que votre armée a manifestés, en joignant son vœu à celui de la France entière pour que Napoléon Bonaparte illustre le titre d'empereur et transmettre à sa postérité l'hérédité d'un pouvoir dû à ses vertus et à ses talents. La manière dont l'armée a exprimé un vœu qui depuis longtemps avait besoin de se faire entendre, et les témoignages de respect et de dévouement qui ont éclaté dans cette circonstance, prouvent qu'elle est pénétrée de ce qu'elle doit à la magistrature suprême de l'empire, et sont un gage certain de sa fidélité. »

les couches de ma femme. Je vous demanderai, mon Général, de me permettre d'attendre l'arrivée de la flottille batave. J'aurai l'honneur de vous l'annoncer moi-même dans le cas où des circonstances ne m'imposeraient pas l'obligation de rester.

51. — AU GÉNÉRAL OUDINOT.

18 floréal an XII (8 mai 1804).

Je vous préviens, mon cher Général, que je me rends à Paris, et que je ne compte être de retour à l'armée que vers la fin du mois [1]. En conséquence, pendant mon absence, vous prendrez le commandement de l'armée. Je vous invite à me donner de vos nouvelles tous les jours, et à m'adresser à Paris le rapport de tous les événements qui se passeraient dans les différentes divisions.

La deuxième partie de la flottille batave est en partance à Flessingue. Toutes les dispositions sont prises par le général Sorbier, commandant l'artillerie de l'armée, pour protéger la marine depuis Cadzandt jusqu'à Ostende.

52. — AU GÉNÉRAL OUDINOT.

Paris, 23 floréal an XII (13 mai 1804).

J'ai reçu ta lettre, mon cher Oudinot. Je suis très-tranquille sur la manière dont l'armée sera menée, elle est en de bonnes mains.

J'ai vu le Premier Consul, à qui le ministre de la guerre avait déjà rendu compte de l'instruction, de la discipline et du bon esprit qu'il avait remarqués dans l'armée : le dévouement et l'amour que nous lui portons l'ont vivement touché ; les marques de satisfaction qu'il nous donne sur l'armée sont notre récompense [2].

---

[1] Ordre du jour du 19 floréal : « Le général en chef se rendant à Paris par permission du gouvernement, l'armée est prévenue que le général de division Oudinot commandera pendant son absence. »

[2] Le ministre de la guerre Berthier, qui venait de faire un voyage sur les

Le ministre de la guerre m'avait également prévenu sur ce qui te concerne.

Le sénatus-consulte pour l'hérédité, etc., doit être rendu demain.

L'opinion des Parisiens pour la première fois depuis 89 est unanime, et ils attendent ces changements avec autant de plaisir que d'impatience.

Les effets publics se ressentent de l'opinion : ils sont considérablement augmentés.

---

53. — A L'EMPEREUR[1].

(4 prairial an XII 24 mai 1804.)

Sire, j'ai l'honneur de rappeler à Votre Majesté que les 72 bateaux canonniers et les 18 chaloupes canonnières qui composent la troisième partie de la flottille sont réunis à Flessingue.

côtes, à Boulogne, à Ostende, avait écrit le 22 floréal au général Davout : « L'armée que vous commandez, Citoyen Général, remplit l'attente du gouvernement. J'ai vu dans tous les rangs votre dévouement au Premier Consul et votre zèle infatigable partagés par l'officier et par le soldat. La 1re division aux ordres du général Oudinot se fait remarquer par sa bonne tenue, sa discipline et son instruction ; on y ressent partout l'influence du zèle et du bon esprit qui animent son chef. La 2e division commandée par le général Friant mérite les mêmes éloges. Les talents connus de ce général sont pour les soldats et les officiers de cette partie de l'armée un moyen puissant d'instruction et deviennent un sujet d'émulation pour les autres. La 3e division montre le même zèle et rivalisera bientôt avec les deux premières, quand le général Durutte aura acquis plus de pratique du commandement.

« J'ai rendu compte au Premier Consul des travaux considérables exécutés aux batteries, aux communications, dans les camps, et dus en entier au zèle désintéressé des troupes... »

[1] L'empire était proclamé le 28 floréal an XII (18 mai 1804). Un des premiers actes de l'Empereur était de créer des maréchaux et de conférer cette dignité aux généraux Berthier, Soult, Davout, Ney, Murat, Lannes, Bessières, Masséna, Bernadotte, Augereau, Moncey, Mortier, Jourdan, Brune (Lefebvre, Kellermann, Serrurier, Perignon, maréchaux honoraires).

Le ministre de la guerre Berthier, nommé lui-même, un des premiers, maréchal de l'empire, écrivait le 11 prairial an XII (31 mai 1804) à Davout : « J'ai l'honneur de vous prévenir, Monsieur le Maréchal, qu'en conséquence du décret de Sa Majesté Impériale qui vous nomme maréchal de l'empire, je m'empresserai de vous remettre vos pouvoirs aussitôt que Son Altesse Impériale le connétable les aura fait signer à Sa Majesté. » Le commandant

Ces bâtiments manquent de garnisons et d'équipages. Pour les garnisons, si ces bâtiments sont destinés à la 3ᵉ division du camp de Bruges, je vous prie de m'autoriser à faire partir pour Flessingue les garnisons que chaque compagnie doit fournir, suivant vos instructions.

La 3ᵉ division, n'ayant que 4 régiments, ne peut fournir de garnisons qu'à 72 bâtiments.

En supposant que la troisième partie de la flottille batave soit destinée à la 3ᵉ division du camp de Bruges, celle-ci continuera-t-elle à fournir les garnisons sur les corvettes de pêche qui sont, ainsi que j'ai eu l'honneur de le mander à Sa Majesté, d'un mauvais service pour l'usage auquel elles sont destinées? Elles tirent de 8 à 9 pieds d'eau, ne vont point à l'aviron, la pièce de 24 ne peut être établie en belle, à raison de la construction du bâtiment, et pour peu qu'il fasse de mer, est inutile, et lorsque ces bâtiments échouent, ils périssent presque toujours corps et biens. Ils se comportent du reste très-bien à la mer.

Je dois aussi parler à Votre Majesté des équipages. Le ministre de la guerre, dans sa dernière tournée en Hollande, a obtenu que l'on mettrait à exécution la mesure de prendre dans les bataillons bataves cinq hommes par compagnie, parmi ceux qui ont déjà navigué. Cette mesure ordonnée depuis longtemps n'avait pas eu son exécution, parce qu'elle avait été laissée à la disposition du capitaine.

---

du camp de Saint-Omer, Soult, qui était aussi de la promotion et qui était en correspondance constante avec Davout, écrivait au nouveau maréchal, le 3 prairial (23 mai 1804) : « Vous n'aimez pas les compliments, et moi, je n'aime pas à en faire; ainsi, mon cher Maréchal, n'en attendez pas de ma part; mais je vous dirai avec toute l'effusion de l'amitié que je vous ai vouée que personne n'a applaudi à votre nomination avec plus de joie que l'ami qui vous écrit. Je me félicite de tout mon cœur de trouver sur le nouveau rang auquel Sa Majesté Impériale a daigné m'élever, un collègue que j'aime et que j'estime, enfin de trouver Davout... » Le 25 prairial suivant, le maréchal Davout recevait du grand chancelier Lacépède une lettre lui annonçant qu'il était nommé grand officier de la Légion d'honneur. Dans la *Correspondance de Napoléon*, la dernière lettre signée « Bonaparte » et la première lettre signée « Napoléon » sont du 28 floréal, jour de la proclamation réelle de l'empire. A dater de ce jour, toutes les lettres à lui adressées ont pour suscription : « *A l'Empereur.* »

En supposant que l'on obtienne ce que l'on espère de l'exécution de cet ordre, le nombre des matelots ne sera pas encore suffisant. Les 80 bâtiments de transport qui sont à Flessingue se trouvent aussi sans équipages et presque tous sans patron.

Il faut en outre que le gouvernement hollandais envoie des officiers pour cette troisième partie.

Nous avons cherché, Sire, à surmonter les difficultés et les embarras que la différence du langage devait entraîner. Tous les officiers de l'armée ont été mis en état de commander la manœuvre de l'aviron et du canon. J'ose vous assurer qu'avec les 18 péniches que Votre Majesté vient de faire mettre à la disposition de la flottille batave, tous les anciens soldats sauront ramer sous trois semaines au moins.

Les conscrits sont exemptés de tous ces exercices pour ne point ralentir leur instruction.

Je dois aussi faire connaître à Votre Majesté qu'il existe sur les chantiers de Bruges et de Gand deux prames qui sont abandonnées. Celle de Bruges pourrait être lancée à l'eau dans vingt jours, l'autre dans trente, cette espèce de bâtiment manœuvrant beaucoup mieux qu'on le supposait.

Sire, vous m'avez donné l'ordre de fournir 50 hommes de cavalerie à pied pour la garnison de chaque prame; il existe à Ostende 7 prames armées et gréées; 5 ont seulement leurs garnisons, parce que sur les 300 de cavalerie à pied qui existaient, 50 sont malades ou ont été blessés dans la dernière affaire. L'intention de Votre Majesté est-elle que les 100 hommes qui manquent pour les garnisons des deux prames soient fournis par l'infanterie[1] ?

---

[1] Lettre de l'Empereur, 14 messidor an XII (3 juillet 1804) : « Je reçois votre lettre du 4 ......; le courrier qui vous porte cette lettre porte à la Haye des sollicitations pressantes pour faire fournir les 600 à 700 matelots qui sont nécessaires pour armer la troisième partie de la flottille batave. L'amiral Verhuel pourra écrire par la même occasion. J'ai à cœur, lors de mon arrivée à Ostende, d'avoir cette troisième partie en état, afin de voir manœuvrer toute l'aile droite de la flottille. » (*Correspondance de Napoléon*, t. IX, p. 411.)

54. — A L'EMPEREUR.

19 prairial an XII (8 juin 1804).

Sire, j'ai l'honneur d'adresser à Votre Majesté Impériale six gazettes anglaises d'une date assez récente que vient de me faire passer le général Monnet.

---

55. — A L'EMPEREUR.

4 messidor.

Sire, j'ai l'honneur de rendre compte à Votre Majesté Impériale que le général Monnet m'a manifesté la crainte où il était que l'expédition annoncée dans tous les journaux anglais, et qui se réunit à Dengeness ne vienne l'attaquer incessamment, dans le but surtout de s'emparer et détruire la troisième partie de la flottille qui se trouve encore à Flessingue, et qui, suivant toute apparence, resterait encore longtemps faute d'équipage. Ce général m'a fait connaître qu'il n'était nullement tranquille sur le résultat d'une attaque, attendu qu'il n'avait pas de troupes françaises, mais seulement 1,200 hommes de troupes hollandaises, parmi lesquels il se trouve 900 étrangers sur qui il ne peut compter, et qui ont un très-mauvais esprit, ainsi que les habitants de l'île.

Sire, j'ai cru devoir instruire l'amiral Verhuel de ce rapport, en lui faisant connaître que Votre Majesté ne désapprouverait certainement pas qu'il fasse venir par l'intérieur des canaux tous les bâtiments de transport et les bateaux canonniers de la troisième partie de la flottille qui se trouvaient d'ailleurs sans équipages et sans garnisons. Cet amiral s'est empressé de prendre ce parti. En conséquence, on va envoyer d'Anvers 150 ou 200 pilotes ou marins pour aller chercher ces bâtiments à Flessingue, où 400 soldats de l'armée connaissant la manœuvre des voiles se sont rendus aussi. Il a calculé que cela était suffisant pour amener les 70 bateaux canonniers de la troisième partie de la flotille et les 100 bâtiments de transport.

Les 26 bateaux canonniers qui ont leurs garnisons, et qui sont retenus par les vents contraires dans la rade de Flessingue, ainsi que les 18 chaloupes canonnières faisant partie de la troisième partie de la flottille, viendront par mer, en présence de 29 bâtiments de guerre anglais qui depuis dix jours sont mouillés depuis Flessingue jusqu'à Ostende, à deux portées de canon de la côte.

Sur les 18 chaloupes canonnières, il y en a déjà 7 en rade, et l'on n'attend pour y mettre les autres que les équipages.

Je ne dois point cacher à Votre Majesté que l'amiral perd toute espérance d'obtenir ceux nécessaires pour la troisième partie, à moins qu'on ne prenne des mesures extraordinaires.

Il ne manque absolument à cette troisième partie que les matelots. Tout le reste, artillerie et gréement, est en état.

56. — A L'EMPEREUR.

4 messidor an XII (23 juin 1804).

Sire, j'ai l'honneur de rendre compte à Votre Majesté Impériale que les 26 bateaux canonniers qui étaient en rade à Flessingue ont appareillé cette après-midi et ont, en présence et sous le feu de 23 bâtiments anglais, dont moitié frégates et vaisseaux de ligne, gagné la rade d'Ostende, où ils sont mouillés. Malgré la vive canonnade des Anglais, et quoique plusieurs bateaux canonniers se soient battus à portée de mitraille et de mousqueterie, nous n'avons eu que 7 ou 8 hommes tant tués que blessés. Je me plais à faire connaître à Votre Majesté la bravoure calme des officiers hollandais. Ils ne se sont pas un instant dérangés de leur route et se sont servis de leurs canons placés en butte avec le plus grand succès. Nos alliés ont eu encore pour témoins de leur brillante conduite l'armée française. L'amiral Verhuel, aussitôt qu'il eut connaissance du départ de la flottille, s'est porté à sa rencontre. Comme il devait vous faire son rapport, je me bornerai, Sire, à cette annonce.

Le général Sorbier, avec son intelligence et son activité ordinaires, a porté son artillerie légère partout où elle a pu être utile; mais les bateaux canonniers étaient très au large, et il est juste de dire qu'ils ont été livrés à leurs propres forces.

Les garnisons étaient du 48ᵉ régiment; elles se sont comportées avec calme et courage.

57. — A L'EMPEREUR.

6 messidor an XII (25 juin 1804).

Sire, ainsi que j'ai eu l'honneur de le mander à Votre Majesté Impériale, nous n'avons eu que 8 hommes tués ou blessés, dans la dernière affaire, dont 7 soldats du 48ᵉ et 1 Hollandais. Cet événement a confirmé le grand avantage que l'on peut tirer des pièces placées en butte sur les bateaux canonniers. Malgré le feu vif qu'ils ont fait de leurs pièces, aucun bateau n'a eu d'avaries.

Une frégate anglaise, qui a eu un de ses mâts cassé et qui a en outre été très-maltraitée par le feu de nos bateaux, a été se réparer en Angleterre, ainsi qu'un brick. Ce combat ajoute à la confiance que l'armée a dans les petits bateaux.

Sire, j'ai l'honneur d'envoyer à Votre Majesté Impériale dix gazettes anglaises que vient de m'envoyer le général Monnet.

58. — A L'EMPEREUR.

10 messidor an XII (29 juin 1804).

Sire, j'ai l'honneur de rendre compte à Votre Majesté Impériale que j'ai profité de la présence du général Marmont à Flessingue pour m'y transporter avec l'amiral Verhuel; nous avions l'intention de lui parler du manque d'équipage ou se trouve la troisième partie de la flottille batave. Je suis revenu avec la certitude qu'à moins de quelques mesures extraordinaires, on ne pourrait pas compter en avoir de sitôt le nombre nécessaire.

L'amiral a les équipages pour 13 chaloupes canonnières de la troisième partie; il lui manque tous les matelots et patrons des 72 bateaux canonniers de cette partie, et enfin tous les patrons et matelots nécessaires pour former les équipages de 100 bâtiments de transport. Ainsi, Sire, c'est de 800 à 1000 marins qui lui manquent, et il n'en recevra pas un seul avant que les équipages de la flotte du Texel soient complets.

J'annonce à Votre Majesté que j'ai vu partir de Flessingue pour se rendre à Ostende par l'intérieur des canaux, tous les bâtiments de transport de la flottille batave. Demain, les 72 bateaux canonniers les suivront.

Comme il ne se trouve de garnisons que sur 4 chaloupes canonnières, je vais en faire partir pour les 14 autres, elles seront fournies par les 14 régiments de l'armée. Par ce moyen l'honneur de tous les corps sera intéressé dans la prochaine traversée de ces 18 chaloupes canonnières. La force et la position de l'ennemi annoncent que le combat sera peut-être encore plus vif que les précédents, et non moins glorieux pour le bon esprit qui anime nos alliés et nos troupes. Je dois faire connaître à Votre Majesté que c'est sur la demande des officiers de l'armée que ces garnisons provisoires seront composées de cette manière.

J'ai l'honneur d'adresser à Votre Majesté plusieurs journaux anglais que m'a remis ce matin le général Monnet.

58. — A L'EMPEREUR.

21 messidor an XII (10 juillet 1804).

J'ai l'honneur de vous rendre compte qu'en exécution des ordres de Votre Majesté Impériale, les garnisons des corvettes de pêche de Dunkerque ont été réduites à 10 hommes [1].

[1] Lettre de l'Empereur, 7 messidor (26 juin 1804). (*Correspondance de Napoléon*, t. IX, p. 401.)

Tous les bâtiments de transport et 72 bateaux canonniers bataves sont partis il y a plusieurs jours de Flessingue pour Ostende par l'intérieur. Les premiers sont déjà presque tous ici, et sous sept à huit jours les seconds y seront aussi. Il ne manquera plus à la flottille batave que les 18 chaloupes canonnières, dont 13 sont déjà dans la rade de Flessingue depuis quelque temps. Les cinq autres y entreront aussitôt que les équipages seront arrivés. L'amiral n'attend que cela pour les faire venir par mer à Ostende. Le bon esprit qui anime les marins et les garnisons fournies, ainsi que j'ai eu l'honneur de l'annoncer à Votre Majesté, par chaque régiment, donne l'assurance que ce trajet se fera avec autant de succès que les précédents malgré les nombreuses stations anglaises.

L'amiral Verhuel a remis une dépêche pour la Haye au courrier de Votre Majesté. Déjà il a reçu la réponse de son gouvernement, qui paraît mettre beaucoup d'intérêt à la flottille et disposé à faire tout ce qui sera possible pour remplir vos intentions. Il annonce qu'il fait partir tout de suite 350 hommes composés partie des équipages des bâtiments destinés à la défense de l'intérieur, et l'autre partie des soldats de marine en garnison à Helvoëtsluis.

Sire, j'aurai l'honneur d'observer à Votre Majesté que cette quantité n'est pas suffisante pour composer les équipages des 100 bâtiments de transport, 72 bateaux canonniers et 5 chaloupes canonnières.

Le Conseil de la marine, qui est très-bien disposé pour compléter le nombre nécessaire, désire prendre 300 ou 400 marins sur les bâtiments de la flotte du Texel, qui seraient remplacés tout de suite par une levée générale dans les ports de la Hollande. Mais il est contrarié et retenu par les oppositions du général Marmont, qui ne voit, bien entendu, que la flotte.

J'aurai l'honneur d'observer à Votre Majesté que l'amiral Verhuel a donné l'exemple d'employer des soldats bataves comme marins en mettant cinq d'entre eux sous la direction d'un marin, et en mettant en remplacement sur la flotte du

Texel 400 de ces hommes, peu exercés, il est vrai. On ne peut pas dire que cela serait nuisible, puisqu'il se trouverait 30 marins contre un homme qui ne l'est pas[1].

L'amiral Verhuel m'a assuré qu'un mot de Votre Majesté à leur ambassadeur Schimmelpennink serait nécessaire pour lever toutes les difficultés. Alors, sous quinze ou vingt jours, tous les équipages seraient complets.

Sire, j'ai l'honneur d'envoyer à Votre Majesté des gazettes anglaises que j'ai reçues ce matin du général Monnet.

59. — A L'EMPEREUR[2].

18 fructidor an XII (5 sept. 1804).

Sire, le ministre de la guerre m'a fait connaître le 12[3] que Votre Majesté Impériale, craignant que la position du camp d'Ostende ne contribuât beaucoup aux maladies qu'éprouve la

---

[1] Une note de l'Empereur transmise le 14 messidor à l'amiral Bruix résume l'organisation des « flottilles de guerre et de transport » à ce moment. La flottille de guerre batave affectée au maréchal Davout comptait trois divisions de chaloupes canonnières, six divisions de bateaux canonniers, avec une réserve de péniches formant ensemble 306 bâtiments; il y avait en plus la flottille de transport, écuries, etc. Au total, cet immense armement préparé depuis un an avec des prodiges de génie organisateur, de précision et de soins minutieux de tous les instants, comptait 270 chaloupes canonnières, 540 bateaux canonniers, 396 péniches, 403 écuries, 162 bateaux de transport, 60 pour l'artillerie, soit 1,831 bâtiments de toute sorte. (*Correspondance de Napoléon*, t. IX, p. 414.)

[2] A ce moment, pendant le mois de thermidor (juillet 1804), entre messidor et fructidor, l'Empereur était au camp de Boulogne. Il y passait le mois entier, visitant toute la côte, Calais, Dunkerque, Ambleteuse, Ostende. Le 25 thermidor, il écrivait d'Ostende à Cambacérès devenu archichancelier de l'empire : « Je suis depuis deux jours à Ostende. Je suis extrêmement satisfait de la flottille batave et des troupes du camp de Bruges... » C'est pendant ce mois, aux derniers jours, qu'avait lieu à Boulogne la cérémonie de la distribution des croix de la Légion d'honneur, au sujet de laquelle Davout écrivait à sa femme : « J'ai vu hier (28 thermidor) la fête la plus imposante et la plus belle : l'Empereur, de son trône, distribuant deux mille décorations, en présence de cent mille braves, pouvant lire sur toutes les figures la joie et l'amour que sa présence inspirait. Tout ce que j'ai vu ici est superbe. »

[3] Lettre de l'Empereur au maréchal Berthier, 2 fructidor an XII (20 août 1804). — Ordres au sujet de la santé des troupes et de la situation du camp d'Ostende. — *Correspondance de Napoléon*, t. IX, p. 477.

troupe, me laissait le soin de décider s'il était utile de rafraîchir les troupes du camp par un cantonnement dans la ville et les environs de Bruges, et dans ce cas, de faire usage des lettres qu'il m'envoyait pour les préfets de la Lys et de l'Escaut, et de l'ordre qui y était joint de faire ce mouvement. Il m'a invité en même temps à vous faire connaître à Aix-la-Chapelle le parti que j'avais pris pour le plus grand intérêt de l'armée. Avant d'écrire à Votre Majesté, j'ai voulu le faire avec connaissance de cause. En conséquence, j'ai l'honneur de la prévenir que je me suis déterminé à laisser les troupes au camp, Bruges et tous les cantonnements étant encore plus malsains que le camp. La petite garnison du 21e qui est dans cette ville a plus du quart de malades, et dans tous les villages de ce pays les fièvres règnent plus ou moins parmi les habitants du pays. Le 7e hussards, qui est en cantonnement, a aussi plus du quart de malades, et le 1er de chasseurs un cinquième. Les troupes qui sont au camp n'en ont que le huitième, et la division de Dunkerque le treizième. Les fièvres ne sont point longues, et la proportion des morts n'est pas augmentée dans les hôpitaux, quoique le nombre des malades soit plus que triplé.

Toutes les troupes du camp d'Ostende ont dans les baraques des clayes qui sont élevées de 7 à 8 pouces de terre, sur lesquelles on a placé la paille de couchage. J'espère que cette mesure, qui préserve les troupes de l'humidité, contribuera un peu à arrêter la maladie, ainsi que le vin. Nous avons encore six semaines à passer dans cet état. Les médecins et les habitants du pays m'ayant assuré que le mois de vendémiaire était tout aussi mauvais que celui-ci, je vous demanderai, Sire, d'accorder au camp d'Ostende, pendant tout le mois de vendémiaire, la distribution extraordinaire de vin que vous avez accordée pour le mois de fructidor. J'ai l'honneur d'adresser à Votre Majesté la note approximative de ce que cette distribution lui coûte par mois. Elle verra qu'à la 3e division les garnisons qui sont sur la flottille batave et les autres troupes cantonnées n'ont aucune part à cette distribution, la lettre du ministre de la guerre faisant connaître qu'il n'y avait que les troupes campées à Ostende qui y avaient droit.

Gravelines, Furnes, Nieuport et l'Écluse, étant les endroits les plus malsains du pays, ont été évacués, et les détachements qui y étaient, transportés sur la côte.

La nécessité nous a forcés à établir de nouveaux hôpitaux; j'ai trouvé comme à l'ordinaire chez le préfet de l'Escaut une assistance et des secours efficaces. Dans très-peu de temps, il a fait porter à 900 lits l'établissement des hôpitaux qui existait à Gand, et qui n'en contenait que 250. Je ne puis trop vous faire l'éloge de son zèle et du service qu'il s'empresse de nous rendre dans toutes les occasions.

Je fais part au ministre de la guerre, par ce courrier, des difficultés que nous éprouvons pour tous ces établissements. Comme elles tiennent au manque d'argent, j'ai l'honneur de renouveler à Votre Majesté la demande que je lui ai faite le 3 fructidor.

Je citerai à Votre Majesté deux faits pour lui donner une idée des embarras où le défaut de fonds nous met : la déclaration que vient de nous faire la commission des hospices de Bruges, qui est que si on ne lui payait pas un arriéré et une avance de 50,000 francs, elle ne pourrait pas se charger du service des autres hôpitaux que les circonstances obligent d'établir. Il en est résulté, avant que les travaux aient été repris, une perte bien précieuse dans la circonstance actuelle. On a été obligé de doubler les lits, malgré qu'ils n'aient été faits que pour un homme. Cependant j'annonce avec plaisir à Votre Majesté que sous peu de jours nous serons sortis de ces embarras.

Le service des hôpitaux à Gand et à Ostende va très-bien, à Bruges très-mal, parce que malgré sa bonne volonté la commission des hospices n'a employé que des gens ineptes. J'espère que sous peu de jours, avec l'assistance du préfet, il y aura beaucoup d'amélioration; je dois faire le plus grand éloge de l'ordonnateur en chef Chambon : il a fait dans ces circonstances plus qu'on ne devait espérer.

60. — A L'EMPEREUR.

18 fructidor an XII (5 sept. 1804).

Sire, j'ai l'honneur d'adresser à Votre Majesté une lettre de l'amiral Verhuel, qui est de retour de la Haye depuis deux jours. Il m'a paru être très-mécontent de la faiblesse de son gouvernement, qui n'a pas voulu entendre parler de la presse. L'ambassadeur de Russie paraît mal se comporter; mais comme l'amiral m'a assuré qu'il vous rendait compte de tout ce dont il s'était aperçu, je n'entrerai point dans des détails. Les cinq millions de florins d'indemnité du prince d'Orange n'ont été accordés que sur l'assurance de l'ambassadeur Schimmelpennink que cela vous serait très-agréable. L'amiral, du reste, a rapporté beaucoup de promesses de son gouvernement, et il espère avoir, sous six semaines, les marins et patrons nécessaires pour la troisième partie de la flottille et les bâtiments de transport.

Sire, vous trouverez ci-joint huit numéros de journaux anglais, dont les derniers sont d'une date très-fraîche, que je viens de recevoir du général Monnet.

Je fais passer également à Votre Majesté une dépêche du maréchal Soult.

---

61. — A L'EMPEREUR.

18 fructidor.

Sire, j'ai l'honneur de rappeler à Votre Majesté que sur le rapport des colonels, vous avez laissé espérer une gratification de 4 fr. 10 (somme équivalente au décompte d'un trimestre) pour chaque sous-officier et soldat, attendu qu'ils ont usé leurs propres effets sans recevoir aucun salaire, dans les différents travaux auxquels ils ont été employés depuis un an pour les batteries et les communications du camp. Il serait à désirer que ce secours, si Votre Majesté l'accorde à titre de gratification, soit uniquement destiné à renouveler les effets de linge et chaussure.

Je fais connaître aussi à Votre Majesté une réclamation des colonels de l'armée pour les sous-officiers instructeurs dans les corps. Vous avez accordé 300 livres de gratification à 6 lieutenants ou sous-lieutenants par bataillon d'infanterie qui, par leur conduite et leur zèle, s'étaient le plus distingués de leurs camarades. Les colonels demandent la même faveur pour 6 sous-officiers instructeurs qui auraient rendu le plus de services, soit dans l'instruction des conscrits, soit par leur conduite. Une gratification annuelle de 30 à 40 livres entretiendrait l'émulation parmi cette classe précieuse, conservatrice des premiers éléments et du mécanisme militaire.

Sire, je vous envoie aussi une réclamation de plusieurs officiers du 51ᵉ régiment d'infanterie.

---

62. — A L'EMPEREUR.

18 fructidor.

Sire, j'ai l'honneur d'adresser à Votre Majesté Impériale l'état des militaires des deux divisions qui sont entrés dans les hôpitaux depuis le 15 thermidor jusqu'au 15 fructidor inclus, ainsi que celui des militaires entrés au dépôt des convalescents à Ostende pendant la même époque.

Votre Majesté remarquera qu'il y a en perte 1,416 hommes : ce qui donne l'un dans l'autre environ 50 hommes de perte par jour. Depuis le 8 jusqu'au 15, comme le tableau vous le prouvera, nous n'avons eu par jour que 21 hommes de perte l'un dans l'autre. Depuis le 15 jusqu'au 18, la perte a encore diminué de quelques hommes, et j'espère qu'au moyen des précautions dont je vous ai rendu compte, et d'autres qu'il serait trop long de vous détailler, cela ira toujours de mieux en mieux. Tous les hommes du 1ᵉʳ de chasseurs et du 7ᵉ de hussards attaqués de la fièvre se faisaient traiter dans leurs cantonnements, sans succès. J'ai ordonné qu'ils soient envoyés dans les hôpitaux. Cette mesure n'a eu lieu qu'hier, et voilà pourquoi les malades de ces deux régiments ne sont pas portés sur l'état. Ils sont dans la proportion que j'ai eu l'honneur de vous mander.

63. — A SA MAJESTÉ L'EMPEREUR.

4ᵉ jour complémentaire an XII.

Sire, j'ai l'honneur d'adresser à Votre Majesté cinq journaux anglais que je viens de recevoir du général Monnet.

Nous avons toujours ici les fièvres qui sont assez fréquentes, mais heureusement point dangereuses. Suivant tous les rapports des médecins du pays, elles ne cesseront sur les côtes que vers le 15 octobre, et dans l'intérieur du pays que vers la fin de ce mois. Je puis assurer à Votre Majesté que tous les plus grands soins et les plus grandes précautions sont pris pour la santé de ses soldats, qui sont animés du meilleur esprit, et qui ne sont nullement affectés de ces maladies, parce qu'elles ne sont ni longues, ni mortelles.

J'ai l'honneur de vous rendre compte, Sire, que j'ai envoyé le 111ᵉ régiment en cantonnement; il avait la moitié de son monde aux hôpitaux.

64. — A L'EMPEREUR.

11 vendémiaire an XIII (3 oct. 1804).

Sire, j'ai l'honneur de rendre compte à Votre Majesté Impériale que depuis quelques jours la maladie diminue sensiblement. Elle ne roulait plus en grande partie que sur les hommes récemment sortis des hôpitaux. J'ai cru devoir, pour consolider les convalescents, user de votre autorisation. En conséquence j'ai fait reconnaître et marquer pour chaque régiment des deux 1ʳᵉˢ divisions un quartier de rafraîchissement, qui sera occupé alternativement par la moitié du corps. Ce mouvement a été exécuté hier. Je m'en promets le plus heureux résultat. Il n'eût pas été prudent de le faire plus tôt, attendu qu'il n'y a qu'une huitaine de jours que la maladie a cessé dans le village que nous occupons maintenant. Les maladies dans ces villages ont été très-graves et souvent mortelles, et j'ai la satisfaction d'annoncer à Votre Majesté que la proportion des morts n'a été dans l'armée que de 1 sur 110 à 120 malades.

Les médecins m'ont donné l'assurance que sous un mois l'ancienne proportion des malades serait rétablie.

Votre Majesté vient de perdre le colonel Virideau, du 108ᵉ régiment. Cet officier était plein d'ardeur et possédait toutes les vertus militaires au plus haut degré.

J'ai l'honneur, Sire, de vous adresser de la part du général Monnet quatre journaux d'une date très-récente.

---

65. — A L'EMPEREUR.

27 vendémiaire an XIII (19 oct. 1804).

Sire, le général Dumas, qui se rend à Paris avec permission, aura l'honneur de faire connaître à Votre Majesté Impériale la situation de l'armée [1]. Les pluies continuelles qui ont

[1] « Paris, 3 brumaire an XIII (25 octobre 1804).

« Monsieur le Maréchal, j'ai eu l'honneur de remettre hier moi-même à Sa Majesté la dépêche que vous m'aviez confiée : je m'étais rendu à Saint-Cloud de bonne heure, à l'audience de M. le Grand Maréchal, qui m'accueillit avec bienveillance, s'informa beaucoup de tout ce qui vous intéresse et voulut bien me faire annoncer à Sa Majesté par son premier chambellan; je fus admis dans le cabinet après le travail des ministres.

« L'Empereur me demanda d'abord, et avec une expression obligeante, comment vous vous portiez, comment était la santé de l'armée; il lut votre lettre, et me dit : *Pourquoi le maréchal Davout n'a-t-il pas envoyé ses troupes en cantonnement tout de suite quand je l'y ai autorisé?* Je répondis :
« Sire, s'il l'eût fait, l'armée eût vraisemblablement fait plus de pertes par
« mort, à cause des fièvres pernicieuses et presque épidémiques qui régnaient
« dans les campagnes et qui ont cessé avec les grandes chaleurs, dans une
« partie de ces mêmes cantonnements aujourd'hui très-salubres et dont le
« séjour pendant la dernière quinzaine, ainsi que M. le Maréchal vient de
« le reconnaître lui-même, nous a fait gagner 500 hommes. »

« *Ah! dit Sa Majesté, c'est différent, et dans ce cas il a bien fait.*

« La formation successive des hôpitaux de Bruges, les services et la situation

lieu depuis quinze jours ont un peu retardé les convalescents. Cependant depuis cette époque les deux premières divisions ont gagné à peu près de 400 à 500 hommes, et les maladies continuent toujours à être aussi bénignes; il n'y a presque point de morts. J'ai fait ces jours-ci la visite des quartiers de rafraîchissement. Ils ont produit l'effet que Votre Majesté en attendait. Il sera encore beaucoup plus sensible dans le courant du mois prochain, époque où la partie de l'armée qui n'a pas encore eu cette faveur en jouira. Vos troupes, Sire, s'y comportent avec la meilleure discipline; pas une seule plainte ne m'a été portée par les maires et les habitants.

La 3e division a eu un peu plus de malades dans le dernier mois. La proportion est du 9e au 10e.

Une partie de votre flottille batave reste toujours en rade : elle y restera par de très-gros temps, sans éprouver d'avaries.

---

66. — A L'EMPEREUR.

Ostende, 2 brumaire an XIII (24 oct. 1804).

Sire, j'ai l'honneur de rendre compte à Votre Majesté Impériale d'un combat notable et brillant que vient de soutenir la prame *la Ville de Montpellier* contre sept bâtiments anglais, dont le plus faible était de sa force. La bravoure a été récompensée par la prise d'un brick anglais de 12 pièces.

Le 1er brumaire, dans l'après-midi, une division de bateaux

---

des hospices civils, les progrès et la diminution des maladies, l'excellent esprit du soldat, la bonne discipline, soit au camp, soit dans les cantonnements, la régularité et l'utilité des mouvements de toute l'armée, un tiers au bord de la flottille, un tiers au camp et le reste dans les quartiers de rafraîchissement; l'amiral Verhuel, l'embossage d'une partie de la flottille dans la rade de Dunkerque, le ralliement successif des trois divisions, votre visite en rade, la tenue malgré les coups de vent, la préférence donnée par l'amiral au port et à la rade de Dunkerque sur tout autre, l'arrivée du général Gudin, tels furent les objets sur lesquels Sa Majesté m'interrogea, ou me permit de l'entretenir : je n'eus pas occasion de parler de la mission de Gauthereau, Sa Majesté s'étant retirée, en me congédiant avec bonté. »

canonniers bataves a appareillé d'Ostende pour Dunkerque, ainsi que les prames *la Ville de Bruxelles, la Ville de Montpellier*, qui faisaient l'arrière-garde. Vers les cinq heures du soir, les bateaux canonniers (qui tous ont mouillé à neuf heures du soir dans la rade de Dunkerque) étant déjà à une grande distance, 7 voiles anglaises sont venues, à la hauteur de Nieuport, attaquer la *Ville de Montpellier*, qui se trouvait dans ce moment isolée. Le combat s'est engagé à portée de mitraille et a été très-vif. Un brick anglais ayant voulu se présenter à l'abordage a reçu un feu de mousqueterie et d'artillerie si soutenu et si bien dirigé, qu'il a été mis hors d'état de manœuvrer et a fini par échouer. Les autres bâtiments anglais ont pris le large. L'équipage a profité de la nuit pour s'échapper sur les embarcations.

La prame *la Ville de Bruxelles* est arrivée dans ce moment et a continué sa route sur Dunkerque, où elle a jeté l'ancre dans la nuit. La prame *la Ville de Montpellier*, ayant reçu beaucoup d'avaries et faisant eau, a été obligée d'échouer : elle a profité de la marée basse pour réparer les plus majeures, et a appareillé à la marée montante et est entrée dans Nieuport.

L'enseigne de vaisseau Deschamps, qui a fait preuve du plus grand sang-froid, a été blessé. Cet officier s'était déjà distingué dans le combat glorieux que la *Ville d'Anvers* a soutenu contre l'escadre de sir Sidney Smith. Il a été remplacé après sa blessure par l'enseigne Doude, qui s'est montré digne de son chef. Les détachements de vos troupes qui formaient la garnison étaient du 51e et du 61e, commandés par le lieutenant Auvergne du 51e. Ils ont tous montré avec l'équipage la bravoure la plus distinguée alliée au plus grand sang-froid. Je devrais tous les citer à Votre Majesté. Je me bornerai à ceux qui parmi tous ces braves ont le plus marqué dans cet honorable combat. Le lieutenant Auvergne, du 51e, s'est multiplié et a électrisé, par son exemple, tout son détachement. Il cite lui-même particulièrement les nommés Dumas, sergent, Gandon, caporal, Galendine, Dorel, Aimable, Ferant, Lenin, Moliart, fusiliers au 51e régiment; Vaussi, sergent, Leuly,

Dattiac, Ravot, Besson, Jonas, Chabert, fusiliers au 61ᵉ, comme ayant été remarqués, au milieu de leurs braves camarades, par leur intrépidité et leur sang-froid.

Sire, quelque vif qu'ait été ce combat, comme l'atteste la quantité de mitraille qui a digué la prame, brisé les bastingages et causé d'autres nombreuses avaries, il n'a coûté la vie qu'à 2 soldats du 51ᵉ. Il y a eu en outre 8 blessés, tant matelots que soldats.

Le général Friant, avec son activité ordinaire, s'est porté sur les lieux aux premières nouvelles de ce combat. Il a trouvé sur le brick anglais le lieutenant d'artillerie légère Riounec, ainsi que quelques canonniers. Tous étaient parvenus avec les plus grandes peines et par le moyen de leurs chevaux à monter à bord. Les détachements d'infanterie qui y arrivaient par ordre du général Friant ne pouvaient s'en approcher à raison de la marée qui montait. Les Anglais ayant voulu en profiter ainsi que de l'obscurité pour reprendre le brick avec quelques bâtiments légers et des embarcations, ont été forcés de renoncer à leur projet par le feu de notre artillerie légère et par celui de ce petit nombre de braves canonniers qui, se trouvant à bord, durent faire croire à l'ennemi, par la vivacité de leur feu, que ce bâtiment avait déjà une nombreuse garnison. Dans cette attaque, le feu a été mis deux fois à bord d'un bâtiment anglais par un obus.

Le 2 au matin, le capitaine de vaisseau Meyne s'est transporté sur les lieux et a ordonné toutes les dispositions pour que le brick appareillât aussitôt qu'il serait à flot : ce qui a eu lieu le même soir. Avec un équipage et une garnison suffisante, il a fait voile pour Nieuport en présence de 2 bricks anglais qui, au lieu de chercher à engager le combat, ont pris le large. A cinq heures et demie, le brick était dans le port.

Si les Anglais ont été dans cette occasion au-dessous de leurs prétentions maritimes, ils ont de plus donné des preuves de déloyauté et d'atrocité. Toutes leurs mitrailles trouvées à bord du bâtiment et dans les bastingages de la prame, en très-grande quantité, étaient des balles creuses et remplies de verre pilé et autres poisons.

Tout l'équipage de ce brick l'a quitté avec tant de précipitation qu'il a laissé les instructions sur les signaux de jour et de nuit pour les reconnaissances, et le capitaine du bâtiment a abandonné tous ses papiers[1].

---

67. — AU MINISTRE DE LA GUERRE[2].

15 ventôse an XIII (6 mars 1805).

Monsieur le Maréchal, depuis mon arrivée à l'armée, je me suis occupé partout de bien connaître sa situation sous le rapport de la santé du soldat, afin de mettre Votre Excellence

---

[1] A cette époque, pendant l'été de 1804, le départ de l'expédition contre l'Angleterre avait paru un moment plus prochain qu'il ne l'était réellement. L'Empereur avait passé un mois et demi, du 2 thermidor (21 juillet) au 13 fructidor (31 août), aux divers camps de la côte. Puis, l'opération n'étant pas encore prête, il était parti pour parcourir les bords du Rhin, s'arrêtant partout, à Aix-la-Chapelle, à Mayence, à Coblentz, visitant tout, inspectant tout et recevant partout des hommages. Pendant ce temps, tout se préparait pour la cérémonie du couronnement et du sacre qui devait avoir lieu le 11 frimaire an XIII (2 décembre 1804), à Paris, où le pape Pie VII était attendu. Dès la rentrée de l'Empereur à Paris, tout se préparait pour ce spectacle extraordinaire. Les dignitaires de l'Empire, et naturellement au premier rang les maréchaux, étaient officiellement invités au sacre.

Dès le 10 brumaire an XIII (11 novembre 1804), le maréchal Davout avait reçu du ministre de la guerre Berthier la lettre suivante : « Je vous adresse, Monsieur le Maréchal, la lettre de Sa Majesté Impériale qui vous appelle à assister à la cérémonie de son couronnement et du sacre, qui aura lieu le onzième jour de frimaire. Je joins à cette dépêche des lettres semblables que Sa Majesté adresse aux généraux de division Oudinot, Gudin et Friant, et que je vous prie de faire remettre à ces généraux. L'intention de l'Empereur étant que trois des généraux de brigade employés au camp de Bruges viennent assister à cette auguste cérémonie, vous voudrez bien désigner ces généraux à votre choix. » La lettre de l'Empereur était ainsi conçue : « Mon Cousin, la divine Providence et les constitutions de l'Empire ayant placé la dignité impériale héréditaire dans notre famille, nous avons désigné le onzième jour du mois de frimaire prochain pour la cérémonie de notre couronnement et de notre sacre. Nous vous en donnons avis par cette lettre, désirant qu'aucun empêchement légitime ne s'oppose à ce que nous soyons accompagné par vous dans cette solennité, ainsi qu'il est établi par l'article 52, titre 7, de l'acte des constitutions, en date du 28 floréal an XII. Sur ce, mon Cousin, je prie Dieu, etc. Écrit à Saint-Cloud, le 4 brumaire an XIII. »

[2] Le maréchal, après le couronnement, avait rejoint son armée, en exécution d'un ordre de l'Empereur, adressé au ministre de la guerre par lettre du

à portée de juger de la force réellement disponible. Notre situation est moins mauvaise que je ne le croyais. La 1re division a 500 hommes aux hôpitaux; la 2e, 900, et la 3e, 300. Il faut compter dans toutes les divisions sur un pareil nombre d'hommes malingres, convalescents et peu capables de faire la campagne.

Il importe de faire connaître à Votre Excellence l'état comparatif des malades dans chacune des trois divisions du camp de Bruges à différentes époques. Au 28 prairial an XII, la 1re division avait 409 malades aux hôpitaux; la 2e, 478, et la 3e, 348. Il est à observer que la 3e n'a que 4 régiments, et que les deux autres en ont 5. La proportion des malades dans ces 3 divisions paraîtrait n'avoir pas une différence sensible; mais il faut remarquer que le 21e régiment d'infanterie de ligne, qui fait partie de la 3e division et qui a séjourné longtemps en Zélande, avait à lui seul à cette époque autant de malades que les 3 autres régiments ensemble. Il a conservé cette même proportion à toutes les autres époques.

Au 1er thermidor an XII, la 1re division avait 339 hommes aux hôpitaux; la 2e, 499, et la 3e, 325.

Au 1er vendémiaire an XIII, les fièvres avaient fait des progrès considérables; la 1re division comptait 1,224 malades; la 2e, 2,000, et la 3e, 500. Le 21e régiment de ligne en avait près de 250 sur les 500.

Au 20 brumaire an XIII, les malades avaient diminué dans toutes les divisions de près d'un quart.

Ces différents rapprochements doivent prouver à Votre Excellence 1° que le camp de Dunkerque occupé par la 3e division est beaucoup plus salubre que les camps d'Ostende; 2° que la 2e division, qui est campée à la gauche du chenal d'Ostende, a véritablement une position aussi insalubre que la Zélande; 3° que les fièvres contractées dans ces positions marécageuses ne peuvent être radicalement guéries qu'en

---

11 pluviôse an XIII (31 janvier 1805) : « Donnez ordre aux maréchaux Soult, Davout, Jourdan, Bernadotte, Augereau et au général Marmont de rejoindre leur armée avant le 1er ventôse. » (*Correspondance de Napoléon*, t. X, page 133.)

faisant changer d'air aux personnes qui en ont été attaquées à différentes fois.

Il est de fait par l'examen de tous les états de situation des hôpitaux que la 1re division a eu du 6e au 7e de son effectif aux hôpitaux ; la 2e, du tiers au quart, et la 3e, seulement le 16e. Il faut en excepter toutefois le 21e régiment, qui a excédé cette proportion à raison de son séjour en Zélande, d'où il a ramené plus de 200 malades.

Maintenant, après avoir prouvé à Votre Excellence la salubrité du camp de Dunkerque en comparaison de ceux d'Ostende et particulièrement de celui de la 2e division, je dois vous prier de considérer si le système des apprêts de l'expédition contre l'Angleterre, et les autres motifs politiques et militaires qui ont nécessité pendant la campagne dernière l'occupation des camps sous Ostende, subsistent encore. Dans ce cas, nous continuerons de lutter contre le climat, et par des précautions multipliées d'empêcher l'armée de s'y fondre par la maladie, événement qui était toujours arrivé aux armées qui y avaient séjourné. En 1744 entre autres, une armée anglaise dans une seule campagne a été presque détruite ; elle a eu en morts par maladie le 6e de son effectif, et je reconnais que c'est au zèle, à l'intelligence et au dévouement de l'ordonnateur en chef Chambon et des officiers de santé de l'armée que nous devons un résultat plus heureux. La perte effective des morts depuis la fin de l'automne s'est élevée à environ 700 hommes. Quelque considérable que soit ce nombre, il l'est peu en comparaison de ce que l'expérience devait faire supposer, et en raison de la grande quantité de malades qu'a eus l'année ; mais dans la supposition, Monsieur le Maréchal, où aucune raison majeure ne forcerait à tenir le camp d'Ostende, je vous demande l'autorisation de rallier la majeure partie des troupes du camp de Bruges autour du port de Dunkerque, où existent déjà les deux tiers de nos moyens d'embarquement. Si Votre Excellence m'y autorise, je me propose de faire lever successivement le camp à la seconde division. Les mêmes baraques qu'elle occupe, défaites et mises en bottes, seraient transportées à Dunkerque par des bélandres et serviraient à l'établissement de son camp, qui serait à la droite de celui de la 3ᵉ division, dans une position reconnue dans les dunes plus élevée et vraisemblablement plus saine encore. Plusieurs fois des mouvements ou transports dans nos camps ont été faits sans perte de matériaux, les baraques ayant été construites en conséquence. Il sera seulement nécessaire de distribuer de la paille pour la couverture des baraques, une grande partie des anciennes étant trop mauvaise pour être transportée; mais ceci ne sera pas un objet de dépense, puisque dans tous les cas il est nécessaire d'en distribuer pour réparer les dommages occasionnés par les coups de vent de la saison que nous quittons.

Une autre considération qui m'oblige, Monsieur le Maréchal, de vous faire la demande d'appeler ici la 2ᵉ division, c'est qu'il me paraît plus que vraisemblable que toute la flottille batave se réunissant dans ce port nécessiterait la réunion de l'armée. Si elle avait lieu inopinément, nos moyens de transport ne seraient pas suffisants pour conduire tous les matériaux de baraquement, et les environs de Dunkerque, à une marche, n'offrent point de cantonnements suffisants pour deux divisions, à moins d'un encombrement extraordinaire. J'ai l'honneur de prier Votre Excellence de me faire connaître les intentions de Sa Majesté sur la demande que je vous soumets, dont le but principal est la conservation de ses soldats, car on ne doit point se dissimuler qu'à la mauvaise saison, les maladies se déclarent suivant toute apparence avec plus de violence au camp d'Ostende et particulièrement dans la 2ᵉ division, où les soldats qui ont été attaqués ne peuvent se remettre; le 14ᵉ entre autres a dans ce moment le quart de son effectif aux hôpitaux et un quart de malingres.

---

68. — AU GÉNÉRAL MONNET,

24 ventôse an XIII (5 mars 1805).

J'ai reçu, mon cher Général, vos lettres des 15 et 17 ventôse, et les journaux anglais qui y étaient joints, et que j'ai fait passer tout de suite à Paris.

Je vous envoie le général Dumas, chef de l'état-major général, pour conférer avec vous sur les secours à vous donner comme voisins, dans la supposition où vos idées sur l'objet de l'expédition de Southampton se réaliseraient, c'est-à-dire dans le cas où l'île de Walcheren serait attaquée par les troupes d'embarquement de cette expédition.

Le voyage du général Dumas rend inutile toute écriture : je l'ai chargé de présenter mes hommages, et de vous assurer, mon cher Général, de toute mon amitié.

---

69. — AU GÉNÉRAL MONNET.

25 ventôse an XIII (16 mars 1805).

Le général Dumas m'a remis, mon cher Général vos journaux anglais que j'ai fait passer tout de suite à l'Empereur. Je désire et je regarde comme très-instant que le général Marmont prenne vos dernières démarches en considération et vous envoie des troupes françaises au moins pour mettre l'île de Walcheren et le Zuyd-Beveland à l'abri d'un coup de main. La précaution que vous prenez de faire armer le petit fort de Bath est excellente et ne peut pas être trop tôt mise à exécution.

Vous pouvez être assuré, mon cher Général, que si les projets en question venaient à se réaliser, je ne négligerais rien comme votre voisin, de ce qui pourrait contribuer à les faire échouer; mais comme l'efficacité de mes secours dépend de la promptitude avec laquelle je serai instruit, j'ai pensé que le meilleur moyen était d'établir entre nous une communication pour les signaux de la côte. Je me suis adressé au capitaine de vaisseau Meyne, qui a eu la complaisance d'entrer dans mes vues. Il m'a remis un tableau de signaux de convention uniquement destiné à cet objet; il a fait distribuer à tous les chefs des signaux des côtes depuis Breskens jusqu'à Dunkerque le signe convenu, et il m'a remis un tableau et des pavillons que je vous fais passer pour que vous les établissiez au signal de Flessingue qui communique avec l'île de Cadzandt. Je vous prierai, mon cher Général, d'inviter votre commissaire de marine qui a dans sa dépendance les signaleurs de l'île de Cadzandt, de leur donner l'ordre d'obtempérer à ceux qu'ils viennent de recevoir du capitaine de vaisseau Meyne. Comme il est très-important d'être assuré du service et de l'exactitude des signaleurs, je fais veiller à ce que leurs gages leur soient exactement acquittés. Il paraît que ceux de l'île de Cadzandt sont très-arriérés de ce côté. Engagez votre commissaire de marine à faire ce qu'il pourra pour leur faire payer l'arriéré.

Par précaution, lorsque je serai à Dunkerque, je pourrai être instruit de ce qui vous arrivera dans une heure de temps; je vous prierai, mon cher Général, pour nous assurer de l'exactitude du signalement, d'ordonner que tous les jours, et cela à dater du 2 ou 3 germinal, entre trois et quatre heures de l'après-midi on fasse le signal n° 10 du tableau qui pris isolément m'annoncera qu'aucune force navale majeure, dénotant un projet de débarquement, n'est en présence de l'île de Walcheren.

Le général qui vous remettra cette lettre a le commandement de la côte depuis Ostende jusqu'à Breskens, et particulièrement de l'île de Cadzandt, où sous deux jours il y aura le nombre de troupes nécessaire pour mettre cette île à l'abri d'un coup de main.

Je vous annonce avec plaisir que l'amiral Verhuel continue à aller mieux, et qu'on peut le regarder comme en convalescence.

---

70. — A L'EMPEREUR.

2 germinal an XIII (23 mars 1805).

Sire, en mettant sous les yeux de Votre Majesté un état sommaire et exact de la situation des troupes composant le camp de Bruges, à la fin de ventôse, je crois y devoir ajouter quelques observations dont le but est de faire connaître à Votre Majesté la force réellement disponible et en état d'agir, l'effet progressif des maladies selon les localités, enfin l'état moral de l'armée que j'ai l'honneur de commander. Celui-ci est tel qu'il serait agréable de justifier par quelques détails le compte satisfaisant que j'ai à cet égard à rendre à Votre Majesté.

Les trois divisions d'infanterie, sur un effectif de 23,231 hommes, ne présentent que 19,408 hommes en état d'entrer en campagne, ce qui se vérifie de la manière suivante :

1re division.	8,608	
Effectif dont il faut déduire 800 malades et 800 malingres hors d'état de faire la guerre.	1,600	7,008
Reste.	7,008	
2e division.	7,956	
Effectif dont il faut déduire 900 malades et 900 malingres hors d'état de faire la guerre.	1,800	6,156
Reste.	6,156	
3e division.	6,779	
Effectif dont il faut déduire 285 malades et 250 malingres hors d'état de faire la guerre.	535	6,244
Reste.	6,244	
Total des hommes valides.	19,408	

On aperçoit clairement dans ces résultats, en raison de la force des 3 divisions, la proportion des malades et de ceux que de fréquentes rechutes ont épuisés et mis hors d'état d'entrer en campagne.

La 1re division, campée à l'est du chenal d'Ostende, a du 10e au 11e d'hommes aux hôpitaux.

La 2e division, campée à l'ouest de la ville d'Ostende, du 8e au 9e.

La 3e division, campée au Rozendal sous Dunkerque, du 24e au 25e.

Et si l'on observe que le 21e régiment, qui fait partie de la 3e division et qui revient des îles de Zélande, a constamment lui seul autant de malades que les 3 autres régiments de cette division, on reconnaîtra que la position du camp de Rozendal est très-saine, et que nous y avons perdu deux fois moins qu'au camp de la 2e sous Ostende.

Cependant pour remplacer ce manque au complet dans les bataillons de guerre, les dépôts qui n'ont cessé de fournir aux remplacements n'offrent plus que de faibles ressources; les uns ont au moins autant d'hommes à réformer et congédier qu'ils en doivent recevoir de la conscription de l'an XIII. Les autres n'ont plus que des malingres hors d'état de faire la guerre. Enfin telle est la pénurie pour le recrutement, que d'après les comptes que je me suis fait rendre par les colonels, je puis affirmer à Votre Majesté que tous les bataillons de dépôt ne fourniront pas ensemble un renfort de 400 hommes.

Mais, Sire, tout ce qui se trouve dans les camps et a résisté à la maladie (car presque tous ont été éprouvés) est dans le meilleur état. L'impatience et l'ennui de voir se prolonger le séjour dans cette position ne sont témoignés qu'avec le désir d'atteindre le but. Pendant l'hiver très-sévère, pendant l'épidémie, il n'y a pas eu de murmures. La discipline ne s'est point relâchée, la bonne tenue de l'habillement, des armes, s'est maintenue, et l'instruction a été conservée.

La division de cavalerie, forte de 1,060 hommes, dont 700 hommes montés, est maintenant en bon état : il n'y a que 34 hommes aux hôpitaux, les chevaux se sont refaits dans les cantonnements : aussi ai-je fait reprendre au premier général le service de surveillance sur la côte. L'instruction d'hiver a été suivie : le meilleur ordre a régné : il ne m'est pas parvenu une seule plainte de la part des habitants du pays.

L'artillerie à cheval est forte de 280 hommes, dont 25 aux hôpitaux; celle à pied, de 900, sur quoi 50 sont aux hôpitaux.

Toute l'artillerie rivalise avec les autres parties de l'armée pour l'instruction, la discipline, et le service dont elle est chargée sur la côte et aux batteries est toujours parfaitement fait : ce qui est prouvé par les résultats, puisque les ennemis ne nous ont pas encore pris un seul bâtiment, malgré les fréquentes traversées de Flessingue à Dunkerque.

Le 9ᵉ bataillon *bis* du train n'a que 230 chevaux, qui sont en très-mauvais état et incapables de faire le service de la côte.

Le matériel de l'artillerie, en assez bon état, exigerait cependant des réparations; mais aucuns fonds ne sont faits, quoique les plus légers services seraient suffisants. Le général Sorbier a eu des ordres réitérés du général Faultrier de suspendre toutes les réparations jusqu'à ce que le ministre ait des fonds.

Les camps sont bien tenus, et le soldat depuis le beau temps met son amour-propre à augmenter et embellir tous les ouvrages et jardins que Votre Majesté a bien voulu remarquer l'année dernière.

L'instruction nautique continue : la meilleure harmonie règne entre les officiers et soldats français et les officiers et matelots hollandais. J'ai le bonheur de pouvoir annoncer à Votre Majesté que leur chef a échappé à une maladie dangereuse. Sa perte eût été d'autant plus grande que l'amiral Verhuel a inspiré la plus grande confiance à toute l'armée. Les résultats la justifient : cet amiral n'a pas encore perdu un seul bâtiment, malgré les fréquents combats, passages, et les mouillages de la rade de Dunkerque, tenus dans les plus gros temps : ce mouillage continue à prouver la bonté de cette rade.

Les bâtiments de guerre de la flottille batave sont dans le meilleur état et ont passé la mauvaise saison sans avaries : ils sont d'une bonne construction et supportent l'échouage par les plus gros temps sans éprouver les plus petits dommages. Dernièrement à Ostende, nous en avons eu une dernière preuve : cependant il n'en serait pas de même des chaloupes canonnières : aussi l'amiral redoute-t-il le port d'Ambleteuse, où il a l'ordre d'en envoyer une division : il a dû en faire son rapport au ministre de la marine.

Les trop nombreux hôpitaux de l'armée sont aussi bien tenus qu'a pu le permettre un mouvement de plus de 2,500 malades. On les a nettoyés, reblanchis, assainis par de fortes fumigations. Les administrateurs civils, mais principalement ceux de Bruges, ont montré un véritable zèle et beaucoup d'intelligence pour cette pénible tâche. Je suis certain de les en récompenser en leur faisant connaître que Votre Majesté en est particulièrement informée.

Tels sont, Sire, les objets qui m'ont paru dignes de fixer l'attention de Votre Majesté. Puisse-t-elle y trouver quelques motifs de satisfaction dans les preuves du bon esprit, de la bonne conduite, de l'entier dévouement et de la fidélité à son auguste personne, de ses soldats du camp de Bruges!

71. — A L'EMPEREUR.

7 germinal an XIII (28 mars 1805).

Sire, j'ai l'honneur d'adresser à Votre Majesté une lettre du sieur Boilleau, ex-législateur, qui s'est adressé à moi comme compatriote. Si je n'avais pas eu à attester à Votre Majesté qu'il jouit de l'estime des habitants de l'Yonne, estime qu'il a méritée par un bon caractère et une conduite pleine de sagesse dans des temps bien difficiles, je me serais refusé à remplir son désir.

72. — A L'EMPEREUR.

7 germinal an XIII (28 mars 1805).

Sire, conformément aux ordres que Votre Majesté m'a fait donner par le ministre de la guerre, la 1re division du camp de Bruges, commandée par le général Bisson, commence à partir d'Ostende le 7 pour arriver successivement du 11 au 14 au camp d'Ambleteuse[1].

---

[1] Lettre de l'Empereur au maréchal Davout, 4 germinal an XIII (25 mars 1805) : « Le ministre de la guerre a dû vous envoyer l'ordre pour le jour où la première division du camp d'Ostende doit se rendre à Ambleteuse pour occuper l'emplacement de la division Legrand... Faites-moi connaître par le retour de mon courrier la situation de votre armée, celle de la flottille batave et surtout la situation des écuries et autres bâtiments de transport destinés à embarquer le matériel de votre artillerie et vos chevaux. » (*Correspondance de Napoléon*, t. X, p. 262.)

Suivant les intentions de Votre Majesté, les bois qui ont servi à la construction des baraques de la 1re division seront transportés à Ambleteuse sur des bâtiments que l'amiral Verhuel a mis à ma disposition. J'y enverrai également une réserve que j'avais réunie à Dunkerque pour pouvoir baraquer trois régiments. Ainsi avec les baraques qui existent déjà dans le camp du général Legrand, on y aura suffisamment de matériaux pour y établir 14 régiments.

Par ma lettre du 2, que j'ai eu l'honneur d'adresser à Votre Majesté, je vous ai fait connaître la situation de votre armée à l'époque du 28 ventôse. Je la joins ici par duplicata, ainsi qu'un état du manque au complet des bataillons de guerre et de paix, leur effectif, et ce que la conscription de l'an XIII doit fournir à chaque corps.

Les ordres que Votre Majesté a adressés de faire venir à Dunkerque la troisième partie de la flottille batave qui se trouve maintenant à Ostende, vont recevoir par M. l'amiral Verhuel leur exécution.

Dès que M. l'amiral Verhuel a eu ceux de faire partir la première, qui est à Dunkerque, pour Ambleteuse, il a envoyé dans ce dernier port un de ses officiers, qui, de concert et en présence d'un officier de l'état-major de la flottille française, a sondé très-soigneusement le chenal et le port ou bassin d'Ambleteuse. Ces officiers ont reconnu et vérifié ensemble des atterrissements qui ont fort étonné l'officier français. L'état du port est si notoirement changé qu'il est certain que les bâtiments de la première espèce de la flottille batave n'y pourraient jamais être à flot que dans les vives eaux et se trouveraient par conséquent entièrement paralysés pendant les trois quarts de chaque mois. L'amiral a adressé le détail de cette reconnaissance au ministre de la marine, et a eu l'honneur d'en faire connaître à Votre Majesté le résultat. Je joins ici une ampliation de sa dépêche. En attendant la réponse du ministre, il a donné l'ordre de faire partir pour Ambleteuse la première partie des bateaux canonniers.

L'état de situation de la flottille batave, joint à cette dépêche, présente à Votre Majesté le nombre d'hommes et de chevaux qui pourraient être embarqués tant sur les bâtiments de première et deuxième espèce armés en guerre que sur les transports.

Il y a quelques changements à faire pour les installations des écuries qui demanderont peu de temps, mais il faut, pour les commencer, les ordres du ministre de la marine.

Sire, vous verrez par l'état particulier de la flottille de transport batave, tel qu'il a servi au dispositif d'embarquement des chevaux, du matériel d'artillerie, des approvisionnements, bagages, dont les tableaux seront adressés dès demain au ministre de la marine, que la colonne d'observations présente tous les renseignements désirés par Votre Majesté.

Tous les magasins de réserve, d'outils, d'artillerie, etc., seront repliés d'Ostende sur Dunkerque, conformément aux intentions de Votre Majesté.

---

73. — AU MINISTRE SECRÉTAIRE D'ÉTAT MARET.

14 germinal an XIII (4 avril 1805).

Je reçois à l'instant, mon cher compatriote, votre lettre du 16 germinal. Je vous adresserai, ainsi que vous le voulez, sous votre adresse, à Paris, les divers journaux anglais qui me parviendront. Je commence par vous en envoyer trois aujourd'hui, dont l'un est du 28 mars. Celui-là contient l'extrait du *Moniteur* du 23 mars qui a dû arriver à Londres le 25 pour y être imprimé le 26, reçu à Kent le même jour et imprimé dans la nuit du 27 au 28. Le reste est l'affaire du ministre de la police de tâcher de découvrir ces habiles courriers.

Ce journal met dans la bouche de l'amiral Verhuel une conversation si inattendue avec l'Empereur, si opposée à ses opinions (car certes il est celui de tous les amiraux français et bataves qui ait le plus de confiance dans cette expédition), qu'elle ne mérite pas la peine d'être réfutée.

Des lettres de Brest, arrivées ce soir à quelques négociants de Dunkerque, ont annoncé le départ de l'escadre française. Si cette nouvelle est vraie, il est présumable que la flotte anglaise n'en aura pas connaissance de sitôt. Un bâtiment hambourgeois entré ce matin dans le port, parti de l'embouchure de la rivière de Bordeaux le 19 mars, a rencontré le 29 mars à six heures du matin, à la hauteur du cap Lezard, une flotte de bâtiments de guerre anglais composée de 20 voiles. J'ai cru, mon cher compatriote, que cette nouvelle pouvait être importante dans cette circonstance.

---

74. — A MONSIEUR LE PRÉFET DE L'YONNE.

14 germinal.

J'ai reçu, mon cher préfet, une lettre du ministre de l'intérieur qui me prévient que le collége électoral du département de l'Yonne, dont la présidence m'a été affectée par Sa Majesté, est convoqué pour le 6 floréal prochain, dans la ville d'Auxerre, et que vous êtes chargé de me remettre à mon arrivée toutes les pièces qui me sont nécessaires. Je me suis empressé de répondre que je ne pouvais point quitter le commandement de l'armée sans un ordre de l'Empereur, et que dans les circonstances actuelles je ne présumais même point qu'il pouvait m'être envoyé[1]. J'ai prié en conséquence le ministre de pourvoir à mon remplacement pour cette présidence et de vous en prévenir.

Je vous prierais, mon cher préfet, de vous rendre près des membres du collége électoral pour être l'interprète de mes regrets et de la peine que j'éprouve de ce que les circonstances me privent du plaisir d'aller au milieu de mes compatriotes, qui m'ont toujours honoré de leur estime et de leur bienveillance. Le désir de mériter de plus en plus ces sentiments est le motif qui m'empêche de quitter momentanément le commandement que m'a confié Sa Majesté Impériale et Royale. Maintenant il ne faut penser qu'à aller sur les bords

---

[1] Le maréchal avait reçu ultérieurement l'ordre de l'Empereur, et il quittait momentanément le camp pour se rendre à Paris et à Auxerre, où il passait quelques jours du mois de floréal. En son absence, le général Friant commandait par intérim.

de la Tamise pour y combattre nos déloyaux et implacables ennemis. Pour ce qui me concerne, je ferai ce qui dépendra de moi pour y mériter surtout l'estime des Bourguignons. Dans les regrets que j'éprouve est compris celui de ne pouvoir embrasser l'aimable préfet de l'Yonne et lui renouveler de vive voix les sentiments d'estime et d'amitié que je lui ai voués.

---

75. — A L'EMPEREUR.

Bruges, le 27 germinal an XIII (17 avril 1805).

Sire, j'ai l'honneur, conformément aux ordres de Votre Majesté, de lui faire connaître que les 400,000 francs en or dont le ministre vous a annoncé l'envoi sont effectivement arrivés le 16 germinal, et ont été distribués sur-le-champ pour mettre la solde au courant. Le service de la solde est assuré jusqu'au 1ᵉʳ prairial, les payeurs de l'armée venant de recevoir des traites suffisantes pour ce service, et payables à différentes époques de floréal.

---

76. — A L'EMPEREUR.

30 germinal an XIII (20 avril 1805).

Sire, conformément aux ordres que Votre Majesté m'a donnés par sa lettre du 13[1], j'ai l'honneur de vous annoncer

[1] Lettre de l'Empereur au maréchal Davout, Troyes, 13 germinal an XIII (3 avril 1805) : « Mon Cousin, je viens d'appeler 5,000 conscrits de la réserve de l'an XII destinés au recrutement des corps des trois camps. J'ai avantagé votre camp en conséquence des maladies que vous avez eues. Je ferai également, dans le courant de germinal, un appel de 15,000 de la réserve de l'an XIII. Ainsi tous vos corps seront portés à 1,000 hommes par bataillon. Il est nécessaire, sans écrire officiellement, d'avertir les colonels, pour qu'ils aient de quoi habiller promptement ces hommes... Je désire que vous vous rendiez promptement à Ambleteuse... Je pense que le major général aura donné des ordres pour qu'au moment de l'arrivée de votre division à Ambleteuse votre commandement s'étende jusque-là. » (Ordre en exécution, voir ci-dessus la lettre du 7 germinal.) (*Correspondance de Napoléon*, t. X, p. 285.)

que tous les conscrits qui seront adressés pour le complet des corps du camp de Bruges seront habillés très-promptement ; la plupart des régiments ont des ressources pour leur donner même des habits, mais tous peuvent au moins fournir vestes et culottes.

La 1re division est établie à Ambleteuse ; déjà une partie des matériaux provenant des baraques que cette division occupait à Ostende a été transportée à Ambleteuse et y est mise en réserve. Ces transports vont continuer.

J'ai visité et pris, suivant les intentions de Votre Majesté, tous les renseignements sur ce port et sur les améliorations dont il est susceptible.

Dans l'état actuel il ne peut pas recevoir des chaloupes canonnières ; elles ne seraient pas à flot aux moyennes et mortes eaux.

Le fond du port s'est élevé considérablement depuis qu'on a achevé son creusement : ces atterrissements sont dus à la mobilité des sables, des terres, pluies, des dunes environnantes, que le vent chasse dans le port, et à une trouée qui a eu lieu au quai en prolongement de la jetée du sud. Ce motif n'existe plus depuis la construction d'un épi de garantie. Dans ce moment on travaille à la réparation de cette trouée : cet ouvrage sera achevé à la fin du mois.

Une des causes principales de ces atterrissements vient des sables qui sont déversés par-dessus la jetée basse du nord. Ces sables sont amenés dans le bassin à chaque marée par la violence des flots. On a proposé un projet d'ouvrage pour faire disparaître cette cause d'atterrissement ; mais il faudra cinq ou six semaines de travail, 40 et quelques mille livres et des ordres de commencer. Cette dépense est énorme, mais cependant regardée comme indispensable pour empêcher le mal existant de s'accroître chaque jour.

Les déblais du bassin sont commencés, ils ne seront dans une grande activité qu'au 1er floréal. Ils se font par tombereaux à cause de la trop grande distance du transport.

Ils devront être finis, suivant le marché de l'entrepreneur, le 20 floréal, et ils coûteront au moins 50,000 francs.

Je dois observer à Votre Majesté qu'il n'est point question dans ces déblais de ceux de la cuvette, qui est encore beaucoup plus comblée que le bassin.

Cette cuvette pourrait recevoir 70 à 80 bâtiments; mais dans son état actuel, des bâtiments du moindre tirant d'eau ne seraient pas à flot dans toute sa partie. Son creusement est indispensable, si toute la flottille batave est placée à Ambleteuse.

Le bassin pourra contenir après son creusement 220 bâtiments des trois espèces; une vingtaine de bateaux de deuxième espèce pourront être placés pendant la saison d'été dans l'avant-port : ainsi, en y comprenant ce que peut contenir la cuvette, le port d'Ambleteuse pourra renfermer environ 320 bâtiments des trois espèces.

La flottille batave est de 216 bateaux canonniers, 55 chaloupes canonnières et 108 bâtiments de transport : les 18 qui manquaient devant arriver au premier jour, total : 379. Il n'y aurait que 59 bâtiments de la flottille batave qui ne pourraient pas être placés à Ambleteuse.

Tous les marins s'accordent à assurer que lorsque Ambleteuse sera remis dans l'état où il a été, il y aura plus d'eau qu'à Boulogne.

Le fond du bassin est excellent : les bâtiments n'y ont éprouvé aucune avarie pendant l'hiver dernier.

La moitié de la première partie de la flottille batave est depuis quelques jours à Ambleteuse; le reste doit s'y rendre au premier vent favorable.

Je dois faire connaître à Votre Majesté que depuis plus de six semaines, les bâtiments de guerre de la flottille batave ont leur compte d'équipages. Depuis cette même époque, il est arrivé plusieurs transports de patrons et de matelots pour les équipages de la flottille de transport. Sous très-peu de jours, ils auront leur complet.

On travaille avec beaucoup d'activité à l'installation des bâtiments à écuries. Ce travail sera fait sous quinze jours.

L'amiral Verhuel est en bonne convalescence et laisse espérer que sous dix à douze jours il sera rendu à sa flottille.

Le ministre de la marine m'ayant fait connaître que l'intention de Votre Majesté était de faire saisir dans l'île de Ter Goes tous les marins et déserteurs français qui s'y étaient réfugiés, cette levée va se faire ces jours-ci, et j'ai pris avant mon départ pour la présidence du collége électoral du département de l'Yonne auquel je suis appelé par votre décret impérial toutes les dispositions nécessaires pour assurer le succès de cette levée.

---

77. — AU MINISTRE DE LA GUERRE.

18 floréal an XIII (8 mai 1805).

Je crois devoir prévenir Votre Excellence que j'ai lieu de penser qu'incessamment tout le camp de Bruges sera réuni à Ambleteuse, et appeler votre prévoyance pour autoriser les établissements de fours et de magasins qui deviendront indispensables lors de la réunion de l'armée. M'étant adressé au général Andreossy, commandant le génie du camp de Bruges, pour l'inviter à les faire établir sans perte de temps, ce général m'a fait connaître que cette dépense monterait à la somme effrayante de 70,000 francs. Je me suis déterminé sur cette réponse à charger l'ordonnateur en chef de s'assurer si de grandes économies ne pourraient point résulter des ressources locales, et le prix de ces travaux de circonstance. La réponse de l'ordonnateur et les devis qui y sont joints me donnent l'assurance qu'avec une somme de 16,000 francs au plus on fera tous les établissements nécessaires pour la nourriture de 24,000 hommes. La pièce n° 1 est le rapport de l'ordonnateur sur les établissements jugés indispensables; la pièce n° 2, le devis estimatif dressé pour le génie pour la confection de ces établissements; les pièces n°ˢ 3 et 4, les plans et devis estimatifs de ces établissements projetés de fait par économie.

Le devis du génie se monte à 73,789 fr. 30; l'autre ne se monte qu'à 15,200 francs.

Votre Excellence donnera sans doute la préférence à ce

dernier devis. Je la supplie, l'objet étant très-pressant, de faire mettre à la disposition de l'ordonnateur en chef Chambon la somme de 16,200 francs pour être employée à la construction des fours et établissements jugés nécessaires et dirigés sur le plan joint à cette lettre.

---

78. — AU PRINCE JOSEPH.

22 floréal an XIII (12 mai 1805).

Monseigneur, la lettre du 13 floréal, dont Votre Altesse Impériale m'a honoré, m'est parvenue dans un de ces moments où le cœur, en proie aux plus vifs chagrins, est peu susceptible de recevoir des impressions agréables. Je viens de perdre ma petite fille, et l'état de grossesse où se trouve ma femme me rend plus inquiétant son désespoir. Le service de mon souverain et de ma patrie m'oblige de la laisser dans cette pénible situation. Cependant votre lettre pleine de bienveillance m'a aussi vivement affecté que si elle m'était parvenue dans une position plus heureuse.

La réception que le prince Joseph a reçue à l'armée est due à la réputation de bonté et d'affabilité dont il jouit, et à toutes les autres belles qualités qu'il possède.

Je vous demanderai, Monseigneur, la permission de faire connaître à l'armée les bons témoignages que vous avez rendus à Sa Majesté sur son excellente tenue et instruction, et sur cette rivalité de zèle, de fidélité et d'affection qui existe pour la personne de son auguste souverain. L'assentiment du prince Joseph sera aussi agréable à l'armée qu'il l'a été à son chef.

---

79. — A L'EMPEREUR.

Paris, 23 floréal an XIII (13 mai 1805).

Sire, un nouveau malheur domestique, la perte du seul enfant qui me restait, m'a obligé à mon retour d'Auxerre de rester quelques jours ici pour donner des soins à ma femme, dont l'état est inquiétant. Je la quitte après-demain pour rejoindre l'armée dont Votre Majesté m'a confié le commandement. Je me rendrai directement à Ambleteuse pour m'assurer si les travaux sont dans toute leur activité.

Le ministre de la guerre n'ayant encore rien statué sur le commandement de la côte qui reste toujours depuis Calais jusqu'à Ambleteuse sous le maréchal Soult, je me concerterai avec lui pour en assurer la défense surtout près du cap Grisnez ; le nombre des pièces d'artillerie légère n'est pas assez considérable pour en imposer à l'ennemi, qui a enlevé le 4 floréal 3 bateaux canonniers hollandais, quoiqu'à portée de mitraille de la côte.

J'ai lieu de croire, Sire, les installations des bâtiments à écuries achevées. Je m'en assurerai à mon arrivée. Je ne négligerai rien pour l'exécution des ordres de Votre Majesté[1].

80. — A L'EMPEREUR.

Ambleteuse, 30 messidor an XIII (19 juillet 1805).

Sire, M. l'amiral Verhuel, qui, depuis que Votre Majesté a ordonné la réunion de la flottille batave à Ambleteuse, n'a pas perdu un seul instant ni une seule circonstance pour exécuter vos ordres, vient de conduire dans ce port par une manœuvre brillante, et après un combat glorieux pour le service de Votre Majesté, une partie considérable de la flottille.

Il a constamment pendant deux mois tenu la rade de Dunkerque à la vue de l'ennemi mouillé devant Gravelines, et qui, renforçant sa station jusqu'à 25 voiles, croisant à la tête des

---

[1] De cette époque date une organisation nouvelle des troupes que le maréchal, rentré à son quartier général, notifiait par un ordre du jour du 25 prairial an XIII (14 juin 1805). Le nom de camp de Bruges disparaissait, les troupes des divers camps formaient « l'armée des côtes de l'Océan ». Cette armée se composait d'une avant-garde, avec les deux divisions Oudinot et Gazan que devait commander le maréchal Lannes, plus trois corps : celui de droite sous le maréchal Davout, celui du centre sous le maréchal Soult, celui de gauche sous le maréchal Ney.

bancs de la rade jusqu'à hasarder d'y perdre ses bâtiments, montre assez quelle importance il attachait à empêcher cette réunion.

Déterminé à forcer le passage, M. l'amiral avait d'abord réuni 40 chaloupes canonnières, 4 prames, 72 bateaux canonniers et une escouade de transports. Il a plusieurs fois, mais vainement, rassemblé cette force en rade, les vents variables ne passant jamais au nord par l'est faiblissaient à chaque marée, en franchissant du nord-ouest. Enfin des coups de vent, inattendus dans cette saison, rendant souvent impossible toute communication avec la rade, forçaient à faire échouer ou rentrer dans le port les bâtiments de transport et les bateaux canonniers.

La constance de l'amiral n'a point été lassée par ces vives contrariétés; quand il a cessé d'espérer la circonstance de vents qu'il désirait pour présenter à l'ennemi une masse des bâtiments qui pût balancer ses forces réunies à la hauteur des caps et le forcer à se diviser contre une ligne étendue, il a changé de plan.

Avant-hier 28 de ce mois, les vents ayant passé au nord-est, l'amiral mit à la voile de la rade de Dunkerque, avec tout ce qui s'y trouvait, donnant l'ordre de faire appareiller une première et ensuite une seconde division de bateaux canonniers ou de transport à mesure qu'on le saurait engagé avec l'ennemi et poursuivant sa route.

Le premier engagement a eu lieu à la hauteur du Waldau, à l'est de Calais : il a été très-vif : les ennemis ont été forcés de reprendre le large, et la flottille a mouillé à l'ouest des forts. La prame *la Ville de Genève* a soutenu un feu violent et tellement souffert dans sa mâture qu'elle a dû rentrer à Calais.

Hier 29, l'amiral, pour mieux cacher à l'ennemi les mouvements des divisions qui devaient partir de Dunkerque, négligea de profiter de la marée en feignant de protéger l'échouage de deux canonnières qui avaient touché pendant la nuit, et resta au mouillage : les ennemis formèrent leur ligne et l'y attaquèrent avec aussi peu d'effet que la veille.

La manœuvre de M. l'amiral Lacrosse, qui avait fait appareiller et porter du côté de Vimereux une division de chaloupes canonnières, tandis que quelques péniches sorties de ce dernier port se portaient sous le cap Grisnez, opéra une diversion utile en retenant la station anglaise qui cherchait à s'élever au vent, ce qui donna lieu à une vive canonnade; cependant 13 voiles de guerre dont un vaisseau, 2 frégates et le reste, corvettes ou bricks, étaient par le travers de la flottille batave lorsque l'amiral eut connaissance de l'appareillage de la division de bateaux canonniers et de transport qui ralliaient avec le reste du convoi et entrèrent à la marée suivante au port de Calais, avant que les ennemis qui avaient mis en panne et se laissaient dériver eussent pu s'élever au vent.

Vers les trois heures, la mer étant basse, et la ligne anglaise, renforcée des bâtiments sortis de la rade des dunes, commençant à gagner le vent, on fit le signal d'appareiller. J'étais venu au-devant de lui après avoir fait mes dispositions pour la meilleure défense possible, tant fixe que mobile, de tous les points de la côte qui en étaient susceptibles. Il y avait alors par le travers de la baie de Wissant au large du cap 45 voiles de guerre, dont 2 vaisseaux de ligne, 4 frégates, 2 bombardes à trois mâts et un grand nombre de corvettes et de bricks, tous à portée de prendre part à l'engagement. Cette force était indépendante de la station qui observait la flottille de la rade de Boulogne. M. l'amiral Lacrosse a, plusieurs fois dans la journée, compté 85 voiles de guerre en vue.

L'ennemi, ayant laissé une forte division en panne par le travers et un peu au vent du cap Grisnez, commença son attaque sur le cap de Blancnez à grande portée : l'amiral Verhuel, ayant formé sa ligne de bataille à la tête de laquelle il était de sa personne, et les trois prames faisant l'arrière-garde, doubla d'abord en bon ordre et sans répondre au feu de l'ennemi le cap Blancnez, dont les batteries et surtout les mortiers, quoique à grande distance de la ligne ennemie, firent un feu utile et très-vif.

Ce fut par le travers de la tour de Wissant où l'enfoncement de la côte n'offre aucune protection que les deux divisions des ennemis commencèrent sur la tête de la flottille, à portée de mitraille, une attaque sérieuse : un brick et une frégate s'engagèrent de très-près, serrant la terre jusqu'à l'entrée du chenal du banc à laine où la batterie de droite du haut Grisnez ouvrit un feu si vif et si bien dirigé que ces bâtiments furent contraints de rallier leur ligne. Le passage sous le cap Grisnez fut chaud et brillant, tous les bâtiments ennemis portant sur le cap et croisant leur feu sur les bâtiments de la flottille. Deux vaisseaux de ligne et une frégate s'approchèrent du cap à portée de mousqueterie et au point qu'on entendait les hommes des équipages. Ils furent repoussés par le feu des batteries et contraints de reprendre le large. Les prames faisaient l'arrière-garde à petites voiles et beaupré sur poupe. Toute la flottille doubla sans autre accident que l'échouage de 3 chaloupes qui, prenant trop au large et portant sur l'ennemi, touchèrent sur les açores du banc. (Elles ont été relevées la nuit dernière et sont maintenues en rade.)

Alors l'ennemi prolongea la côte, continuant à canonner vivement à bonne portée, et la flottille mouilla entre les tours d'Andreselles et d'Ambleteuse; mais les ennemis ralliés, et qui paraissaient tenir le vent, arrivèrent tous à la fois sur les chaloupes embossées pour tenter un dernier effort. Toutes les batteries de la côte depuis Andreselles jusqu'à Vimereux se trouvèrent à portée de tirer sur la ligne anglaise, qui ne put soutenir longtemps un feu si considérable et se laissa dériver.

Ce matin, nous avons recueilli le fruit de la belle manœuvre de l'amiral Verhuel : une division de 54 bâtiments sortie du port de Dunkerque au moment où il appareillait de la rade de Calais, a doublé les caps et est arrivée sur la rade d'Ambleteuse sans qu'aucun des bâtiments ennemis, qui se trouvaient tous affalés sous le vent, ait pu s'opposer à leur passage.

Votre Majesté appréciera le zèle, l'activité et les bonnes manœuvres de M. l'amiral Verhuel. Mais je la supplie de me permettre de recommander particulièrement à son auguste bienveillance quelques-uns des principaux officiers de la marine batave qui ont donné sous mes yeux des preuves de dévouement à la cause commune, d'énergie et de talents qui méritent les faveurs dont Votre Majesté comble ses plus braves serviteurs.

1° Le commandant de la division Gerbrand, ancien officier, dont le courage calme et la précision dans l'exécution des manœuvres ont bien secondé M. l'amiral.

2° M. Osward, capitaine de pavillon de M. l'amiral, jeune officier de la plus grande espérance, et dont l'intrépidité justifierait seule l'amitié particulière dont l'honore M. l'amiral, si ses talents ne le faisaient considérer comme son plus digne élève.

3° Les deux aides de camp de M. l'amiral, les lieutenants de vaisseau Frank et Vanson : ces deux officiers, qui depuis la formation de la flottille impériale batave ont, par leur activité, leur courage dans les différentes rencontres, leur bon esprit dans les communications entre les deux nations, rendu les plus grands services à la cause commune et se sont particulièrement signalés dans les actions des 28 et 29, ont, en parcourant sans cesse la ligne, porté partout les ordres particuliers de l'amiral, et ont spécialement contribué dans les positions difficiles à faire conserver l'ordre de bataille.

M. Van Derhart, lieutenant de vaisseau commandant la canonnière n° 54, s'est fait remarquer par ses bonnes manœuvres et a justifié l'estime que fait de lui M. l'amiral, comme d'un officier du meilleur exemple.

M. le capitaine de frégate Zirwoget, officier de la plus grande vigueur, le même qui l'année dernière commandait dans le combat du 26 prairial contre l'escadre anglaise de Sidney Smith, la division de bateaux canonniers, et a, dans cette dernière affaire, justifié, par sa belle conduite, la juste opinion qu'on avait conçue de son courage et de son habileté.

M. de Cock, intendant général de la flottille, qui remplit à la fois une fonction militaire et civile qui l'assimile au rang de capitaine de vaisseau, en même temps qu'il est un administrateur distingué et très-estimé dans la marine batave, s'est trouvé volontairement à toutes les actions auxquelles la flottille a eu part, et s'y est rendu très-utile. S'il peut être décoré à titre de services civils très-remarquables, on peut assurer qu'il a aussi justifié d'avance une récompense militaire.

J'aurais sans doute à recommander à l'attention et aux bontés de Votre Majesté les commandants de ces quatre prames qui tous, et particulièrement leur brave commandant, Lamboux, ont rivalisé de courage et de bonne conduite avec nos alliés. Mais c'est à M. l'amiral qu'il appartient de vous donner des détails sur la brillante conduite des garnisons et des marins dans ces deux engagements[1].

Le général Sorbier a communiqué son activité à tous ses officiers et canonniers : il a, avec la plus grande célérité, fait un armement qui a été de la plus grande utilité : le feu a été bien dirigé et soutenu. La perte de l'ennemi a été très-considérable en hommes, et beaucoup de bâtiments ont pris le

[1] Le maréchal, en rendant compte des périlleuses manœuvres si habilement conduites par l'amiral Verhuel, mentionne à peine que, pendant cette opération, il s'était tenu constamment de sa personne à bord auprès de l'amiral, avec ses deux aides de camp Trobriand et Bourke. Il avait pris sur lui la responsabilité du départ de la flottille pour Ambleteuse, laissant à Verhuel l'honneur de l'exécution. Il restait pendant quelques heures impassible sous la mitraille, interrogeant sans cesse ses aides de camp sur les mouvements de l'ennemi; un instant la flottille semblait près d'être foudroyée et prise par les navires anglais qui se rapprochaient de la côte, lorsque tout à coup trois cents pièces d'artillerie, disposées sur les hauteurs du cap Grisnez par un ordre prévoyant de l'Empereur dont le maréchal avait seul le secret, ouvraient leur feu sur la flotte anglaise et la forçaient à s'éloigner. L'opération avait réussi. Le lendemain, 1ᵉʳ thermidor an XIII, le maréchal faisait publier l'ordre du jour suivant :

« Le chef de l'état-major général fera connaître, par la voix de l'ordre du jour, le résultat des trois combats que la flottille batave a soutenus, combats où l'amiral Verhuel a rempli ce que l'armée attendait de lui, où les marins français et bataves ont rivalisé de courage et de zèle, où les garnisons ont déployé sur mer ce même courage qui a tant de fois illustré sur terre les troupes françaises, où les officiers et soldats de terre embarqués ont montré qu'ils étaient les dignes soldats de l'empereur Napoléon. Les canonniers et les auxiliaires qui ont servi les batteries de la côte ont déployé une activité et un zèle dignes d'éloges. Le bon esprit de cette troupe est le plus bel éloge du général Sorbier qui la commande en chef, du général Lariboissière et de tous les officiers d'artillerie. Le bon esprit des troupes s'est montré dans l'activité qu'elles ont mise dans la confection de ces nombreuses batteries qui ont été si utiles dans le dernier engagement et ont protégé si efficacement la marche de la flottille. »

Depuis ce jour, le maréchal Davout et l'amiral Verhuel étaient restés liés d'une vive et forte amitié fondée sur l'estime qu'ils avaient l'un pour l'autre.

large à la suite d'avaries majeures. L'engagement a duré à portée de mitraille depuis quatre heures jusqu'à huit heures et demie. La ligne a été bien conservée ; les échouements n'ont eu lieu qu'à la suite d'avaries.

Le sieur Jean-Noël Mascot, syndic des pilotes de Calais, à bord de l'amiral, a mérité ses suffrages ; il a montré au milieu de la mitraille le plus grand calme. Cet homme, âgé de quarante-cinq ans, est recommandable par ses bons services : c'était son vingt-neuvième passage sous le canon des Anglais depuis deux ans.

Nous avons perdu, dans la première affaire du 28, 6 hommes tués et 20 blessés. Sur ce nombre, la prame *la Ville de Genève* en a 4 tués et 10 blessés.

Dans l'affaire du 29, nous avons eu 10 hommes tués et 50 blessés.

Le contre-amiral Douglas commandait une des divisions anglaises : on a remarqué que le bâtiment que montait lord Keith est resté mouillé et, toujours couvert de signaux, n'a pris aucune part à l'action.

81. — A L'EMPEREUR.

18 thermidor an XIII (6 août 1805).

Sire, j'ai l'honneur de soumettre à Votre Majesté quelques observations sur la situation présente du hameau d'Ambleteuse et sur l'encouragement que le gouvernement pourrait accorder aux nouveaux habitants pour augmenter les constructions dont l'utilité est reconnue comme l'un des moyens les plus efficaces pour prévenir les alluvions et l'ensablement du port.

Depuis la reprise des travaux et l'établissement des camps, l'accroissement du hameau d'Ambleteuse a été très-rapide ; 20 maisons seulement existaient il y a deux ans, maintenant on en compte près de 160. Un assez grand nombre de baraques ont été construites sur des terrains vagues qui ne paraissaient être qu'un passage communal ou sur des dunes qui sont une propriété publique.

Des permissions des commandants militaires ayant suffi pour autoriser ces premiers établissements, contre lesquels il ne s'éleva d'abord aucune réclamation particulière, l'autorité civile n'est encore point intervenue dans aucune de ces commissions.

Cependant à mesure que l'on construisait avec plus de solidité, et surtout lorsqu'après deux incendies, j'ai exigé que le nouveau village fût couvert en tuiles, une foule de prétendus propriétaires de terrains se sont présentés sans autres titres que des témoignages fort peu valides de jouissance antérieure de terrains qui alors n'avaient aucune valeur.

Les tribunaux de première instance ont admis les réclamations et condamné les nouveaux colons, sans avoir égard même à la propriété publique, ni aux alignements donnés en conséquence des plans arrêtés par Votre Majesté; par exemple, le plan tracé et réservé pour servir au marché qui s'est nouvellement établi et qui nous est fort utile, est réclamé par un prétendu propriétaire qui exige qu'on lui en paye un loyer. Les tribunaux de première instance n'ont vu que des étrangers dans ces nouveaux colons, et ils les ont traités avec humeur et partialité. Les poursuites ont eu lieu sans énoncer de titres.

Il résulte de cet état de choses que personne n'ose plus construire, surtout du côté du port, où il est si essentiel d'encourager l'élévation des maisons, des clôtures, et s'il se joint des plantations. Quelques maisons commencées sont déjà abandonnées.

J'ai eu des promesses du préfet et du sous-préfet de remédier à ces abus; mais elles ne se réalisent point : il est bien important que cet objet soit pris en considération, que des indemnités raisonnables soient fixées, et qu'elles ne soient allouées que sur des titres de propriété.

---

82. — A L'EMPEREUR.

19 thermidor an XIII (7 août 1805).

Depuis que Votre Majesté a déterminé qu'Ambleteuse serait le port de réunion du corps de droite et qu'elle m'a ordonné de le rassembler en suivant les mouvements de la flottille batave, j'ai dû porter un vif intérêt aux travaux du port, améliorer autant qu'il dépendra de moi leur perfectionnement, et chercher à bien connaître les moyens d'amélioration et de conservation qui ont été proposés à Votre Majesté. Je la supplie dans ce moment où il paraît que le manque de fonds vient d'obliger le ministre d'ordonner la suppression de tous les travaux, de me permettre de mettre sous les yeux quelques observations sur les conséquences de cette suspension.

Je dois d'abord rappeler ici en peu de mots les travaux qui ont été exécutés depuis le mois de prairial, époque à laquelle l'abandon des travaux d'entretien ne permettait pas de recevoir à Ambleteuse des bateaux de première espèce.

Les déblais pour l'extension du bassin et pour mettre le port à la perfection nécessaire pour recevoir la flottille batave ont été terminés dans le commencement du mois dernier. On a continué depuis cette époque avec quelques tombereaux à enlever les alluvions que la mer ramène, et ces déblais servent journellement à remblayer le terre-plein du quai de l'ouest dont la charpente est terminée.

On a aussi réparé la brèche du quai en prolongement de la jetée du sud; enfin on a abattu les pieux qui doivent servir de base à la charpente des prolongements des quais nord et sud du bassin, ainsi que ceux du fond provisoire de ce bassin.

Tel est sommairement l'exposé des ouvrages qu'on a exécutés depuis le mois de prairial.

Il est évident que si l'on n'achève pas les revêtements des quais du nord, du sud et du fond du port, les sables continueront de s'écouler sur ces talus, et il en coûtera alors beaucoup plus pour recreuser cette partie que l'on terminerait aujourd'hui pour une somme de 50,000 francs, les bois étant en grande partie approvisionnés, et toute la charpente du quai sud prête à poser.

L'achèvement du quai de l'ouest est extrêmement urgent pour le service des bateaux de première espèce qui s'y trouvent resserrés dans un petit espace : les dégradations qui vont s'ensuivre augmenteront de beaucoup la dépense.

Les améliorations les plus importantes réclamées par les ingénieurs et les marins sont :

1° Le prolongement de 80 toises de longueur du coffre en charpente de la jetée du sud ;

2° La construction d'un rempart sur la digue de Vauban jusqu'à la hauteur de la première batterie de la tour avec laquelle cet ouvrage se raccorderait en s'étendant jusqu'à la jetée du nord ; cet ouvrage, dont le but serait de préserver le port des sables qui l'encombrent du côté de l'ouest, aurait pu être exécuté à peu de frais par l'armée.

On n'évalue pas à plus de 50,000 francs pour les matériaux et la main-d'œuvre.

Enfin je dois dire à Votre Majesté qu'il est question de rendre à jamais utiles les dépenses qu'elles a déjà faites pour la création du port d'Ambleteuse, ou d'en perdre le fruit si d'ici à la mauvaise saison le ministre de la marine ne peut appliquer par mois spécialement aux travaux de ce port un fonds de 60,000 francs.

Je ne rappellerai point à Votre Majesté les travaux plus importants qui lui ont été proposés pour le port d'Ambleteuse, le projet de bassin à flot avec une nouvelle écluse qui mettrait ce port en état de recevoir des corvettes et même des frégates. La beauté du chenal, la grande hauteur d'eau qui monte dans ce port, le calme du bassin pourront engager Votre Majesté à de nouveaux sacrifices, pour rendre commode et durable le port le plus sûr de toute la côte.

---

83. — A M. LE MINISTRE DE LA GUERRE.

Corps de droite.

Ambleteuse, 19 thermidor an XIII (7 août 1805).

J'ai l'honneur d'informer Votre Excellence que le 10° régiment de hussards, faisant partie de la division du général Bourcier, a reçu l'ordre de se rendre à Marquise et doit y arriver aujourd'hui.

Marquise et Hardinghen sont les seuls villages sur mes derrières où j'ai pu établir le 1er régiment de chasseurs et le 7e de hussards formant la division de cavalerie du corps de droite. Je prie Votre Excellence de vouloir bien réserver ces quartiers déjà très-insuffisants : outre le 1er des chasseurs qui se trouve à Marquise, j'y ai réuni mon hôpital d'entrepôt, mes administrations, magasins, etc. Votre Excellence trouvera juste de ne pas encombrer davantage ces établissements, il est impossible d'y être plus serré. Permettez, Monsieur le Maréchal, que je vous demande de donner vos ordres le plus tôt possible, le 10e régiment devant arriver à Marquise dans quelques heures.

---

84. — AU MINISTRE DE LA GUERRE.

Corps de droite.

Ambleteuse, 26 thermidor an XIII.

J'ai l'honneur de rendre compte à Votre Excellence que, conformément aux dispositions arrêtées par Sa Majesté, le 20 de ce mois, relativement à la flottille, et d'après les instructions ultérieures de Votre Excellence en date du 22, j'ai donné les ordres nécessaires pour la prompte organisation de la 5e aile de débarquement qui doit être fournie par le corps de droite que j'ai l'honneur de commander. En conséquence, il a été désigné 3,500 hommes, officiers compris, pris parmi les anciens soldats et les conscrits de bonne volonté. Ces hommes ont été répartis de la manière suivante :

13e régiment d'infanterie légère.	1er bataillon.	700
	2e id.	700
17e id. id. de ligne.	1er bataillon.	700
	2e id.	700
51 id. id. id.	1er bataillon.	700
	Total..	3,500

Ces troupes s'exercent journellement à la rame et à toutes les manœuvres auxquelles leur nouvelle destination pourrait donner lieu.

La 8ᵉ compagnie du 2ᵉ bataillon de sapeurs ayant été désignée par le général Andréossy comme étant la plus propre à remplir les intentions de Sa Majesté, elle a également reçu ordre de se tenir prête à être embarquée sur les péniches au premier ordre avec l'escouade d'ouvriers d'artillerie munis des outils nécessaires pour désenclouer les pièces, etc.

Je prie Votre Excellence de vouloir bien observer que les hommes restant de chacun des bataillons ci-dessus et qui, conformément à vos ordres, doivent être embarqués sur les chaloupes canonnières destinées à protéger le débarquement, seront peu propres à un service aussi important, puisque ce seront des conscrits de cette année, nullement encore exercés au canonnage et autres manœuvres de mer, et que l'on ne peut y former puisqu'ils ne sont pas encore instruits comme soldats. Je prie Votre Excellence de vouloir bien fixer mon incertitude sur ce point.

Il ne me reste actuellement qu'à adresser à Votre Excellence le tableau de l'embarquement de la 5ᵉ aile de débarquement ; mais avant de faire rédiger ce travail, je dois lui soumettre une observation très-importante sur l'organisation de cette 5ᵉ aile.

Il a été réglé par Sa Majesté que chaque régiment de 1400 hommes aux ailes de débarquement serait embarqué sur 24 péniches, ce qui donne à peu près 58 hommes par péniche, et laisse aux termes de l'installation 7 à 8 places pour les canonniers, sapeurs, ouvriers, etc., tandis que la 5ᵉ aile de débarquement à laquelle il n'a été destiné que 54 péniches pour 5 bataillons, aurait 78 hommes à embarquer sur chaque péniche, non compris les canonniers, sapeurs, etc.

Il serait donc nécessaire de faire fournir 6 péniches de plus à la 5ᵉ aile de débarquement, ce qui ferait 60 (12 par bataillon).

Il est superflu de rappeler à Votre Excellence qu'il a été décidé que les bateaux baleiniers, qui pour la 5ᵉ aile devront être au nombre de 30, ne doivent point être considérés comme bâtiments d'embarquement et ne devront porter aucun homme dans le trajet.

J'attendrai, Monsieur le Maréchal, votre réponse pour faire dresser le nouveau tableau de l'embarquement général qui, par ces nouvelles dispositions, devra être entièrement refondu, et plus particulièrement celui de la 5ᵉ aile de débarquement.

Il y a à Ambleteuse 24 bateaux baleiniers; nous avons ici à Ambleteuse 33 péniches, à Dunkerque 5; reste à fournir directement par M. l'amiral Lacrosse 16, pour le complet des 54, et 22 pour les 60 qui nous sont indispensables.

Quant au 19ᵉ bateau à affecter à chaque division de bateaux de 2ᵉ espèce, je pense qu'il deviendra inutile pour le corps de droite, attendu que l'embarquement des 3,500 hommes sur les péniches laissera beaucoup de places vacantes qui pourront en tenir lieu, et dans tous les cas je dois vous observer que M. l'amiral Verhuel ne pourrait fournir ce 19ᵉ bateau sans laisser incomplète la formation des escadrilles.

J'ai l'honneur de prier Votre Excellence de vouloir bien me donner ses ordres sur les divers objets de cette lettre [1].

[1] Napoléon était à ce moment, depuis le 15 thermidor, au camp de Boulogne, multipliant ses ordres, surveillant l'organisation de la flottille de guerre et de transport, mais déjà prêt à se tourner vers le Rhin. Un mois à peine le séparait de la campagne d'Autriche.

II

CAMPAGNE DE 1805

Tandis que Napoléon, devenu de premier consul empereur, était tout entier à ses armements contre l'Angleterre, à ces vastes créations maritimes et militaires qui semblaient toucher au but, l'orage se formait de nouveau sur l'Europe. L'Angleterre, de plus en plus inquiète de ces préparatifs de Boulogne qu'elle avait d'abord traités avec trop de dédain, était trop intéressée à éloigner le danger de ses côtes pour ne pas tenter quelque diversion sur le continent. La Russie, compromise par quelques fausses démarches et impatiente de jouer un rôle, ne demandait pas mieux que de se rapprocher de l'Angleterre, d'agir avec elle, de se mettre même au besoin à la tête de l'action continentale contre les accroissements de la puissance française. L'Autriche, mécontente de sa position, mais habile à déguiser ses ressentiments, était prête à se joindre à tous ceux qui voudraient agir, et en gardant des ménagements pour le nouvel empereur des Français, elle commençait sans bruit des armements. La Prusse, toujours flottante entre le désir d'entrer dans l'alliance européenne et la crainte d'attirer l'orage sur elle, semblait encore vouloir garder une neutralité dont elle comptait tirer profit. On espérait toutefois la gagner, et l'empereur de Russie par un de ses envoyés, l'Autriche par son ambassadeur à Berlin, M. de Metternich, négociaient activement avec elle. C'est là le germe de l'alliance qui s'est appelée la « troisième coalition », — coalition à laquelle d'ailleurs Napoléon, sur ces entrefaites, donnait des prétextes par la transformation de la République cisalpine en vice-royauté vassale de l'empire nouveau, et par la réunion de Gênes à la France. Telle était la situation au commencement de 1805.

La coalition avait dû se manifester d'abord sous la forme d'une proposition de médiation dont la Russie se chargerait de prendre l'initiative pour le règlement de tous les différends européens, et un envoyé du Tsar, M. de Nowosiltzof, après s'être rendu à Londres, devait même se rendre à Paris; mais les événements s'étaient précipités, et par le fait, sous prétexte de la réunion de Gênes, la médiation devenait la coalition définitivement arrêtée en juillet 1805 par un traité qui assurait à l'Autriche les subsides de l'Angleterre et le concours des armées russes. Si absorbé que fût Napoléon par les préparatifs du camp de Boulogne, il ne perdait pas de vue ces agitations de l'Europe. Il les suivait d'un regard perçant pendant un voyage qu'il faisait en Italie au cours de l'été de 1805, et dès son arrivée à Boulogne, où il se rendait aux premiers jours d'août, il ne pouvait plus se méprendre. Il croyait la coalition faite, et il ne se trompait pas, puisqu'elle était faite réellement depuis la mi-juillet. Il en rejetait la responsabilité sur l'Angleterre et la Russie; mais il savait bien que ces deux puissances ne pouvaient rien sans l'Autriche qui devait agir en première ligne, et c'est sur l'Autriche qu'il portait d'abord toute son attention, suivant avec une vigilance aussi ardente que minutieuse ses armements croissants et résolu à les arrêter. Il était d'autant plus irrité contre l'Autriche qu'il l'accusait de le détourner de la guerre contre l'Angleterre, et il n'avait pas tardé à engager la question avec elle, soit par son ambassadeur à Vienne, M. de Larochefoucauld, soit par M. de Talleyrand, à Paris, avec M. de Cobentzel, ambassadeur d'Autriche. Il y avait eu déjà coup sur coup plusieurs demandes d'explications qui n'avaient reçu que des réponses évasives, lorsque, le 25 thermidor an XIII (13 août 1805), il écrivait de Pont-de-Briques à M. de Talleyrand :

« ...Mon parti est pris. Je veux attaquer l'Autriche et être à Vienne avant le mois de novembre prochain pour faire face aux Russes s'ils se présentent; ou bien je veux, et c'est là le mot, qu'il n'y ait qu'un régiment autrichien dans le Tyrol et huit régiments dans la Styrie, la Carinthie, la Carniole, le Frioul et le Tyrol italien. Je veux que les travaux de fortifications qui se font à Venise cessent parce que ce sont des ouvrages de campagne. Je veux que les troupes de la maison d'Autriche se rendent en Bohême ou en Hongrie, et qu'on me laisse faire tranquillement la guerre contre l'Angleterre. L'explication qu'a eue M. de Larochefoucauld et la première note ont commencé la question. La note que je vous ai envoyée a continué cette question; celle que je vous envoie doit la terminer. Vous savez qu'il est assez dans mes principes de suivre la marche que tiennent les poëtes pour arriver au développement d'une action dramatique, car ce qui est brusque ne porte pas à vrai. Si la note que j'envoie eût d'abord été remise à l'Autriche, elle sentirait que je veux la guerre, tandis que je ne la veux que dans une seule alternative. Je préfère à tout que l'Autriche se place réellement dans une situation pacifique. »

C'est donc vers le milieu du mois d'août 1805 que Napoléon, en plein camp de Boulogne, avait à prendre un parti. Il n'avait plus du reste guère à hésiter, puisque l'Autriche, loin de se rendre à ses exigences, était à peu près sous les armes, prête à marcher et à entrer en Bavière. Une fois sa résolution prise, il se mettait à l'œuvre avec une activité et une sûreté extraordinaires, n'employant sa diplomatie qu'à s'assurer quelques garanties et à gagner quelques jours pour les mouvements qu'il méditait. Vers les 6 et 7 fructidor (24 et 25 août 1805) il avait pris ses dispositions décisives. D'un côté il expédiait Duroc à Berlin pour essayer de gagner la Prusse, fût-ce en lui offrant le Hanovre occupé depuis le commencement de la guerre avec l'Angleterre par Bernadotte; il espérait tout au moins la retenir pour quelque temps, et c'est ce qui allait se réaliser en effet, malgré un incident qui faillit décider la Prusse à entrer dans la coalition, le passage du corps de Bernadotte par le territoire neutre d'Anspach. Napoléon envoyait aussi son aide de camp le général Bertrand à Munich pour lier de plus en plus à sa cause l'électeur de Bavière, qui était le premier menacé par l'invasion autrichienne et qui allait gagner à la guerre une couronne royale. Napoléon tenait à rassurer au plus vite les petits princes de l'Allemagne du Sud, déjà fort inquiets, en leur assurant son appui. D'un autre côté, il préparait dans le plus grand secret et en toute hâte ce qu'il appelait dans ses lettres la « contre-marche » de ses armées sur l'Allemagne. Dès les premiers jours il avait fait filer la plus grande partie de sa cavalerie vers le Rhin, et il avait envoyé comme son lieutenant à Strasbourg Murat, qui devait commander toute la cavalerie. En même temps (11 fructidor — 29 août) il avait organisé son armée en sept corps : 1er corps, celui de Hanovre, sous Bernadotte; 2e corps sous le général Marmont; 3e corps sous Davout; 4e corps sous les ordres de Soult; 5e corps sous le maréchal Lannes; 6e corps sous le maréchal Ney; 7e corps sous les ordres d'Augereau. La garde impériale restait sous le commandement de Bessières. En outre Napoléon mettait l'armée d'Italie sous Masséna, qu'il chargeait de tenir tête aux Autrichiens sur la frontière italienne, et de plus il formait deux corps de réserve sous Lefebvre et Kellermann, sans compter un corps qu'il entendait laisser à Boulogne sous le maréchal Brune. Tout cela était fait avant le 15 fructidor, fin août.

Le secret était une première condition de succès. Comme on ne pouvait cependant tout dissimuler, on disait et l'on faisait répéter que l'état des affaires de l'Europe nécessitait l'envoi de 25,000 ou 30,000 hommes sur le Rhin. Pendant ce temps les grands mouvements s'accomplissaient. Bernadotte avait l'ordre de partir du Hanovre, de se diriger sur Gœttingen, puis sur Würtzbourg, en répandant partout sur son chemin qu'il regagnait la France. Marmont devait se rendre avec son corps de 20,000 hommes à Mayence. Les autres corps échelonnés sur la côte de l'Océan devaient partir et partaient effectivement, division par division, à un jour de distance, par des chemins différents, sans interruption, sans confusion. La cavalerie de Nansouty, de d'Hautpoul, de Baraguay-d'Hilliers, de Walther, de Klein, de Bourcier arrivait déjà autour de Strasbourg. La garde impériale avait ordre de quitter Paris au plus tôt. Napoléon avait tout calculé pour que les troupes de toute sorte qu'il mettait en mouvement, qui avaient vingt-quatre ou vingt-cinq jours de marche à faire, fussent arrivées sur le Rhin au 1er vendémiaire, du 25 septembre au 1er octobre, prêtes à entrer en action et à exécuter son plan de campagne

Ce plan qu'il avait conçu à Boulogne, qu'il se disposait à réaliser avec près de 200,000 hommes, dont 38,000 cavaliers et 340 bouches à feu, était aussi hardi que profond. Il ne s'agissait plus de recommencer les anciennes campagnes sur le Danube, d'attaquer par les routes ordinaires de la forêt Noire, au risque de s'engager dans des régions difficiles, dans le réseau des rivières qui coupent la rive droite du Danube : par ce système on aurait pu encore avoir des succès; on n'aurait fait en réalité que refouler les Autrichiens en les rejetant sur les Russes qui étaient en marche, et l'on n'aurait pas obtenu des résultats bien décisifs. Le plan de Napoléon, on le sait, consistait à amuser les Autrichiens aux abords de la forêt Noire, à leur laisser croire qu'on allait prendre cette direction, tandis que, d'un autre côté, l'armée française, poussée à travers l'Allemagne, irait gagner le Danube entre Donauwerth et Ingolstadt, tournerait et envelopperait l'armée autrichienne qui dépassait l'Inn pour se porter sur Ulm. Tous les ordres de marche dérivaient de cette pensée. Comme Napoléon l'avait prévu, ces ordres avaient été exécutés par ses lieutenants avec autant de ponctualité que d'ardeur. Bernadotte et Marmont, l'un venant du Hanovre, l'autre partant de Mayence, arrivaient sur Wurtzbourg aux premiers jours de vendémiaire, 27 et 29 septembre. Les autres maréchaux partis ensemble des côtes de l'Océan, Davout, Soult, Ney, Lannes, étaient arrivés à peu près aux mêmes dates sur le Rhin, prêts à passer le fleuve, le premier à Manheim, le second à Spire, le troisième à Durlach, le quatrième à Kehl avec la cavalerie de Murat.

Lorsque Napoléon arrivait de sa personne à Strasbourg, le 4 vendémiaire, pour prendre le commandement des forces françaises, tous les mouvements étaient en pleine exécution. L'armée passait le Rhin, et comme l'Empereur avait intérêt à masquer jusqu'au bout ses desseins, Murat recevait l'ordre de battre la campagne le long des Alpes de Souabe, de se présenter à tous les défilés, de prolonger l'erreur de l'ennemi, pendant que les autres corps, suivant un itinéraire tracé d'avance, concertant leur marche, devaient se hâter sur les routes de l'Allemagne vers le but qui leur était assigné. Le stratagème réussissait parfaitement, de sorte que, lorsque les Autrichiens commençaient à voir la réalité, les manœuvres de Napoléon touchaient déjà au succès, à un succès dû, comme on le disait alors, aux jambes des soldats autant qu'à leur courage. C'est ainsi que s'engageait cette campagne de 1805, qui allait commencer par la capture d'une armée autrichienne à Ulm, le 17 octobre, pour s'achever le 2 décembre par le désastre commun des armées de l'Autriche et de la Russie à Austerlitz, — et où tous les lieutenants de Napoléon, le maréchal Davout au premier rang, avaient leur rôle.

Napoléon était arrivé le 4 vendémiaire à Strasbourg, où il passait quelques jours avant de franchir lui-même le Rhin et de se porter à Ettlingen, puis à Stuttgart. Avant de quitter Strasbourg, le 8 vendémiaire an XIV (30 septembre 1805), Napoléon adressait à l'armée cette proclamation, qui était comme le signal de l'entrée en campagne :

« Soldats, la guerre de la troisième coalition est commencée. L'armée autrichienne a passé l'Inn, violé les traités, attaqué et chassé de sa capitale notre allié. Vous-mêmes, vous avez dû accourir à marches forcées pour la défense de nos frontières, et déjà vous avez passé le Rhin. Nous ne nous arrêterons plus que nous n'ayons assuré l'indépendance du corps germanique, secouru nos alliés, confondu l'orgueil des injustes agresseurs. Nous ne ferons plus de paix sans garanties. Notre générosité ne trompera plus notre politique.

« Soldats, votre empereur est au milieu de vous; vous n'êtes que l'avant-garde du grand peuple. S'il est nécessaire, il se lèvera tout entier à ma voix pour confondre et dissoudre cette nouvelle ligue qu'ont tissue la haine et l'or de l'Angleterre; mais, soldats, nous aurons des marches forcées à faire, des fatigues et des privations de toute espèce à endurer. Quelques obstacles qu'on nous oppose, nous les vaincrons et nous ne prendrons de repos que nous n'ayons planté nos aigles sur le territoire de nos ennemis. »
— (*Correspondance de Napoléon*, t. XI, p. 263.)

---

85. — A L'EMPEREUR ET ROI.

Oggersheim, 4 vendémiaire an XIV (26 septembre 1805).

Sire, j'ai l'honneur d'adresser à votre Majesté le rapport d'un agent qui vient de m'arriver et qui a été tout près d'Ulm. Beaucoup d'instructions, les rapports du général Eppler et de plusieurs officiers que j'ai envoyés par la route du Neckar à Heilbronn me portent à croire à l'exactitude de ce rapport sur la position actuelle et les divers mouvements de l'ennemi.

Nous exécutons dans ce moment les ordres que Votre Majesté nous a fait donner par le ministre de la guerre et le prince Murat[1].

---

[1] A partir du 19 thermidor an XIII (7 août 1805), on peut trouver dans la *Correspondance de Napoléon* les ordres militaires multipliés et coïncidant avec les négociations poursuivies encore par M. de Talleyrand. Les ordres sont donnés au maréchal Bessières pour le départ de la garde impériale, au maréchal Berthier pour les corps de la côte, au prince Eugène pour la mise sur le pied de guerre de l'armée d'Italie. Ils se précisent dès les 7, 8 et 9 fructidor (25, 26 et 27 août). Dans une lettre du 8 fructidor (26 août) où tout est minutieusement tracé, Napoléon disait notamment à Berthier : « Vous me présenterez le 9, à dix heures du soir, l'ordre de mettre en route la première division du corps du maréchal Davout par une des routes de gauche, la première division du corps du maréchal Soult par une des routes du milieu, et la première division du corps du maréchal Ney par une des routes de droite. Le premier mouvement se fera le 10 (28 août); le 12 partiront les deuxièmes divisions, et le 13 les troisièmes. Et comme il faut vingt-quatre jours de marche pour se rendre sur le Rhin, elles y arriveront pour le

Le général Eppler a pris ce matin possession de Manheim, et il va se porter aujourd'hui à Heidelberg avec mille hommes d'infanterie et trois à quatre cents chevaux; il poussera les avant-postes de ce corps en avant de Neckargmund. La division du général Bisson va passer et s'établir à mi-chemin entre Heidelberg et Manheim; cette division n'a presque pas de déserteurs jusqu'ici; les rapports ne les font pas monter à plus de 15 à 20, quelques éclopés que je laisserai à Franckental et qui nous rejoindront dans quelques jours.

La division du général Friant arrive et passe demain, celle du général Gudin après-demain, et la division du général Nansouty le 7[1].

Les chevaux et les soldats du train affectés à ce corps d'armée ne sont pas encore arrivés.

Notre passage se fait avec tous les moyens que j'ai pu réunir dans le pays, n'ayant pas reçu des pontons pour jeter un pont; à midi, la division sera entièrement passée.

J'adresse au ministre de la guerre mon rapport sur les services de cette armée.

1er vendémiaire. » Pareils ordres avaient été donnés à la même date aux corps de Bernadotte et de Marmont. Il y avait de plus le corps du maréchal Lannes et le corps du maréchal Augereau également mis en marche. Ces mouvements s'étaient accomplis dans les délais fixés, sauf pour Augereau qui, venant de plus loin, de Brest, et ayant à traverser la France, ne pouvait arriver qu'un peu plus tard sur le haut Rhin et devait d'ailleurs contribuer à donner le change aux Autrichiens du côté de la forêt Noire.
Au moment où les grandes concentrations allaient être accomplies, Napoléon, par un « ordre de l'armée » daté de Saint-Cloud, troisième jour complémentaire de l'an XIII (20 septembre 1805), disait à Berthier : « Le major général fera connaître au maréchal Davout que mon intention est qu'il passe à Manheim lorsque l'on en donnera l'ordre, et qu'il se dirige par Heidelberg et par Neckarelz sur Nœrdlingen. » Dans une note du cinquième jour complémentaire an XII (22 septembre 1805), Napoléon avait tracé d'avance la marche de tous les corps en Allemagne et l'ensemble des opérations dont le premier résultat devait être la capitulation d'Ulm. — *Correspondance de Napoléon*, t. XI.

[1] La division de cuirassiers Nansouty, détachée de la grande réserve de cavalerie de l'armée, venait d'être attachée provisoirement au 3e corps. La cavalerie légère de Davout était conduite par le général Vialanes. Les trois divisions du 3e corps étaient commandées par les généraux Friant, Gudin et Bisson. Celui-ci, bientôt blessé à Lambach (2 novembre), devait être remplacé d'abord par le général Caffarelli et plus tard par le général Morand.

J'attends ces jours-ci un homme que j'ai envoyé par Donauwerth jusqu'à Ratisbonne et qui m'a promis de revenir par la Bavière et la Souabe.

J'ai l'honneur d'être, Sire, de Votre Majesté impériale et royale le très-fidèle sujet,

Le maréchal L. Davout.

---

86. — AU MINISTRE DE LA GUERRE, major général.

Oggersheim, 4 vendémiaire an XIV (26 septembre 1805).

Monsieur le Maréchal, j'ai l'honneur de rendre compte à Votre Excellence qu'en conséquence des ordres de Sa Majesté, qu'elle m'a transmis, j'ai pris possession de Manheim ce matin ; le général Eppler se porte aujourd'hui avec 1,000 hommes d'infanterie et 400 chevaux à Heidelberg, et poussera ses avant-postes au delà de Neckargmund.

La division du général Bisson passe le Rhin à neuf heures du matin avec les moyens d'embarcation que j'ai réunis ; elle sera au delà de Manheim avant midi et prendra position entre Heidelberg et Manheim, à Neckarhausen.

La division du général Friant passera demain et viendra occuper cette position. La division du général Bisson occupera celle de Neckargmund.

La 3ᵉ division passera le 6, celle du général Nansouty le 7, si elle arrive comme je l'espère.

Je ne parle pas à Votre Excellence d'artillerie jusqu'à ce moment-ci, parce que j'ai bien les pièces de canon, mais il me manque les soldats et les chevaux du train, qui m'ont bien été annoncés, mais que je n'ai pas encore reçus.

Les munitions d'infanterie et l'attirail du parc paraissent devoir être conduits par des charretiers et des chevaux de réquisition. Je crois devoir vous envoyer, Monsieur le Maréchal, un rapport qui m'a été fait par un sergent d'artillerie chargé seul de la conduite de cette espèce de convoi. Il y a eu désertion de chevaux et d'hommes, beaucoup de chevaux échangés, et le peu qu'il en reste ont besoin pour la plupart d'être ferrés. Les promesses de payement pour les charretiers sont sans exécution, aucun fonds n'a été fait; enfin il y a le plus grand désordre dans cette partie. J'ai les mêmes réflexions à vous faire pour les voitures de réquisition affectées à cette armée par l'intendant général; les hommes ne sont pas payés, et il y a eu les mêmes abus que pour les chevaux de réquisition de l'artillerie.

Toutes les divisions arrivent très-arriérées de solde et des gratifications et indemnités de route accordées par l'Empereur, ainsi que pour les sommes qui doivent être payées pour les capotes et souliers, aussi accordés en gratification. Le payeur n'est pas encore arrivé, malgré tous les ordres que je lui ai donnés. Tout le monde dans ce corps d'armée éprouve le plus grand besoin d'argent.

Nous devions prendre, en exécution de vos ordres, pour quatre jours de biscuit à notre suite; rien n'est encore arrivé. Je chercherai à Manheim et Heidelberg à lever cet obstacle en faisant faire le plus de biscuit possible.

Il paraît que les mauvais chemins des Ardennes ont usé presque en entier la chaussure des divisions, et que de sitôt on ne peut compter sur la ressource des confections qui ont été ordonnées à toutes les divisions; je ferai mon possible pour lever cet obstacle en faisant ressource des pays de ma gauche.

Les troupes arrivent dans le meilleur esprit, et la meilleure preuve, c'est le peu de désertions qu'il y a eu; elles ne sont pas aussi fatiguées qu'on aurait dû s'y attendre.

J'ai promis de payer les journées de tous les bateliers des deux rives que j'emploie au passage des troupes. Je supplie Votre Excellence d'approuver cette mesure et de me mettre à même de tenir mes promesses. Je dois aussi lui observer qu'il est indispensable qu'elle mette des fonds à ma disposition pour le service des dépenses secrètes et pour tout cas extraordinaire; j'en userai avec économie et en même temps pour l'utilité des services de Sa Majesté.

Je vous supplie, Monsieur le Maréchal, de vouloir bien prendre en considération les différents objets de ma lettre.

P. S. — J'ai 500 à 600 chevaux de réquisition pour le service de l'intendant ; les voitures sont toutes découvertes, la plupart en mauvais état et destinées à traîner des biscuits qu'elles n'ont point. Je prie Votre Excellence de me faire connaître si son intention est qu'elles nous suivent. J'ajouterai qu'alors, n'étant d'aucune utilité, elles augmenteront les obstacles, puisque ce sera des fourrages et des subsistances à se procurer.

---

87. — AU MINISTRE DE LA GUERRE, MAJOR GÉNÉRAL.

Oggersheim, 4 vendémiaire an XIV (26 septembre 1805).

Monsieur le Maréchal, j'ai l'honneur de rendre compte à Votre Excellence que j'ai lieu de craindre qu'il n'existe entre le corps d'armée du maréchal Soult et le mien beaucoup de confusion ; votre ordre du 3° jour complémentaire porte que je dois avoir mes divisions en échelon depuis Manheim à Heilbronn vers le 8 ; d'un autre côté, le maréchal Soult doit, à cette même époque, occuper en échelon avec son armée depuis cette ville jusqu'à Spire[1].

J'ai l'honneur de supplier Votre Excellence de vouloir bien nous fixer sur les routes que nous devons prendre, pour éviter les plus grands inconvénients qu'il y aurait à engager dans

---

[1] L'Empereur au maréchal Davout. — Strasbourg, 5 vendémiaire an XIV : « Mon Cousin, je reçois votre lettre du 4 vendémiaire. J'en reçois une en même temps du maréchal Soult, qui me dit que votre ordre porte de vous rendre à Heilbronn. Vous avez dû recevoir du ministre de la guerre l'ordre de passer à Manheim, Heidelberg, et de vous rendre à Neckarelz. Vous recevrez des ordres pour votre marche par Mœckmühl, Ingelfingen, Geislingen, Crelsheim, Dinkelsbühl, Fremdingen et Nœrdlingen. Le maréchal Soult suivra la route de Spire, Wiesloch, Sinzheim, Heilbronn, OEhringen, Hall, Gaildorf, Abtsgmund, Aalen. Ainsi vous l'aurez toujours à peu de chemin sur votre droite. Le maréchal Bernadotte et le général Marmont doivent être sur votre gauche, devant se rendre de Wurtzbourg sur le Danube. Je désire que vous envoyiez un officier d'état-major au général Marmont, et que vous placiez des postes de manière à communiquer à toutes vos couchées, soit pour lui faire passer des renseignements, soit pour le secourir ou en être secouru. On m'avait assuré que l'on avait fait un pont de bateaux à Manheim.

« Envoyez-moi tous les jours un officier, afin que je puisse bien connaître votre situation, non-seulement au point de vue du nombre de vos troupes et de leur armement, mais aussi de vos approvisionnements de bouche et de guerre et de votre artillerie. » (*Correspondance de Napoléon*, t. XI, p. 250.)

des défilés de cette nature des corps d'armée aussi considérables et ceux qui pourraient avoir lieu pour les subsistances.

Le désir que j'ai d'avoir des réponses et des ordres sur les différents objets de mes lettres m'a déterminé à vous les faire porter par un de mes aides de camp.

88. — A L'EMPEREUR ET ROI.

7 vendémiaire an XIV (29 septembre 1805).

J'ai l'honneur d'adresser à Votre Majesté les comptes qu'elle me demande par sa lettre du 4.

L'avant-garde se porte aujourd'hui entre Neckarelz et Mœckmühl, qu'elle fait occuper par des avant-postes.

Le général Eppler, qui commande cette avant-garde, composée du 2ᵉ régiment de chasseurs à cheval, du 13ᵉ régiment d'infanterie légère et de 2 pièces de 4, poussera des reconnaissances sur les routes de Wimpfen, d'Heilbronn et de Mergentheim, pour communiquer avec les troupes du maréchal Soult et du général Marmont.

La division du général Bisson prendra position aujourd'hui à une lieue en avant de Neckarelz, la droite à Neckarimmer, sur la route de Heilbronn.

Demain, la division du général Friant, qui est à Neukirch, ralliera la 1ʳᵉ; elle se placera à sa gauche, à cheval sur la grande route de Mergentheim, et occupera par sa gauche le vallon de l'Elzbach; le même jour, la 3ᵉ division occupera en deuxième ligne les villages d'Ildesheim, Neckarelz, Mosbach; ainsi toute l'armée se trouvera ralliée demain.

Le personnel et le matériel de l'artillerie rejoignent aujourd'hui les différentes divisions auxquelles ils sont attachés.

La division de cavalerie du général Nansouty dont je n'ai pas encore reçu de nouvelles doit, d'après les ordres du prince Murat que je lui ai envoyés par un officier, arriver aujourd'hui à Oggersheim. Elle passera aussitôt le Rhin et se portera dans la plaine d'Heidelberg.

Le corps d'armée attendra dans cette position les ordres que Votre Majesté me fera donner.

J'ai fait connaître ma marche au maréchal Soult et au général Marmont. Je me lierai à eux par des postes et par des partis.

L'armement des soldats est bon, à l'exception de 500 armes qui manquent au 15ᵉ d'infanterie légère, qui est arrivé dans le plus mauvais ordre, n'ayant que des armes défectueuses et aucun effet de campement.

Les soldats ont reçu 50 cartouches; comme il s'en est trouvé beaucoup d'avariées, je les ai fait remplacer aujourd'hui. Ces avaries viennent de ce qu'elles ont été envoyées sur des voitures découvertes. Il est nécessaire que le général Songis nous en envoie pour les remplacer de deux à trois cent mille, le nombre des avariées se portant à cette quantité.

Nos approvisionnements de bouche sont très-satisfaisants, malgré que l'intendant général n'ait fait fournir que 22,000 rations de biscuit. Manheim et Heidelberg nous en fournissent 140,000; j'ai l'espérance que Worms nous en confectionnera dans très-peu de jours cent mille; ainsi mes approvisionnements dans ce genre seront de sept à huit jours.

Le pays que nous occupons nous fournira par la voie de réquisition pour quatre jours de pain pour l'armée, qui en aura jusqu'au 12.

Tous les pays exécutent ces réquisitions sans difficulté, excepté la régence de Darmstadt, qui fournira néanmoins, quoique de mauvaise grâce.

Le service de la viande n'éprouve aucun retard.

Le service des fourrages est assuré par les mêmes voies.

Les troupes reçoivent leurs distributions régulièrement comme en France; aussi se conduisent-elles dans la meilleure discipline.

Ainsi que j'ai eu le bonheur d'en rendre compte à Votre Majesté, il y a eu très-peu de désertions dans les corps, peu de malades; quelques permissionnaires se trouvent encore en arrière à cause des dernières marches forcées; ils se réuniront à Franckental avec les hommes écloppés que les différents régiments y ont envoyés, et qui serviront d'escorte aux convois de biscuit et autres.

On n'a point jeté de ponts de bateaux à Manheim, et aucun ponton n'y a été envoyé; mais par la réunion de tous les bacs qui se trouvaient depuis Worms jusqu'à Philisbourg le passage a été très-prompt.

Nous n'avons sur la rive gauche que la division de grosse cavalerie.

Depuis deux jours il nous est arrivé de 600,000 à 700,000 fr. La solde est alignée jusqu'au 15 vendémiaire. Les officiers ont reçu leur indemnité de route, et les corps de très-forts à-compte sur les journées dues pour le confectionnement des souliers et des capotes; ils vont se servir de cet argent pour retirer ce qui est confectionné, ce qu'ils n'ont pu faire jusqu'à présent, faute de fonds.

Tous les états qu'a demandés le ministre de la guerre vont lui être envoyés incessamment.

J'ai été obligé de faire jeter un pont sur le Neckar à Obreckheim, où l'on est obligé de passer pour aller à Neckarelz; ce pont a été jeté avec beaucoup de zèle et d'intelligence par l'adjudant commandant Mares, secondé par les habitants du pays; mais comme nous ne les trouverons pas toujours en aussi bonne disposition, je prie Votre Majesté de donner des ordres afin qu'il soit attaché une compagnie de pontonniers à ce corps d'armée, où il n'en existe pas un seul.

Nous avons deux compagnies de sapeurs qui sont entièrement dépourvues d'outils. Il serait extrêmement essentiel qu'il leur fût envoyé un caisson chargé d'un assortiment d'outils.

La route que Votre Majesté a ordonnée à ce corps d'armée me rendra le service des sapeurs et des pontonniers très-fréquent.

Il y a quarante-huit heures que les Autrichiens avaient un parti de 400 à 500 chevaux à Pfortzheim[1]; le même agent m'a

---

[1] L'Empereur, informé de cette apparition d'une force ennemie à Pfortzheim, écrivait au maréchal Berthier : « Envoyez sur-le-champ un courrier au maréchal Ney... Mon intention est qu'il s'arrange de manière à enlever le poste de cavalerie ennemie qui est à Pfortzheim; j'espère qu'il m'enverra

confirmé que l'Empereur était à Ulm, et qu'il se faisait quelques mouvements de troupes en avant. Ce qui le prouverait, c'est que plusieurs baillis du côté de Mosbach ont refusé jusqu'à l'arrivée de nos troupes d'obtempérer aux réquisitions qui ont été portées par nos estafettes, sous le prétexte qu'ils avaient reçu des ordres de préparer des vivres pour les Autrichiens.

L'ennemi n'a point paru jusqu'à dix ou douze lieues sur toute l'étendue de notre front.

J'ai fait partir, dans la nuit du 4 au 5, un parti de 400 chevaux, qui se divisera sur quatre routes de poste de Wurtzbourg à Ulm, où j'ai appris que les Autrichiens avaient de fréquents courriers; ils doivent rentrer le 9. J'espère qu'ils auront pris quelques dépêches que j'aurai l'honneur d'envoyer tout de suite à Votre Majesté.

---

89. — AU MINISTRE DE LA GUERRE, MAJOR GÉNÉRAL.

Manheim, 7 vendémiaire an XIV (29 septembre 1805).

Monsieur le Maréchal, j'ai reçu les diverses dépêches que Votre Excellence m'a fait l'honneur de m'adresser, notamment celle par laquelle vous me faites connaître la jonction, qui doit s'opérer avec le corps que j'ai l'honneur de commander, des troupes de Son Altesse Sérénissime le landgrave de Hesse-Darmstadt [1].

Je vais écrire à ce prince pour lui donner connaissance des ordres que m'a donnés Votre Excellence, relativement à son corps d'armée, pour pouvoir mettre de l'ensemble dans les opérations.

Je le prie de me faire part des mouvements de ses troupes

demain une soixantaine de prisonniers. Ces messieurs font les plaisants, saluent nos patrouilles; il faut que le maréchal Ney les tourne et les enlève. » (*Correspondance de Napoléon*, t. XI, p. 252.)

[1] Par une lettre datée d'Ettlingen (10 vendémiaire), l'Empereur mettait le landgrave de Hesse-Darmstadt en demeure de joindre ses forces à l'armée française comme le faisaient en ce moment les électeurs de Bavière, de Wurtemberg et Bade. (*Correspondance de Napoléon*, t. XI, p. 272.)

et du chemin qu'il se propose de leur faire tenir pour qu'elles se rendent à la destination que vous leur avez fixée; je l'engage en outre à pourvoir à la subsistance de son corps d'armée, afin de lui assurer des distributions régulières ainsi qu'elles ont lieu pour les troupes de Sa Majesté; enfin je l'invite à lui procurer un approvisionnement de quelques jours de biscuit.

J'envoie près de ce prince le général Kister, que je charge de prendre connaissance de la force, de la composition de son corps d'armée, tant au personnel qu'au matériel en tout genre.

J'ai l'honneur de faire observer à Votre Excellence que ma dépêche pour le landgrave, ainsi que le général Kister, ne partiront qu'après le retour de l'aide de camp que vous avez dépêché près de ce prince.

Le service des ambulances étant dans un entier dénûment à ce corps d'armée, j'ai l'honneur de rendre compte à Votre Excellence des mesures que je viens de prendre pour l'assurer autant qu'il est en moi.

J'ai chargé le commandant ordonnateur en chef d'organiser en brigade des voitures de réquisition, et pour empêcher la désertion des charretiers, je l'ai autorisé à leur faire payer des à-compte sur le traitement qui leur est accordé par l'Empereur, et les faire jouir d'une ration de viande, indépendamment des deux rations auxquelles ils ont droit. J'ai en outre autorisé l'ordonnateur à faire des réquisitions de linge, de médicaments et généralement de tout ce qui peut être nécessaire pour les premiers secours à donner à 600 blessés.

Dès demain les équipages d'ambulance des deux premières divisions seront organisés et partiront pour les rejoindre; ceux de la 3ᵉ partiront également après-demain.

Des ordres ont été donnés pour faire mettre les officiers de santé des corps, les chirurgiens-majors exceptés, à la disposition des officiers de santé principaux pour le service des ambulances, conformément à l'ordre général de l'armée.

L'avant-garde s'est portée aujourd'hui entre Neckarelz et Mœckmühl, qu'elle fait occuper par des avant-postes; cette avant-garde, composée du 2ᵉ régiment de chasseurs à cheval, du 13ᵉ régiment d'infanterie légère et de deux pièces de 4, le tout aux ordres du général Eppler, doit pousser des reconnaissances sur les routes de Wimpfen, d'Heilbronn et de Mergentheim, pour communiquer avec les troupes du maréchal Soult et du général Marmont.

La division du général Bisson a pris position aujourd'hui à une lieue en avant de Neckarelz, la droite à Neckarimmer, sur la route de Heilbronn.

Demain 8, l'avant-garde prendra position sur les hauteurs en arrière de Mœckmühl, ayant des postes sur la rive gauche de la Jaxt, et poussant des reconnaissances sur Sindringen; elle continuera à faire observer les routes de Mergentheim et de Neustadt.

La division aux ordres du général Bisson passera le Neckar à Obreckheim et prendra position en avant de Mosbach, la droite au Neckar à la hauteur de Neckarimmer, et la gauche vers la route de Mergentheim.

La division aux ordres du général Friant prendra position en avant de Mosbach, à cheval sur la grande route de Mergentheim, en appuyant sa droite à la gauche du général Bisson et occupant par sa gauche la vallée de l'Elzbach.

La brigade de cavalerie légère commandée par le général Vialannes passera le Neckar et prendra position près le village de Neckarelz.

La division aux ordres du général Gudin prendra position près d'Obreckheim, sur la rive gauche du Neckar.

La division de grosse cavalerie du général Nansoüty est aujourd'hui à Oggersheim, demain elle passera le Rhin à Manheim, et viendra s'établir à Seckenheim et villages environnants.

Nos approvisionnements de bouche sont très-satisfaisants; le pays que nous occupons fournit par voie de réquisitions quatre jours de pain; Manheim et Heidelberg nous fournissent 140,000 rations de biscuit. J'ai l'espérance d'en tirer 100,000 de Worms sous très-peu de jours, et par ce moyen mes approvisionnements en ce genre pourront être de sept à huit jours, quoique l'intendant général ne m'ait fait fournir que 22,000 rations.

Le service de la viande marche avec beaucoup de facilité; celui des fourrages est également assuré.

Je n'ai qu'à me louer de la bonne discipline des troupes.

Au moyen des fonds qui ont été versés dans la caisse du payeur principal du corps d'armée, la solde arriérée a été alignée et la solde courante assurée dans la caisse des corps jusqu'au 15 du courant.

De forts à-compte ayant été payés aux corps pour l'achat des souliers et des capotes, je leur ai ordonné d'en faire prendre livraison dans le plus court délai et de les faire transporter sur-le-champ à l'armée.

On me rend compte à l'instant que 38,000 rations de biscuit viennent d'arriver; je les ai fait transporter à Mosbach avec les autres; ces 50,000 rations y seront rendues après-demain.

J'ai donné des ordres pour qu'on transporte sans délai dans cet endroit tout le biscuit qui se confectionne à Worms, Manheim et Heidelberg.

J'ai été obligé de laisser à Manheim 6 pièces de 12 et leurs caissons, 6 pièces de 8, 3 obusiers avec des caissons; le rapport ci-joint du général Sorbier fera connaître à Votre Excellence notre situation pour ce qui tient à l'artillerie.

J'attends les états des divisions que vous avez demandés, j'aurai l'honneur de vous les adresser incessamment.

N'ayant point reçu de Votre Excellence de réponse à la lettre que j'ai eu l'honneur de lui écrire d'Oggersheim, le 4 de ce mois, sur l'établissement des dépôts de Franckental, je la prie de nouveau de vouloir bien la prendre en considération.

P. S. — La division de cavalerie étant passée et ayant achevé tout ce qui pouvait me retenir ici, j'ai l'honneur de prévenir Votre Excellence que ce soir je pars pour Heidelberg et demain, de grand matin, pour Mosbach, où l'armée s'est réunie aujourd'hui.

Je reçois au moment où je me rendais à Heidelberg les différentes dépêches du 7 vendémiaire, de Votre Excellence; j'ai l'honneur de vous en accuser réception.

Le compte que je vous rends par cette lettre donnera l'assurance à Votre Excellence que les intentions de l'Empereur sont déjà remplies.

Depuis deux jours, j'ai des officiers d'état-major en reconnaissance sur la route de Mœckmühl et d'Ingelfingen; je vous en adresserai le résultat.

Pour ce qui regarde les troupes du landgrave, je crois devoir vous envoyer une lettre que je reçois à l'instant de l'officier que vous lui avez dépêché.

---

90. — AU MINISTRE DE LA GUERRE, MAJOR GÉNÉRAL.

Mosbach, 9 vendémiaire an XIV (1er octobre 1805).

Monsieur le Maréchal, j'ai l'honneur de rendre compte à Votre Excellence des diverses positions que le corps d'armée à mes ordres occupera demain.

L'avant-garde se portera sur Sindringen et prendra position sur les hauteurs en arrière de cette ville, occupera Ingelfinghen par des avant-postes et poussera de fortes reconnaissances sur Œhringen, en se faisant fortement éclairer sur son front.

La division du général Bisson se portera sur la Sesbach, la droite à la hauteur du village de Boigheim, et la gauche se prolongeant vers Sennfeld.

La division du général Friant suivra le mouvement de la 1re division et prendra position, la droite à la gauche du général Bisson, sa gauche se prolongeant à Schontahl.

La division du général Gudin se portera en avant de Mosbach, prendra la position qu'occupaient celles des généraux Bisson et Friant, en se plaçant à cheval sur la grande route de Mergentheim.

La réserve de la cavalerie légère, aux ordres du général Vialannes, partira demain de très-grand matin de la position qu'elle occupe et ira s'établir deux lieues en avant d'Adelsheim, sur la grande route de Mergentheim; elle poussera une forte reconnaissance vers cette ville.

La division de grosse cavalerie, aux ordres du général Nansouty, s'établira en colonne sur la route de Neckargmund à Neckarelz, de manière que la tête de la colonne occupe Glasterhausen, où le général Nansouty s'établira de sa personne.

Le parc de réserve d'artillerie suivra le mouvement de la division du général Gudin, et s'établira en arrière de ses troupes.

Conformément aux ordres de Votre Excellence, j'ai envoyé près le maréchal Bernardotte; mais au lieu d'y dépêcher un simple voyageur, j'ai fait partir l'adjudant commandant Coëhorn.

Je joins ici un extrait de la reconnaissance qui a été faite sur la route de Mœckmühl. J'ai donné les ordres nécessaires afin que les chemins soient réparés; j'espère qu'avec quelques travaux je viendrai à bout de vaincre les difficultés.

---

91. — AU MINISTRE DE LA GUERRE, MAJOR GÉNÉRAL.

Sindringen, 10 vendémiaire an XIV (2 octobre 1805).

Monsieur le Maréchal, j'ai l'honneur d'adresser à Votre Excellence un de mes aides de camp suivant ses intentions, pour lui donner connaissance que les ordres de Sa Majesté sont remplis. Le 3ᵉ corps d'armée réuni à Mosbach en est parti ce matin : les deux premières divisions et la cavalerie légère occupent les hauteurs de l'endroit où je suis; la 3ᵉ division est sur les hauteurs de Mœckmühl, et la grosse cavalerie à Neckarelz.

L'avant-garde est au delà d'Ingelfingen, du côté de Nesselsbach, près Langenbourg.

Demain 11, l'avant-garde sera près de Crelsheim, la 2ᵉ à Nesselsbach, et les autres successivement à quelques heures de marche.

L'itinéraire du général Dumas portait Langenbourg; mais ce village se trouvait à une lieue de la route, j'y ai substitué

Nesselsbach qui est à même hauteur; je suivrai pour le reste l'itinéraire que le général Dumas a dû vous remettre et dont au surplus je vous envoie un double.

Les distributions vont très-bien. J'espère que nous trouverons le 14 en avant trois ou quatre jours de pain, indépendamment du biscuit qui me suit. Les troupes ont fait aujourd'hui la plus mauvaise partie des routes de traverse qu'elles auront à parcourir pendant huit lieues; elles n'étaient pas aussi mauvaises que je m'y étais attendu.

Je dois vous faire connaître, Monsieur le Maréchal, les difficultés que j'éprouverai pour passer à Crelsheim et à Dinkelsbuhl, territoire prussien où il existe 4 bataillons prussiens et 1 ou 2 escadrons [1].

La déclaration ci-jointe de l'adjudant général Romeuf vous mettra au courant de ces difficultés. Demain l'avantgarde s'établira sur la limite de ce territoire, ce qui me donnera le temps de connaître les intentions de Sa Majesté; si le 11, au soir, je n'ai pas de réponse de vous à ce sujet, l'avant-

---

[1] L'Empereur au maréchal Davout. — « Ludwigsbourg, 11 vendémiaire an XIV (3 octobre 1805). Mon cousin, le ministre de la guerre vous répond par ce courrier pour ce qui est relatif au territoire prussien. Prodiguez tous les témoignages de considération et de bonne amitié pour le roi de Prusse. Il serait possible que l'ennemi fît quelques manœuvres ; il pourrait marcher au-devant de quelqu'un des corps d'armée, soit du côté de Heidenheim, — dans ce cas vous êtes trop loin et vous n'y pouvez rien, — soit en occupant Nœrdlingen, et c'est dans cette intention que j'ai attaché une division de grosse cavalerie à votre corps d'armée. Arrivez le plus bonne heure qu'il vous sera possible à Œttingen. Si l'ennemi a passé le Danube et occupe Nœrdlingen, prenez position et communiquez avec le maréchal Soult, qui couche le 13 à Ellwangen et doit être rendu le 14 à Nœrdlingen. Par ce moyen, vos corps d'armée donneront ensemble, et votre grosse cavalerie vous sera très-utile dans la belle plaine de Nordlingen. Si au contraire l'ennemi n'avait point passé le Danube depuis Ulm jusqu'à Donauwerth et prenait position sur l'Altmuhl, en débouchant par Neubourg ou Ingolstadt, et attaquait les généraux Marmont et Bernadotte, passez la Wernitz et portez-vous par le plus court chemin au secours de ces corps d'armée, en prévenant le maréchal Soult, qui a ordre de suivre le même mouvement... » On voit que dans cette marche, une des plus belles qui aient été faites, l'Empereur tenait toujours ses corps prêts à se soutenir, et en écrivant le même jour au maréchal Soult, en même temps qu'au maréchal Davout, pour le prévenir de ses dispositions, il ajoutait : « Mon intention est, quand nous nous rencontrerons avec l'ennemi, de l'environner de tous côtés. » (*Correspondance de Napoléon*, t. XI, p. 281, 282.)

garde passera outre et successivement l'armée, nonobstant toute réclamation. J'ai employé plusieurs officiers à reconnaître si l'on ne pourrait pas éviter ce passage, tous leurs rapports s'accordent à dire que les routes sont réellement impraticables; dans tous les cas, l'armée traversera ce pays sans avoir rien à y demander.

Nos reconnaissances se confondent avec celles du maréchal Soult; nous ne pouvons pas être plus près.

Les rapports que j'ai sur l'ennemi sont trop vagues pour en parler.

2 octobre 1805.

Itinéraire du corps de M. le maréchal Davout, de Mosbach et de Neckarelz, au pont de Harbourg et à OEttingen.

Première journée. — Le 10. Le quartier général à Sindringen.

Le 10, la 1re et la 2e division prendront position sur les hauteurs en arrière de Mœckmühl, cinq lieues et demie et plus en avant de Sindringen s'il se peut.

La 3e division sur la position entre Boigheim, Adelsheim — la droite.

Le parc de réserve suit le mouvement de la 3e division ainsi que les voitures chargées de biscuit.

La cavalerie légère se placera entre Mœckmuhl et l'avant-garde.

L'avant-garde se portera de Mœckmühl à Ingelfingen; à Langenbourg en passant à Pfitzhof et entrant à Sindringen par la route de Langenbourg.

Deuxième journée. — Le 11. L'avant-garde des cantonnements au bivouac, en arrière de Langenbourg à Crelsheim, distance de sept lieues.

Les divisions iront de Mœckmühl et Sindringen à Bodenhoff et autres points en arrière de Langenbourg.

Le quartier général à Langenbourg.

Troisième journée. — Le 12. L'avant-garde de Crelsheim à Dinkelsbuhl, distance de cinq lieues.

Les divisions de Langenbourg à Crelsheim, distance six lieues, passant par Kirchberg.

Le quartier général à Crelsheim.

Quatrième journée. — Le 13. L'avant-garde de Dinkelsbuhl à Œttingen, distance de sept lieues.

Les divisions de Crelsheim à Dinkelsbuhl, distance cinq lieues.

Le quartier général à Dinkelsbuhl.

Cinquième journée. — Le 14. L'avant-garde au pont de Harbourg, distance sept lieues.

Les divisions de Dinkelsbuhl à Œttingen, distance sept lieues.

Le quartier général à Œttingen[1].

---

92. — AU MINISTRE DE LA GUERRE, MAJOR GÉNÉRAL.

Hasembach, 11 vendémiaire an XIV (3 octobre 1805).

Monsieur le Maréchal, j'ai l'honneur d'annoncer à Votre Excellence que le corps d'armée à mes ordres occupe aujourd'hui la position suivante. L'avant-garde et la brigade de cavalerie légère sont placées en avant de Ilshofen, les 1re et 2e divisions à la lisière du bois, en avant de Nesselsbach, la 3e à Ingelfingen, ainsi que les parcs en arrière de cette division, la division de grosse cavalerie à Mœckmühl.

Demain 12, à moins de contre-ordre, l'avant-garde et la brigade de cavalerie traverseront le territoire prussien et prendront position en avant de Dinkelsbuhl.

Les 1re et 2e divisions seront placées à une demi-lieue du territoire prussien, près Crelsheim, la 3e division à Ilshofen,

---

[1] Dans un état dressé jour par jour des marches du 3e corps et accompagné d'observations soit militaires, soit topographiques, on lit : « La rapidité avec laquelle on a marché n'a pas toujours permis de choisir avec soin les positions militaires. On marchait toute la journée et une partie de la nuit, et lorsqu'on ne pouvait plus aller, il fallait s'arrêter où l'on se trouvait, car souvent il a été impossible aux divisions de se rendre à leur destination ; mais comme on a presque toujours marché sur une seule colonne, toutes les divisions étaient couvertes par l'avant-garde, qui devait choisir plus attentivement ses positions. » Cet état des marches du 3e corps date des premiers mois de 1806 et a été fait sur les rapports de tous les jours pendant la campagne.

ainsi que les parcs, la division de grosse cavalerie à Lashbach.

En cas que les Prussiens fissent quelques difficultés et voulussent s'opposer au passage des troupes, les généraux Vialannes et Eppler ont ordre d'en attendre de nouveaux, et de représenter que conformément aux articles additionnels du traité de Bâle, les armées françaises peuvent traverser le territoire prussien et ne peuvent y prendre de positions retranchées qui dussent attirer le théâtre de la guerre sur les possessions de Sa Majesté Prussienne. Je serai à portée pendant ces opérations et je ferai passer outre, de manière cependant à éviter les coups de fusil. — Les bruits qui circulent depuis deux jours me font croire que les observations ne seront que pour la forme. Le général prussien Hohenlohe a mandé qu'il ne pouvait point venir, la Russie venant par ses mauvais procédés de mettre la cour dans le cas de lui faire la guerre.

Les vivres vont bien aujourd'hui, toutes les divisions de l'armée ont pris le pain jusqu'au 14, ainsi que la viande; j'ai encore à Ilshofen du pain jusqu'au 17. Je dois la facilité de l'exécution des réquisitions à la bonne discipline de ce corps d'armée; je lui dois la justice qu'aucune plainte ne m'a été portée; aussi nous trouvons les habitants partout.

Je comptais sur 100,000 rations de biscuit, que j'avais fait demander à Mergentheim; le général hollandais Dumonceau occupe cette ville, il paraît que la réquisition ne recevra pas son exécution. J'en ai près de 200,000 qui courent après moi, mais nous allons vite et dans de mauvais chemins. Ce biscuit ne me rejoindra que du 15 au 16.

Je suis sans moyens pour les premiers secours à donner aux blessés; je dois espérer que je recevrai ce que j'ai laissé en arrière.

Nous sommes maintenant dans des routes de poste. Le général autrichien Walmoden a été vu à Ellwangen, ces jours derniers, avec 400 chevaux.

Hier soir, un détachement que l'on présume de ce corps a été vu à Buhlerthann.

Nos reconnaissances communiquent fréquemment avec celles du maréchal Soult.

Il est arrivé ici un colonel hollandais venant de Mergentheim où est cantonnée la division; elle y était encore ce matin.

Demain, mon quartier général sera à Ilshofen.

---

93. — AU MINISTRE DE LA GUERRE, MAJOR GÉNÉRAL.

Ilshofen, 13 vendémiaire an XIV (5 octobre 1805).

Monsieur le Maréchal, j'ai l'honneur de rendre compte à Votre Excellence que le corps d'armée à mes ordres sera tout réuni aujourd'hui en avant de Dinkelsbuhl, ayant sur son front une branche de la Wernitz.

J'aurai l'honneur d'envoyer ce soir à Votre Excellence, de Dinkelsbuhl, un de mes aides de camp pour vous donner de plus amples connaissances sur la position qu'occupera l'armée, ainsi que sur les mouvements de l'ennemi; ceux-ci sont encore obscurs. L'ennemi est en mouvement sur tous les points, sur Nœrdlingen, Harbourg et Donauwerth.

---

94. — A L'EMPEREUR ET ROI.

13 vendémiaire an XIV (5 octobre 1805).

Sire, M. le maréchal Soult vient de m'envoyer les ordres que Votre Majesté me donne par sa lettre du 12.

Par les renseignements que j'ai, je ne présume point qu'il puisse se trouver des nacelles sur la Wernitz ni sur l'Altmühl, mais je me tiendrai toujours en mesure d'exécuter les ordres de Votre Majesté [1].

L'avant-garde est en marche pour Œttingen, et le reste du 3ᵉ corps de la grande armée prend aujourd'hui position en

---

[1] L'Empereur au maréchal Davout. — « Ludwigsbourg, 12 vendémiaire an XIV (4 octobre 1805). Mon cousin, on m'assure qu'il serait possible de trouver à Œttingen quelques nacelles et bateaux, et peut-être s'en trouve-t-il sur l'Altmühl. Si l'ennemi se tient sur la défensive derrière le Danube, voyez à vous procurer des nacelles et des bateaux, soit sur la Wernitz, soit sur l'Altmühl. » (*Correspondance de Napoléon*, t. XI, p. 291.)

avant de Dinkelsbuhl. La journée a été extrêmement forte, et cela pour ne point séjourner sur le territoire prussien. En traversant Dinkelsbuhl, le directeur du cercle m'a appris qu'il venait de recevoir l'ordre de bien accueillir l'armée du maréchal Bernadotte et même de l'assister de vivres, etc. Hier à Crelsheim on m'a tenu un autre langage.

Les nouvelles de l'ennemi ici sont vagues ; il ne paraît point qu'il se batte sur la rive gauche du Danube, au moins de ces côtés.

Nos reconnaissances ont rencontré ce matin 200 ou 300 uhlans qui se sont retirés.

J'attends, ce soir ou demain matin, des nouvelles positives sur les mouvements de l'ennemi ; j'aurai l'honneur de les faire passer à Votre Majesté.

---

95. — A L'EMPEREUR ET ROI.

Munschroth, 13 vendémiaire an XIV (5 octobre 1805).

Sire, j'ai l'honneur de faire part à Votre Majesté qu'à l'instant je reçois un rapport du général Eppler qui m'annonce qu'une de ses reconnaissances a rencontré un poste de 80 Autrichiens entre Œttingen et Harbourg. Je saurai ce soir si le rapport qui m'a été fait hier et que j'ai eu l'honneur de communiquer à Votre Majesté sur l'existence de ces côtés de quelques bataillons et de quelques régiments autrichiens était exact.

---

96. — A L'EMPEREUR ET ROI.

14 vendémiaire an XIV (6 octobre 1805).

Sire, j'ai l'honneur d'adresser à Votre Majesté le rapport que je lui ai annoncé hier et qui a toutes les couleurs de la vérité.

Des déserteurs autrichiens que j'ai fait questionner faisaient partie d'un de ces régiments qui, le 9 vendémiaire, se sont mis en marche de Warthausen pour Burgau.

Deux jours auparavant, deux régiments d'infanterie à 4 bataillons, dont un doit être celui de l'archiduc Renier, ont fait le même mouvement.

L'avant-garde a pris position hier 13, à Œttingen; elle en partira aujourd'hui, à dix heures, pour se porter sur Harbourg et s'emparer du pont. Le reste du 3ᵉ corps de la grande armée sera rendu à Œttingen, ce soir, vers les cinq heures.

La journée a été extrêmement forte hier; la division de grosse cavalerie du général Nansouty n'est arrivée que vers les onze heures du soir.

Mes approvisionnements de biscuit sont encore à deux marches de moi; j'éprouverai sous le rapport des subsistances bien des contrariétés que je chercherai à surmonter.

Suivant les nouvelles que je recevrai de l'ennemi, je passerai la Wernitz pour aller au corps du maréchal Bernadotte; je préviendrai le maréchal Soult de ce mouvement, conformément aux ordres de Votre Majesté.

J'ai eu l'honneur de faire part à Votre Majesté de mes craintes, en voyant entrer le général Dumas dans le grand quartier général, qu'il ne me fasse retirer par le ministre des officiers de l'état-major; elles viennent de se réaliser.

Le ministre de la guerre donne l'ordre de lui envoyer l'adjudant commandant Romeuf que j'employais très-utilement pour faire les reconnaissances des chemins. Je ne suis point riche en officiers d'état-major, et certainement cet officier sera plus utile ici qu'au grand quartier général. Je supplie Votre Majesté de daigner remplir la promesse qu'elle a bien voulu me faire, qui était de l'empêcher.

---

97. — AU MINISTRE DE LA GUERRE, MAJOR GÉNÉRAL.

Nœrdlingen, 14 vendémiaire an XIV (6 octobre 1805).

Monsieur le Maréchal, j'ai l'honneur de rendre compte à Votre Excellence que j'ai reçu ses ordres. Aujourd'hui, le corps d'armée est réuni à Œttingen, ainsi que la division de grosse cavalerie aux ordres du général Nansouty.

Ce soir, l'avant-garde commandée par le général Eppler s'est portée sur Harbourg, dont elle doit prendre possession. Ayant acquis la certitude que l'ennemi ne se trouve point en avant de Nœrdlingen, demain le corps d'armée marchera sur Monheim.

Un parti que j'avais envoyé pour communiquer avec l'armée du maréchal Bernadotte, vient de rentrer et me rapporte que ses troupes étaient hier à deux ou trois lieues en avant d'Anspach. Il se trouve aujourd'hui à Gunzenhausen; ses partis ont même déjà paru à Pappenheim.

J'ai communiqué aujourd'hui avec le général Marmont, qui est à Wassertrundingen.

Tous les rapports s'accordent à annoncer que les ennemis ont évacué Donauwerth; ils se retirent sur Neubourg et Ingolstadt par la rive droite du Danube.

L'avant-garde est arrivée ce soir à Harbourg, où elle a rencontré des troupes du maréchal Soult; elle en partira demain, elle se portera sur le Danube, depuis l'embouchure du Lech jusqu'à Neubourg.

---

98. — AU MINISTRE DE LA GUERRE, MAJOR GÉNÉRAL.

Munschroth, 14 vendémiaire an XIV (6 octobre 1805).

Monsieur le Maréchal, je n'ai pu regarder comme officiel l'ordre d'envoyer à votre état-major l'adjudant commandant Romeuf. Celui que vous avez dû m'expédier ne m'était pas parvenu.

Le général Dumas m'a bien fait part que vous l'aviez donné. Cet officier général, qui connaît l'état-major de ce corps d'armée, eût dû vous représenter que j'avais peu de bons officiers d'état-major, et que me retirer l'adjudant commandant Romeuf, c'était nuire au service.

Enfin, avec son patelinage ordinaire, il s'est fait donner cet officier qui certes ne sera pas aussi utile au service de Sa Majesté qu'il l'eût été ici. J'ai cru devoir le réclamer à Sa

Majesté, qui, dans le temps, m'a promis de veiller à ce que le général Dumas ne m'enlevât pas les personnes qui lui conviendraient.

L'avant-garde, ainsi que j'ai eu l'honneur de vous en rendre compte, a pris position hier à Œttingen; le corps d'armée qui s'est réuni en entier ici, y compris la division du général Nansouty, se met en marche, aujourd'hui 14, pour occuper la position que quitte l'avant-garde en se portant sur Harbourg.

Je vais me trouver embarrassé pour les subsistances : le général batave Dumonceau a empêché l'exécution d'une réquisition de pain que j'avais frappée sur ma gauche.

On m'a enlevé quarante mille rations de pain que j'avais fait lever sur ma route.

Les approvisionnements de biscuit que j'avais fait faire à Worms, Manheim et Heidelberg sont à deux jours de moi. Je chercherai à lever tous les obstacles par des distributions de farine s'il est nécessaire; enfin je ferai pour le mieux pour être en mesure de me porter au secours du maréchal Bernadotte, contre qui, suivant toute apparence, marche un corps assez considérable.

J'ai l'honneur de faire observer à Votre Excellence que le parc de réserve qui consiste en quelques caissons de munitions de bouches à feu et d'infanterie, ayant fait de très-grandes journées dans de mauvais chemins, a beaucoup de chevaux blessés, et que l'on est obligé d'y employer des bœufs.

Nous avons beaucoup de caissons vides, et nous pouvons être dans la nécessité de faire remplacer les munitions avariées. Je prie Votre Excellence de me faire connaître où est le parc général.

Des réclamations ont été faites par le général Sorbier et par le directeur du parc de ce corps d'armée, mais ils n'ont point encore obtenu aucune réponse.

99. — A L'EMPEREUR ET ROI.

14 vendémiaire an XIV (6 octobre 1805).

Sire, j'ai eu l'honneur d'adresser ce matin à Votre Majesté, par un de mes aides de camp, un rapport sur les mouvements de l'ennemi qui, depuis quelques jours, a fait porter en avant de Neubourg un corps de troupes assez considérable. Plus je m'approche de l'ennemi, plus j'acquiers la preuve de la vraisemblance de ce mouvement.

Ce soir, j'attends des nouvelles; en attendant, je rends compte à Votre Majesté de la position du 3ᵉ corps d'armée. L'avantgarde est en marche sur Harbourg, qu'elle occupera cette nuit sans opposition. Le reste du 3ᵉ corps d'armée, y compris la division de cavalerie du général Nansouty, couvre les hauteurs d'OEttingen [1].

Un parti du général Marmont est arrivé ici; ce général était hier à Feuchtwang, il est ce soir à Wassertrundingen.

Un des partis que j'ai envoyés au maréchal Bernadotte vient de rentrer hier, le général était à Desmansdorf, à une lieue en avant d'Anspach; aujourd'hui il a dû arriver à Gunzenhausen. Il paraît que ses avant-postes ont poussé aujourd'hui jusqu'à Pappenheim; une lettre de cet endroit arrivée il y a une heure l'annonce.

Ne sachant point si mon aide de camp pourra trouver aujourd'hui le quartier général de Votre Majesté, j'ai l'honneur de lui envoyer un double du rapport; j'y joins une note des on dit du pays.

---

[1] *Premier bulletin de la grande armée*, daté de Nœrdlingen, 15 vendémiaire an XIV (7 octobre 1805). — « Voici la position de l'armée au 14 :
« Le corps du maréchal Bernadotte et les Bavarois étaient à Weissenbourg;
« Le corps du général Marmont, à Wassertrundingen;
« Le corps du maréchal Davout, à OEttingen, à cheval sur la Wernitz;
« Le corps du maréchal Soult, à Donauwerth, maître du pont de Munster et faisant rétablir celui de Donauwerth;
« Le corps du maréchal Ney, à Geislingen;
« Le prince Murat, avec ses dragons, bordant le Danube.
« L'armée est pleine de santé et brûlant d'en venir aux mains. » (*Correspondance de Napoléon*, t. XI, p. 295.)

La désertion paraît conséquente. J'ai reçu l'ordre du ministre de me porter demain sur Monheim, dans l'hypothèse où l'ennemi n'aurait point pris position à Northingue : soit pour secourir le maréchal Bernadotte si le cas se présente; soit, dans le cas où l'ennemi se serait replié derrière le Danube, de placer demain des postes sur cette rivière, depuis Neubourg jusqu'à l'embouchure du Lech, et enfin de chercher à surprendre le pont de Neubourg ou tout autre passage. J'exécuterai demain, à la pointe du jour, ces ordres [1].

J'envoie à Votre Majesté le double de ma lettre de ce matin.

---

100. — AU MINISTRE DE LA GUERRE, MAJOR GÉNÉRAL.

Monheim, 15 vendémiaire an XIV (7 octobre 1805).

Monsieur le Maréchal, j'ai reçu l'ordre que Votre Excellence m'a adressé pour le mouvement sur Harbourg de la division de grosse cavalerie du général Nansouty. Cet ordre a été transmis sur-le-champ au général Nansouty et recevra son exécution.

Quant à l'ordre relatif à la marche du corps d'armée sur Monheim, Votre Excellence aura vu par ma lettre d'hier soir que déjà mes dispositions étaient faites pour me porter aujourd'hui sur ce point.

L'avant-garde est à Rennershofen, le corps d'armée à Monheim; ce soir, je ferai ce que je pourrai pour passer le Danube entre

---

[1] Les 14, 15 et 16 vendémiaire (6, 7 et 8 octobre), tous les corps se pressaient sur le Danube. Soult, arrivé le premier à Donauwerth, passait et devait se porter sur les communications d'Ulm à Augsbourg. Le 15, Murat, arrivé aussi à Donauwerth, passait le fleuve, se portait sur le Lech, et le lendemain livrait le brillant combat de Wertingen, le premier de la campagne, appuyé par Lannes. Ney, avec les divisions Malher, Dupont et Loyson, les dragons de Baraguey-d'Hilliers et la division Gazan, était à Guntzbourg, où il culbutait l'ennemi. — Davout était le 16 à Neubourg ainsi que Marmont, et marchait sur Aichach. Bernadotte et les Bavarois étaient à Ingolstadt. L'Empereur de sa personne était le 15 à Nœrdlingen, le 16 à Donauwerth, le 18 à Zusmarshausen, le 19 à Augsbourg. — 2e et 3e bulletins de la grande armée. — *Correspondance de Napoléon*, t. XI, p. 302, 303-305.

le Lech et Neubourg, dont les Autrichiens ont coupé le pont.

Vous me dites que Sa Majesté vous charge de me témoigner son mécontentement d'avoir laissé à Manheim les pièces de 12 et autres pièces et caissons d'artillerie destinés au 3e corps d'armée, et que je suis le seul dans ce cas, les autres s'étant servi des chevaux de réquisition [1]. Je vous ai rendu compte à Manheim que les chevaux de réquisition qui avaient amené le matériel d'artillerie qui nous était destiné avaient été renvoyés par l'ordre du général Songis au général Marmont, à qui ils étaient destinés. On m'a annoncé que les autres nous seraient incessamment envoyés; le passage s'est effectué, et les chevaux n'étaient pas encore arrivés. Cent chevaux de réquisition étaient sans destination, et personne ne les réclamait, ils nous ont servi à emmener quelques caissons de plus; enfin c'est avec des bœufs et des chevaux requis dans le pays que nous avons remplacé tous les chevaux morts dans les mauvais chemins que nous avons traversés.

J'ai l'honneur de vous prier de faire connaître ces faits à Sa Majesté; ils m'ont assez contrarié, et il n'est pas juste de m'accuser des contre-temps ou de la négligence des autres.

---

101. — AU MINISTRE DE LA GUERRE, MAJOR GÉNÉRAL.

Neubourg, 16 vendémiaire an XIV (8 octobre 1805).

Monsieur le Maréchal, j'ai l'honneur de rendre compte à Votre Excellence que ce matin, avant le jour, j'ai fait passer la 1re division à Steppberg; elle a envoyé un corps sur Rain pour communiquer avec le maréchal Soult [2].

[1] L'explication des retards dans la marche de l'artillerie du 3e corps est d'avance dans une dépêche ci-dessus du maréchal, datée d'Oggersheim, 4 vendémiaire.
[2] L'Empereur au maréchal Davout. — « Donauwœrth, 16 vendémiaire an XIV (8 octobre 1805), une heure après midi. Mon cousin, ce matin à huit heures, il n'y avait personne à Neubourg, et vous ne l'occupiez pas encore. Il me tarde bien de savoir enfin votre armée arrivée. J'ai besoin qu'elle soit réunie demain dans la journée à Aichach. Il paraît que le général Kienmayer, qui commande le seul corps qui est entre ceci et Ratisbonne, s'est retiré sur Augsbourg. Il est poursuivi de telle sorte qu'il ne peut échapper. — Ne perdez pas une heure, et que j'apprenne sans retard que vous occupez

Les autres divisions se sont portées sur Neubourg, qui était évacué; elles sont toutes en avant de cette place.

J'ai été instruit que le régiment autrichien de Giulay était attendu aujourd'hui : j'ai mis aussitôt notre cavalerie légère à sa poursuite.

Demain à la pointe du jour l'armée se mettra en marche pour se porter sur Aichach, où elle ne pourra arriver que fort tard, attendu que la journée sera de onze lieues.

---

102. — A L'EMPEREUR ET ROI.

16 vendémiaire an XIV (8 octobre 1805).

Sire, je reçois à l'instant les ordres que Votre Majesté m'a fait l'honneur de m'adresser relativement au mouvement à faire sur Aichach.

Il est dix heures du soir; les troupes après une marche forcée arrivent à peine à leur position, les parcs sont en arrière; quelques heures de repos deviennent indispensables; mais dès la pointe du jour les troupes seront en mouvement pour se porter sur Aichach, où elles ne pourront arriver que tard, attendu que la journée est de onze lieues.

---

103. — A L'EMPEREUR ET ROI.

17 vendémiaire an XIV (9 octobre 1805).

Sire, j'ai l'honneur de rendre compte à Votre Majesté qu'aujourd'hui à cinq heures les divisions de ce corps d'armée avaient pris position à Aichach[1].

Aichach. Votre cavalerie et votre avant-garde peuvent y être ce soir. » (*Correspondance de Napoléon*, t. XI, p. 300.) — Au moment où l'Empereur écrivait cette lettre au maréchal, et lui donnait de nouveaux ordres pour sa marche sur Aichach, il était inexactement informé au sujet de Neubourg. Dès le matin du 16, le colonel du génie Touzard, avec 25 hommes, avait surpris le pont de Neubourg, fait quelques prisonniers et mis en fuite quelque 150 hommes qui restaient dans la ville. On s'était mis aussitôt à réparer le pont, qui n'était qu'endommagé, et dès dix heures du matin le passage du Danube avait commencé.

[1] Le 3ᵉ bulletin de la grande armée, daté de Zusmarshausen, 18 vendé-

Le général Kienmayer s'était déjà retiré sur Munich avec précipitation; d'après les mouvements que l'on a remarqués dans ses troupes et même dans son quartier général, tout annonce la crainte, l'incertitude et l'irrésolution, ce qui attaque singulièrement le moral du soldat, qui ne paraît pas se dissimuler la position fâcheuse dans laquelle se trouve l'armée autrichienne.

Les officiers pour rassurer les esprits parlent beaucoup des Russes, mais cela n'est qu'un faible palliatif.

Les Autrichiens ont frappé sur la Bavière une réquisition de 400 chevaux de selle propres à monter des officiers et même des officiers généraux; ces chevaux doivent être livrés tout équipés et conduits par 200 palefreniers.

---

104. — AU MINISTRE DE LA GUERRE, MAJOR GÉNÉRAL.

Aichach, 18 vendémiaire an XIV (10 octobre 1805).

J'ai l'honneur de rendre compte à Votre Excellence que le corps d'armée, à mes ordres, attend ici ceux que Sa Majesté voudra bien me faire adresser.

Ce dernier séjour a fait beaucoup de bien, en permettant aux divers parcs et convois de rejoindre le corps d'armée.

Je vous prie de me faire connaître le point sur lequel les prisonniers et les déserteurs doivent être dirigés, afin que je puisse y faire conduire ceux qui se trouvent réunis à mon quartier général; en cas de départ, je les laisserai sous la garde et surveillance des autorités locales, qui sont également intéressées à ne point les laisser s'échapper.

P. S. Je demande à Votre Excellence de vouloir bien m'adresser ses ordres pour le colonel Cassine du 48ᵉ régiment, qui vient d'y être remplacé, afin que cet officier supérieur puisse en se retirant quitter l'armée avec honneur.

miaire an XIV (10 octobre 1805), porte : « .....Le 17 au soir, le maréchal Davout, qui a passé le Danube à Neubourg, est arrivé à Aichach avec ses trois divisions... » (*Correspondance de Napoléon*, t. XI, p. 305.)

105. — A L'EMPEREUR ET ROI.

18 vendémiaire an XIV (10 octobre 1805).

Sire, je supplie Votre Majesté de vouloir bien me permettre d'entrer dans quelques explications sur un reproche réitéré qu'elle vient de me faire adresser par son ministre de la guerre, sur ce que je n'ai pas amené de Manheim tout le matériel d'artillerie qui était affecté au 3e corps de la grande armée.

36 bouches à feu et des voitures de munitions, prolonges, etc., ce qui formait un total de 270 voitures, ont été amenées dans les journées des 5 et 6 vendémiaire par 440 chevaux du 2e bataillon du train d'artillerie et 600 chevaux de réquisition, avec l'ordre de renvoyer ces derniers au corps d'armée du général Marmont auquel ils appartiennent. A ce même ordre le premier inspecteur et le général Faultrier annonçaient que 540 chevaux de réquisition affectés au 3e corps d'armée étaient en route et devaient arriver au premier moment. Les 600 chevaux de réquisition ont été renvoyés au général Marmont, et je me suis mis en marche avec 148 voitures, dont 21 bouches à feu; j'ai laissé le reste à Manheim avec des officiers d'artillerie et des canonniers, avec l'ordre de nous rejoindre aussitôt l'arrivée des chevaux de réquisition annoncés.

Le général Sorbier a écrit depuis plusieurs fois pour presser l'expédition de ce matériel. J'ai dû n'attribuer qu'à la rapidité de nos marches et aux mauvais chemins la non-arrivée de ce que la nécessité m'a obligé de laisser derrière moi. S'ils ne sont pas en marche, alors les avis donnés par le premier inspecteur étaient inexacts : je ne pouvais les supposer tels et frapper une réquisition de chevaux, lorsqu'on m'annonçait une quantité suffisante.

Le ministre de la guerre m'a fait aussi de la part de Votre Majesté le reproche d'avoir retenu l'artillerie de la grosse cavalerie qui n'était attachée que momentanément au 3e corps d'armée. Je vous supplie, Sire, de vouloir me permettre de vous observer que ce reproche est de la dernière inexactitude [1]. Lorsque j'ai eu l'ordre d'envoyer à Harbourg la division de cavalerie du général Nansouty, elle n'avait avec elle que le personnel de son artillerie; ce personnel a eu l'ordre de la rejoindre; les 2 pièces de 8 et l'obusier, par un malentendu arrivé à Œttingen après le départ de la cavalerie et du 3ᵉ corps d'armée, sont venus ici. Le général Sorbier, aussitôt qu'il en a été instruit, a donné les ordres de diriger ces pièces sur Donauwœrth, pour de là rejoindre la division du général Nansouty.

Je prie Votre Majesté de bien vouloir excuser la longueur de ces explications, je ne les ai données que parce que votre ministre m'a réitéré ces reproches non fondés.

L'armée est bivouaquée en avant de Aichach, ainsi que j'en ai rendu compte hier à Votre Majesté, et j'attends pour en partir ses ordres.

Le général Kienmayer s'est retiré sur Munich; il s'est arrêté hier, dans l'après-midi, entre cette place et Dachau; il a laissé quelques avant-postes entre lui et notre avant-garde, dont les reconnaissances ont fait quelques prisonniers à cinq et six lieues d'ici.

Les Russes sont annoncés à Braunau pour le 10 octobre, aujourd'hui, et à Munich pour le 16. Ce qu'il y a de certain,

---

[1] L'Empereur au maréchal Davout. — « Augsbourg, 19 vendémiaire an XIV (11 octobre 1805). Mon cousin, j'ai reçu votre lettre. Je vois avec plaisir que ce n'est pas pour priver la division Nansouty de son artillerie que vous avez ordonné qu'elle vînt à votre quartier général. Cette division vient aujourd'hui à Augsbourg, où il faut diriger cette artillerie. Le maréchal Bernadotte a dû être aujourd'hui à midi à Munich; le maréchal Soult à Landsberg. Veillez à ce que les chevaux restent aux postes. Mettez-y même un petit piquet de cavalerie, pour que les communications avec Munich soient très rapides. Je suis inquiet du peu d'artillerie et du peu de cartouches que vous avez. Envoyez-moi ce soir l'état de situation des ennemis et le nom de leurs régiments qui ont été plusieurs jours entre Aichach et Dachau. Ayez des postes de cavalerie au village de Bruck, sur l'Ammer, et sur l'autre chemin d'Augsbourg à Munich. Faites faire partout du pain pour vos troupes, auxquelles je voudrais bien laisser un jour de repos, mais les moments sont pressants. Il faut prendre les bonnes positions. L'armée du prince Ferdinand est entièrement tournée. Le prince Murat le poursuit avec les divisions des maréchaux Lannes et Ney. » (*Correspondance de Napoléon*, t. XI, p. 311.)

c'est que le 6 octobre il n'y en avait pas encore à Braunau.

Le régiment de Giulay a rejoint ici le général Kienmayer; avant son départ, un régiment, également en route des frontières pour rejoindre l'armée, a rallié ce général hier entre Munich et Dachau; ce corps d'armée peut être depuis ces réunions de 16,000 à 20,000 hommes. Tous les habitants sensés jugent leur infanterie comme très-découragée; ce qu'il y a de certain, c'est la désertion; depuis vingt-quatre heures, il est arrivé ici une trentaine de déserteurs; tous, bien entendu, annoncent qu'ils seront suivis de beaucoup d'autres.

Leur cavalerie a encore un peu de moral.

Le général Kienmayer a eu dans la maison que j'habite deux terreurs paniques qui ne sont point dignes de la réputation dont il jouit.

Suivant tous les rapports de Munich et entre autres d'un homme que j'ai envoyé de Spire et qui commence à me donner de ses nouvelles, l'armée de Souabe ne doit pas être au delà de 40,000 à 50,000 hommes. Ces rapports dépeignent l'armée de l'archiduc Charles comme très-nombreuse; on la porte de 80,000 à 100,000 hommes.

---

106. — AU MINISTRE DE LA GUERRE, MAJOR GÉNÉRAL.

A Ober-Roth, 19 vendémiaire an XIV (11 octobre 1805).

Monsieur le Maréchal, j'ai l'honneur de rendre compte à Votre Excellence que son ordre daté du 19, à six heures du matin, ne m'est parvenu qu'à midi et demi, et que tout de suite ses dispositions ont été mises à exécution.

L'avant-garde, qui était sur le Glon et qui avait ses avant-postes à Ober-Roth, à l'embranchement des routes de Dachau à Augsbourg et à Aichach, s'est portée à Dachau qu'elle occupe, ainsi que tous les ponts de communication qui existent sur l'Ammer; elle a poussé ses avant-postes à près de deux lieues sur la route de Munich[1].

---

[1] 5e bulletin de la grande armée. — Augsbourg, 20 vendémiaire (12 octobre).
« ...Le maréchal Davout s'est porté à Dachau; son avant-garde est arrivée à

L'ennemi avait évacué Dachau; on n'y a trouvé que quelques uhlans escortant une voiture.

D'après les renseignements pris à Dachau, il paraît que l'ennemi tient position en arrière de Munich et a encore un gros corps en avant sur Nymphenbourg et à cette hauteur. On estime à 26,000 hommes le corps d'armée que commande le général Kienmayer sous Munich.

Là, se portant en avant de Dachau, les avant-postes de l'avant-garde ont poussé l'ennemi et en ont tué plusieurs; on a fait quelques prisonniers.

Dans la journée d'hier, les avant-postes de l'avant-garde, en venant occuper Ober-Roth, ont eu un petit engagement avec les uhlans de Merfeld.

Un détachement du 2e régiment de chasseurs à cheval a soutenu une charge; 7 à 8 uhlans ont été blessés, un officier et un uhlan ont été faits prisonniers; nous n'avons eu dans cet engagement ni tué ni blessé.

Les deux premières divisions de ce corps d'armée se sont portées en avant d'Ober-Roth, sur la rive gauche du ruisseau de ce nom, et ont pris position à droite et à gauche de la route de Munich.

La 3e division et le parc de réserve ont pris position sur le Glon.

La cavalerie légère aux ordres du général Vialannes a suivi le mouvement de l'avant-garde sur Dachau.

Demain 20, je ferai porter l'avant-garde avec la brigade de cavalerie à Maisach; elle enverra à Germering sur la route de Munich à Landsberg de forts détachements d'infanterie et de cavalerie pour occuper et défendre les communications contre tout ce qui pourrait se présenter venant du côté de Munich ou de Landsberg.

Les deux premières divisions prendront position sur la rive gauche de l'Ammer, en occupant par de forts détachements tous les ponts de communication qui existent sur cette rivière, et particulièrement celui de Furstenfeld.

Maisach. Les hussards de Blankenstein ont été mis en désordre par ses chasseurs, et dans différents engagements il a fait une soixantaine d'hommes prisonniers. » (*Correspondance de Napoléon*, t. XI, p. 326.)

La 2ᵉ division sera chargée de pousser des partis sur la route de Pfaffenhoffen pour aller à la rencontre et reconnaître les troupes du maréchal Bernadotte.

La 3ᵉ division prendra position à Ober-Roth et fera occuper par un bataillon le village de Wimphausen.

Je me propose d'établir mon quartier général à Dachau.

J'ai l'honneur de représenter à Votre Excellence qu'il devient d'une nécessité impérieuse de prendre promptement des mesures extraordinaires pour mettre un frein au maraudage et au pillage, qui sont portés au dernier excès; les habitants de ce pays observent avec la plus vive douleur qu'à l'époque où leur prince était en guerre avec la France, ils ne furent jamais aussi maltraités qu'au moment où leurs enfants et leurs parents font cause commune avec nous contre les Autrichiens.

J'ai l'honneur de prier Votre Excellence de solliciter de Sa Majesté l'autorisation de faire fusiller quelques pillards; ces exemples terribles sont nécessaires pour arrêter le mal, qui va toujours croissant.

Pour me conformer aux instructions de Votre Excellence, je ne crois pas devoir entrer demain à Munich, puisque c'est le maréchal Bernadotte qui doit l'occuper.

P. S. Il paraît que le corps du général Kienmayer a reçu quelques troupes qui se sont échappées par Landsberg; cette nuit, nous aurons de forts postes sur cette route.

Les postes de gauche de notre avant-garde sont liés avec ceux du maréchal Bernadotte.

---

107. — A L'EMPEREUR ET ROI[1].

20 vendémiaire an XIV (12 octobre 1805).

Sire, j'ai prévenu les instructions de Votre Majesté à votre ministre de la guerre. L'état des forces autrichiennes qui se

---

[1] Ce jour-là, 20 vendémiaire (12 octobre), au plus fort des mouvements combinés pour cerner les Autrichiens, voici la situation décrite dans deux lettres datées d'Augsbourg par Napoléon au maréchal Soult, qu'il avait

trouvent sous les ordres du général Kienmayer est exact; un commissaire bavarois que j'ai vu dans ce pays, et entre les mains duquel les divers états pour les subsistances ont passé, me l'a encore confirmé. J'ai lieu de croire aussi que la note que j'ai envoyée sur l'arrivée des Russes est de la même exactitude. La première colonne de cinq bataillons a dû arriver aujourd'hui sur les confins du territoire autrichien du côté de la Bavière; les colonnes marchent à quatre jours de distance les unes des autres.

Le général Kienmayer doit coucher cette nuit à quatre lieues

chargé d'emporter à tout prix Memmingen et de s'avancer sur la route de Wessenhorn et Ulm : « ...Si cependant là, de demain à après-demain, l'ennemi essayait de nous marcher sur le corps, nous lui tomberions dessus de tous côtés. Je serai probablement personnellement à Wessenhorn. L'ennemi nous offre une occasion dont nous saurons profiter. Mettez à l'ordre de votre armée que s'ils veulent se battre, il faut que la première division soit à Memmingen avant neuf heures du matin, sans quoi ils ne seront pas à la bataille... Le maréchal Davout a eu une charge de uhlans, et le 2ᵉ de chasseurs a pris 50 hommes et un officier sans perdre personne. »

Autre lettre du même jour et même heure : « Il faut aussi que je vous instruise que j'ai laissé la division batave de Marmont avec douze pièces de canon dans Augsbourg; que Davout reste en position à Dachau; que la division batave pourrait se porter sur vous, si vous étiez menacé d'être débordé par toute l'armée ennemie. Ce soir même, si les nouvelles de Munich me le permettent, je ferai jeter une division de Davout sur Landsberg, où elle sera à votre disposition. Je vous recommande de faire crever vos chevaux à vos aides de camp et à vos adjoints. Placez-les en relais sur la route de Wessenhorn, pour que j'aie de vos nouvelles rapidement. Il ne s'agit pas de battre l'ennemi, il faut qu'il n'en échappe pas un. Assemblez vos généraux et chefs de corps quand vous serez à Memmingen, et si l'ennemi n'a rien fait pour échapper au coup de massue qui va l'assommer, faites-leur connaître que je compte que dans cette circonstance importante on n'épargne rien de ce qui peut rendre notre succès complet; que cette journée doit être dix fois plus célèbre que celle de Marengo; que si je n'avais voulu que battre l'ennemi, je n'aurais pas eu besoin de tant de marches et de fatigues, mais que je veux le prendre... » Au moment où il écrivait ceci, l'Empereur, bien que déjà certain du succès de ses manœuvres, ignorait cependant encore où était au juste l'armée autrichienne. Ce n'est que dans la soirée du 20 qu'il apprenait qu'une partie considérable de cette armée, qu'il évaluait à 40,000 hommes, se trouvait dans Ulm, et avant de partir lui-même pour Wessenhorn, où il allait diriger les opérations des corps de Ney, de Lannes et de Murat devant Ulm, il écrivait de nouveau à dix heures du soir au maréchal Soult : « Si l'ennemi n'est pas à Memmingen, descendez comme l'éclair jusqu'à notre hauteur; c'est vous qui ramasserez tout, je le prévois... » (*Correspondance de Napoléon*, t. XI, p. 316, 317, 322.)

de Munich; sa retraite a été si précipitée qu'il a laissé 400 hommes que M. le maréchal Bernadotte a faits prisonniers.

On assure que le général Kienmayer a pris la route de Braunau et a dirigé sur Wasserbourg les dépôts des corps.

Le découragement est très-grand; je suis convaincu qu'en trois ou quatre marches et quelques combats d'avant-garde, ce corps serait presque détruit.

Il y a sept jours seulement que le grand parc d'artillerie est passé par Munich se rendant à Landsberg; les attelages étaient extrêmement fatigués; on a compté jusqu'à 27 chevaux morts dans l'espace de sept lieues. Selon toute apparence, ce parc tombera au pouvoir du maréchal Soult.

Des rapports feraient croire que l'ennemi cherche à déboucher par Füssen.

Votre Majesté m'a recommandé de faire faire du pain partout. Ces pays-ci sont entièrement dévastés tant par les Autrichiens que par les troupes de Votre Majesté, dont l'indiscipline a besoin d'exemples de sévérité pour réprimer les désordres qui se commettent journellement et desquels j'ai rendu compte au ministre de la guerre.

J'ai fait occuper Bruck et Germering par de très-forts détachements et fait pousser des reconnaissances sur Landsberg pour communiquer avec les troupes de M. le maréchal Soult.

Je viens de faire partir l'ordonnateur en chef pour Munich, afin de nous y faire confectionner du pain et du biscuit pour quatre jours.

Le général Heudelet[1], qui commande l'avant-garde du 3e corps d'armée, a fait replier cette nuit tous les avant-postes ennemis; un détachement du 2e chasseurs s'en est acquitté avec beaucoup de vigueur, il a pris 20 hussards de Blankenstein, en a blessé autant et tué 10, dont un officier; l'infanterie n'a pas tenu, elle s'est dispersée dans les bois, on en a déjà ramassé une centaine.

[1] A dater du 19 vendémiaire, le général Heudelet avait pris l'avant-garde du 3e corps à la place du général Eppler, qui reprenait le commandement de sa brigade.

108. — AU MINISTRE DE LA GUERRE, MAJOR GÉNÉRAL.

Ober-Roth, 20 vendémiaire an XIV (12 octobre 1805).

Monsieur le Maréchal, j'ai l'honneur de rendre compte à Votre Excellence que le général Heudelet, commandant l'avant-garde, instruit qu'il existait quelques avant-postes entre Dachau et Munich, les a fait charger par une cinquantaine de chevaux du 2ᵉ régiment de chasseurs à cheval. L'infanterie, après une très-faible résistance, s'est sauvée dans les bois, deux escadrons de hussards de Blankenstein ont été mis dans la plus grande déroute : quinze ont été pris, on estime à peu près au même nombre celui des tués; l'ennemi doit avoir eu beaucoup de blessés, nous n'avons eu dans cette échauffourée qu'un chasseur blessé.

L'avant-garde est aux portes de Munich, où elle serait entrée si je ne me fusse renfermé dans le sens littéral de vos ordres qui m'ont fait connaître que c'est le maréchal Bernadotte qui doit entrer dans cette ville.

Les divisions sont en marche pour occuper les postes que je leur ai assignés, ainsi que j'ai eu l'honneur de le mander cette nuit à Votre Excellence; les deux premières divisions seront établies sur la rive gauche de l'Ammer et la 3ᵉ à Ober-Roth, à l'embranchement des routes de Munich à Augsbourg et à Aichach.

J'ai adressé l'ordre à la division de cavalerie commandée par le général d'Hautpoul de se porter sur Dachau et de se cantonner dans les villages sur la rive gauche de l'Ammer.

J'ai l'honneur d'adresser à Votre Excellence un état de l'armée russe annoncée du 16 au 24 octobre à Munich; j'y joins également celui du corps du général Kienmayer qui se trouve vis-à-vis de moi; je prie Votre Excellence de vouloir bien les mettre sous les yeux de Sa Majesté.

P. S. Le général Andréossy vient de me faire demander par un officier envoyé exprès l'état de situation de ce corps d'armée; il m'est impossible, en raison de nos marches continuelles, de le lui fournir dans le jour. Cet officier rentrera donc au quartier général dans le délai qui lui est prescrit, mais sans être porteur de cette situation; je ferai tout ce qui dépendra de moi pour réunir dans la journée de demain les matériaux nécessaires à la confection de cet état, que je tâcherai d'expédier à Votre Excellence après-demain par un de mes officiers.

État des troupes portées devant Munich, composant le corps d'armée aux ordres du maréchal lieutenant de Kienmayer, commandant l'aile droite de l'armée autrichienne et qui a battu en retraite dans la nuit du 19 au 20 vendémiaire.

Les régiments : Deutchs et bannat, Peterwardin, Broder, Joseph Colloredo, Deutschmeister, Prieze, hussards de Lichtenstein, Blankenstein hussards, cuirassiers de Ferdinand, cuirassiers de Nassau, corps franc, Wurtemberg, Gemingen, Croates et troupes irrégulières.

En totalité 22,000 ou 23,000 hommes; il y avait en station devant Munich un train d'artillerie destiné aux Russes avec 36 pontons, qui a repris la route du Tyrol.

---

109. — AU MINISTRE DE LA GUERRE, MAJOR GÉNÉRAL.

Dachau, 21 vendémiaire au XIV (13 octobre 1805).

Monsieur le Maréchal, j'ai l'honneur de rendre compte à Votre Excellence des dispositions que j'ai prises en vertu des ordres qu'elle m'a adressés.

Mon avant-garde sera demain à Germering.

Je ferai porter le même jour la 1re division à Greiffenberg, sur la route de Munich à Landsberg.

J'établirai la 1re brigade de la 2e division à Bruck.

Je garde sous Dachau la 2e brigade de cette division, et à Ober-Roth la 3e division.

Votre Excellence reconnaîtra que, par ces dispositions, toutes mes divisions peuvent être dans peu d'heures à Munich, et par une marche forcée dans un jour à Augsbourg et Landsberg; selon toute apparence, ce corps d'armée n'aura qu'à se porter sur l'Inn; j'en attends l'ordre avec impatience [1].

Je viens de recevoir l'avis que la première colonne russe, forte de 500 hommes, est arrivée depuis deux jours à Neu-OEttingen près Muhldorf, sur l'Inn, et qu'elle se réunira probablement au corps du général Kienmayer; jusqu'à présent il n'a pas paru de cavalerie russe.

On porte à 800 hommes les bataillons russes, mais on y comprend les charretiers et les domestiques, qui sont en grand nombre; les combattants ne sont guère au delà de 600 par bataillons.

J'attends des nouvelles, ayant envoyé il y a deux jours plusieurs personnes sur l'Inn.

Le corps du général Kienmayer a beaucoup perdu dans la journée d'hier par la désertion; son infanterie est très-fatiguée et découragée.

La division de cavalerie du général d'Hautpoul est arrivée ce matin, à sept heures, à Munich, l'ayant fait partir à quatre.

J'ai l'honneur de prier Votre Excellence de remettre à Sa Majesté la lettre ci-jointe que je reçois de Francfort par estafette.

J'ai envoyé deux de mes officiers sur Augsbourg et Donauwerth pour être promptement instruits du résultat des événements.

P. S. Le maréchal Bernadotte a pris hier au général Kienmayer 110 prisonniers et deux obusiers avec leurs chevaux; si le maréchal peut aller à deux jours de Munich, ce corps sera entièrement détruit.

L'artillerie que l'on destine aux Russes est passée il y a trois jours à Munich, venant de Landsberg.

---

[1] État des marches du 3ᵉ corps. — « On resta dans cette position (Dachau) jusqu'à ce que le sort de l'armée d'Ulm eût été décidé. Le maréchal Bernadotte gardait les débouchés du Tyrol, de l'Iller jusqu'à l'Inn, et couvrait Munich. Il faisait face aux Russes et aux corps de Kienmayer, tandis que le 3ᵉ corps faisait face au Tyrol et au Lech. »

110. — AU MINISTRE DE LA GUERRE, MAJOR GÉNÉRAL.

Dachau, 23 vendémiaire an XIV (15 octobre 1805).

Monsieur le Maréchal, j'attends toujours les ordres de Votre Excellence dans les positions dont j'ai eu l'honneur de lui rendre compte.

La 1re division occupe Greiffenberg, sur la route de Landsberg.

Une brigade de la 2e division est à Bruck, l'autre est sous Dachau.

La 3e division occupe la position d'Ober-Roth, derrière le Glon.

L'avant-garde est à Germering.

J'ai fait pousser des parties de cavalerie à Veilheim, Murnau et Mittenwald, et à Füssen pour avoir connaissance des mouvements de l'ennemi. J'ai chargé le général Heudelet d'envoyer des reconnaissances à Tolz, sur l'Iser, pour communiquer avec deux régiments bavarois que M. le maréchal Bernadotte y a détachés : l'avant-garde de ce dernier est à Parsdorff, et ses reconnaissances ont été jusqu'à Ampsing.

D'après les rapports que je reçois, le corps du général Kienmayer est en pleine retraite sur l'Inn, harcelé continuellement dans sa retraite; il a perdu beaucoup de monde, le régiment de Deutschmeister est presque anéanti.

L'ennemi a fait reconnaître différents points de la rive droite de l'Inn, pour y rétablir des retranchements; mais jusqu'à ce moment on ne paraît point avoir travaillé de Rosenheim à Kreibourg.

D'après le rapport de plusieurs personnes qui ont vu les Russes, il paraît que ceux arrivés à Neu-OEttingen sont dans un pitoyable état; ils ont beaucoup de bagages et point d'artillerie ni de cavalerie.

Le maréchal Bernadotte a eu les mêmes renseignements sur leur compte; depuis son arrivée à Munich il a fait sur les Autrichiens 1,700 prisonniers et leur a pris en outre 19 bouches à feu, avec environ 300 canonniers et leurs officiers. C'est un major bavarois, détaché en partisan, qui leur a pris aujourd'hui 13 de ces bouches à feu.

Les rapports des partis de cavalerie que j'ai détachés m'annoncent que des corps ennemis se retirent par Füssen sur Inspruck; on a vu passer des débris d'équipages.

Sous quarante-huit heures, j'espère avoir des renseignements certains.

P. S. — Dans l'instant on me fait le rapport qu'un parti autrichien de 1,000 chevaux a pris possession de Landshut; il a dû détacher sur Freising 2 escadrons; il ne doit y avoir dans ce dernier endroit que 50 à 60 Bavarois. Je communique ce rapport au maréchal Bernadotte.

III. — AU MINISTRE DE LA GUERRE, major général.

Dachau, 23 vendémiaire an XIV (15 octobre 1805).

Monsieur le Maréchal, aussitôt que j'ai eu reçu la lettre que Votre Excellence m'a fait l'honneur de m'écrire le 23 vendémiaire, je me suis empressé d'en envoyer copie à M. le maréchal Bernadotte et de donner aux troupes du 3e corps d'armée connaissance des bonnes nouvelles qu'elle renferme [1]; ainsi que les troupes des autres corps, elles brûlent de donner à notre illustre souverain des preuves de leur attachement, de leur fidélité et de leur bravoure.

J'ai l'honneur de rendre compte et de transmettre à Votre Excellence les renseignements intéressants que me donne un parti que j'ai envoyé sur Mittenwald.

Dans la nuit du 19 au 20, un corps d'armée de 12,000 hommes (je crois le nombre très-exagéré), venant de Landsberg, a suivi la route de Weilheim, Murnau, Mittenwald, et s'est rendu derrière l'Inn; ses bagages et son artillerie avaient filé avant lui.

Mittenwald est occupé par des Autrichiens et des paysans de la milice du Tyrol; le passage de Scharnitz, autrement

---

[1] Les nouvelles des premiers combats de Wertingen et de Guntzbourg.

nommé la porte Claudienne, est fortement gardé par cette milice.

L'archiduc Jean commande les troupes et a son quartier général à Scharnitz. Hier 22, le tocsin a sonné dans les villages du Tyrol; partie du rassemblement qui doit en résulter a ordre de se porter sur Mittenwald, et avec un corps autrichien de s'avancer tout de suite sur Murnau.

Des paysans sortant du Tyrol s'accordent à dire qu'il est très-encombré et qu'il y a beaucoup de troupes.

Le parti a donné l'alerte à Mittenwald et s'est assuré que les Autrichiens et Tyroliens l'occupent en force. Vous pouvez, Monsieur le Maréchal, regarder ces renseignements comme très-certains; ils sont le résultat de plusieurs interrogations faites sur les lieux, et tous, en outre, s'accordent parfaitement avec les rapports des espions.

Je n'ai encore rien reçu des partis sur Füssen et Schongau, qui auront assurément trouvé un chemin très-difficile; celui sur Murnau et Partenkirchen me confirmera probablement le rapport que je vous envoie, sa route aboutissant également à Mittenwald.

112. — AU MINISTRE DE LA GUERRE, major général.

Dachau, 24 vendémiaire an XIV (16 octobre 1805).

Monsieur le Maréchal, j'ai l'honneur d'annoncer à Votre Excellence que j'ai reçu l'ordre du 23, et que je me suis empressé de le communiquer au 3ᵉ corps d'armée.

J'ai reçu des nouvelles des partis que j'ai envoyés à Weilheim, Schongau et Murnau, qui confirment les renseignements que j'ai eu l'honneur de vous adresser hier.

Tous les corps autrichiens qui étaient dans cette partie se sont retirés sur Inspruck; le parti sur Schongau croit Füssen occupé, et tâchera de s'en assurer en s'approchant de cette ville.

Il y avait un peu d'exagération sur les 1,000 chevaux arrivés à Landshut; le 22 vendémiaire, le lieutenant-colonel Henry, des dragons de l'archiduc Jean, y est entré avec 400 chevaux; le reste du régiment était à Vilsbibourg. Ce mouvement paraît n'avoir été fait que pour protéger la marche du régiment de Giulay qui a rejoint le corps du général Kienmayer; c'est ce régiment dont les fourriers ont été pris à Neubourg et qui avait rétrogradé sur Geisenfeld et Straubing.

Les derniers rapports sur l'Inn annoncent que deux régiments venant de Vienne ont rejoint Kienmayer; ce qui peut porter les forces de son infanterie à 16,000 hommes; il a 6,000 chevaux.

Les deux premières colonnes russes sont placées entre Neu-Œttingen et Mühldorf; les Autrichiens occupent la ligne de l'Inn et ont des avant-postes à Haag et Anfingen, et font quelques mouvements vers Hohenlinden.

---

113. — AU MINISTRE DE LA GUERRE, MAJOR GÉNÉRAL.

Dachau, 25 vendémiaire an XIV (17 octobre 1805).

Monsieur le Maréchal, j'ai l'honneur de rendre compte à Votre Excellence que le parti que j'ai envoyé sur Füssen s'est assuré que les Autrichiens occupent ce point avec 4 bataillons et environ 500 chevaux des cuirassiers de Mack. Ils défendent la route sur la rive droite du Lech par 4 compagnies d'infanterie et 200 chevaux postés à Hohenschwangau. Ils ont des postes avancés d'infanterie dans les bois qui sont sur les routes, à la droite et à la gauche du Lech. Les équipages et l'ambulance sont à trois lieues en arrière de Füssen; on compte dans les environs de cette ville 5,000 à 6,000 hommes avec 800 chevaux, débris du régiment des cuirassiers de Mack, qui en entrant en campagne en comptait au moins 1,600.

L'ennemi garde tous les passages du Tyrol; il a établi toutes ses communications par la vallée de l'Inn avec le corps d'armée qui est derrière cette rivière.

Le 23, il n'y avait encore que 13,000 Russes arrivés entre Neu-Œttingen et Mühldorf; leur tenue était très-belle, le prince Bagration était à leur tête; les autres colonnes étaient attendues à quelques jours de là.

J'ai l'honneur de faire observer à Votre Excellence qu'il est instant que l'intendant général de l'armée prenne des mesures pour faire établir à Dachau et à Munich des magasins d'approvisionnements de différentes espèces, le 1ᵉʳ et le 3ᵉ corps de la grande armée n'y existant qu'au jour le jour, et sans pouvoir par conséquent s'occuper des besoins des troupes que Sa Majesté pourra faire passer par ce pays; j'ai même lieu de penser qu'il sera nécessaire de prendre à Augsbourg des vivres et des fourrages pour le trajet jusqu'à Munich.

Un autre objet non moins important sur lequel je prie Votre Excellence de fixer son attention, et dont l'intendant général doit s'occuper essentiellement, c'est le service de santé, qui n'est nullement organisé dans ce corps d'armée.

Le commissaire ordonnateur en chef, n'ayant à sa disposition aucun moyen pécuniaire, se trouve dans l'impossibilité de former des établissements, même temporaires, pour recueillir les malades; il est cependant beaucoup d'objets qu'on ne peut obtenir par voie de réquisition.

Déjà les malades augmentent à Dachau, où j'avais demandé que l'on préparât des établissements au moins pour 40 hommes; ils vont être sous peu doublés, et j'ignore comment pouvoir les faire évacuer, soit sur Harbourg, ou tout autre point sur les derrières, les moyens de transport manquant, d'un côté, et n'ayant pu, de l'autre, préparer un point intermédiaire à Aichach pour procurer aux malades quelque soulagement à leur passage.

Nos moyens d'ambulance sont à bien dire nuls; quelques voitures des équipages des hôpitaux venant de l'armée des côtes ont dû marcher à la suite de ce corps d'armée, mais n'ont pu encore le rejoindre, sans doute par le mauvais état des chevaux, après une si longue route. Je les attends sous peu, mais je doute qu'ils puissent nous offrir de grandes ressources.

Votre Excellence n'ignore point que, par la précipitation de nos marches, les corps n'ont pu exécuter à temps l'ordre de Sa Majesté, qui leur prescrit de se pourvoir de caissons d'ambulance de premier secours, et qu'enfin tout est à créer pour le service de santé.

J'ai l'honneur de prier Votre Excellence de prendre cet objet dans la plus grande et sérieuse considération.

---

114. — A L'EMPEREUR ET ROI.

29 vendémiaire an XIV (20 octobre 1805).

Sire, le 3ᵉ corps de la grande armée de Votre Majesté attend avec une vive impatience son tour de vous prouver sa fidélité et qu'il est composé aussi de soldats dignes de leur illustre souverain [1].

Nous avons le pain jusqu'au 3 brumaire inclus; on a profité de ces jours de repos pour réparer les armes. Nous ne sommes pas très-riches en cartouches d'infanterie, le convoi que nous avions laissé à Manheim faute de chevaux, et qui en est parti le 16, ne nous ayant pas encore rejoint; j'ai envoyé plusieurs officiers au-devant pour en accélérer l'arrivée; cependant, indépendamment des 50 cartouches par soldat, nous en avons environ 700,000 dans les caissons : aussi nous pouvons livrer quelques combats.

---

[1] Le succès des opérations poursuivies si activement depuis quelques jours était complet. Le 25 vendémiaire (17 octobre), après les violents combats d'Albeck, d'Elchingen, livrés par Ney et Lannes, sous les yeux de Napoléon, l'armée autrichienne de Mack, cernée dans Ulm, était réduite à capituler au nombre de 27,000 hommes, 3,000 cavaliers, 60 pièces de canon attelées, 10 généraux, etc. Murat, lancé aussitôt avec sa cavalerie et les divisions de Lannes à la poursuite de la partie de l'armée ennemie qui avait pu se dérober, atteignait le général Werneck, qu'il forçait à capituler, puis l'archiduc Ferdinand, qui ne réussissait à échapper qu'avec un millier d'hommes. Le 27 vendémiaire (19 octobre), l'Empereur écrivait du camp d'Elchingen au maréchal Davout : « Mon cousin, l'armée autrichienne est détruite. Indépendamment du corps qui est dans Ulm et qui s'est rendu par capitulation, le corps de Werneck vient de mettre bas les armes à Nœrdlingen et s'est rendu au prince Murat. Le prince Ferdinand, à la poursuite duquel il est, est cerné de tous côtés, et sera probablement obligé de se rendre. Le maréchal Soult se rend à Landsberg. Réunissez tout votre corps d'armée de manière à pouvoir être en peu d'heures à Munich et en mesure de secourir le maréchal Bernadotte. Je vais me rendre moi-même à Augsbourg, votre tour va venir... » (*Correspondance de Napoléon*, t. XI, p. 337.)

On confectionne des souliers à Munich; nous en avons pour les besoins les plus urgents.

Aujourd'hui, deux régiments de la 2ᵉ division se sont portés sur la route de Freising à Munich.

Demain de très-bonne heure, toutes les autres divisions seront établies entre Dachau et Munich. Si ce mouvement n'a pas été fait aujourd'hui, ç'a été pour laisser le temps au maréchal Bernadotte de retirer les troupes qu'il a sur la rive gauche de l'Iser, dans un rayon de trois lieues de Munich.

J'ai adressé, Sire, à votre ministre de la guerre le tableau des régiments qui composent le corps d'armée du général Kienmayer, celui de l'archiduc Jean, dont le quartier général est à Inspruck ou Scharnitz, et enfin celui du corps d'armée russe.

Les renseignements sur les Russes varient; il paraîtrait que toutes leurs colonnes ne sont pas encore arrivées (une est attendue du 8 au 10 brumaire), et que tous les soldats ne sont pas armés; les Autrichiens avaient compté sur les armes des Bavarois, pour cet article important.

Un ordre de la cour de Vienne du 3 octobre paraît avoir déterminé l'envoi du général Kienmayer du côté d'Æichstædt; ce général devait se porter sur Amberg pour y cerner les Bavarois; l'arrivée des armées de Votre Majesté a dérangé ce plan.

Les Russes sont toujours du côté de Braunau et les Autrichiens près de Muhldorf; ils n'ont presque point de troupes du côté de Wasserbourg et Rosenheim.

Il paraîtrait que quelque infanterie ennemie se serait portée sur Landshut, les renseignements du maréchal Bernadotte sont contraires. Je ne cite ce rapport à Votre Majesté que parce qu'il me vient de quelqu'un de qui j'ai toujours été assez bien servi.

Si ce rapport est exact, je suppose que c'est pour tirer des subsistances de cette partie de la Bavière qui offre beaucoup de ressources sous ce rapport.

Les derniers rapports que j'ai adressés au ministre de la guerre sur les forces autrichiennes à Füssen, Scharnitz, sont exacts, des déserteurs les ont confirmés.

NOTE EXPLICATIVE.

Par une circonstance singulière, les dépêches du maréchal Davout manquent du 20 octobre jusque vers la mi-novembre, c'est-à-dire pendant la marche de la grande armée sur Vienne; mais le « journal des marches du 3e corps » supplée jusqu'à un certain point à la correspondance et permet de suivre les mouvements de ce corps jour par jour.

Tant que les opérations devant Ulm n'avaient pas atteint leur but, Davout était resté en position à Dachau, chargé, de concert avec Bernadotte, de couvrir les débouchés du Tyrol. Après la reddition d'Ulm, il restait encore quelques jours dans ces mêmes positions, attendant que les autres corps de Lannes, de Soult et la cavalerie de Murat fussent en ligne pour attaquer ensemble l'Inn, où l'on allait rencontrer l'armée russe de Kutusof et ce qui restait de l'armée autrichienne, c'est-à-dire le corps de Kienmayer et quelques troupes de Merfeld. Napoléon lui-même, sur ces entrefaites, s'était rendu à Augsbourg, puis à Munich, pour présider à cette phase nouvelle de la campagne. Sans perdre un instant, il prenait toutes ses mesures. Maître d'Ulm, mais ayant quelques inquiétudes sur le Tyrol, où les Autrichiens avaient 25,000 hommes sous l'archiduc Jean, il envoyait Ney conquérir le pays. Dans sa pensée, Ney, avec son énergie et avec l'aide d'Augereau qui arrivait justement alors vers Fribourg, devait amplement suffire pour assurer ses derrières. D'un autre côté, il envoyait Bernadotte sur Salzbourg pour protéger, avec Marmont, la droite de l'armée contre l'archiduc Charles, si par hasard celui-ci, qui était en Italie devant Masséna, se dérobait pour essayer de rejoindre l'armée austro-russe. En même temps il disposait tout pour acheminer les autres corps de Lannes, de Soult, de Davout, précédés de la cavalerie de Murat, dans l'espace assez étroit qui se développe entre la rive droite du Danube et les montagnes. Napoléon avait aussi le soin de laisser, sur la rive gauche du Danube, le maréchal Mortier qui, avec les divisions Dupont et Gazan, devait descendre le long du fleuve et couvrir la gauche de la marche. Enfin, pour plus de sûreté, il réunissait sur le Danube une grosse flottille qui était chargée d'approvisionnements et qui devait, au besoin, servir à relier les diverses parties de l'armée. Tout cela était fait pour le 3 brumaire (25 octobre), jour où se décidait la marche à travers toutes ces rivières de l'Inn, de la Salza, de l'Enns, de la Traun, que les Austro-Russes paraissaient vouloir disputer.

Ceci dit, le 3ᵉ corps de Davout, qui était le 3 brumaire à Freising, passait l'Iser et se portait sur Erding. Le 4, il arrivait sur Ampfing; le 5, il était devant Muhldorf sur l'Inn. Ici le pont était coupé, il y avait à le réparer et à passer l'Inn de vive force, sous le feu de l'ennemi. Une division se chargeait de l'opération, tandis que la division Gudin passait un peu plus haut, à Kraibourg. Le 6 et le 7, on était à Neu-OEttingen; le 8, à Ried; le 10, à Lambach; le 12, à Kremmunster. Le 13, on était devant Steyer sur l'Enns, où il y avait encore à combattre. La brigade Eppler, par un coup de vigueur, emportait le pont d'assaut. La réparation du pont et le passage ne pouvaient être effectués que le 14. On était le 15 à Saint-Peter, le 16 à Saint-Gaming. Le 17, commençait une série de violents combats. A cinq heures du matin on s'était mis en marche. La brigade Eppler rencontrait aussitôt l'ennemi en arrière de Neuhaus; elle le poussait vivement et le rejetait au delà de Neuhaus. A mesure qu'on avançait, la situation devenait plus critique. On se trouvait entre des rochers garnis et violemment défendus par l'ennemi. On enlevait néanmoins toutes les positions et l'on arrivait sur Mariazell, où le combat prenait de plus grandes proportions et devenait des plus sérieux. La lutte était des plus acharnées, et le résultat était une vraie victoire pour le 3ᵉ corps. L'ennemi perdait 600 hommes laissés sur le champ de bataille, 4,000 prisonniers, 16 pièces de canon, 80 voitures de bagages. Le 18, le 3ᵉ corps reprenait sa marche sur Turnitz et était le 19 à Lilienfeld, d'où une grande chaussée pouvait le mener droit sur Vienne.

Pendant ce temps, tous les autres corps marchaient du même pas. Murat était toujours en avant, impatient de se jeter sur la route de Vienne. Lannes, passant par Linz, le suivait de près. Soult marchait à la droite de Lannes. On arrivait auprès de Saint-Pœlten, à l'abbaye de Mœlk, où Napoléon était de sa personne le 19 brumaire (10 novembre). Un instant on crut que les Russes arrêtés et campés à Saint-Pœlten étaient décidés à accepter la bataille qu'on leur offrait, et Napoléon, en vue des événements qui se dessinaient, avait déjà, depuis quelques jours, ramené Bernadotte sur le centre de l'armée. Il n'en était rien. Les Russes avaient consenti à défendre le terrain depuis l'Inn avec les Autrichiens; arrivés à Saint-Pœlten, loin de livrer bataille, ils se décidaient subitement à repasser sur la rive gauche du Danube pour aller rejoindre en Moravie l'autre partie de l'armée russe qui arrivait. Ils passaient en effet le Danube à Krems, sans savoir eux-mêmes ce qu'ils allaient rencontrer, lorsque, sur la rive gauche, ils se trouvaient tout à coup en face du maréchal Mortier qui descendait le fleuve. Le maréchal Mortier n'avait pour le moment qu'une seule division de 4,000 ou 5,000 hommes, la division Gazan, à opposer à 25,000 ou 30,000 Russes. Avec moins de fermeté il eût été perdu; par sa vigueur, avec ses 4,000 hommes, il tenait tête victorieusement aux Russes, qui, après le violent combat de Durrenstein, se hâtaient de continuer leur retraite. Napoléon mettait aussitôt à leur poursuite Mortier et Bernadotte.

Dès lors rien ne pouvait plus arrêter l'armée française sur la route de la capitale de l'Autriche. Murat et Lannes se précipitaient sur Vienne, qu'ils ne faisaient d'ailleurs que traverser pour se jeter avec le maréchal Soult sur les routes de la Moravie, à la recherche des Russes. L'Empereur lui-même était le 23 brumaire (14 novembre) au palais de Schœnbrünn. Le maréchal Davout, qui était le 20 brumaire à Lilienfeld, le 22 à Modling, sur la route de Vienne, le 23 à Esendorf, passait aussitôt le Danube et prenait position, prêt à se porter, ou sur la route de Brünn, ou sur Neustadt; le 24, il occupait Vienne avec deux de ses divisions, la troisième, la division Caffarelli, se trouvant détachée de son corps pour suivre le mouvement du reste de l'armée en Moravie.

115. — A L'EMPEREUR ET ROI.

Vienne, 26 brumaire an XIV (17 novembre 1805).

Sire, j'ai l'honneur d'adresser à Votre Majesté la réponse du comte Palffy [1].

La division du général Gudin arrive aujourd'hui; je l'établis en entier dans des casernes de Vienne, où j'ai déjà 2 régiments du général Friant; les 3 autres sont pour la défense des ponts

[1] 25ᵉ bulletin de la grande armée. — «Schœnbrünn, 25 brumaire an XIV (16 novembre 1805). ...Le général Vialannes, commandant la cavalerie du maréchal Davout, est rentré à Presbourg. M. le général comte Palffy a écrit une lettre à laquelle le maréchal Davout a répondu.» — Il s'agissait d'une convention de neutralité pour la Hongrie, convention qui ne fut pas d'ailleurs reconnue par l'empereur d'Autriche. (*Correspondance de Napoléon*, t. XI, p. 419.)

avec une avant-garde sur la route de Brünn intermédiaire entre le général Milhaud et Vienne [1].

J'ai laissé un régiment de chasseurs à cheval à Neustadt pour battre la campagne, intercepter les convois et se tenir en correspondance avec le général Marmont.

Le général Vialannes reste sur la route de Presbourg et a ses avant-postes près du pont volant.

Suivant les ordres de Votre Majesté, j'ai envoyé 1 officier de chasseurs et 12 hommes à Stockerau et autant à Langensdorf pour assurer la correspondance.

Le peuple de Presbourg s'est opposé à toute levée; il paraît que cet esprit est général en Hongrie. A Vienne, tout est parfaitement tranquille.

---

116. — AU MINISTRE DE LA GUERRE, MAJOR GÉNÉRAL.

Vienne, 1ᵉʳ frimaire an XIV (22 novembre 1805).

Monsieur le Maréchal, j'ai l'honneur d'adresser à Votre Excellence la lettre que je reçois à l'instant de M. le comte Palffy. Cette contradiction ou mauvaise foi, enfin ce changement de sentiment vient, ou de l'archiduc Charles, qui fait sa retraite sur ce point, ou, ce qui est plus vraisemblable, cette réponse est le résultat des ordres directs de l'empereur François.

Quoi qu'il en soit, je redoublerai de surveillance sur la Hongrie, où rien ne bouge jusqu'à ce moment. J'y ai envoyé ce soir.

---

[1] L'Empereur au maréchal Davout. — « Schœnbrünn, 25 brumaire an XIV (16 novembre 1805). Mon cousin, vous devez avoir reçu l'ordre de faire venir la division Gudin à Vienne, qui, jointe à la division Friant, formera une force suffisante pour maintenir une bonne police à Vienne, et pour avoir une bonne avant-garde à dix bonnes lieues d'ici, sur la route de Brünn. Il est possible aussi que je vous écrive d'envoyer une avant-garde du côté de Stockerau. Tenez vos postes à Presbourg, pourvu qu'ils ne se compromettent pas. Mettez-vous à l'abri de toute surprise, et soyez toujours à vos ponts au point du jour. Ayez des postes de cavalerie jusqu'à Stockerau de huit hommes et un maréchal des logis. Les lettres se porteront de poste en poste. Les aides de camp pourront se servir des chevaux des ordonnances pour arriver rapidement. Vous sentez combien il est important que j'aie fréquemment des nouvelles de Vienne. » (*Correspondance de Napoléon*, t. XI, p. 416.)

Je dois vous faire connaître, Monsieur le Maréchal, que les désordres sur les derrières continuent; les tableaux qu'en font ceux qui en arrivent portent le mal au comble.

Beaucoup de prisonniers russes et autrichiens échappés s'en mêlent.

Je crois de mon devoir d'appeler votre attention sur ces désordres. Les remèdes sont pressants; il n'y a que des colonnes ayant à leur suite une justice prévôtale qui puissent y remédier.

---

117. — AU MINISTRE DE LA GUERRE, MAJOR GÉNÉRAL.

Vienne, 2 frimaire an XIV (23 novembre 1805).

Monsieur le Maréchal, j'ai l'honneur de faire part à Votre Excellence des nouvelles que je reçois de Hongrie. L'empereur François était il y a trois jours à Stuhlweissenbourg, au-dessous d'Ofen, d'où sa famille était partie pour Peterwardin.

Les magnats ont eu l'ordre de retourner dans leurs terres; il n'était point encore question de la levée hongroise.

Du côté de Neustadt, les Hongrois viennent au marché avec confiance; il est très-bien approvisionné, mais il n'en est pas de même sur les bords de la March, dont la plupart des paysans sont en fuite.

On forme des magasins de vivres à Malatzka.

Le chef d'escadrons Méda du 7e régiment des hussards, que j'ai envoyé en parti pour remonter la March jusqu'à la hauteur de Brünn, a eu une petite affaire auprès de Zistersdorf, où il a fait quelques prisonniers. Il paraît d'après lui qu'ils voudraient intercepter la communication de la grande route de Vienne à Brünn. Il m'est extrêmement difficile de faire observer ces vastes plaines, ainsi que la route de Presbourg et de l'Italie sur Neustadt, avec le peu de cavalerie que j'ai à ma disposition. Il serait bien nécessaire que Son Altesse le prince Murat me renvoyât la partie du 1er régiment de chasseurs qu'il a conservée près de lui.

Je préviens le général Bourcier des courses de l'ennemi, afin que pendant sa marche sur Brünn il détache quelques partis sur la March pour balayer tout ce qui existe entre la grande route et la rive de cette rivière.

Je préviens également le général Fauconnet des mouvements des partis ennemis sur la rive droite de la March, afin que s'il reste encore quelques jours dans la position qu'il occupe, il puisse leur donner la chasse.

Le chef d'escadrons Méda m'annonce également une correspondance interceptée que je n'ai pas reçue; selon son rapport, les nouvelles de Hongrie sont incertaines.

Quelques familles hongroises, et entre autres la famille de Esterhazy, ont demandé des passe-ports pour quitter Vienne. Le peuple de cette capitale n'est point bienveillant pour les Français; dans les cafés ils affectent un ton arrogant vis-à-vis d'eux. On a remarqué que toutes les classes donnaient des marques de bienveillance aux colonnes de prisonniers russes, en leur prodiguant de l'argent, des vivres, etc.

Ils sont ici, comme dans le faubourg Saint-Germain, toujours pleins d'espérance pour le Messie.

On berce le peuple avec de fausses nouvelles : tantôt ce sont les Prussiens, tantôt les victoires des Russes, et enfin l'armée de l'archiduc Charles en Hongrie.

---

118. — AU MINISTRE DE LA GUERRE, MAJOR GÉNÉRAL.

Vienne, 2 frimaire an XIV (23 novembre 1805).

Monsieur le Maréchal, j'ai l'honneur d'adresser à Votre Excellence une copie du rapport du général de brigade Gauthier, sur l'expédition dont il avait été chargé pour dissiper les attroupements qui avaient eu lieu dans la vallée de Bodenstein contre un détachement du 35ᵉ régiment d'infanterie de ligne.

Votre Excellence verra que l'attentat commis contre les troupes françaises a été suivi d'une prompte vengeance. Cet exemple d'une juste sévérité, fait en présence des curés et des principaux du pays, ne manquera pas d'en imposer à ceux qui pourraient être tentés de former de nouveaux rassemblements.

119. — AU MINISTRE DE LA GUERRE, MAJOR GÉNÉRAL.

Vienne, 3 frimaire an XIV (24 novembre 1805).

Monsieur le Maréchal, j'ai l'honneur de rendre compte à Votre Excellence que suivant le rapport qui m'est parvenu du chef d'escadrons Méda, commandant le parti que j'ai envoyé pour éclairer la rive droite de la March, l'esprit des Hongrois est meilleur au delà de Presbourg; la Hongrie jouit du plus grand calme surtout à l'est.

On n'ignore pas en Hongrie que les Russes ont été battus au-dessous de Brünn, et les habitants ne redoutent nullement l'arrivée des Français [1].

Ce parti a rencontré l'ennemi en force et a dû se retirer sur Drosing.

D'après des renseignements qui me sont parvenus, un régiment de hussards ennemis était cantonné le long de la rivière de la March; on assure qu'il a dû se porter à Hernbaumgarten et au delà en Moravie. On prétendait également qu'un régiment de cuirassiers était attendu sur les bords de la March.

J'ai donné des ordres pour qu'un parti de 500 à 600 hommes d'infanterie batte la campagne, pour balayer le pays, entre la route de Brünn et la rivière. J'ai été obligé d'employer de l'infanterie à ce service, vu l'insuffisance de la cavalerie.

J'ai fait donner avis au général Fauconnet de ces mouvements de l'ennemi sur les derrières de l'armée.

---

120. — AU MINISTRE DE LA GUERRE, MAJOR GÉNÉRAL.

Vienne, 4 frimaire an XIV (25 novembre 1805).

Monsieur le Maréchal, j'ai l'honneur d'adresser à Votre Excellence copie de la lettre qu'elle m'a adressée le 3 de ce

---

[1] Affaires de Hollabrunn et Guntersdorf, 24 et 25 brumaire (15 et 16 novembre), où les Russes en retraite sur la Moravie, assaillis par Murat, Lannes et Soult, perdaient 2,000 hommes restés sur le champ de bataille, 2,000 prisonniers, 12 pièces de canon, 100 voitures de bagages.

mois pour l'occupation de Presbourg par la division du général Gazan et par une brigade de dragons de la division Klein. Ces troupes ne faisant point partie du 3ᵉ corps d'armée, je ne puis leur donner des ordres, ni des instructions.

Le maréchal Mortier n'a reçu encore aucun ordre relatif à la division Gazan, ce qui me ferait supposer qu'il y a un malentendu. Je prie Votre Excellence de me faire connaître les ordres de Sa Majesté.

Le chef d'escadrons Méda, envoyé en reconnaissance sur la rive droite de la March, a trouvé à Lundembourg un magasin de farine et d'avoine, appartenant à l'empereur d'Autriche. Il se trouve sur le même point un magasin de semblables denrées, appartenant au prince feld-maréchal de Lichtensstein. J'adresse au gouverneur ces renseignements pour qu'il ordonne ce qu'il jugera convenable.

Le pont de Neudorf sur la March, près Presbourg, est le seul qui ne soit point brûlé; il est défendu par des cuirassiers de Nassau, qui s'étendent sur la rivière jusqu'à Angern, avec un régiment hongrois et quelques compagnies franches hongroises.

---

121. — AU MINISTRE DE LA GUERRE, MAJOR GÉNÉRAL.

Vienne, 6 frimaire an XIV (27 novembre 1805).

Monsieur le Maréchal, j'ai l'honneur de rendre compte à Votre Excellence qu'après m'être assuré que le maréchal Mortier n'avait reçu aucun ordre pour le mouvement de la division Gazan, présumant bien qu'il avait dû être commis une erreur de nom de division, j'avais déjà ordonné dès hier un mouvement préparatoire à la division Gudin, que je portai sur la Rusbach; je donnai ordre à cet officier général de faire occuper dès ce matin à trois heures le pont de Neudorf, le seul qui n'a point été détruit. Le général Gudin s'est mis en marche avec sa division à quatre heures pour se porter sur Presbourg, où il a dû arriver vers deux heures.

Les ennemis avaient sur la rive gauche de la March des postes d'infanterie et de cavalerie.

Quelques débris du corps du général Merfeld avaient passé le Danube à Presbourg et à Comorn.

D'après les renseignements qui me sont parvenus, le gouverneur autrichien de Presbourg s'occupait de former des magasins de subsistances, et l'archiduc palatin employait tous ses moyens pour faire lever le peuple hongrois.

J'ai donné au général Gudin les ordres et les instructions nécessaires pour cette expédition; le caractère bien connu de cet officier général m'est un sûr garant que la discipline la plus sévère sera maintenue parmi ses troupes.

Le général Vialannes, qui est sur la rive droite du Danube, s'est porté en avant jusqu'à la hauteur de Presbourg; je le fais joindre par le 12e régiment de chasseurs à cheval que je retire de Neustadt. Toute cette cavalerie sera mise à la disposition du général Gudin, qui sera à même d'envoyer des partis sur plusieurs routes pour tâcher d'intercepter des courriers et des dépêches.

Le général Gudin est chargé de faire connaître aux magistrats de Presbourg les deux lettres du comte Palffy, ainsi que ma réponse.

Le ministre secrétaire d'État a bien voulu se charger du soin de les faire traduire et imprimer ici en langue hongroise, afin de pouvoir les faire répandre et lire dans le pays.

P. S. — Comme il serait possible que Votre Excellence n'ait reçu depuis quelque temps des nouvelles du général Marmont, j'ai l'honneur de lui faire passer celles que je viens de recevoir.

---

122. — AU MINISTRE DE LA GUERRE, MAJOR GÉNÉRAL.

Vienne, 6 frimaire an XIV (27 novembre 1805).

Monsieur le Maréchal, je reçois à l'instant les lettres que Votre Excellence m'a fait l'honneur de m'écrire hier, 5, à onze heures du soir; vous verrez par ma première dépêche qu'une partie de ces instructions était déjà remplie [1].

[1] Le major général Berthier au maréchal Davout: « Brünn, 5 frimaire an XIV (26 novembre 1805). L'Empereur, Monsieur le Maréchal, ordonne que vous

1° Le général Gudin a dû être maître du pont de Neudorf aujourd'hui à quatre heures du matin.

2° Le 12° régiment de chasseurs à cheval, qui était à Neustadt, a reçu ordre de se rendre à la hauteur de Presbourg, sur la rive droite du Danube.

Le général Vialannes, avec une partie de sa cavalerie, passera sur la rive gauche du Danube, à Presbourg, où je serai de ma personne demain de très-bonne heure.

J'ai donné l'ordre au général Friant de venir occuper avec sa division les cantonnements de Aspern, Hirschstetten, Kagran, Breitensée, Leopoldau, Spitz, Jedlersdorf et Stammersdorf.

Le général de brigade Heudelet, ayant sous ses ordres 800 hommes d'infanterie de la division Friant, un régiment de dragons de la 2° brigade de la division Klein, et une pièce d'artillerie, est chargé de parcourir le pays situé entre la grande route de Brünn et la rive droite des rivières de la March et de la Taya, afin de balayer tout ce qui pourrait encore rester de partis ennemis dans ces contrées. Déjà, sur les premiers avis que j'avais reçus que l'ennemi poussait des partis sur la rive droite de la March, j'avais fait battre la campagne, ainsi que j'ai eu l'honneur d'en rendre compte à Votre Excellence, par un détachement d'infanterie de la division Friant; les derniers rapports me confirment que l'ennemi a fait replier tous ses postes et partis sur la rive gauche de la March.

Le général Heudelet reçoit l'instruction de s'emparer de tous les bacs existant sur cette rivière.

vous empariez du pont que l'ennemi a sur la March, à Neudorf. Si la division du général Gudin est partie pour se rendre à Presbourg, vous devez vous y rendre vous-même pour arranger vos postes. S'il y a un bois à proximité de cette place, Sa Majesté veut qu'on en profite pour y baraquer la division Gudin comme les troupes ont baraqué à Boulogne, avec la seule différence que le camp formerait un carré occupant le moins d'espace possible. Ce camp devrait être placé de manière à être dans une position qui rende maître du Danube et de la March. A cent toises aux extrémités du carré, on construirait quatre redoutes. La cavalerie serait aussi cantonnée et aurait ses avant-postes au delà de Presbourg. Quoique le général Gudin soit maître de la ville, il y laisserait faire la police comme à l'ordinaire; mais l'Empereur défend que personne loge la nuit à la ville : tout le monde devra être au camp. » (*Correspondance de Napoléon*, t. XI, p. 437.)

Depuis vingt-quatre heures, je n'ai pas reçu de nouvelles du détachement du 7e régiment de hussards, commandé par le chef d'escadrons Méda, que je tiens depuis quelques jours sur la March; j'ai tout lieu de présumer que son éloignement actuel l'empêche de correspondre avec moi.

La division du général Klein est à six lieues d'ici; demain sa première brigade joindra le général Gudin à Presbourg. Un régiment de la 2e brigade de cette division passera à la disposition du général Heudelet; le 2e régiment de la 2e brigade sera cantonné à Ramsdorf et Schweschat, couvrant la route de Presbourg sur la rive droite.

D'après ces dispositions, il me paraîtrait plus convenable que le général Bourcier balayât le pays compris entre la Taya et la March; je lui écris dans ce sens; au surplus, les renseignements que j'obtiendrai demain à Presbourg me procureront des données plus positives.

Je ferai mettre à exécution les ordres de Sa Majesté pour le baraquement des troupes. Ce ne sera qu'à mon retour de Presbourg que je pourrai répondre en détail aux questions que Votre Excellence m'a faites sur la place de Vienne; j'en excepterai même les sixième et septième questions relatives à la garde bourgeoise, auxquelles je ne me propose de répondre que dans quelques jours, afin de pouvoir vous donner des renseignements exacts et y apporter toute la prudence que me recommande Votre Excellence.

Je puis déjà lui faire connaître qu'il existe autour de la place de Vienne onze bastions sur chacun desquels il y avait deux pièces de canon que l'on a fait rentrer à l'arsenal; il y a des portes qui n'ont point été fermées depuis nombre d'années, mais il n'y a pas de ponts-levis.

La manutention est dans l'intérieur de la place.

Pour mettre la ville à l'abri d'un coup de main, il ne faut que fermer les portes et placer de l'artillerie sur les remparts.

Toute l'artillerie de siége se trouve dans les arsenaux, qui sont situés dans l'intérieur de la ville.

L'artillerie de campagne, avec celle ramassée sur la route de Brünn, est réunie dans les fossés de la place.

A mon retour de Presbourg, j'aurai l'honneur d'adresser à Votre Excellence un rapport détaillé sur le pont à construire sur le Danube au-dessus de la place de Vienne.

Le général Friant me rend compte à l'instant que le détachement d'infanterie de la division qui avait été chargé d'éclairer le pays et de battre la campagne sur la rive droite de la March a eu connaissance que Nikolsburg et lieux voisins étaient occupés par la 4e division de dragons, qui a dû recevoir aujourd'hui l'ordre de venir s'établir à Volkersdorf.

Les postes établis sur la rive droite de la March ont remarqué que l'ennemi apporte beaucoup de surveillance dans la garde de la rive gauche; les principaux postes de l'ennemi sont vis-à-vis Angern et Scholshof, château appartenant à l'empereur d'Autriche.

Il a été découvert dans les environs de Volkersdorf une pièce de canon de 12, 1 affût et 2 caissons qui seront conduits demain à l'arsenal de Vienne.

P. S. — Je reçois à l'instant un rapport du chef d'escadrons Méda, duquel j'ai l'honneur de vous adresser copie.

RAPPORTS

SUR LES ÉVÉNEMENTS QUI ONT EU LIEU AU 3e CORPS DE LA GRANDE ARMÉE, SOUS LES ORDRES DE M. LE MARÉCHAL DAVOUT, PENDANT LA BATAILLE D'AUSTERLITZ [1].

123. — AU MINISTRE DE LA GUERRE, MAJOR GÉNÉRAL.

A Menitz, 11 frimaire an XIV (2 décembre 1805).

Monsieur le Maréchal, j'ai l'honneur de rendre compte à Votre Excellence que ce matin, à cinq heures, la division

---

[1] Dès le 6 frimaire (26 novembre), tout se préparait en Moravie pour une grande bataille. L'empereur Napoléon était rendu à Brünn le 1er frimaire, et il avait pris position en avant de cette ville. Il réunissait d'heure en heure autour de lui, pour l'action qu'il voyait se préparer, les corps de Bernadotte, de Lannes, de Soult, toute la cavalerie de Murat, plus la garde impériale et les grenadiers Oudinot, qui formaient une puissante réserve. Le corps de Davout était aussi appelé de Presbourg et des bords de la March, où il se

Friant s'est mise en marche de ses positions de Raygern, conformément aux ordres que vous m'avez transmis de la part de Sa Majesté; ayant eu connaissance pendant le mouvement que le 3ᵉ régiment de ligne était attaqué à Telnitz, j'y ai dirigé cette division. Le village, que le 3ᵉ régiment avait été obligé de quitter après la plus belle résistance, a été attaqué et emporté par le général Heudelet, à la tête du 108ᵉ régiment et de quelques compagnies du 15ᵉ régiment d'infanterie légère; mais des forces supérieures de l'ennemi l'ont repris de nouveau.

L'ennemi a manœuvré pour m'envelopper en débouchant avec de l'artillerie par Sokolnitz, que j'ai fait attaquer tout de suite par les cinq régiments de la division par échelons. Ce village a été pris et repris plusieurs fois, et l'ennemi a fini par y laisser 12 à 15 pièces de canon; dès la première attaque, trois pièces avaient été prises et emmenées par nous.

J'ai eu à combattre pendant la grande majorité de la journée sur mon front et sur mes flancs des colonnes extrêmement fortes.

Tous les corps ont manœuvré avec sang-froid, sous un feu très-vif, et se sont mêlés plusieurs fois avec l'ennemi; ils ont beaucoup souffert.

Je dois le plus grand éloge de tous les généraux et colonels; tous ont eu des chevaux tués ou blessés; le général Friant en a eu quatre.

Je dois aussi citer avec éloge l'adjudant-commandant Marès, qui a fort bien servi et qui a été blessé.

---

trouvait. La division Friant arrivait à marches forcées, et la division Gudin, la plus éloignée, ne pouvait arriver tout au plus que pendant l'action, si, comme on le pensait, elle devait être très-prochaine. Du 6 au 10 frimaire, c'est-à-dire du 26 novembre au 1ᵉʳ décembre, Napoléon hâtait ses préparatifs, dissimulant avec soin tous ses mouvements sous une apparente immobilité, et affectant même une réserve qui ne lui était pas habituelle. Au camp austro-russe qui était devant lui, sur les hauteurs d'Austerlitz, à Wischau, et où se trouvaient l'empereur Alexandre Iᵉʳ de Russie, l'empereur François d'Autriche, on s'était singulièrement mépris sur cette immobilité, attribuée à de l'embarras. On croyait pouvoir, cette fois, combattre avec avantage l'armée française, et l'on se flattait même de la tourner sur sa droite en lui coupant la route de Vienne, où l'on supposait qu'elle

Mon chef d'état-major, le général Daultanne, officier très-distingué, a été très-utile; il a continuellement rallié les corps et a montré le plus grand calme.

L'adjudant-commandant Hervo l'a parfaitement secondé.

Dans l'après-midi, la division Friant s'est portée sur Melnitz pour tourner quelques bataillons et escadrons qui se battaient contre des troupes du 4ᵉ corps d'armée; ces corps ennemis, n'ayant plus d'issue, ont été en partie jetés dans le lac par les troupes du 4ᵉ corps.

Il y a eu dans la journée plusieurs drapeaux pris par le 48ᵉ et le 108ᵉ régiment.

avait sa ligne de retraite. L'Empereur ne faisait rien jusqu'au dernier moment pour détromper les généraux austro-russes. Il voulait les laisser s'engager dans leur mouvement, se tenant prêt à se jeter sur eux et à les briser. Le 30ᵉ bulletin de la grande armée décrit ainsi les dispositifs de Napoléon avant la bataille :

« L'Empereur fit sur-le-champ toutes les dispositions de bataille. Il fit partir le maréchal Davout en toute hâte pour se rendre au couvent de Raygern. Il devait, avec une de ses divisions et une division de dragons, y contenir l'aile gauche de l'ennemi, afin qu'au moment donné elle se trouvât tout enveloppée. Il donna le commandement de la gauche au maréchal Lannes, de la droite au maréchal Soult, du centre au maréchal Bernadotte, et de toute la cavalerie, qu'il réunit sur un seul point, au prince Murat. La gauche du maréchal Lannes était appuyée au Santon, position superbe, que l'Empereur avait fait fortifier, et où il avait fait placer dix-huit pièces de canon... La division du général Suchet formait la gauche du maréchal Lannes; celle du général Caffarelli (détachée du corps de Davout) formait sa droite, qui était appuyée à la cavalerie du prince Murat... Le maréchal Bernadotte, c'est-à-dire le centre, avait à sa gauche la division du général Rivaud, appuyée à la droite du prince Murat, et à sa droite la division du général Drouet. Le maréchal Soult, qui commandait la droite de l'armée, avait à sa gauche la division du général Vandamme, au centre la division Saint-Hilaire, à sa droite la division du général Legrand. Le maréchal Davout, sur la droite du général Legrand, gardait les débouchés des étangs des villages de Sokolnitz et de Telnitz. Il avait avec lui la division Friant et les dragons de la division Bourcier. La division du général Gudin devait se mettre de grand matin en marche de Nikolsbourg pour contenir le corps ennemi, qui aurait pu déborder la droite.

« L'Empereur, avec le maréchal Berthier, son premier aide de camp, le colonel général Junot, et tout son état-major, se trouvait en réserve avec les dix bataillons de la garde et les dix bataillons de grenadiers du général Oudinot, dont le général Duroc commandait une partie... » C'est ainsi que se préparait, du 6 au 11 frimaire (2 décembre), l'action militaire qui allait s'appeler la bataille d'Austerlitz. (*Correspondance de Napoléon*, t. XI, p. 446, 447, 448, 449, 450.)

Le général Bourcier, avec la division de dragons sous ses ordres, a parfaitement couvert ma droite et maintenu l'ennemi par ses manœuvres et plusieurs charges.

Je ferai connaître à Votre Excellence les officiers et soldats qui se sont plus particulièrement distingués.

Il n'y a eu que 500 à 600 Russes pris; une perfidie d'un de leurs colonels, qui avait mis bas les armes et qui les a reprises contre le 108e régiment, a excité l'indignation et la fureur des soldats.

La plaine, les villages et les maisons sont jonchés de morts[1].

---

124. — AU MINISTRE DE LA GUERRE, MAJOR GÉNÉRAL.

Josephdorf, 13 frimaire an XIV (4 décembre 1805).

Monsieur le Maréchal, j'ai l'honneur de rendre compte à Votre Excellence que, rendu aujourd'hui en avant de Josephdorf avec les divisions Friant et Gudin et la cavalerie des généraux Klein et Bourcier, je me dirigeais sur Gœding lorsque le colonel comte de Walmoden est venu m'apporter un billet du général Merfeld qui annonçait un armistice de vingt-quatre heures et une entrevue de Sa Majesté l'empereur d'Allemagne avec notre auguste souverain. Le général Merfeld désirant en conférer avec moi, j'ai été le voir; je lui ai observé que son billet ne m'était pas suffisant, devant être naturellement en garde contre ces petites ruses de guerre. Je lui ai cité Steyer[2], et je lui ai déclaré vouloir une autre assurance par écrit de l'empereur Alexandre. M. de Merfeld s'est retiré en m'assurant que sous peu je serais satisfait à cet égard, et que tous mes doutes seraient levés.

A peine rendu à mon quartier général, le prince..., premier aide de camp de Sa Majesté l'empereur de Russie, accompagné du comte de Walmoden, m'a apporté la lettre dont

---

[1] Ceci était le premier rapport sommaire auquel on crut devoir joindre les diverses pièces relatives à la bataille d'Austerlitz.
[2] Le maréchal fait ici allusion à une ruse de guerre employée quelques années auparavant par les généraux autrichiens à Steyer, à l'égard de l'armée de Moreau, au lendemain de la bataille de Hohenlinden.

j'adresse copie à Votre Excellence, ainsi que du billet de l'empereur de Russie écrit au crayon.

Devant croire alors à la conférence et à la suspension d'armes, je me suis arrêté et ai pris position à Josephdorf.

J'ai répondu au général Kutusof que je ferais suspendre les hostilités jusqu'à six heures du matin, et que même pour éviter toute erreur ou surprise, on se préviendrait une heure d'avance de la reprise des hostilités.

J'ai la certitude que l'empereur Alexandre est établi à Holitsch, sur la rive gauche de la March [1].

Un régiment que j'avais détaché sur Mutienitz a fait une vingtaine de prisonniers; mais comme il y existait un camp russe de 5,000 à 6,000 hommes, le général Gautier, commandant ce détachement, a cru prudent de se retirer à une demi-lieue.

La division Friant occupe Josephdorf et Pruschanski; la division Gudin est placée dans les bois situés sur la rive gauche du ruisseau qui passe près de Josephdorf.

La division Klein est à Neuhof, et celle du général Bourcier à Josephdorf; la cavalerie légère du 3ᵉ corps d'armée, sur tout le front de la ligne.

---

[1] Ceci était tout simplement un stratagème employé par les généraux austro-russes pour échapper à un désastre inévitable. Le maréchal Davout, aussitôt après la bataille, avait été mis à la poursuite de l'armée austro-russe, et le matin du 4 il la serrait de si près qu'avant une heure peut-être il allait la prendre avec les généraux et l'empereur Alexandre lui-même. Davout, quoique rendu défiant par d'anciens souvenirs, croyait devoir s'arrêter devant une communication qui paraissait si formelle, et surtout devant le billet de l'empereur Alexandre. Il expédiait en même temps un aide de camp pour porter ces faits à la connaissance de Napoléon, qui s'écria aussitôt : « Mais il n'y a pas un mot de vrai dans tout cela ! » Il réfléchit un instant, puis ajouta : « Dites au maréchal qu'il a bien fait de croire à la parole de l'empereur Alexandre. » Ce n'est en effet que le 4 qu'eut lieu la première entrevue de l'empereur d'Autriche avec Napoléon, et il n'y eut réellement suspension d'hostilités que le lendemain 5. L'empereur Alexandre, menacé d'être pris, avait cru sans doute pouvoir présenter comme un fait acquis un armistice dont il était décidé à accepter toutes les conditions. Quelques jours plus tard, les préliminaires de la paix étant déjà arrêtés, l'empereur Alexandre envoya au maréchal une tabatière enrichie de diamants et ornée de son portrait; le maréchal la refusa, il l'envoya à Napoléon, qui l'autorisa à accepter ce présent.

a) — AU GÉNÉRAL DE BRIGADE DAULTANNE
CHEF DE L'ÉTAT-MAJOR GÉNÉRAL.

13 frimaire (4 décembre 1805).

M. le colonel comte de Walmoden ira avec un trompette vers le général français commandant la 3ᵉ division du corps d'armée, et lui dira qu'il existe un armistice depuis aujourd'hui six heures du matin jusqu'à demain six heures du matin, Sa Majesté l'empereur d'Allemagne étant en conférence avec Sa Majesté l'empereur des Français, pour la paix à Utchitz.

Par ordre de Sa Majesté l'empereur de Russie.

Signé : MERFELD, lieutenant général.

---

b) — AU MARÉCHAL DAVOUT
COMMANDANT LE 3ᵉ CORPS DE L'ARMÉE FRANÇAISE.

Gœding, 22 novembre (4 décembre 1805).

Monsieur le Maréchal, Sa Majesté l'Empereur, mon auguste maître, n'étant pas ici, je viens de lui expédier un exprès pour lui demander l'assurance par écrit qu'une trêve vient d'être arrêtée entre l'armée française et celle que je commande. En attendant, je vous engage ici ma parole d'honneur que l'armistice conclu pour vingt-quatre heures commence dès six heures du matin, et que l'empereur d'Allemagne, après en être convenu avec mon auguste maître, est allé sur les chemins d'ici à Austerlitz s'aboucher avec le vôtre ; je m'empresse donc d'en prévenir Votre Excellence, en la priant de vouloir bien suspendre les hostilités jusqu'à l'échéance du terme fixé, et je lui offre en même temps l'assurance de ma haute considération.

Le commandant en chef des armées combinées de Leurs Majestés Impériales de Russie et d'Allemagne.

Signé : KUTUSOF.

P. S. — Je prends sur moi de transmettre à Votre Excellence, dans deux heures et demie tout au plus, l'assurance susmentionnée de mon auguste maître.

Signé : KUTUSOF.

---

c) — POUR LE MARÉCHAL DAVOUT
COMMANDANT LE 3ᵉ CORPS DE L'ARMÉE FRANÇAISE.

Le général Merfeld est autorisé à dire au maréchal Davout, de ma part, que l'armistice de vingt-quatre heures a été conclu pour l'entrevue que les deux chefs suprêmes de leurs nations ont aujourd'hui ensemble à Utchitz[1].

Signé : ALEXANDRE.

---

125. — AU GÉNÉRAL FRIANT.

Au quartier général de Lundenbourg, 14 frimaire 1805.

Je vous autorise, mon cher Friant, à décacheter toutes les dépêches qui me seraient adressées du grand quartier général. Vous ferez exécuter tout de suite les ordres de mouvement qu'elles pourraient contenir, vous me les renverrez aussitôt après. Je vous envoie quatre de mes ordonnances qui connaissent le chemin de Josephdorf à Lundenbourg; vous ne les emploierez qu'à m'expédier promptement les dépêches les plus importantes et les plus pressantes que vous aurez reçues. Les autres me seront envoyées par les vôtres.

Quoique nous soyons en armistice, mon cher Général, gardez-vous toujours avec précaution, faites surveiller les mouvements de l'ennemi, et surtout que sous aucun prétexte la ligne de vos vedettes et de nos avant-postes ne soit dépassée par personne. S'il se présentait quelques parlementaires avec

---

[1] Ce billet autographe écrit au crayon, remis à Napoléon, est resté longtemps dans les papiers particuliers du portefeuille qui l'accompagnait partout et n'a été brûlé qu'à l'époque de la retraite de Russie. — Voir les *Souvenirs historiques* du baron DE MENEVAL.

des dépêches, elles seraient reçues aux avant-postes, et vous me les enverriez tout de suite par une de mes ordonnances. Je vous autorise aussi à en prendre connaissance.

---

126. — AU MINISTRE DE LA GUERRE, MAJOR GÉNÉRAL.

Lundenbourg, 15 frimaire.

Monsieur le Maréchal, j'ai eu l'honneur de rendre compte à Votre Excellence, dès le 11 au soir, de ma marche pour me rendre, avec la division Friant et celle de dragons du général Bourcier, sur les points qui m'avaient été assignés par Sa Majesté. J'ai mis sous vos yeux le précis des événements qui ont eu lieu dans la partie soumise à mon commandement pendant la mémorable journée du 11. J'ai cité particulièrement quelques officiers recommandables par leurs services.

Pour satisfaire aux demandes que m'a faites Votre Excellence par sa lettre d'hier, je vais entrer dans quelques détails sur la part que le corps d'armée à mes ordres a eue à la bataille du 11.

J'avais fait former la division Friant en trois brigades.

La 1re, composée du 108e régiment de ligne et des compagnies de voltigeurs du 15e régiment d'infanterie légère, était aux ordres du général Heudelet.

La 2e, composée du 15e régiment d'infanterie légère et du 33e de ligne, était aux ordres du général Kister.

La 3e, forte des 48e et 111e, était commandée par le général Lochet.

La division marcha dans cet ordre. J'avais prescrit au général Friant de faire porter la brigade du général Heudelet sur Turas, d'où elle devait chasser l'ennemi, et de la diriger ensuite sur Sokolnitz; les deux autres brigades avaient ordre de suivre par échelons pour soutenir le mouvement.

Ayant eu connaissance pendant la marche que le 3e régiment d'infanterie de ligne du 4e corps d'armée était vivement attaqué à Telnitz, j'ordonnai au général Friant d'y porter sur-le-champ sa division.

La brigade du général Heudelet fut chargée de l'attaque du village, que le 3ᵉ régiment de ligne, après la plus belle résistance, avait été contraint d'abandonner.

Le général Heudelet fit emporter le village ; mais après les plus grands efforts pour s'y maintenir, des forces infiniment supérieures le contraignirent à l'évacuer.

Le général Bourcier, à qui j'avais fait prendre position pour observer les mouvements de l'ennemi et le contenir sur ma droite, fit exécuter à sa première ligne une charge sur l'ennemi qui se présentait en avant du village et le força à rétrograder.

L'ennemi manœuvrant ensuite pour m'envelopper et débouchant avec de l'artillerie par Sokolnitz, je le fis attaquer à l'instant par les cinq régiments de la division Friant disposés par échelons ; le village fut pris et repris plusieurs fois. Enfin, l'ennemi, malgré la supériorité du nombre et ses efforts sur tous les points de l'attaque, finit par laisser en notre pouvoir environ 20 bouches à feu et 4 drapeaux; deux de ceux-ci ont été pris par le 48ᵉ régiment, et les autres par le 108ᵉ. J'ai l'honneur de les adresser à Votre Excellence.

Les cinq régiments de la division Friant, beaucoup affaiblis par les marches forcées et vraiment extraordinaires qu'ils venaient de faire, ne comptaient pas 4,000 baïonnettes au moment où elles se présentèrent à l'ennemi; cependant ils surent faire tête, et même prendre et retenir l'avantage pendant toute l'action, à des forces infiniment supérieures; s'ils cédèrent quelquefois au nombre, ce ne fut que pour les réattaquer avec plus de vigueur : toujours ils furent prompts à se rallier sous le feu le plus vif, et ils montrèrent constamment le plus grand calme dans les moments même les plus difficiles, mais ils ont beaucoup souffert.

Dans l'après-midi, la division Friant marcha sur Menitz, pour tourner quelques bataillons et escadrons qui étaient aux prises avec les troupes du 4ᵉ corps d'armée, qui les culbutèrent en grande partie dans le lac.

Je dois les plus grands éloges au général de division Friant, qui a eu dans cette journée quatre chevaux tués ou blessés sous lui;

Aux généraux de brigade Heudelet, Kister et Lochet, qui comme lui ont eu leurs chevaux tués ou blessés et leurs habits criblés de balles, et qui, pendant toute l'action, n'ont cessé de déployer le zèle et les talents qui les caractérisent.

Je me plais à rendre un témoignage éclatant de la conduite du 15ᵉ régiment d'infanterie légère et de son chef, M. le major Geither; cet officier, blessé dans l'action, fut remplacé dans le commandement par le chef de bataillon Dulong, officier non moins distingué.

Le 33ᵉ régiment d'infanterie de ligne et son colonel, M. Saint-Raymond;

Le 48ᵉ régiment et son colonel, M. Barbanègre;

Le 118ᵉ régiment et son colonel, M. Higonnet;

Le 111ᵉ régiment et son colonel, M. Gay, méritent le même témoignage.

Les chefs de bataillon Cartier, du 33ᵉ régiment, Lacombe, du 48ᵉ, et Guigue, du 111ᵉ, ont été blessés.

J'ai l'honneur de rappeler à Votre Excellence les services qu'a rendus dans cette journée le général Daultanne, mon chef d'état-major.

L'adjudant-commandant Hervo l'a parfaitement secondé.

L'adjudant-commandant Marès a très-bien servi, a été blessé et a eu un cheval blessé sous lui.

Le chef d'escadrons Vigé, du 2ᵉ régiment de chasseurs, a été tué.

Le général Friant rend un compte très-avantageux des officiers de son état-major; il cite particulièrement le capitaine adjoint Bonnaire, officier de mérite, et qui a été blessé.

La division de dragons du général Bourcier maintint l'ennemi pendant tout le jour par sa belle contenance, la précision de ses manœuvres et plusieurs charges faites avec autant d'ordre que de succès sous le feu de l'infanterie, comme protégée par un ruisseau qui ne pouvait être franchi par la cavalerie.

En faisant l'éloge de la conduite des régiments sous ses ordres, ainsi que des généraux de brigade Sahuc et Laplanche, le général Bourcier cite particulièrement celle du 19ᵉ régiment de dragons commandé par le colonel Caulaincourt; ce régiment, chargé de s'emparer d'un défilé, l'a passé avec le plus grand ordre, quoique sous le feu de la mousqueterie et de l'artillerie ennemies, qui lui ont fait perdre beaucoup d'hommes et de chevaux.

Je me joins avec plaisir au général Bourcier pour recommander à la bienveillance de Votre Excellence ses aides de camp, MM. Le Moyne, chef d'escadron, et Girard, capitaine, officiers recommandables autant par leurs qualités personnelles que par leur ancienneté de grades.

J'ai l'honneur d'adresser à Votre Excellence une ampliation de mon rapport du 11, un état présentant les pertes de la division Friant dans cette journée, un état nominatif des officiers, sous-officiers et soldats qui se sont particulièrement distingués dans cette division.

Je m'empresserai de lui transmettre incessamment les faits particuliers que je pourrai recueillir, ainsi que les noms des militaires qui se sont emparés des drapeaux; d'après les rapports qui ont été faits, il a dû en être pris 6; mais deux soldats n'y attachant aucun prix parce qu'il n'existait que les bâtons, ont dû en briser deux et les jeter.

127. — A L'EMPEREUR ET ROI[1].

Presbourg, 5 nivôse.

Sire, Votre Majesté m'a ordonné, par sa lettre du 22 de ce mois, de lui adresser un rapport plus circonstancié de tout ce qu'ont fait les troupes que je commandais le jour de la bataille d'Austerlitz.

J'ai l'honneur de rendre compte à Votre Majesté que le 11, entre cinq heures et demie et six heures du matin, je fis partir

---

[1] L'Empereur au maréchal Davout. — « Schœnbrün, 22 frimaire an XIV (13 décembre 1805). Envoyez-moi, je vous prie, un détail plus circonstancié de tout ce que vous avez fait dans la bataille d'Austerlitz. Dites-moi les choses au vrai et tout ce qui s'est passé. Faites-moi connaître aussi si la division Klein a fait quelque chose. » (*Correspondance de Napoléon*, t. XI, p. 476.)

la division Friant de l'abbaye de Raygern ; cette division était formée en 3 brigades marchant par échelons.

La 1re était composée du 1er régiment de dragons détaché momentanément depuis quelques jours de la division Klein, des 2 compagnies de voltigeurs du 15e régiment d'infanterie légere et du 108e régiment d'infanterie de ligne ; elle était commandée par le général Heudelet.

La 2e, aux ordres du général Kister, était composée du reste du 15e régiment d'infanterie légere et du 33e de ligne.

La 3e, commandée par le général Lochet, était formée des 48e et 111e régiments.

La division des dragons du général Bourcier marchait sur la droite ; elle était composée des 15e, 17e, 18e, 19e et 27e régiments.

Ces troupes marchèrent d'abord sur Turas ; je leur fis prendre ensuite la direction de Sokolnitz, conformément aux ordres que j'en avais. Pendant cette marche, vers huit heures, un officier du général Margaron vint me donner connaissance que le 3e régiment d'infanterie de ligne de la division Legrand était vivement attaqué à Telnitz ; cet officier ajouta que le général Margaron croyait pouvoir donner le temps au général Legrand d'arriver avec sa division à Sokolnitz, ayant pour défendre ce débouché de l'artillerie légère et quelques troupes ; Sokolnitz d'ailleurs n'était pas encore attaqué à cette époque.

Sur ces renseignements, je fis marcher la division Friant sur Telnitz, et j'ordonnai au 1er régiment de dragons commandé par le général Ménard d'exécuter ce mouvement avec beaucoup de rapidité, et d'empêcher l'ennemi qui s'était emparé de Telnitz de déboucher de ce village ; le 3e régiment de ligne, apres avoir perdu beaucoup de monde, en faisant la plus belle défense, avait été obligé de se replier.

Sur ces entrefaites, le général Heudelet, arrivé avec sa brigade à hauteur de Telnitz, s'y précipita à la tête de ses troupes. L'ennemi extrêmement nombreux opposa la plus forte résistance ; il fut cependant contraint de céder à l'intrépidité des troupes et aux bonnes dispositions du général Heudelet ; à neuf heures et demie le village était en notre pouvoir, le champ de bataille, les rues et les maisons étaient jonchés de morts; trois pièces de canon furent ramenées par nos troupes, deux autres, faute de chevaux, furent laissées en arrière du village.

Le 108°, qui fut presque toujours mêlé avec l'ennemi, lui enleva deux drapeaux, et sut conserver les siens, à force de traits particuliers de valeur.

Les Russes culbutés, épouvantés et dans le plus grand désordre, étaient sur le point de mettre bas les armes, et parlementaient déjà, lorsque le 26° régiment d'infanterie légère, qui faisait partie de la division Legrand formée sur notre gauche et en arrière de Sokolnitz, vint se placer derrière le ruisseau en avant duquel combattait le 108° régiment; le brouillard ne lui permettant pas de reconnaître nos troupes, ce régiment engagea un feu très-vif qui fit beaucoup souffrir la brigade du général Heudelet; les Russes reprirent les armes, et à l'aide de nouvelles troupes ils se rendirent de nouveau maîtres du village.

Dans le même temps que l'ennemi débouchait de Sokolnitz, la division Friant était séparée de la division Legrand; il n'y avait pas un moment à perdre. Le général Heudelet avait rallié ses troupes près de Telnitz, et gardait le débouché, pendant que le général Bourcier, un peu plus sur la droite, par des charges faites très à propos, empêchait l'ennemi de se porter en avant du village.

Dans cet instant surtout la division des dragons eut beaucoup à souffrir de la mousqueterie et de l'artillerie de l'ennemi, dont elle se trouvait à très-petite portée.

Le général Lochet, à la tête du 48° régiment, se porta contre les Russes qui se formaient sur les hauteurs en avant de Sokolnitz; le général Friant fit appuyer ce mouvement par la brigade du général Kister et par le 111° régiment. Les Russes furent culbutés et poursuivis dans le village, qui fut emporté; 6 pièces de canon, qui furent mises aussitôt hors de service, et 2 drapeaux, furent enlevés par le 48° régiment; mais l'ennemi renouvelait ses troupes, réattaqua Sokolnitz et parvint à repousser le 111° qui tenait la gauche du village; le

48ᵉ fut alors livré à lui-même dans Sokolnitz pendant près de trois quarts d'heure. Le général Lochet, qui était resté à sa tête, eut à soutenir le combat dans les rues, dans les granges et dans les maisons.

Cependant, pour dégager ce régiment, le général Friant se porta sur Sokolnitz avec la brigade du général Kister et parvint à repousser un moment l'ennemi; il jeta aussitôt dans le village le 15ᵉ régiment d'infanterie légère; ce régiment, composé en grande partie de conscrits, s'y couvrit de gloire, mais ne put encore débarrasser le 48ᵉ; il fut lui-même repoussé, ainsi que le 33ᵉ régiment, après avoir opposé l'un et l'autre la plus vive résistance. Cette brigade fut aussitôt ralliée et ramenée au combat.

Le 111ᵉ parfaitement rallié venait de faire une nouvelle charge, qui, bien que des plus vigoureuses, fut néanmoins sans succès; il perdit même du terrain, mais dans le meilleur ordre.

L'ennemi se porta alors sur la brigade du général Kister, qu'il déborda par sa gauche; le général Friant fit faire très à propos un changement de front au 33ᵉ régiment, et toutes ces trois brigades parfaitement ralliées eurent ordre de se précipiter sur l'ennemi, qui, cette fois, fut enfoncé et laissa la plaine couverte de ses morts.

Sur ces entrefaites, le 36ᵉ régiment, faisant partie du 4ᵉ corps d'armée, arriva par la partie gauche de Sokolnitz et contribua à dégager le 48ᵉ; ces deux régiments, soutenus par les tirailleurs de la division Friant, poursuivirent l'ennemi et l'acculèrent sur des lacs, après lui avoir fait éprouver la plus grande perte.

Pendant ce mouvement, les troupes de la division Legrand parurent sur les crêtes en arrière; un des régiments de cette division et le 8ᵉ régiment de hussards arrivèrent à portée de l'ennemi, dont la colonne entière mit bas les armes, après quelques coups de fusil. La glace du lac sur lequel cette colonne fut jetée venait d'être rompue par les chevaux des officiers qui s'étaient sauvés; d'ailleurs l'arrivée des troupes françaises de l'autre côté de ce lac ôtait à l'ennemi tout espoir de salut.

Ce fut à ce moment que s'engagea une forte canonnade

sur les hauteurs au delà de Telnitz. Des divisions du corps du maréchal Soult marchaient par Sokolnitz pour se porter de ce côté; la division Friant suivit ce mouvement en longeant ce ruisseau et se dirigeant sur Menitz. A la hauteur de Telnitz, la brigade du général Heudelet atteignit une forte colonne qui se retirait dans le plus grand désordre et fit sur elle, tout en la poursuivant, un feu très-vif de mousqueterie et d'artillerie, qui lui tua encore beaucoup de monde; cette brigade se trouvait alors en potence avec des troupes du maréchal Soult : elle eut avec elles le spectacle des Russes se submergeant dans le lac, par leur précipitation à s'échapper. Ces divisions traversèrent Menitz et furent prendre position à une lieue en avant sur le chemin de Neuhof.

Il fut fait dans le jour par les troupes à mes ordres 1,000 prisonniers, indépendamment de la colonne qui mit bas les armes, succès auquel le 48ᵉ eut tant de part.

Je dois aux troupes de la division Friant la justice de dire que ceux des blessés qui ne purent pas eux-mêmes se retirer du combat ne reçurent des soins qu'après la bataille.

La grande intrépidité que déployèrent les troupes dans cette journée est due à l'exemple des officiers généraux, qui furent constamment au milieu du feu le plus vif et y perdirent tous des chevaux; le général Friant en perdit quatre, le général Lochet deux, et les généraux Kister et Heudelet un; presque tous les colonels furent dans le même cas; trois chefs de bataillon furent blessés, ainsi que le major commandant le 15ᵉ régiment d'infanterie légère, qui eut aussi son cheval tué.

L'adjudant commandant Marès reçut une blessure grave à la cuisse et perdit aussi des chevaux.

Le général Daultanne, mon chef d'état-major, officier très-distingué, rendit de grands services pendant la bataille.

L'adjudant commandant Hervo, sous-chef de mon état-major, le seconda parfaitement.

Mes aides de camp dont les chevaux n'avaient pu joindre se réunirent aux bataillons d'infanterie. Le colonel Bourke, mon premier aide de camp, marcha avec la brigade du général Heudelet et se fit distinguer par cet officier général.

Le chef d'escadrons Vigé, du 2ᵉ régiment de chasseurs à cheval, fut tué.

J'adresse à Son Excellence le ministre de la guerre les détails relatifs aux faits individuels que j'ai pu recueillir.

J'ai l'honneur de faire observer à Votre Majesté que la division Friant n'était forte, au commencement de l'action, que de 3,300 et quelques hommes, sa marche de Vienne, sans faire de halte, ayant forcé la moitié de son monde à rester en arrière; la plupart de ces hommes rejoignirent le 11 au soir, et les autres le lendemain.

Ce qui prouvera à Votre Majesté encore mieux que tous les rapports combien cette division eut d'efforts à faire pendant toute la bataille, c'est qu'elle y perdit environ 1,400 hommes, parmi lesquels on compte 17 officiers morts et 57 blessés, 207 sous-officiers ou soldats tués et 963 blessés; le surplus fait prisonnier a été rendu depuis.

La division Bourcier eut 35 hommes tués et 41 blessés; elle compte de plus 65 chevaux tués et 35 blessés.

Le 19ᵉ régiment de dragons eut à lui seul, dans ce nombre, 21 hommes tués et 12 blessés, avec 22 chevaux tués et 15 blessés.

Dans un moment où l'ennemi avait repris l'avantage sur la gauche de la division Friant, ce régiment fut chargé d'aller courir et garder le passage d'un défilé important; il passa le défilé avec beaucoup d'ordre, quoique exposé à la fusillade et au canon de l'ennemi.

La division du général Klein arriva le jour de la bataille à Raygern, où elle resta en position avec le 25ᵉ régiment de dragons, de la division Bourcier, qui avait été laissé pour arrêter les partis qui auraient paru sur ce point; ces divisions devinrent inutiles, aucun parti ne s'étant présenté.

Si je n'ai point eu l'honneur d'adresser plus tôt un rapport à Votre Majesté, Sire, c'est que j'ai voulu recueillir les faits dont j'avais été témoin, de la bouche même des officiers généraux, pour pouvoir, avec plus de certitude, vous en garantir la véracité et l'authenticité.

128. — AU MINISTRE DE LA GUERRE, MAJOR GÉNÉRAL.

Presbourg, 6 nivôse.

Monsieur le Maréchal, j'ai l'honneur d'adresser à Votre Excellence un duplicata du rapport direct que j'ai dû faire à Sa Majesté, pour satisfaire à sa lettre du 22 du mois dernier, j'ajoute ici à ce rapport les faits détaillés que j'ai recueillis concernant les corps et les individus qui se sont le plus particulièrement distingués à la mémorable journée d'Austerlitz; je prie Votre Excellence de vouloir bien les mettre sous les yeux de Sa Majesté et de solliciter sa bienveillance en faveur de ces braves.

(Voyez le rapport précédent fait à Sa Majesté l'Empereur.)

Je me plais à rendre à Votre Excellence un témoignage éclatant de la conduite distinguée du 15e régiment d'infanterie légère et de celle de son chef, M. le major Geither; cet officier supérieur, après avoir eu son cheval tué sous lui, fut blessé et remplacé par le chef de bataillon Dulong, officier non moins recommandable et déjà mutilé à la guerre.

Je dois citer le 33e régiment de ligne et son colonel, M. de Saint-Raymond, qui eut son cheval tué sous lui; le 48e et son colonel, M. Barbanègre; le 108e et son colonel, M. Higonnet; le 111e et son colonel, M. Gay, méritent le même témoignage. M. Higonnet, colonel du 108e, s'était fait déjà remarquer par sa belle conduite à l'affaire de Mariazell. MM. les chefs de bataillon Cartier, du 33e régiment, Lacombe, du 48e, et Guigue, du 111e, furent blessés.

Je citerai également avec éloge MM. Chevalier et Lamaire, chefs de bataillon au 108e régiment; M. Legrand, chef de bataillon au 33e; MM. Dulong, du 15e régiment d'infanterie légère, déjà mutilé d'un bras, et Guinand, aussi chef de bataillon au 111e.

J'ai l'honneur de rappeler à Votre Excellence les services que rendit dans cette journée le général Daultanne, mon chef d'état-major, et ceux de l'adjudant commandant Hervo, sous-chef de l'état-major, qui le seconda parfaitement. L'adjudant commandant Marès servit très-bien, fut blessé et eut un cheval blessé sous lui.

Le général Friant rend le compte le plus avantageux de la conduite de ses aides de camp, MM. Petit, chef de bataillon; Binot et Holtz, capitaines; de celle de MM. Duvivier et Liegeard, très-anciens capitaines et aides de camp du général Heudelet; de MM. Galichet et Jaëger, aides de camp du général Lochet; M. Galichet, à la tête de deux compagnies du 48ᵉ régiment, repoussa avec la plus grande valeur une attaque de l'ennemi sur les derrières de Sokolnitz.

Le jeune Muiron, officier de la plus heureuse espérance et aide de camp du général Kister, fut tué. M. Esparon, lieutenant, aide de camp du général Grandeau, malade à Vienne, se rendit auprès du général Friant et se conduisit parfaitement. Le capitaine Bonnaire, adjoint à l'état-major de la division Friant, officier de mérite, fut blessé.

Entre autres traits de bravoure qui illustrèrent la journée d'Austerlitz, j'aurai l'honneur de mettre sous les yeux de Votre Excellence ceux ci-après :

Dans le 15ᵉ régiment d'infanterie légère :

Les sergents-majors Broudes et Deschamps, porte-drapeau, eurent à défendre leurs aigles contre plusieurs sous-officiers et grenadiers russes qui faisaient les plus grands efforts pour s'en emparer; ces deux braves assommèrent chacun plusieurs ennemis sous le poids de leurs aigles et parvinrent même à les conserver à leur régiment.

Le sergent-major Surdun, jeune homme de mérite, se battit seul contre deux Russes, dont il se défit après avoir reçu un coup de baïonnette. Le caporal Dumont dégagea son capitaine et son lieutenant cernés par les Russes, dont il tua et assomma un troisième.

Le chasseur Chandelier, après avoir reçu un coup de feu à l'épaule, ne voulut point se retirer, et retomba sur les Russes avec plus de fureur que jamais.

Dans le 33ᵉ régiment de ligne :

M. Belin, capitaine de voltigeurs, en pénétrant dans le village de Sokolnitz à la tête de sa compagnie, tua 7 Russes et ne céda au nombre qu'après avoir été atteint de plusieurs coups de baïonnette et d'un coup de feu qui lui enleva deux doigts de la main droite.

Le nommé Minguet, fifre, âgé de quinze ans, montra au fort de l'action une intrépidité au-dessus de son âge et fut atteint de deux coups de feu à la jambe.

Dans le 48ᵉ régiment de ligne :

Ce régiment contribua puissamment à faire mettre bas les armes à une forte colonne ennemie ; il prit deux drapeaux russes et plusieurs pièces de canon.

Dans le 108ᵉ régiment de ligne :

A l'attaque de Telnitz, le chef de bataillon Chevalier, qui avait passé le premier un pont à la tête de son régiment, fut enveloppé avec sa troupe par un très-grand nombre d'ennemis, sous l'effort desquels lui et les siens n'eussent pas manqué de succomber, si le chef de bataillon Lamaire, du même régiment, ne fût parvenu à se faire jour et à les débarrasser après l'action la plus sanglante.

Les grenadiers Mauri et Pront enlevèrent 2 drapeaux russes. Le sergent Humbert et le caporal Bouquillon culbutèrent un peloton de 25 Russes.

Le sergent Chevalier, qui au combat de Mariazell enleva un drapeau, fit encore la même tentative le 11 frimaire, mais il fut blessé de plusieurs coups de sabre, au moment où il allait réussir.

Dans le 111ᵉ régiment de ligne :

M. Nardin, sous-lieutenant de la 1ʳᵉ compagnie de grenadiers, entra le premier dans le dernier retranchement où tenait encore l'ennemi, près du pont de Sokolnitz, qui fut enlevé ; il fit lui-même 3 prisonniers et fut blessé à la seconde charge que l'on dut faire pour conserver ce poste.

Le sergent-major Combet, porte-drapeau au 1ᵉʳ bataillon, au moment où son bataillon venait d'être repoussé, poussa courageusement son aigle à 20 toises en avant du régiment, lui servit de point de ralliement et détermina une charge qui eut un plein succès.

Le sergent-major Sallio, quoique blessé dès le matin, resta

constamment à sa compagnie et fut toujours le premier à marcher à l'ennemi.

La division de dragons du général Bourcier eut pendant la journée 35 hommes tués et 41 blessés, et de plus 65 chevaux tués et 35 blessés.

Après avoir fait l'éloge de la conduite des généraux de brigade Sahuc et Laplanche, ainsi que de sa division en général, le général Bourcier cite particulièrement :

Dans le 15e régiment de dragons :

Le sieur Imbert, maréchal des logis de la compagnie d'élite, qui, a la tête d'un peloton de tirailleurs, enfonça l'ennemi et prit 2 officiers et 80 soldats; ce même sous-officier reçut quelques instants après deux coups de sabre dans une charge.

Dans le 17e régiment de dragons :

MM. Mann, Fournie et Paulus, lieutenants, furent blessés par le feu de l'ennemi dans la première charge; M. le capitaine Foulhaber eut son cheval tué sous lui.

Dans le 18e régiment de dragons :

MM. Leclerc, chef d'escadron; Guiard, capitaine, et Dumas, sous-lieutenant, furent blessés.

Le capitaine Pistre eut son cheval tué sous lui; cet officier s'était déjà distingué à Elchingen et à Ulm; il est capitaine depuis onze ans, et a fait toute la guerre, tant sur le continent qu'en Égypte.

Dans le 19e régiment de dragons :

Ce régiment mérita les plus grands éloges et souffrit beaucoup; il eut 21 hommes tués et 12 blessés, il compte de plus 22 chevaux tués et 15 blessés; il soutint courageusement le feu de l'ennemi au passage d'un défilé; son colonel, M. Caulaincourt, montra dans cette occasion les talents d'un officier distingué.

Dans le 25e régiment de dragons :

Le général Bourcier fait un éloge particulier de la conduite de M. Niceville, sous-lieutenant, qui servait près de lui pendant la bataille; il lui confia plusieurs missions périlleuses, dont il s'acquitta avec le plus grand succès. Cet officier sert depuis huit ans, a passé par tous les grades et annonce de grandes dispositions ; le général Bourcier le juge digne de passer à une lieutenance qui est vacante à son corps et au choix du gouvernement.

Dans le 27e régiment de dragons :

Le sieur Tournay, maréchal des logis de la compagnie d'élite détaché aux tirailleurs, fit 20 prisonniers.

Le sieur Mataillet, maréchal des logis, fit mettre bas les armes à 65 ennemis, dont un capitaine et un lieutenant.

Le général Bourcier rend ensuite un compte avantageux des bons services de ses aides de camp, MM. Le Moyne, chef d'escadron, et Girard, capitaine. Je me joins avec plaisir à lui pour prier Votre Excellence de recommander ces officiers à la bienveillance de Sa Majesté.

J'ai beaucoup à me louer du détachement de gendarmerie commandé par le capitaine Saunier, qui servit près de moi pendant la bataille. Le capitaine Saunier fut renversé sous son cheval, qui fut atteint d'un coup de feu.

Le gendarme Frech eut la clavicule droite fracassée par un biscaïen. Le gendarme Huslu eut son cheval blessé.

---

129. — NOTE AU MINISTRE DE LA GUERRE
SUR L'UN DES ÉVÉNEMENTS DE LA BATAILLE D'AUSTERLITZ [1].

Neubourg, 13 mars 1806.

Pour remplir les intentions de Votre Excellence, qui désire que je lui envoie une relation exacte de ce qui s'est passé, lorsque le colonel Franceschi s'est emparé d'une partie des Russes faits prisonniers, à l'extrémité de notre droite, j'ai réuni chez moi le général Friant, le colonel du 48e et quelques officiers de ce régiment, afin de vous faire connaître l'exacte vérité.

Je vous garantis le narré ci-dessous :

[1] Cette note rédigée quelques mois plus tard et adressée, sur sa demande, au ministre de la guerre, au sujet d'un fait spécial, va naturellement avec les pièces relatives à la bataille d'Austerlitz.

Vers les deux heures et demie, après des attaques successives sur Sokolnitz par la division Friant, et en particulier par le 48°, les Russes occupaient le parc ainsi que le château; le 48° était maître de la presque totalité du village de Sokolnitz, le feu et l'attaque contre les Russes continuaient à être vifs; le reste de la division Friant soutenait un combat opiniâtre contre plusieurs bataillons russes, qui étaient sur la hauteur en avant de Sokolnitz. Alors le 36°, venant de Pratzen, fit sa jonction avec le 48° par l'extrémité du village de Sokolnitz, et de concert avec ce régiment et les tirailleurs de la division Friant, ils poursuivirent les ennemis la baïonnette dans les reins, les chassèrent du parc et du château, et les acculèrent sur les lacs qui se trouvent entre Sokolnitz et Kobelnitz.

Quelques instants auparavant, les Russes qui étaient dans la plaine et qui combattaient les 15° d'infanterie légère, 33°, 108° et 111° de ligne, furent, après une très-grande résistance et perte, culbutés contre les murs du parc.

C'est dans cette circonstance que le 48° et le 36° se sont précipités dans le château et le parc, et en ont chassé les ennemis.

Par la position des troupes du général Saint-Hilaire, celles aux ordres du maréchal Duroc et celles du général Legrand, les têtes de colonnes de cette dernière division descendaient les hauteurs de Turas.

Toute retraite se trouvant coupée à cette colonne ennemie, qui était cernée de toutes parts, elle mit bas les armes sur tous les points.

Il est notoire que ces Russes étaient prisonniers de guerre, lorsque quelques hussards du 8° parurent, plus occupés de prendre des chevaux que du reste.

C'est ainsi qu'une partie de cette colonne mit bas les armes devant le 10° régiment d'infanterie légère et les troupes du maréchal Duroc, une autre partie devant le 48° et le 36°.

Ces prisonniers furent dirigés sur Brünn, sous l'escorte de quelques hommes d'infanterie et de cavalerie.

La division Friant se porta sur Ménitz pour suivre et protéger le mouvement général qui s'opérait sur les lacs, où les ennemis éprouvèrent une si grande perte.

D'après ce rapport, qui est de la plus grande vérité, Votre Excellence sera à même de voir que le 8ᵉ régiment de hussards n'a eu aucune part à cette action, et qu'il n'a pu tout au plus que s'emparer d'une colonne déjà désarmée et faite prisonnière, qui était hors de toute défense et dont il n'a pu recevoir aucun coup de fusil.

Les personnes qui connaissent le terrain et qui savent combien il est escarpé et à pic seront convaincues qu'il était peu favorable aux charges de la cavalerie.

130. — LE GÉNÉRAL DE DIVISION FRIANT
A M. LE MARÉCHAL DAVOUT.

12 frimaire an XIV (3 décembre 1805).

J'ai l'honneur de vous adresser quelques détails sur la part que les troupes à mes ordres ont eue au succès de la glorieuse journée d'hier. C'est sous vos yeux, Monsieur le Maréchal, qu'elles ont combattu ; vous avez été témoin de leur bravoure et de leur intrépidité, vous avez pu juger de ce que la division entière a exécuté d'après vos ordres ; les détails que je vais avoir l'honneur de vous donner pourront, je l'espère, vous mettre à même de connaître ce que chaque régiment a fait de particulier, quel courage chacun d'eux déploya, et combien ils ont mérité la bienveillance de Sa Majesté et la vôtre.

En conséquence de vos ordres, la division avait été divisée en trois brigades : la première, composée du 108ᵉ régiment et des voltigeurs du 15ᵉ, était aux ordres du général Heudelet ; la seconde, composée du 48ᵉ et du 111ᵉ, était à ceux du général Lochet ; le général Kister commandait le 15ᵉ et le 33ᵉ de ligne ; dans cet ordre, elle marchait par échelons se dirigeant sur Telnitz, lorsque, arrivée à la hauteur de Bobeschowitz, il lui fut ordonné de se porter sur Sokolnitz, dans le même ordre de marche qui avait été disposé. La brigade du général Heudelet força alors le pas ; elle joignit Sokolnitz, qu'elle trouva occupé par l'ennemi ; bientôt elle battit la charge, se précipita dans le village en faisant un carnage affreux de tout ce qui se trouva devant elle; l'ennemi, très en force, soutint la charge. On continua de part et d'autre de combattre avec beaucoup d'acharnement; mais comme le général Heudelet commençait à s'établir dans les premières maisons, une décharge qu'un régiment de la division du général Legrand fit malheureusement sur ses troupes, qu'il prit pour l'ennemi, le força à se jeter dans le petit bois qui se trouve à la gauche du village, après avoir longtemps soutenu le feu et les efforts d'un corps de 5,000 à 6,000 Russes, et leur avoir pris deux drapeaux, et pris et repris plusieurs pièces de canon ou caissons.

L'ennemi, toutefois, s'était déjà rendu maître des hauteurs en arrière de Sokolnitz, lorsque la brigade du général Lochet arrive au pas de charge; le 48ᵉ marche à lui, l'attaque à la baïonnette, le culbute, et parvient à s'emparer des premières maisons de l'extrême droite du village. Il fait des progrès étonnants en raison de sa force, car il doit attaquer chaque maison particulièrement, et il s'en empare tour à tour; il prend également deux drapeaux et plusieurs pièces de canon ou caissons; mais l'ennemi le déborde tout à coup sur la gauche, le cerne même par de nombreux tirailleurs.

Le 111ᵉ régiment, qui était resté en bataille à quelque distance en arrière, se porte aussitôt en avant; il charge avec vigueur un gros ramas de gens s'avançant sans ordre, sans chefs, et jetant des clameurs horribles; il les repousse, puis il attaque un corps nombreux qui marchait pour couper les communications de la brigade Lochet avec celle du général Kister, qui arrivait et se déployait sur la gauche.

Les 15ᵉ et 33ᵉ, à peine arrivés et déployés, marchent à l'ennemi; rien ne résiste à leur vigoureuse attaque; le 15ᵉ se dirige sur le pont, en chasse un corps dix fois plus nombreux que lui, pénètre dans Sokolnitz, pêle-mêle avec les Russes, en immolant à la baïonnette tout ce qui prétend s'opposer à lui.

Cependant l'ennemi recevait à chaque instant de nombreux renforts de sa droite; il parvient encore à réunir ses troupes éparses et battues, il les ramène au combat du village dans la plaine et sur les hauteurs; deux fois de suite elles y sont repoussées, deux fois il les ramène à la charge et parvient à nous obliger nous-mêmes à un mouvement rétrograde.

Le 15ᵉ avait été obligé de se retirer jusque sur les hauteurs qui étaient précédemment à sa gauche; le 33ᵉ, qui se trouve par ce mouvement découvert et débordé sur son flanc, doit faire également un mouvement rétrograde.

Je crus qu'il fallait alors frapper un coup décisif. Je ralliai le 15ᵉ et le fis marcher de nouveau en avant. Je ralliai ensuite le 33ᵉ, lui fis faire un changement de front et l'élevai sur le flanc gauche de l'ennemi; de là il marcha aux Russes avec fureur, la baïonnette croisée, les renversant et en faisant un carnage affreux. De toutes parts on battit la charge. L'ennemi, pour cette fois, est mis en déroute sans retour et sans qu'il lui soit donné un seul moment de reprise. Il se sauve dans le plus grand désordre du côté du lac. Le village, les hauteurs sont emportés. Bientôt nous sommes maîtres du champ de bataille. Vingt pièces ou obusiers tombent en notre pouvoir, avec un grand nombre de prisonniers. L'ennemi, en se retirant, abandonne ses bagages, jette son butin et ses armes pour se sauver avec plus de vitesse. La terre demeure jonchée de morts et de blessés, qui sont abandonnés à la merci de nos braves troupes.

Dirai-je ici que si les corps de la droite ont fait plusieurs milliers de prisonniers et pris de l'artillerie, la gloire doit en grande partie en rejaillir sur la division, puisque c'est elle qui a forcé l'ennemi à la retraite après plusieurs heures de combat et trois charges des plus opiniâtres? Beaucoup de Russes, comme je l'ai déjà dit, avaient abandonné leurs armes.

Quoi qu'il en soit, généraux, officiers et soldats, tous donnèrent dans la bataille des preuves de la plus brillante bravoure; chacun à l'envi combattait, pour ainsi dire, corps à corps contre plusieurs ennemis; tout le monde brûlait de se signaler par quelque fait extraordinaire, et, il faut le dire, dans cette journée à jamais célèbre, il y a eu plus d'une action qui mériterait d'être citée.

Si je devais ici, Monsieur le Maréchal, vous rendre compte de tous les braves qui ont donné de grandes preuves de courage, je devrais vous dénommer tous les hommes de la division qui ont combattu, car tous ont fait des merveilles et méritent d'être cités comme valeureux. Artilleurs, cavaliers, fantassins, tous ont également bien mérité ; à chacun d'eux il est dû des éloges.

Je dois cependant distinguer d'une manière particulière le brave et intrépide général Heudelet, dont vous connaissez l'extrême bravoure et les grands talents militaires; le général Lochet, qu'on ne saurait trop louer pour son sang froid et sa belle manière de commander les troupes; aucun officier n'est beau comme lui dans le combat. Le général Kister, digne ami de grade de ses deux collègues, s'est montré officier général consommé par sa sagesse, son courage et ses connaissances approfondies dans l'art de la guerre.

Le général Lochet a eu son cheval tué sous lui, le général Kister en a eu un également; tous les trois généraux de brigade ont eu leurs habits criblés de balles.

MM. les généraux m'ont rendu le compte le plus avantageux de MM. les colonels et lieutenants-colonels des régiments à leurs ordres.

Ils m'en ont également rendu un très-honorable de MM. les officiers de leur état-major.

Je me plais, d'après eux, à vous citer avec éloge le major Geither, dont qui que ce soit ne surpasse la valeur : ce brave officier supérieur, après avoir eu un cheval tué sous lui, a été malheureusement blessé; le colonel Saint-Raymond, toujours sage dans les conseils et intrépide dans les combats, se faisant toujours remarquer;

Le colonel Barbanègre, qui a voulu dans ce jour de gloire montrer au 48e combien il est digne de l'honneur de le commander.

Que ne doit-on pas dire de l'intrépide Higonnet, qui semble ne rechercher que l'occasion de se signaler et de se couvrir de gloire en se montrant tour à tour chef et soldat, et du colonel Gay, qui, donnant l'exemple du courage le plus bouillant et de l'expérience consommée, a voulu se montrer en tout digne d'être cité au rang des premiers braves? MM. Chevalier et Lamaire sont bien en tous points les dignes lieutenants du colonel Higonnet. MM. les chefs de bataillon Legrand, Cartier, du 33°; Lacombe, du 48°; Dulong, du 15°, déjà mutilé d'un bras et toujours plus brave; Guigue et Guinand, du 111°, doivent avoir de grands éloges pour les succès auxquels ils ont puissamment coopéré; MM. Cartier, Lacombe et Guigue ont été blessés.

Je dois encore, Monsieur le Maréchal, vous citer avec distinction :

Le jeune aide de camp Muiron, attaché au général Kister, qui a eu le malheur d'être tué au milieu des tirailleurs; MM. Jaëger et Galichet, aides de camp du général Lochet, tous deux extrêmement braves. Le dernier, à la tête de deux compagnies, repoussa avec valeur une attaque que l'ennemi effectuait sur les derrières du village; l'un et l'autre ont eu un cheval tué. MM. Liégeard et Duvivier, aides de camp du général Heudelet, qui, au milieu de la mêlée de la première attaque, marchèrent à pied à la tête des troupes, leur frayant pour ainsi dire le passage.

Enfin, je vous citerai comme ayant aussi bien mérité : MM. Petit, Binot et Holtz, mes aides de camp; MM. Bonnaire, capitaine adjoint; M. Henrat, capitaine du génie; le lieutenant Larcher, du 15°, officier de correspondance, et le jeune aide de camp du général Grandeau, M. Esparon. Les trois premiers ont montré une activité et une bravoure dont je suis bien disposé à leur tenir compte près de vous.

M. Henrat a fait voir qu'un jour de bataille il est aussi bon sur le terrain pour combattre que pour en faire la reconnaissance. M. Bonnaire, un des officiers les plus distingués de l'armée, a été malheureusement blessé au commencement du combat, mais n'en a pas moins montré un zèle et des talents peu ordinaires.

M. Larcher a donné de nouvelles preuves de sa valeur connue. M. Esparon, qui avait quitté Vienne et était accouru presque sans permission pour assister à la bataille, a fait voir pour son début sur le champ de bataille que la bravoure est une qualité née en lui, et que s'il doit encore acquérir dans l'art difficile de la guerre, ce ne peut plus être que du côté des grandes connaissances, ayant toute l'activité, le zèle et le courage qu'on peut lui désirer. Ce jeune officier a eu un cheval blessé sous lui; M. Holtz en a eu un également. Tous les autres ont eu leurs habits ou chevaux percés de balles.

Mon rapport, déjà trop long, ne me permet pas de continuer de citer une foule d'excellents officiers des corps qui l'ont bien certainement mérité. Je me propose de vous en adresser un état nominatif avec des notes, afin de vous mettre à même de faire récompenser ceux que vous croirez l'avoir mérité par leurs belles actions.

Si je n'ai fait jusqu'à ce moment aucune mention particulière de l'artillerie, c'est qu'ayant combattu avec les brigades auxquelles elle était attachée, elle a dû naturellement recueillir une partie de leur gloire. Je me plais à lui rendre ici toute la justice qu'elle mérite, appelant votre attention sur tous ses officiers.

Je dois encore vous faire connaître que le 1er régiment de dragons aux ordres du général Heudelet s'est parfaitement conduit, et, par ses belles manœuvres, a soutenu puissamment les efforts de nos troupes.

FRIANT.

Ci-joint, Monsieur le Maréchal, l'état de la force de la division au moment du combat et la perte qu'elle a essuyée dans la bataille, un second état des officiers, sous-officiers et soldats qui se sont distingués et qui ne sont pas portés dans le présent rapport, et les rapports de MM. les généraux et colonels sur la journée du 11, comme vous m'avez fait l'honneur de me les demander.

---

131. — AU MINISTRE DE LA GUERRE, MAJOR GÉNÉRAL.

Presbourg, décembre 1805).

Monsieur le Maréchal, lorsque Votre Excellence m'adressa l'ordre de me porter à marches forcées sur Brünn avec les divisions Friant et Gudin et ma cavalerie légère, la première de ces divisions était cantonnée sous les murs de Vienne, l'autre venait d'occuper Presbourg, où je me trouvais de ma personne au moment où vos ordres parvinrent à Vienne, le 8 au soir; la brigade de cavalerie légère, commandée par le général Vialannes, occupait des postes sur la rive droite du Danube, vis-à-vis Presbourg.

Une brigade de la division de dragons du général Klein avait suivi le mouvement de la division Gudin sur Presbourg.

Le 1er régiment de dragons, faisant également partie de la division Klein, était détaché sous les ordres du général Heudelet, qui, avec un corps de 800 hommes d'infanterie, avait été chargé de battre la campagne et de balayer tout ce qui pouvait se trouver d'ennemis entre la rive droite de la March et la grande route de Vienne.

Le dernier régiment de la division Klein était cantonné à quelques lieues au delà de Vienne.

La division Friant se mit en marche dans la nuit du 8 au 9, et vint prendre position le 10 à sept heures du soir à l'abbaye de Raygern, c'est-à-dire à plus de trente-six lieues du point de son départ.

Une marche aussi extraordinaire affaiblit tellement la division, qu'au moment où elle se rendait sur le terrain que Votre Excellence lui avait assigné, au jour de la bataille, elle ne comptait pas 3,300 combattants.

Quelque célérité que l'on eût apportée dans l'expédition des ordres, l'éloignement de la division Gudin, de la cavalerie légère du général Vialannes, et de la grande majorité de la division de dragons du général Klein, ne leur permit pas d'arriver assez à temps pour prendre part à l'action.

Le seul 1er régiment de dragons put rallier la division du général Friant avec le détachement du général Heudelet, et l'on combattit avec ces troupes.

La division du général Bourcier prit position avec la division Friant le 10 au soir, à Raygern.

Avant de la porter sur le terrain, je fis former la division Friant en trois brigades :

La 1re, composée du 108e régiment de ligne et des compagnies des voltigeurs du 15e régiment d'infanterie légère, et aux ordres du général Heudelet.

La 2ᵉ, composée du 15ᵉ régiment d'infanterie légère et du 33ᵉ régiment de ligne, fut commandée par le général Kister.

Enfin la 3ᵉ, composée des 48ᵉ et 111ᵉ de ligne, le fut par le général Lochet.

J'avais prescrit au général Friant de faire porter la brigade du général Heudelet sur Turas, d'où elle devait chasser l'ennemi, de la diriger ensuite sur Sokolnitz; les deux autres brigades avaient ordre de suivre par échelons.

La division de dragons du général Bourcier suivait celle du général Friant pour être à portée de la soutenir.

Ayant appris pendant la marche que le 9ᵉ régiment d'infanterie de ligne du 4ᵉ corps d'armée était vivement attaqué à Telnitz, j'ordonnai au général Friant d'y faire porter sur-le-champ sa division.

Le général Heudelet fut chargé d'attaquer avec sa brigade le village de Telnitz, que le 3ᵉ régiment de ligne, après la plus belle résistance, avait été contraint d'abandonner.

Les compagnies de voltigeurs du 15ᵉ régiment d'infanterie légère et le 108ᵉ de ligne se précipitèrent dans le village, sans avoir égard à 5,000 à 6,000 Russes ou Autrichiens qui l'occupaient et le défendaient avec acharnement.

Après plusieurs charges, pendant lesquelles le 108ᵉ enleva à l'ennemi deux drapeaux et prit et reprit plusieurs pièces de canon, cette brigade fut contrainte de céder au grand nombre; elle fut en outre forcée à ce mouvement rétrograde par le feu que dirigea malheureusement sur elle un des régiments de la division Legrand, dont elle eut beaucoup à souffrir.

Dans ces chocs réitérés, un corps russe considérable, après avoir mis bas les armes, eut la perfidie de les reprendre contre le 108ᵉ régiment, lorsque celui-ci ne le considérait plus que comme prisonnier

Ce fut à Telnitz que le chef de bataillon Chevalier, qui avait passé le premier un pont à la tête du 108ᵉ, fut enveloppé avec sa troupe par un très-grand nombre d'ennemis, sous l'effort desquels lui et les siens n'eussent pas manqué de succomber, si le chef de bataillon Lamaire, du même régiment, ne fût parvenu à se faire jour et à les débarrasser après l'action la plus sanglante.

L'ennemi se présentant en avant du village de Telnitz, le général Bourcier; qui avait été chargé d'en observer les mouvements et de le contenir sur ma droite, fit exécuter une charge à sa première ligne, composée des 15°, 17° et 27° régiments de dragons; cette charge, faite avec le plus grand ordre, força l'ennemi à se retirer précipitamment derrière un fossé que ne pouvait franchir notre cavalerie.

Dans cet instant surtout, la division de dragons eut beaucoup à souffrir de la mousqueterie et de l'artillerie de l'ennemi, dont elle se trouvait à très-petite portée.

L'ennemi, manœuvrant pour m'envelopper, déboucha avec de l'artillerie par Sokolnitz; je le fis attaquer par les cinq régiments de la division Friant disposés par échelons.

La brigade du général Lochet fut présentée la première à cette attaque; le 48° régiment, qui en tenait la tête, chargea à la baïonnette, parvint à s'emparer des premières maisons à l'extrême droite du village, et fit bientôt des progrès rapides, chassant l'ennemi de maisons en maisons.

Le 48° régiment, après avoir enlevé deux drapeaux, s'être rendu maître de plusieurs pièces de canon, était débordé et allait être cerné dans Sokolnitz, lorsque le 111° régiment, qui avait été laissé en bataille à quelque distance de là, eut ordre de s'ébranler et de marcher sur une nuée de Russes qui s'avançait pour occuper la communication avec la brigade du général Kister; ce régiment fournit sa charge avec le plus grand courage, et après avoir chassé l'ennemi de la plaine bien au delà du village, il s'y engagea à l'extrémité gauche, culbutant tout ce qui s'opposait à lui, et prit deux pièces de canon.

La brigade du général Kister, arrivée sur le terrain, se déploya et marcha à l'ennemi avec la même bravoure que celles qui la précédaient, et eut les mêmes avantages.

Le 15° régiment d'infanterie légère fut dirigé sur le pont en avant de Sokolnitz, en chassa un corps russe infiniment plus nombreux que lui, et pénétra pêle-mêle avec lui dans le village.

Cependant l'ennemi recevait de nombreux renforts de sa droite; à l'aide de ces secours, il parvint à rallier ses troupes dispersées et à les reporter au combat; deux fois même il força les nôtres à se replier. Par son mouvement rétrograde, le 15ᵉ régiment d'infanterie légère laissa un moment à découvert l'aile gauche du 33ᵉ de ligne, qui dut se retirer pour n'être pas débordé; mais, le 15ᵉ bientôt rallié et ramené au combat, le 33ᵉ, par un changement de front, se trouva à son tour en mesure de prendre l'ennemi en flanc; l'accord de ces deux régiments à marcher aux Russes, la baïonnette croisée, ne laissa plus à ces derniers l'espoir de reprendre un seul instant l'avantage. Le succès devint alors complet pour toutes les troupes de la division Friant; toutes les positions furent emportées, et l'ennemi laissa avec ses armes et ses bagages une vingtaine de bouches à feu et beaucoup de prisonniers. Le champ de bataille était partout jonché de morts et de blessés.

Après la vigoureuse attaque de Telnitz, le 108ᵉ régiment, malgré les pertes considérables qu'il y avait faites, ne continua pas moins à combattre avec les autres corps de la division pendant tout le reste de la journée.

Au moment où l'ennemi reprit un instant l'avantage, sur la gauche du général Friant, le général Bourcier, toujours attentif à saisir les mouvements, détacha les 18ᵉ et 19ᵉ régiments de dragons pour couvrir et garder le passage d'un défilé important, avec ordre de mettre pied à terre, si l'occasion l'exigeait.

Le 19ᵉ régiment de dragons se conduisit parfaitement dans ce mouvement; il passa le défilé avec ordre, quoique exposé à la fusillade et au canon de l'ennemi, qui lui firent perdre beaucoup d'hommes et de chevaux.

Sans vouloir atténuer le mérite des trophées que se sont élevés en ce jour de gloire les divisions des autres corps d'armée, la division Friant croit avoir de justes droits à partager l'honneur d'avoir forcé à se rendre prisonnière une colonne de plusieurs milliers de Russes, qu'elle battit pendant tout le jour et qui fut recueillie par les troupes du 4ᵉ corps. Le 48ᵉ régiment, par exemple, se trouvait seul au milieu d'un corps ennemi, lorsque la colonne entière mit bas les armes.

Tout étant terminé sur les points d'attaque de la division Friant, je la fis porter vers les trois heures de l'après-midi sur le village de Melnitz, afin de couper la retraite à quatre bataillons et escadrons qui étaient aux prises avec les troupes du 4ᵉ corps d'armée; celles-ci les culbutèrent en grande partie dans le lac.

Je rends avec un vif plaisir aux braves de la division Friant la justice de dire qu'ils ne comptèrent pas les ennemis à la glorieuse journée d'Austerlitz; ceux qui franchirent un trajet de trente-six lieues en moins de trente-six heures surent aussi se multiplier sur le champ de bataille, pour faire tête et même l'emporter sur un ennemi cinq ou six fois plus nombreux et qui s'était flatté de la victoire. Si cette faible division eut près de 1,400 hommes hors de combat, elle en fit perdre des milliers à l'ennemi.

Je ne passerai pas sous silence la conduite du 1ᵉʳ régiment de dragons, qui combattit d'une manière distinguée avec la brigade du général Heudelet.

Je dois les plus grands éloges au général de division Friant, qui eut pendant l'action quatre chevaux tués ou blessés sous lui; aux généraux de brigade Heudelet, Kister et Lochet : les deux derniers eurent chacun un cheval tué sous eux. Tous les trois eurent leurs habits criblés de balles et n'ont cessé de déployer pendant toute la bataille le zèle éclairé et les talents qui les caractérisent.

---

132. — AU MINISTRE DE LA GUERRE, MAJOR GÉNÉRAL.

Lundenbourg, 15 frimaire an XIV (6 décembre 1805).

Monsieur le Maréchal, j'ai l'honneur de rendre compte à Votre Excellence que, pour pouvoir faire subsister les troupes sous mes ordres, je viens de leur assigner des cantonnements, attendu que les troupes du 4ᵉ corps d'armée étant établies derrière mes bivouacs, il ne me reste que deux villages sans ressource pour alimenter les deux divisions.

La division du général Friant aura une brigade à Lundenbourg, et l'autre à Kostel.

La division Gudin sera cantonnée à Schrattenberg et dans les villages environnants, à une lieue de rayon.

La brigade de cavalerie légère, aux ordres du général Vialannes, occupera Josephdorf, Neudorf, Mikultschitz, Turnitz et Pruschanek.

La division de dragons du général Klein s'établira sur les deux rives de la Taya et occupera Landshut, Rheinthal et villages environnants.

La division de dragons du général Bourcier s'établira à Auspitz et villages voisins; dans le cas où ces villages seraient occupés par des troupes du 4ᵉ corps d'armée, je le placerai sur la rive droite de la Taya.

La nécessité m'a forcé de prendre ces positions, qui d'ailleurs m'offrent l'avantage de couvrir Vienne, et en même temps de me porter sur Gœding, dans le cas où cela deviendrait nécessaire, ou de passer sur la rive gauche de la March pour me porter sur les derrières de l'ennemi, et enfin je me débarrasserai d'un pays dont la communication devient de jour en jour plus impraticable.

P. S. — Je me suis emparé ici d'un magasin considérable de grains, farine et avoine, que je fais évacuer sur Vienne pour être mis à la disposition de M. l'intendant général de l'armée; j'ai donné l'ordre précis que les reçus de M. Daru me fussent remis, et le tout pour causes.

---

133. — AU MINISTRE DE LA GUERRE, MAJOR GÉNÉRAL.

Lundenbourg, 16 frimaire an XIV (7 décembre 1805).

Monsieur le Maréchal, j'ai eu l'honneur de prévenir Votre Excellence que je me portais à Rabenspurg et à Hohenau avec la division Bourcier et Gudin, pour signifier aux ennemis de repasser sur la rive gauche de la March; je n'ai trouvé que le parti composé de uhlans et de Cosaques qui revenait de Wilfersdorf et qui a attaqué deux ou trois jours avant la bataille d'Austerlitz le 5e de hussards à Gœding. J'ai ordonné à cet officier de repasser sur-le-champ la March avec toute sa troupe; cet ordre a reçu son exécution en présence du général Klein.

J'observe à Son Excellence que le commandant de ce parti ennemi venait de recevoir l'ordre de renvoyer les Russes, qu'un rapport m'annonce que ceux-ci ont dû faire aujourd'hui un mouvement sur Malatzka, et qu'un autre rapport me donne l'assurance que le général Michelson s'était porté en Bohême quelques jours avant la bataille.

P. S. — Un parti de cavalerie descend la March jusqu'à Rendorf; je descendrai cette rivière avec les troupes suivant les mouvements de l'armée russe.

---

134. — AU MINISTRE DE LA GUERRE, MAJOR GÉNÉRAL

Lundenbourg, 17 frimaire an XIV (8 décembre 1805).

Monsieur le Maréchal, j'ai l'honneur de rendre compte à Votre Excellence que je donne l'ordre au général Gudin de faire porter le 21e régiment d'infanterie de ligne vis-à-vis Neudorf, sur la rive droite de la March; ce régiment fournira un petit parti à Marchegg.

Je fais cantonner les 25e et 85e régiments à Stazistersdorf et lieux environnants.

Le 12e régiment faisant partie de la même division fournira des postes depuis Hohenau jusqu'à Marchegg exclusivement, vis-à-vis de tous les bacs qui existent sur la March.

La division Friant continue à occuper Lundenbourg et cantonnements environnants.

La cavalerie légère, aux ordres du général Vialannes, est toujours sur la ligne des avant-postes à Josephdorf et Neudorf.

La 1re brigade de la division de dragons du général Klein est à Landshut, rive gauche de la Taya, et la 2e à Rabensburg.

La division du général Bourcier est à Bohmiskrud.

L'évacuation sur Vienne du magasin de grains de Lundenbourg est commencée; déjà 300 voitures de farine et de seigle y ont été envoyées. Ce magasin contient de 12,000 à 15,000 mesures de seigle en grains ou farines, et plus de 12,000 mesures d'avoine, et en outre une grande quantité de blé de Turquie.

Déjà un nommé Giraudon, agent du sieur Matheim, farinier, s'était présenté pour s'emparer de ce magasin et lui faire subir le même sort qu'à celui de Nikolsburg, qui a été vendu aux habitants, sans doute sans autorisation.

Il faudra 1,500 voitures pour l'évacuation du magasin de Lundenbourg; j'espère que je les trouverai.

Tout le monde s'accorde à dire qu'une grande partie des débris de l'armée russe est sans armes; j'ai envoyé à Presbourg des officiers pour être au courant de la marche de l'armée russe.

---

135. — AU MINISTRE DE LA GUERRE, MAJOR GÉNÉRAL.

Lundenbourg, 20 frimaire an XIV (11 décembre 1805).

Monsieur le Maréchal, j'ai l'honneur de rendre compte à Votre Excellence des mesures que j'ai prises avant de me rendre à Presbourg, pour continuer l'évacuation du magasin de Lundenbourg.

J'ai chargé le général Klein de suivre les opérations de cette évacuation sur Vienne par tous les moyens possibles; je lui ai laissé à cet effet le commissaire des guerres Burget, à qui j'ai donné ordre de prendre ceux du général Klein pour accélérer ces transports et suivre l'effet des réquisitions des voitures que le général Klein doit faire pour cet objet.

250 hommes du 33ᵉ régiment, divisés par détachements de vingt hommes, commandés chacun par un officier, sont restés à Lundenbourg pour escorter les convois jusqu'à Vienne.

J'ai l'honneur de prévenir Votre Excellence que les généraux Klein et Bourcier ont reçu ordre d'exécuter les conditions d'armistice et de retirer leurs troupes à cinq lieues du rayon du pont d'Holitsch; ces deux officiers généraux devront envoyer tout de suite des officiers près de Votre Excellence afin de recevoir les ordres que vous aurez à leur transmettre pour une destination ultérieure.

Le colonel Dufour, du 21ᵉ régiment d'infanterie de ligne, que j'ai envoyé à Presbourg pour avoir des nouvelles de la marche des Russes, me marque qu'ils prennent la route directe de la Galicie; il ajoute que l'empereur de Russie est parti d'Holitsch le 14 frimaire, pour se rendre à Pétersbourg.

J'apprends également que l'archiduc Charles était ces jours derniers à OEdenbourg avec un corps de son armée.

On m'a assuré que de nouvelles colonnes russes étaient en marche pour Olmütz et ont dû rétrograder après la perte de la bataille d'Austerlitz.

A Presbourg, on a annoncé par une proclamation notre arrivée dans le pays; le sénat de cette ville invite les habitants à rester calmes et à se bien conduire à notre égard.

Demain, je serai à Presbourg avec la division Gudin; le 22, celle du général Friant y sera également.

---

136. — AU MINISTRE DE LA GUERRE, MAJOR GÉNÉRAL.

Lundenbourg, 20 frimaire an XIV (11 décembre 1805).

Monsieur le Maréchal, j'ai l'honneur de rendre compte à Votre Excellence qu'il existe à Presbourg un pont volant sur lequel 400 à 500 hommes peuvent passer en une demi-heure.

Comme il serait possible que Sa Majesté eût l'intention de faire passer plus rapidement sur l'une et l'autre rive du Danube le corps d'armée à mes ordres, je vais reconnaître près de Presbourg un endroit propre à l'établissement d'un pont.

Je prie Votre Excellence de vouloir bien me faire connaître les intentions de Sa Majesté à cet égard; dans le cas de l'affirmative, je désirerais que vous voulussiez bien mettre à la disposition du général d'artillerie Sorbier la compagnie de pontonniers qui est maintenant à Vienne.

J'ai eu occasion de remarquer qu'il existait à Presbourg assez de matériaux pour jeter le pont, que je ferais mettre à l'abri par des ouvrages élevés à cet effet par des soldats.

137. — AU MINISTRE DE LA GUERRE, MAJOR GÉNÉRAL.

Presbourg, 22 frimaire an XIV (13 décembre 1805).

Monsieur le Maréchal, j'ai l'honneur d'adresser à Votre Excellence la lettre que je viens de recevoir de M. le général Merfeld. Je vous prie, Monsieur le Maréchal, de vouloir bien me faire connaître les intentions de Sa Majesté l'Empereur.

Je dois vous observer que si je ne reçois point l'ordre de m'étendre autour de Presbourg dans un rayon de cinq à six lieues, il me sera fort difficile de cantonner les troupes des trois divisions et de les faire vivre dans le pays.

Les magistrats de Presbourg m'ont témoigné les plus grandes inquiétudes à cet égard.

Les têtes dans ce pays sont dans une grande fermentation qui me paraît occasionnée par l'approche des troupes du prince Charles, qui sont entre Komorn et Œdenbourg.

Beaucoup de personnes des premières familles se sont retirées et continuent à quitter Presbourg. A Vienne, les têtes sont dans la même fermentation.

J'ai chargé un officier du 1er régiment de hussards de s'assurer si les troupes autrichiennes n'ont pas dépassé les frontières de la Hongrie, sur la rive droite du Danube, et de se procurer des renseignements positifs sur le prince Charles.

Les hommes que le général Gudin avait eu ordre de jeter sur la rive droite n'ont pu y passer, attendu que les Autrichiens ont retenu le pont volant sur cette ville et interceptent la communication sur la rive droite. Je prie Votre Excellence d'assurer Sa Majesté l'Empereur, mon maître, que je mettrai pour éclaircir ce petit brouillard fermeté et prudence.

J'ai l'honneur de répéter à Votre Excellence qu'il est instant que l'on prenne un parti sur cet état de choses qui, particulièrement sous le rapport des subsistances, ne peut être de longue durée. Il paraît constant que les Russes continuent à se retirer : ils se sont divisés en 3 colonnes : de Tirnau, celle de droite passe par Neutra, celle du centre par Vestheim, et celle de gauche par Trentschin ; toutes le trois se dirigent sur la Galicie. Ils continuent à commettre des désordres.

J'ai l'honneur de représenter à Votre Excellence que j'ai lieu de craindre que, lorsque je serai obligé de loger dans les maisons particulières la division Caffarelli, tous les bâtiments militaires et autres maisons servant de casernes étant déjà déjà occupés et insuffisants pour recevoir les divisions Friant, Gudin, l'émigration des principaux habitants de Presbourg deviendra encore plus considérable, cette ville ne pouvant d'ailleurs être regardée que comme un grand village.

P. S. J'ai envoyé des militaires de l'autre côté prendre le pont volant, et j'ai ordonné aux troupes autrichiennes de laisser libre la route de Vienne à Presbourg par la rive droite ; j'ai jeté un bataillon et 100 chevaux sur cette rive.

Toutes ces mauvaises difficultés viennent du général Merfeld, beaucoup plus procureur que militaire.

---

138. — AU MINISTRE DE LA GUERRE, MAJOR GÉNÉRAL.

27 frimaire an XIV (18 décembre 1805).

Monsieur le Maréchal, j'ai l'honneur d'adresser à Votre Excellence la copie de la lettre que j'ai reçue de M. le feld-maréchal Hiller, et celle de ma réponse.

J'ai chargé le général Vialannes de lui remettre cette lettre et de faire replier toutes les troupes que nous pourrions avoir dans les villages hongrois.

Le 1er régiment de chasseurs et le 7e régiment de hussards sont déjà établis à Bruck, Wolfsthat et le long du Danube sur la frontière de la Hongrie.

J'ai envoyé ce soir, de Presbourg, des ordres à la division Gudin de se mettre en marche pour aller occuper les cantonnements entre Fischamend et le territoire hongrois. Il faut à ce général trois ou quatre jours pour achever ce mouvement, attendu qu'il est obligé de passer par Vienne.

Je pars cette nuit pour Presbourg, et j'y serai rendu demain de très-bonne heure [1].

139. — LETTRE DU MARÉCHAL DAVOUT
AU FELD-MARÉCHAL HILLER.

18 décembre 1805.

Monsieur le Général, je reçois à l'instant de Presbourg la lettre que vous m'y avez adressée relativement à l'occupation du village hongrois Eugerau par des détachements du corps que je commande.

Ce malentendu vient d'un de vos officiers qui a retenu les deux premiers jours de notre arrivée à Presbourg le pont volant sur la rive droite et qui a empêché toute espèce de communication. Cet événement a donné lieu à l'occupation d'Eugerau, qui eût été évacué depuis quarante-huit heures si les officiers qui se rendaient à Presbourg porteurs des ordres de cette évacuation n'eussent pas été empêchés par vos propres troupes.

J'envoie au général Vialannes, commandant mes avant-postes, l'ordre de retirer toutes mes troupes qui se trouvent sur le territoire hongrois et de se concerter avec le général autrichien commandant les avant-postes de Son Altesse Royale

---

[1] L'Empereur au maréchal Berthier. Ordres datés de Schœnbrunn, 27 frimaire (18 décembre), pour le placement des troupes et des cantonnements ; « ... Le commandement du maréchal Davout comprendra Presbourg et Marchegg, les pays faisant partie de la basse Autriche sur la rive droite du Danube jusqu'à Fischamend et le long du petit ruisseau jusqu'à Gœtzendorf. Il tiendra une division d'infanterie à Presbourg et une cantonnée le long de la Leytha jusqu'aux limites de son commandement. Il mettra là la division la plus reposée. Sa cavalerie légère sera en plus grande partie le long de cette rivière. Il fera construire un pont à Presbourg avec une tête de pont sur les deux rives. Il s'étudiera à bien connaître le pays depuis Presbourg jusqu'au lac, sur la rive droite du Danube. Il chargera les ingénieurs de relever toutes les positions. Il fera reconnaître surtout la position de Hainbourg... » (*Correspondance de Napoléon*, t. XI, p. 487-488.)

pour qu'il n'y ait aucun malentendu dans l'occupation du territoire déterminé par l'armistice; j'éviterai toujours avec soin, Monsieur le Général, tout ce qui pourrait le troubler, persuadé que, de votre côté, vous ferez disparaître toutes les mesures qui pourraient être considérées comme des hostilités, si elles continuaient après ces explications : je veux parler surtout de la défense de continuer les envois de subsistance que faisait la Hongrie même pendant la guerre.

Il m'a été fait le rapport que des ordonnances et des officiers porteurs de dépêches avaient été arrêtés par vos postes et les dépêches prises; je charge le général Vialannes de vérifier ces faits et, s'ils sont véritables, de vous en donner connaissance en vous priant de punir les coupables. J'ai donné les ordres pour que, lorsque le temps le permettra, les communications de Presbourg avec la rive droite continuent comme à l'ordinaire. Je vous prie aussi d'en donner pour que cette communication soit protégée sur la partie du terrain occupée par vos troupes.

---

140. — AU MARÉCHAL DAVOUT
COMMANDANT EN CHEF DU 3ᵉ CORPS D'ARMÉE.

Presbourg, 27 frimaire an XIV (18 décembre 1805).

Monsieur le Maréchal, je suis rentré hier soir à Presbourg de la mission dont vous m'aviez chargé. Elle n'a pas eu le fruit que vous aviez droit d'en attendre, comme vous l'aurez vu par la réponse de M. le comte de Kollowrath, commandant par intérim l'armée autrichienne, que le général Daultanne doit vous avoir fait passer cette nuit, Sa Majesté l'empereur d'Autriche n'ayant pas voulu céder d'autres villages que ceux absolument nécessaires pour établir la communication de Vienne avec Presbourg par Neudorf.

Je vais entrer dans quelques détails sur mon voyage. A peine arrivé à Stampfen, l'officier commandant les avant-postes autrichiens s'est présenté chez moi, et sous prétexte, à ce que j'imagine, de me faire politesse en envoyant à l'avance me faire preparer des chevaux à Malatzka, a prévenu le général Merfeld de mon passage. Ce dernier m'a fait aussitôt préparer un logement, a placé des vedettes sur la route pour m'y conduire et aussitôt s'est rendu chez moi, pour me témoigner, disait-il, le regret de ne pouvoir me laisser aller plus avant sans avoir l'autorisation de son général en chef.

Je suis donc resté jusqu'à sept heures du soir, le 24, à Malatzka, l'ordre étant arrivé de me laisser aller jusqu'à Sassin, où M. le lieutenant général comte de Kollowrath se rendait pour m'éviter, disait-on, une partie de la route.

Après avoir remis votre lettre à ce général, nous sommes entrés en matière sur son contenu, et après une discussion assez longue, dans laquelle il m'a été facile de reconnaître que M. de Kollowrath n'avait aucun pouvoir pour m'accorder un seul village, Sa Majesté l'empereur d'Autriche lui ayant dit que toutes les difficultés existantes pour l'interprétation de l'armistice devaient être traitées à Nikolsburg entre les plénipotentiaires, nous étions cependant convenus, sauf ratification de l'Empereur, qu'il céderait provisoirement à votre corps d'armée la libre communication par Neudorf jusqu'à Stampfen exclusivement, et une lieue et demie de rayon aux environs de Presbourg, sur les routes de Tirnau et de Komorn, par la rive gauche du Danube. Ces propositions, que je n'ai faites que verbalement, ont été envoyées à Sa Majesté à Holitsch; mais après cinq heures de débats chez Sa Majesté, il en est résulté la réponse que M. le général de Kollowrath vous a faite et qui est basée sur une lettre signée François.

Ne pouvant plus insister sur ce sujet d'après cette réponse, je me suis rabattu sur la libre communication par Neudorf, l'autre rive étant à la disposition du prince Charles, et elle a été accordée sans difficulté; j'ai même rapporté l'ordre à M. de Merfeld de ne pas dépasser Wistemitz et de retirer sur leurs cantonnements respectifs les postes placés aux portes de Presbourg; cette disposition doit avoir été exécutée ce matin.

Dans la conversation, M. de Kollowrath m'a dit que Sa Majesté l'empereur d'Autriche avait été étonné de nos prétentions, et qu'il allait porter plainte à notre souverain contre les généraux français qui donnaient une trop grande extension à la ligne d'armistice; il a même ajouté que cela était d'autant plus surprenant qu'il avait signé l'armistice tel qu'on l'avait exigé.

J'ai eu beaucoup à me louer des égards que j'ai reçus tant de M. de Merfeld que de M. de Kollowrath, et s'il avait dépendu de ce dernier d'accéder à vos désirs, il l'aurait fait sans beaucoup de difficultés, à ce que je puis juger.

Je crois qu'un des motifs qui a empêché l'Empereur d'y accéder est la crainte de mécontenter les Hongrois, qui prétendent qu'il n'avait pas le droit de céder Presbourg sans le consentement de la diète, qui doit s'assembler dans ce moment-ci à Bude pour faire de très-fortes représentations sur la situation des choses.

Je suis avec respect, etc.

Le général de division,
GUDIN.

---

141. — AU MINISTRE DE LA GUERRE, MAJOR GÉNÉRAL.

28 frimaire an XIV (19 décembre 1805).

Monsieur le Maréchal, j'ai l'honneur d'adresser à Votre Excellence une lettre du général Gudin.

Tous les cantonnements qui sont destinés sur la rive droite du Danube à la division du général Gudin sont occupés par les dragons du prince Murat; pour peu qu'ils y restent, ils consommeront le peu de subsistance qui s'y trouve.

J'ai reçu deux agents qui m'ont confirmé le départ des Russes. Ils doivent être maintenant hors de la Hongrie; les rapports de Presbourg viennent à l'appui.

---

142. — AU MINISTRE DE LA GUERRE, MAJOR GÉNÉRAL.

Presbourg, 29 frimaire an XIV (20 décembre 1805).

Monsieur le Maréchal, j'ai l'honneur de rendre compte à Votre Excellence qu'en conséquence de votre lettre du 27, qui met à ma disposition le pays compris entre Presbourg et Marchegg, j'avais prescrit au général Friant d'établir un de ses régiments à Neudorf-Theben et dans les villages sur la route de Neudorf à Presbourg, et d'en placer un autre à Marchegg, Breitensée, Kroissenbrunn et Schlosshof.

J'avais également donné l'ordre au général Vialannes d'établir le 12e régiment de chasseurs à cheval à Neudorf, Kroissenbrunn, Schlosshof et Blumeneau, mais tout le pays que Votre Excellence avait mis à ma disposition sur la rive droite de la March depuis Marchegg étant occupé par les dragons de la division Friant, d'y faire entrer le 12e régiment de chasseurs à cheval.

Cette position devient d'autant plus pénible pour les troupes à mes ordres qu'elles n'ont jamais été plus mal que depuis l'armistice, ayant été constamment encombrées : aussi les maladies commencent-elles à se manifester.

Je prie Votre Excellence de prendre cet état en prompte considération.

La division Gudin a commencé aujourd'hui son mouvement pour aller occuper ses cantonnements sur la rive droite du Danube. Les glaces qui rendent le passage du fleuve impraticable m'ont forcé à faire passer cette division par Vienne.

Les 12e et 21e régiments, qui sont partis aujourd'hui de Presbourg, seront rendus le 2 nivôse à leur destination ; ces régiments occupent, savoir :

Le 12e régiment, Hainbourg, Wolfsthal, Deutsch-Altenburg, Petronell.

Le 21e régiment aura un demi-bataillon à Bruck et occupera en outre Regelsbrunn, Scharndorf, Arbesthal, Götlesbrunn.

La 2e brigade de cette division partira demain de Presbourg et arrivera également le 2 nivôse dans ses cantonnements.

Le 25e régiment occupera Ellend, Haslau, Fischamend, Enzersdorf, Schwaadorf.

Le 85e régiment occupera Breitenbrunn, Stix-Neusiedl, Sainte-Margarethen, Trautsmansdorf, Gœtzendorf.

Ces troupes passeront à Vienne sans s'y arrêter.

Le parc de réserve est stationné à Stadt-Enzersdorf; ses

chevaux sont placés dans les villages environnants, de manière à pouvoir se porter sur Vienne ou sur Presbourg, suivant les circonstances.

---

143. — AU MINISTRE DE LA GUERRE, MAJOR GÉNÉRAL.

29 frimaire an XIV (20 décembre 1805).

Monsieur le Maréchal, ma lettre au général Beaumont était une représaille vis-à-vis de ce général. Presbourg étant encombré et ne pouvant point contenir les deux divisions Friant et Gudin, je me suis vu obligé de laisser sur la rive droite de la March, provisoirement, le 15e régiment d'infanterie légère, en attendant que le ministre nous ait assigné des cantonnements; le général Beaumont, nonobstant cet ordre et la nécessité qui l'avait motivé, a envoyé ce régiment à Presbourg y augmenter nos embarras de toute espèce. Mon voyage à Vienne avait pour objet de nous en retirer; il n'y avait pas de temps à perdre, la maladie commençait à nous gagner. L'Empereur assigne des cantonnements pour la division Gudin sur la rive droite du Danube, et pour la division Friant, Presbourg et le pays compris entre Presbourg et Marchegg et l'embouchure de la March y sont compris. En me rendant à Presbourg, je reçus le rapport relatif au 15e; j'ai trouvé la conduite du général Beaumont si leste que j'ai exigé tout de suite l'exécution des ordres du ministre; au surplus, j'avouerai à Votre Altesse Sérénissime que ce n'était point la marche à prendre; votre lettre pleine d'obligeance n'a pu qu'ajouter à cette conviction. Après cet aveu, je vous prierai, Monseigneur, de laisser à notre disposition ces villages, ils nous sont nécessaires, étant réduits par l'armistice à la seule ville de Presbourg.

Aussi les troupes depuis cette époque ont-elles été beaucoup plus mal qu'auparavant.

En attendant vos ordres à cet égard, elles resteront dans leur ancien état, c'est-à-dire très-encombrées.

La division Gudin occupait le château et Presbourg, mais elle y a tant de malades que je ne puis placer dans cet endroit aucune troupe; le départ de cette division alors n'est pas un soulagement pour celle qui reste.

J'attends, Monsieur le Maréchal, avec bien de l'empressement, votre décision, n'ayant point entretenu l'Empereur de ces circonstances.

144. — AU MINISTRE DE LA GUERRE, MAJOR GÉNÉRAL.

Presbourg, 1er nivôse an XIV (22 décembre 1805).

Monsieur le Maréchal, j'ai l'honneur d'adresser à Votre Excellence la réponse que le général autrichien Hiller m'a faite, qui lui fera connaître que les ordonnances et courriers passeront sans difficulté sur la rive droite, mais toujours sous l'escorte des troupes autrichiennes.

Les cantonnements que vous aviez affectés pour ma cavalerie légère entre Fischament et les frontières de Hongrie se trouvent occupés par la 1re division de dragons et la 2e de cuirassiers; si cet état de choses continuait, il serait impossible à ma cavalerie de se refaire; il en serait de même de la division Gudin, qui marche sur ce point.

Je prie Votre Excellence de vouloir bien prendre en considération la pénible position de ces troupes.

145. — AU MINISTRE DE LA GUERRE, MAJOR GÉNÉRAL.

Presbourg, 2 nivôse an XIV (23 décembre 1805).

Monsieur le Maréchal, la 1re division de dragons et la 2e de cuirassiers occupent, ainsi que j'ai eu l'honneur de le mander à Votre Excellence, tous les cantonnements sur la rive droite du Danube, entre la frontière de Hongrie et Fischamend, que vous avez désigné à la division Gudin et à la cavalerie légère du 3e corps d'armée.

Tous les cordonniers, tailleurs et autres ouvriers sont employés par ces divisions de cavalerie, qui s'opposent en outre à ce que le logement, les vivres et fourrages soient livrés aux troupes légères.

J'envoie à Votre Excellence les ordres du général d'Hautpoul à cet égard.

Il n'est pas possible, dans un tel état de choses, que le repos puisse être mis à profit pour faire réparer l'habillement, la chaussure et l'armement des troupes.

Je supplie Votre Excellence de prendre la cruelle position de ces troupes en considération, et de nous assigner d'autres cantonnements ou de nous laisser exclusivement ceux qui nous sont affectés.

Malgré les ordres de l'Empereur, malgré vos intentions, on ne leur a encore livré aucuns draps ni autres effets. Cet abandon est d'autant plus pénible que tous les autres corps d'armée ont reçu tout ce qui leur fallait.

---

146. — AU MINISTRE DE LA GUERRE, MAJOR GÉNÉRAL.

Presbourg, 4 nivôse an XIV (25 décembre 1805).

Monsieur le Maréchal, par une lettre du 29 frimaire, j'ai eu l'honneur de faire connaître à Votre Excellence quels étaient les cantonnements du 3ᵉ corps d'armée, desquels je joins ici le tableau.

Le 2 nivôse, j'ai également eu l'honneur d'inviter Votre Excellence à prendre en considération la pénible position des troupes de la division Gudin, dont les cantonnements à elle affectés se trouvaient occupés par les cuirassiers et les dragons aux ordres des généraux Klein et d'Hautpoul; cette évacuation n'a point encore eu lieu, ce qui occasionne une surcharge pour le pays qui tourne également au préjudice de la troupe, qui ne peut s'y procurer les ressources qui lui seraient nécessaires, tant sous les rapports des subsistances que sous ceux des réparations de l'habillement et de l'équipement.

Je prie instamment Votre Excellence de vouloir bien apporter quelques soulagements à la position dans laquelle se trouve le corps d'armée que j'ai l'honneur de commander[1].

[1] 37ᵉ bulletin de la grande armée. Schœnbrunn, 5 nivôse an XIV (26 décembre 1805). « Voici la position de l'armée aujourd'hui. Le maréchal Ber-

147. — AU MINISTRE DE LA GUERRE, MAJOR GÉNÉRAL.

Presbourg, 7 nivôse an XIV (28 décembre 1805).

Monsieur le Maréchal, j'ai l'honneur d'adresser à Votre Excellence copie de l'ordre que j'ai donné au général Vialannes pour faire enlever et payer à raison de 150 à 200 florins tous les chevaux qu'il a déjà dû faire reconnaître propres à l'arme de la cavalerie légère.

Je prie Votre Excellence de donner son assentiment à cette mesure qui me paraît aussi utile qu'urgente ; les circonstances sont telles que si je n'avais reçu votre réponse sous vingt-quatre heures, le silence de Votre Excellence serait interprété comme donnant son approbation à cette mesure.

P. S. — Si Votre Excellence donne son assentiment à cette levée de chevaux, je la prierai aussi de faire mettre à la disposition des corps d'administration les fonds nécessaires pour les payer.

Il est arrivé depuis quinze jours 200 chasseurs à pied à chacun des 2ᵉ et 12ᵉ régiments de chasseurs, et le 7ᵉ hussards et le 7ᵉ chasseurs ont chacun de 500 à 600 hommes non montés ; ce serait donc 500 à 600 chevaux qu'il faudrait lever pour les 4 régiments de troupes légères attachés au 3ᵉ corps d'armée[1].

---

nadotte occupe la Bohême, le maréchal Mortier la Moravie, le maréchal Davout occupe Presbourg, capitale de la Hongrie; le maréchal Soult occupe Vienne, le maréchal Ney occupe la Carinthie, le général Marmont la Styrie, le maréchal Masséna la Carniole, le maréchal Augereau reste en réserve en Souabe. Le maréchal Masséna, avec l'armée d'Italie, est devenu le 8ᵉ corps de la grande armée. » (*Correspondance de Napoléon*, t. XI, p. 503.)

[1] La signature du traité de Presbourg est du 26 décembre 1805. L'Empereur partait le surlendemain pour Munich, où il se trouvait le 31 décembre, et avant de quitter Schœnbrunn, il avait donné les premiers ordres pour l'évacuation des États autrichiens, en réglant toutefois les mouvements de l'armée sur l'exécution du traité de Presbourg. La première étape de l'évacuation devait être sur l'Enns.

Premiers ordres datés de Schœnbrunn, 26 décembre, et traçant l'itinéraire des divers corps : « ...Le corps d'armée du maréchal Davout quittera Presbourg à l'époque déterminée et suivra sa route par la rive droite du Danube jusque derrière l'Enns. La division du général Caffarelli rentrera sous

148. — AU MINISTRE DE LA GUERRE, MAJOR GÉNÉRAL.

Wels, 28 janvier 1806 [1].

Monsieur le Maréchal, j'ai l'honneur de faire part à Votre Excellence que tous les rapports que je reçois m'annoncent que la gale dont les habitants sont atteints se communique à nos troupes d'une manière effrayante, quelles que soient les précautions que l'on prenne pour s'en garantir.

L'incertitude du départ s'oppose à ce que les chefs de corps s'occupent de la guérison des malades; je vais cependant don-

---

les ordres du maréchal Davout; mais pour éviter qu'elle passe à Vienne, elle marchera directement sur Krems et traversera le Danube pour rejoindre le maréchal Davout... Le maréchal Davout forme la première ligne d'évacuation sur l'Enns, et le maréchal Soult forme la seconde ligne. Quant au second mouvement d'évacuation, les maréchaux Davout et Soult passeront à Munich et à Augsbourg. Quant au troisième mouvement, cela dépendra de la direction définitive donnée aux troupes. » (*Correspondance de Napoléon*, t. XI, p. 510 et suivantes.)

Ordres donnés de Munich, 14 janvier 1806, par l'Empereur au maréchal Berthier. — « Quand je vous ai dit la ligne de l'Enns, j'ai entendu la ligne militaire; mais vous pouvez garder tout ce qui est au delà de l'Enns jusqu'au terme du traité..... Faites monter les divisions Friant et Gudin, et la cavalerie légère du général Vialannes, c'est-à-dire le corps du maréchal Davout, du côté de Lambach, ce qui fera place au maréchal Soult. Mettez à Wels la division Caffarelli, et entre Lambach, les montagnes et l'Inn, le corps du maréchal Davout pourra s'étendre : car enfin il ne faut point évacuer que je n'aie la Dalmatie et que mon terme ne soit expiré... » (*Correspondance de Napoléon*, t. XI, p. 537-538.)

Le 30 janvier 1806, l'Empereur écrivait de Paris au maréchal Berthier, laissé comme commandant de l'armée à Munich : « Écrivez à tous les généraux qu'ils doivent rappeler les corps qui auraient repassé le Rhin et se tenir en mesure d'exécuter mes ordres... Du moment où j'aurai décidé si mon armée doit repasser le Rhin ou rester en Allemagne, je vous enverrai des ordres ou j'irai moi-même vous rejoindre. » (*Correspondance de Napoléon*, t. XI, p. 564.)

Au total, Napoléon entendait mesurer ses mouvements d'évacuation, attendant qu'on lui remît Venise, la Dalmatie, les bouches du Cattaro, que les Russes, de leur côté, eussent opéré leur mouvement de retraite, et il donnait itérativement l'ordre à Berthier de diminuer les étapes, de ne pas faire faire à l'armée de trop grandes journées.

[1] On remarquera qu'à partir de janvier 1806 les dates cessent d'être conformes au calendrier républicain. Par une décision de septembre 1805, avant la campagne, il avait été fixé que l'an XIV finirait au 1ᵉʳ janvier 1806, et qu'à partir de cette date le calendrier grégorien serait rétabli.

ner des ordres afin que, pendant les marches, ils soient logés séparément, et que dès notre arrivée en France les régiments soient purgés de cette contagion.

Je regarde cet objet comme d'autant plus majeur que ce mal existe dans tous les corps d'armée, ce qui engagera sans doute Votre Excellence à employer son autorité en prescrivant à tous les colonels de prendre les moyens les plus prompts pour éteindre cette maladie, ou en arrêter au moins les progrès en faisant loger ensemble et isolément tous les militaires reconnus galeux.

---

149. — AU MINISTRE DE LA GUERRE, MAJOR GÉNÉRAL.

Ried, 8 février 1806.

Monsieur le Maréchal, j'ai l'honneur d'adresser à Votre Excellence copie d'une lettre du directeur de la ville de Heidelberg et d'un procès-verbal de levée de scellés sur un magasin de 5,034 paires de souliers appartenant au 3ᵉ corps d'armée et enlevés par ordre du général Donzelot, chef de l'état-major général du 7ᵉ corps d'armée, commandé par M. le maréchal Augereau.

Je ne me permettrai aucune réflexion sur cet ordre arbitraire; je prierai seulement Votre Excellence de vouloir bien ordonner le remplacement de ces souliers, soit par les régiments auxquels ils ont été distribués illégalement, soit de toute autre manière.

---

150. — AU MINISTRE DE LA GUERRE, MAJOR GÉNÉRAL.

Munich, 28 février 1806.

Monsieur le Maréchal, j'ai l'honneur de rendre compte à Votre Excellence qu'en conséquence de ses ordres, la 3ᵉ brigade de la 2ᵉ division du 3ᵉ corps d'armée ne séjournera pas à Muhldorf, et qu'ainsi, au lieu d'arriver à Ingolstadt le 7 mars, elle y arrivera le 6 [1];

---

[1] L'évacuation ne se faisait qu'avec lenteur, conformément aux vues de

Que la 1re et la 2e brigade de la 1re division qui devaient séjourner à Muhldorf, la 3e à Mattigoffen et Muhldorf, marcheront sans séjour et arriveront à Ingolstadt, la 1re et la 2e le 8 mars au lieu du 9, la 3e le 9 mars au lieu du 11.

P. S. — L'itinéraire est le même à l'exception de ce changement.

---

151. — AU MINISTRE DE LA GUERRE, MAJOR GÉNÉRAL.

Neubourg, 21 mars 1806.

Monsieur le Maréchal, j'ai l'honneur d'adresser à Votre Excellence le tableau de l'itinéraire des différentes colonnes de ce corps d'armée, pour aller prendre de nouveaux cantonnements dans les principautés qu'elle a désignées par sa lettre d'hier[1].

---

l'Empereur. Avant le 15 février 1806, Bernadotte avait l'ordre d'aller prendre possession, au nom du roi de Bavière, du territoire d'Anspach, récemment cédé par la Prusse, et il devait être appuyé par le maréchal Mortier. Le maréchal Davout devait, de son côté, se porter sur Æichstædt. Tous ces mouvements n'impliquaient nullement d'ailleurs la dislocation de la « grande armée », dont l'organisation subsistait toujours, et Napoléon se méfiait tellement encore qu'il écrivait, le 8 février, au maréchal Berthier, à Munich : « J'imagine que les maréchaux Ney, Soult et Davout ont leurs corps réunis, approvisionnés de tout et en état de faire campagne. Vous pouvez même leur écrire une petite lettre confidentielle pour leur dire que tout n'est pas fini avec la Prusse, que le maréchal Augereau est à Francfort, le maréchal Lefebvre à Darmstadt; qu'ils se tiennent toujours en mesure; que tout se réorganise et que rien ne leur échappe. Vous-même, ayez soin que tout, dans ce sens, se maintienne en règle. J'ai laissé à Strasbourg un piquet de mes chevaux et 300 hommes de ma garde. Au moindre événement, j'arriverai comme l'éclair; mais ayez la plus grande prudence, car il ne faut pas donner une alarme inutile... » (*Correspondance de Napoléon*, t. XII, p. 23.)

[1] L'Empereur au maréchal Berthier. — « Paris, 14 mars 1806. Mon cousin, mon intention est que mon armée reste en Allemagne jusqu'à ce que j'aie des réponses positives de la cour de Vienne relativement aux affaires de Dalmatie. Cependant, je sens qu'il est urgent de soulager les États du roi de Bavière, et en même temps de rapprocher mon armée, car je ne puis douter que la cour de Vienne cesse de refuser une chose qui est si juste. Vous ordonnerez en conséquence les dispositions suivantes :

« Le corps du maréchal Ney partira d'Augsbourg, emmenant avec lui la division de dragons Walther, et se rendra à petites journées, de manière à fatiguer le moins possible ses soldats, par Memmingen, à Engen. Il se can-

J'ai envoyé un de mes aides de camp auprès de M. le maréchal Mortier pour lui faire part du mouvement de ce corps d'armée, et pour le prier de faire évacuer tous les pays que nous devons occuper.

Votre Excellence peut être assurée de la ponctuelle exécution de ses ordres, pour que les troupes soient toujours prêtes à entrer en campagne. Je me suis assuré de leur bon état par des inspections que j'ai passées d'une partie d'entre elles, particulièrement de la 1re division, qui était la plus arriérée sous ce rapport; cette dernière a reçu présentement les avances qui lui manquaient.

Les 400,000 cartouches d'infanterie ne sont point encore arrivées; ce retard provient du débordement du Danube qui interrompt la navigation.

J'ai envoyé un officier pour reconnaître le point où peuvent être arrêtés les bateaux sur lesquels sont chargées ces cartouches. On enverra des caissons vides pour les enlever.

tonnera dans toute l'étendue de la principauté de Furstemberg, et vivra aux dépens de cette principauté. Le maréchal Ney attendra là de nouveaux ordres. Infanterie, cavalerie, artillerie, tout doit être en état.

« Le maréchal Davout se rendra avec son corps d'armée à Œttingen, et cantonnera ses troupes dans toute cette principauté, sans être à charge d'aucune manière à la Bavière. Il enverra une de ses divisions occuper la seigneurie de Limbourg, et une autre occuper la principauté de Hohenlohe. Si son séjour se prolongeait plus longtemps que je ne le pense, il pourrait s'étendre dans le Mergentheim. Les principautés d'Œttingen, Limbourg et Hohenlohe forment plus de 100,000 âmes. Son armée doit vivre là à son aise, sans fatiguer aucun de mes alliés...

« Le maréchal Soult se trouve avoir une grande quantité de cavalerie. Je ne vois pas d'inconvénient qu'elle se déploie et prenne plus d'espace, et même qu'une de ses deux divisions de cavalerie se prolonge sur le Lech, du côté d'Ingolstadt et de Neubourg... » (*Correspondance de Napoléon*, t. XII, p. 189, 190.)

152. — LE GÉNÉRAL DE BRIGADE DAULTANNE
CHEF DE L'ÉTAT-MAJOR GÉNÉRAL,
A M. LE GÉNÉRAL DE DIVISION FRIANT.

Au quartier général à Neubourg, 21 mars 1806.

J'ai l'honneur de vous adresser, mon cher général, les itinéraires de marche des deux colonnes de votre division.

J'y joins également deux ordres particuliers pour les 2ᵉ et 12ᵉ régiments de chasseurs, qui passent à la division Gudin.

Vous donnerez l'ordre au général Vialannes de marcher avec le 2ᵉ régiment de chasseurs, en le prévenant qu'il recevra à Ilshoffen de nouveaux ordres du général Gudin.

Ce mouvement n'ayant pas permis à M. le maréchal de passer la revue de votre division, je vous adresse copie de l'ordre qui a été donné pour la première, afin que vous puissiez connaître ce que M. le maréchal a trouvé de mal et en prévenir vos colonels pour qu'ils soient sur leurs gardes, car il ne manquera pas de vous voir dès que les troupes seront entrées en cantonnement.

J'ai l'honneur de vous saluer.

DAULTANNE.

P. S. — J'ai l'honneur de vous prévenir que le grand quartier général sera établi le 28 à Hall.

Je vous préviens en même temps que le 1ᵉʳ régiment de chasseurs fournira un poste de correspondance à Ellwangen, pour le service intérieur du corps d'armée; le 7ᵉ régiment de hussards en fournira également un à moitié chemin d'Ellwangen à Hall.

---

153. — AU MINISTRE DE LA GUERRE, MAJOR GÉNÉRAL.

Neubourg, 23 mars 1806.

Monsieur le Maréchal, j'ai l'honneur de prévenir Votre Excellence que ses ordres, relatifs à l'occupation d'Œttingen par un escadron de cavalerie, seront exécutés.

J'ai l'honneur de prévenir en même temps Votre Excellence que je pars aujourd'hui, pour me rendre à Hall, où j'ai fixé mon quartier général.

---

154. — AU MINISTRE DE LA GUERRE, major général.

Hall, 30 mars 1806.

Monsieur le Maréchal, j'ai reçu, avec les différentes dépêches de Votre Excellence, l'ordre du jour relatif à la solde.

J'ai fait parvenir aux régiments de cavalerie de ce corps d'armée les lettres de Votre Excellence qui les concernent.

J'ai donné l'ordre à deux escadrons de cavalerie d'aller occuper les villes, bourgs et villages qui sont en litige, entre les gouvernements de Wurtemberg et de Baden; un officier de mon état-major est chargé de se rendre sur les lieux pour répartir ces deux escadrons entre tous les points contestés et faire connaître aux autorités locales les motifs de cette occupation.

J'ai eu l'honneur de rendre compte à Votre Excellence qu'avant mon départ de Neubourg, j'avais vu dans le plus grand détail les régiments de la 1re division, ainsi que le 1er régiment de chasseurs et le 7e de hussards; avant-hier j'ai vu avec la même attention la division Friant : je n'ai que des rapports satisfaisants à faire à Votre Excellence sur la situation de ces troupes; l'armement et la chaussure sont en bon état; l'habillement est assez bon, je dirai même meilleur que je ne m'y atttendais; les 5,000 paires de souliers arrivées de Strasbourg, en remplacement d'un pareil nombre dont le général Donzelot avait disposé à Heidelberg, vont mettre notre chaussure dans le meilleur état.

Au premier jour, je verrai la division Gudin, et j'espère n'avoir également que des rapports satisfaisants à en faire à Votre Excellence.

155. — AU MINISTRE DE LA GUERRE, MAJOR GÉNÉRAL.

Hall, 31 mars 1806.

Monsieur le Maréchal, j'ai l'honneur d'adresser à Votre Excellence le tableau des cantonnements du corps d'armée.

La pénurie de fourrages qui se fait sentir d'une manière extrême dans le comté de Œttingen, m'avait déterminé à ordonner le changement du parc de réserve, ainsi que de la cavalerie qui est stationnée dans ce pays ; mais d'après la lettre de Votre Excellence, j'arrête tout mouvement. En attendant que l'horizon politique s'éclaircisse, les troupes vivront comme elles pourront[1].

Conformément à vos ordres, j'ai également arrêté le mouvement des deux escadrons qui se portaient sur le Neckar pour l'occupation du pays en litige.

Voulant m'assurer que la division Gudin est aussi en état d'entrer en campagne que les deux autres, j'en passerai la revue le 1er et le 2 avril ; je me rendrai de là à Œttingen, où sera établi mon quartier général.

Selon les désirs de Votre Excellence, j'envoie un de mes aides de camp près d'elle, pour y recevoir ses ordres.

---

[1] Un instant, vers la fin de mars, on avait cru que la rentrée de l'armée allait décidément être hâtée. L'Empereur écrivait de Paris, 21 mars 1806, au maréchal Berthier, qui était toujours à Munich et qui avait le grand désir de revenir à Paris : « Mon cousin, les corps d'armée des maréchaux Ney et Davout et une portion de la cavalerie se rapprochent de la France. Je viens d'arrêter les garnisons que doivent prendre les différents corps... Mon intention est qu'aucun corps de mon armée ne passe le Rhin avant le 15 avril, c'est-à-dire lorsque le maréchal Soult aura dépassé le Lech. Du moment que vous saurez que la cour de Vienne m'a accordé le passage de la Dalmatie, vous ferez évacuer Braunau. Le maréchal Soult se mettra alors en marche à très-petites journées par Augsbourg pour se placer derrière le Lech, où il attendra mes ordres... Vous ordonnerez aux maréchaux Ney, Soult et Davout de vous envoyer des rapports détaillés à Strasbourg, lorsque vous partirez de Munich, et vous m'enverrez les rapports, afin que je sois à même de vous envoyer enfin l'ordre de revenir à Paris... » (*Correspondance de Napoléon*, t. XII, p. 206-216.) A peine ces ordres étaient-ils partis, tout avait été arrêté de nouveau par des difficultés survenues à propos des bouches du Cattaro, livrées par le gouverneur autrichien aux Russes. La lettre du maréchal Davout a trait aux nouveaux ordres.

156. — AU MINISTRE DE LA GUERRE, MAJOR GÉNÉRAL.

Hall, 3 avril 1806.

Monsieur le Maréchal, j'ai l'honneur de transmettre à Votre Excellence les réclamations qui ont été adressées au général Friant sur l'occupation de divers pays appartenant à Sa Majesté le roi de Wurtemberg.

Dans l'état des cantonnements que je vous ai adressé, il est plusieurs villes et villages qui appartiennent à ce souverain.

La nécessité m'a forcé d'autoriser les officiers généraux à étendre leurs cantonnements, m'étant assuré par moi-même, en faisant l'inspection des divisions Friant et Gudin, que le pays était très-pauvre et hors d'état de nourrir une aussi grande quantité de troupes.

Votre Excellence ne peut ignorer que la route de Heilbronn à Donauwœrth a reçu le passage de la grande majorité de l'armée, et que cette ligne a été pendant longtemps celle d'étapes, ce qui en a presque épuisé les ressources.

La seigneurie de Limbourg, qui est occupée par une grande partie de la division Friant, est un pays extrêmement montueux, sans communications, où les villages ne sont que de malheureux hameaux composés de quelques maisons et dont les habitants ne vivent que du travail de leurs mains.

Je dois en outre observer à Votre Excellence qu'indépendamment de l'impérieuse nécessité qui m'a forcé à étendre mes cantonnements, ils ne l'ont été cependant qu'en remplissant l'objet de votre lettre du 29 mars.

Je viens de passer la revue de la division Gudin. Je n'ai également que des rapports favorables à faire à Votre Excellence sur la tenue et la discipline de cette division; nous sommes en mesure de nous porter au loin, si la gloire de notre souverain l'exige.

Je viens de recevoir à l'instant une lettre de M. le comte Ebenfeld, ministre d'État de Sa Majesté le roi de Wurtemberg, que j'ai l'honneur de vous adresser avec la copie de ma réponse.

Je pars demain pour me rendre à Œttingen, où je serai rendu le 7.

---

157. — AU MINISTRE DE LA GUERRE, MAJOR GÉNÉRAL.

Œttingen, 7 avril 1806.

Monsieur le Maréchal, j'ai l'honneur de rendre compte à Votre Excellence que j'ai rencontré, il y a quelques jours, sur la route de Hall à Œttingen, des recruteurs prussiens venant de conduire des recrues en Prusse et allant à Enzingen rejoindre un de leurs officiers qui y est en détachement et loge à l'auberge du *Mouton*, ayant sous ses ordres 14 recruteurs répandus dans cet endroit et dans les environs[1]. Il y a en outre, dans ce pays, un assez grand nombre de ces recruteurs, ce qui n'est pas sans inconvénient, car nos soldats y étant, il est à craindre qu'ils ne parviennent à en engager quelques-uns; sur mes représentations verbales, les autorités du pays ont cru devoir les faire évacuer.

J'ai l'honneur d'adresser à Votre Excellence copie d'une lettre écrite au président de la régence de Vallerstein par un major prussien en recrutement à Francfort, qui, en donnant des instructions à ceux qu'il envoie dans ce pays-ci et qui s'adressent aux autorités locales pour leur établissement, base sa demande sur ce qu'à Francfort il y a des recruteurs, malgré qu'il y ait garnison française dans cette ville.

Je prie Votre Excellence de vouloir bien me faire connaître ses instructions à ce sujet, et de donner des ordres pour qu'il n'y ait qu'une même manière d'agir à l'égard de ces recruteurs.

---

[1] L'Empereur au maréchal Berthier. — « 20 mars 1806. ...Faites chasser les recruteurs prussiens qui se trouvent dans les pays soumis à la Bavière. Le sort de ce pays (Anspach) ayant changé, les anciens droits n'existent plus. Si les recruteurs prussiens ne se retirent point de plein gré, vous devez les y contraindre par la force. Du reste, dans tous vos propos, dites du bien jusqu'à l'affectation du roi de Prusse et de l'armée prussienne... » (*Correspondance de Napoléon*, t. XII, p. 202.)

158. — AU MAJOR GÉNÉRAL DE LA GRANDE ARMÉE
PRINCE ALEXANDRE [1].

1ᵉʳ mai 1806.

Monseigneur, j'ai l'honneur d'adresser à Votre Altesse copie des ordres que j'ai donnés au général Gudin, pour l'exécution de ceux que Votre Altesse m'a transmis relativement au pays litigieux de Craichgau, entre les cours de Baden et de Wurtemberg, ainsi que la copie de ma lettre à M. Didelot.

Dès que le résultat de ces ordres me sera connu, je m'empresserai d'en donner connaissance à Votre Altesse.

---

159. — AU MAJOR GÉNÉRAL DE LA GRANDE ARMÉE
PRINCE DE NEUFCHATEL, ETC.

20 mai 1806.

Monseigneur, conformément aux ordres de Votre Altesse, j'ai l'honneur de lui adresser :

1° Le duplicata des feuilles de route qui ont été expédiées

---

[1] Aux premiers mois de 1806, Berthier avait été fait prince de Neufchâtel, en même temps que Murat était fait duc de Clèves et de Berg. Ces titres paraissent ici pour la première fois dans la correspondance. Après la paix de Presbourg, Napoléon, moyennant quelques échanges de territoires dont il disposait avec la Bavière et la Prusse, s'était réservé les duchés de Clèves et de Berg et la principauté de Neufchâtel, qu'il constituait en « fiefs de la couronne impériale », au profit de son beau-frère Murat et de son major général Berthier. Il avait notifié ces actes constitutifs de fiefs impériaux au Sénat par un message du 2 mars 1806. En annexant le pays vénitien au royaume d'Italie, et en disposant à la même époque de la couronne de Naples pour son frère Joseph, Napoléon s'était réservé aussi un certain nombre de duchés et de principautés au delà des Alpes. Peu après, en effet, dans le courant de l'été de 1806, il faisait Bernadotte prince de Ponte-Corvo, et M. de Talleyrand prince de Bénévent. C'est le commencement de la noblesse impériale. Les autres duchés et principautés ne furent créés qu'un peu plus tard. Ainsi Murat et Berthier avaient été les premiers dotés.

A cette occasion, Napoléon écrivait, le 1ᵉʳ avril 1806, à Berthier, une lettre bien singulière qu'on retrouve dans sa *Correspondance*, et qui touche aux détails les plus intimes de la vie du major général. (*Correspondance d- Napoléon*, t. XII, p. 253.)

aux militaires du 3e corps d'armée qui ont été jugés susceptibles d'être envoyés aux eaux;

2° L'état nominatif, en double expédition et par régiments, de ces mêmes militaires, dont le nombre s'élève à soixante-cinq.

Les corps en avaient désigné un plus grand nombre; mais ayant fait reviser leurs états par les officiers de santé en chef du corps d'armée, ceux-ci ont jugé convenable de renvoyer à la saison prochaine plusieurs de ces militaires dont les blessures trop récentes ne leur permettraient pas de supporter l'effet des eaux thermales.

J'ai également l'honneur d'adresser à Votre Altesse l'état des militaires de tous grades qui, par leurs blessures ou infirmités, ne seraient pas dans le cas de continuer une campagne active. De ce nombre plusieurs auront besoin de moyens de transport pour se rendre aux bataillons de paix, et ceux particulièrement dont les blessures trop peu consolidées ne leur ont point permis d'aller aux eaux.

J'ai l'honneur de prier Votre Altesse de me faire connaître ses sentiments à l'égard de cette dernière classe de militaires.

---

160. — AU MAJOR GÉNÉRAL DE LA GRANDE ARMÉE
PRINCE DE NEUFCHATEL, ETC.

29 mai 1806.

Monseigneur, j'ai l'honneur d'accuser à Votre Altesse la réception de sa lettre du 22, en lui donnant l'assurance que par les revues très-sévères qui ont été passées, j'ai la certitude que la chaussure du soldat est dans le meilleur état possible; presque tous ont trois paires de souliers, y compris celle qu'ils ont aux pieds, et des mesures ont été prises pour compléter ce qui manque.

L'activité des conseils d'administration de corps doit me faire présumer qu'ils ont tous, sur la rive gauche du Rhin, une assez grande quantité de souliers; mais je ne puis cependant sur cet objet répondre avec certitude à Votre Altesse, avant que j'aie reçu des corps les divers états que j'ai demandés.

J'ai également l'honneur de prévenir Votre Altesse que sa lettre du 22, qui m'a été remise par la poste civile, ne m'est parvenue que le 28, ce courrier n'arrivant que deux fois par semaine.

---

161. — AU MAJOR GÉNÉRAL DE LA GRANDE ARMÉE
PRINCE DE NEUFCHATEL, ETC.

30 mai 1806.

Monseigneur, j'ai l'honneur d'adresser à Votre Altesse l'état nominatif des hommes du 1er régiment de chasseurs que le général Montbrun a amenés avec lui, malgré les ordres du jour et particuliers qu'il a reçus[1].

Les chasseurs qui ont été à Metz ont reçu l'ordre de rejoindre leur corps; quant à ceux qui sont à Naples, j'ai l'honneur de les désigner à Votre Altesse, pour qu'elle prenne à cet égard telle mesure qu'elle jugera convenable. C'est en tolérant de pareils abus que les régiments de cavalerie se fondent.

---

162. — AU MAJOR GÉNÉRAL DE LA GRANDE ARMÉE
PRINCE DE NEUFCHATEL, ETC.

7 juin 1806.

Monseigneur, conformément au désir de la lettre de Votre Altesse, du 3 juin, j'ai l'honneur de vous adresser l'état d'emplacement des quartiers généraux des divisions, des brigades, des états-majors, des corps, ainsi que celui des bataillons et escadrons.

[1] Le général Montbrun fut pour ce fait puni de vingt-quatre heures d'arrêts.

163. — AU MAJOR GÉNÉRAL DE LA GRANDE ARMÉE
PRINCE DE NEUFCHATEL, ETC.

OEttingen, 6 juillet 1806.

Monseigneur, j'ai l'honneur d'accuser à Votre Altesse la réception de sa lettre du 4 juillet et de celle de M. Otto, qui y était jointe.

Je ferai mon profit de l'une et de l'autre; et, sans répandre l'alarme, il sera établi une très-grande surveillance dans nos cantonnements.

J'aurai l'honneur d'ajouter à Votre Altesse que je me suis aperçu depuis quelque temps qu'il se répandait de mauvaises nouvelles, dont la source est dans les feuilles allemandes, et particulièrement dans les gazettes d'Erlangen. J'ai eu également occasion de remarquer que la plupart des bruits qui circulent dans le pays semblent provenir de Wurtzbourg; il serait possible que quelque agent, se croyant plus en sûreté dans cette principauté, sous le manteau d'un prince de la maison d'Autriche, y eût établi un foyer d'intrigues.

Un des bons moyens de détruire l'effet des libelles dont parle M. Otto serait sans doute de faire insérer dans toutes les gazettes d'Allemagne un article sur la nécessité où sont les Français de rester en Allemagne jusqu'à l'entière exécution du traité de Presbourg, et principalement jusqu'à l'évacuation des bouches du Cattaro. Mais je m'aperçois que je marche ici dans le pays de M. Otto, qui, bien mieux que moi, doit connaître les moyens de déjouer toutes les espèces d'intrigues de nos ennemis.

Il doit exister à Munich une personne qui, à la tête de ma partie secrète, m'a été très-utile pendant cette dernière campagne. Dans les précédentes elle avait servi les armées françaises avec le même zèle; elle est très au courant de toutes les diverses agences anglaises et autrichiennes qui pourraient exister à Munich, à Augsbourg, en Suisse, en Souabe, etc. Cet homme est propriétaire sur la rive gauche du Rhin, du côté de Mayence, et se trouve en réclamation près de Sa Majesté le roi de Bavière comme duc de Deux-Ponts. En reconnaissance de ses bons services, j'ai dans le temps recommandé son affaire à M. Otto. La copie ci-jointe de la lettre que j'ai eu l'honneur de vous adresser facilitera les recherches de cet homme, que j'ai désigné à Votre Altesse lorsqu'elle me fit la demande d'une personne qui pourrait être employée dans la partie secrète.

Dans les circonstances présentes, j'ai cru devoir donner ces renseignements à Votre Altesse, attendu qu'ils peuvent lui être de quelque utilité.

---

164. — AU MAJOR GÉNÉRAL DE LA GRANDE ARMÉE
PRINCE DE NEUFCHATEL, ETC.

OEttingen, le 6 juillet 1806.

Monseigneur, j'ai l'honneur d'accuser à Votre Altesse la réception de sa lettre du 3 juillet.

Attendu la bonne harmonie qui règne entre les habitants et les militaires de ce corps d'armée, je ne pense pas qu'il soit nécessaire de resserrer les cantonnements, ce qui d'ailleurs ruinerait totalement un pays déjà trop épuisé.

J'ai donné des ordres pour que les chefs des cantonnements exercent la plus grande surveillance ; il n'y a eu qu'une petite rixe à Nœrdlingen, il y a environ un mois, laquelle n'a point été l'effet de la malveillance ; elle a été calmée par la sagesse des chefs aussitôt qu'elle a été connue ; je n'ai pas lieu de craindre qu'elle se renouvelle.

P. S. — On parle à Berlin d'un événement arrivé en Russie, dont le résultat serait la mort du président du Sénat et l'arrestation du corps entier. Le général Gudin, qui me donne cette nouvelle, n'y joint aucun détail ; il la tient du prince de Hohenlohe, qui paraît être au courant de ce qui se passe et qui est assez causeur.

165. — AU GÉNÉRAL FRIANT.

Bingen, le 23 juillet 1806.

Il paraît, mon cher général, que l'on inonde depuis quelque temps l'Allemagne de libelles contre nous; on en a même saisi à Augsbourg, et un de ces libelles est intitulé : *l'Allemagne dans son profond avilissement en* 1806; bien entendu que les auteurs et éditeurs sont inconnus. Ce pamphlet est plein d'invectives contre le soldat français et contre notre souverain; concertez-vous avec les principales autorités du pays qu'occupe votre division, pour tâcher de saisir ces imprimés et surtout les colporteurs. Faites entendre à ces différentes autorités que c'est leur fournir un moyen de mériter la bienveillance de l'Empereur, que d'empêcher non-seulement l'introduction de ces libelles dans leur pays, mais encore de concourir à en faire arrêter les auteurs [1].

Celles d'entre elles qui craindraient de nous donner des renseignements publiquement à cet égard peuvent le faire sans se compromettre et sans en laisser des traces.

Je ferai connaître à mon souverain le zèle qu'on y mettra. Il ne faut aucun écrit dans ces sortes de choses, cela aurait l'air d'y ajouter une trop grande importance; des communications verbales seront suffisantes, surtout si elles sont faites par des personnes connues pour nous être attachées.

[1] Napoléon se montrait très-vivement préoccupé des publications hostiles qui inondaient en ce moment l'Allemagne, et ne pouvant saisir les auteurs, il s'en prenait aux libraires qu'on lui signalait. Il était décidé aux rigueurs les plus extrêmes. Il allait jusqu'à écrire au maréchal Berthier qui n'avait pas quitté l'Allemagne : « 5 août 1806. — Mon cousin, j'imagine que vous avez fait arrêter les libraires d'Augsbourg et de Nuremberg. Mon intention est qu'ils soient traduits devant une commission militaire et fusillés dans les vingt-quatre heures. Ce n'est pas un crime ordinaire que de répandre des libelles dans les lieux où se trouvent les armées françaises, pour exciter les habitants contre elles; c'est un crime de haute trahison. La sentence portera que partout où il y a une armée, le devoir du chef étant de veiller à sa sûreté, les individus tels et tels, convaincus d'avoir tenté de soulever les habitants de la Souabe contre l'armée française, sont condamnés à mort. — Vous ferez répandre la sentence dans toute l'Allemagne. » (*Correspondance de Napoléon*, tome XIII, p. 37.)

Les autorités doivent d'autant plus nous seconder qu'elles n'ont qu'à se louer de la bonne discipline de nos troupes.

Le pays va recevoir un puissant soulagement, les officiers et les soldats ayant reçu deux mois d'appointements et de solde qui vont jeter une grande quantité de numéraire dans le pays.

Les gens raisonnables doivent faire retomber les charges de notre long séjour en Allemagne sur ceux qui n'exécutent pas le traité de Presbourg, sur les Autrichiens et les Russes.

Le pamphlet désigné est arrivé par Nuremberg. Les maîtres des postes peuvent donner beaucoup de renseignements à cet égard.

---

166. — AU GÉNÉRAL FRIANT.

OEttingen, 3 août 1806.

Je vous fais la demande, mon cher Général, de notes confidentielles sur les talents et la moralité de tous les colonels, chefs de bataillon et adjudants-majors sous vos ordres; je désire surtout que ces notes soient le propre vœu de votre conscience, exempt de toute complaisance ou affection particulière. Vous aurez soin de me faire connaître quelle est la partie à laquelle ces militaires sont le plus propres, soit en théorie, pratique ou administration; je vous engage à me faire passer ces notes par le retour de l'officier porteur de cette dépêche.

Il serait bon que vous pussiez joindre à ces notes un extrait des services de ces officiers.

---

167. — AU MAJOR GÉNÉRAL DE LA GRANDE ARMÉE
PRINCE DE NEUFCHATEL, ETC.

OEttingen, 6 août 1806.

Monseigneur, j'ai l'honneur d'adresser à Votre Altesse les plaintes que je reçois contre différents villages de Wurtemberg; elles sont extrêmement sérieuses et fondées, et prouvent les mauvaises dispositions à l'égard des troupes françaises de tout ce qui part de Stuttgard. En général, les plaintes portées avec affectation par M. le comte de Normann et les autres autorités du pays se trouvent toutes, après vérification faite, ou fausses ou au moins trop exagérées.

En attendant que Votre Altesse ait bien voulu me faire connaître ses intentions, j'ai l'honneur de la prévenir des nouvelles dispositions que je viens d'ordonner pour le maintien de l'ordre et de la bonne harmonie entre les soldats wurtembergeois, les habitants et nos troupes. J'ai invité le général de division Gudin à donner connaissance des plaintes à M. le comte de Normann, en lui demandant une prompte et sévère justice des individus qui se sont permis de frapper des Français, et en lui marquant qu'autant nous saurons maintenir une bonne discipline parmi nos troupes et ne rien négliger pour entretenir l'harmonie, autant nous saurons exiger que les soldats de l'empereur et roi Napoléon ne soient pas insultés impunément. Le général Gudin a l'ordre de faire tripler les cantonnements des villages où les habitants se seront mal comportés; il tiendra la main à ce que les soldats soient logés convenablement et non pas mis à dessein chez les plus pauvres, en exigeant que la fourniture soit fournie conformément aux règlements; mais il prendra en même temps toutes les mesures pour que nos troupes ne donnent aucun sujet de plainte, et que toutes les fautes ou délits de nos troupes soient promptement et sévèrement réprimés.

Tous les faits renfermés dans les plaintes que j'ai l'honneur d'adresser à Votre Altesse étant précis, je ne m'étendrai pas davantage, et j'attendrai les ordres que Votre Altesse voudra bien me faire passer à cet égard.

---

168. — AU MAJOR GÉNÉRAL DE LA GRANDE ARMÉE
PRINCE DE NEUFCHATEL, ETC.

OEtlingen, 11 août 1806.

Monseigneur, j'ai l'honneur de prévenir Votre Altesse que l'annonce du contre-ordre donné aux détachements de l'intérieur qui devaient rejoindre l'armée, a servi de prétexte pour retenir sur les bords du Rhin les effets d'habillement destinés aux bataillons de guerre.

Je me suis également aperçu que les colonels, dans l'espoir de rentrer bientôt en France, et malgré les ordres que j'avais donnés d'accélérer l'arrivée des remplacements dus aux soldats, n'avaient point fait venir les effets nécessaires, et que la tenue en souffrait.

J'ai l'honneur de prier Votre Altesse de lever la défense qui existe dans les différentes places du Rhin; car, si notre séjour devait se prolonger encore quelque temps, plusieurs soldats seraient bientôt sans habit et sans culotte.

P. S. — Je dois ajouter que parmi ces effets, il se trouve une très-grande quantité de souliers qui nous seraient nécessaires dans le cas où l'armée se porterait en avant.

---

169. — AU MAJOR GÉNÉRAL DE LA GRANDE ARMÉE
PRINCE DE NEUFCHATEL, ETC.

Œttingen, 23 août 1806.

Monseigneur, j'ai l'honneur d'adresser à Votre Altesse une lettre de M. le chef d'escadron Saunier, relative aux auteurs et colporteurs du libelle dirigé contre Sa Majesté l'Empereur; j'y joins une copie des ordres que j'ai fait envoyer par cet officier par mon chef d'état-major pour se rendre à Stuttgard et y requérir du ministre de France près de ce cabinet l'arrestation du nommé Christophe-Théophile Gaspard, négociant de cette ville, désigné dans l'interrogatoire du sieur Link, négociant à Heilbronn. Je prie Votre Altesse de vouloir bien me faire connaître le plus promptement possible la conduite que je dois tenir dans un cas où Sa Majesté le roi de Wurtemberg est animé du plus mauvais esprit, lorsque les libelles circulent dans toutes les sociétés de cet État, sans que la police y mette le plus petit obstacle, et que Stuttgard a toujours été particulièrement le foyer de toutes les agences anglaises.

J'ai l'honneur d'observer à Votre Altesse, au sujet des plaintes portées par le baron, que l'on avait fait disparaître les armes de son souverain de différents endroits où elles avaient été apposées : que Sa Majesté le roi de Wurtemberg ayant voulu, comme à son ordinaire, prendre intempestivement possession des pays qui lui sont cédés par le traité de la confédération du Rhin, il avait été déclaré à ses agents que ces pays ne leur seraient remis que par des commissaires nommés par Votre Altesse, et qu'ils devaient attendre ces formalités.

Enfin, pour donner une idée de la manière de procéder de Sa Majesté le roi de Wurtemberg, je citerai son entrée à Neker-Ulm et sa visite de la caisse ; les lettres du général Gudin et du colonel du 25ᵉ régiment que je reçois à l'instant, et que j'ai l'honneur d'adresser à Votre Altesse, lui feront connaître que les agents de ce souverain se mettent tous les jours dans le cas de rencontrer des oppositions qu'ils auraient dû prévoir ; au reste, ils n'y paraissent pas très-sensibles, puisque, malgré les fréquentes leçons qu'ils reçoivent, ils reviennent constamment à la charge [1].

J'ai l'honneur de prévenir Votre Altesse que j'ai donné l'ordre au général Gudin de faire rentrer dans le château de

---

[1] C'est le 12 juillet qu'avait été signé le traité constituant la Confédération du Rhin, qui comprenait, outre la Bavière, le Wurtemberg et Bade, quelques autres petits États, le duché de Berg, donné récemment à Murat, Hesse-Darmstadt, Nassau, les principautés de Hohenzollern-Sigmaringen, Salm-Salm, Isembourg, Lichtenstein, etc. Par le statut de la nouvelle Confédération, un certain nombre de petits princes perdaient la souveraineté, ou étaient médiatisés. Ce qu'on appelait la noblesse « immédiate », c'est-à-dire la noblesse d'empire, était aussi médiatisée et passait comme sujette sous la juridiction du souverain territorial. Napoléon avait laissé à Munich, à côté de son ministre, M. Otto, le major général Berthier, auquel il adjoignait encore le général Clarke pour surveiller cette révolution qui ne s'accomplissait pas sans d'extrêmes violences dont avaient à souffrir les princes et les nobles médiatisés. Les nouveaux souverains, sous prétexte d'entrer en possession de leurs droits, se livraient à de véritables spoliations. Le roi de Wurtemberg notamment se distinguait par la dureté de ses exécutions, et c'est à ces violences que le maréchal Davout fait allusion dans sa lettre. Napoléon, vers qui se tournaient, et les princes avantagés par la Confédération nouvelle, et ceux qui en souffraient, n'était pas lui-même sans s'en préoccuper, et par une lettre du 16 juillet à Berthier il donnait cette raison pour maintenir encore l'armée en Allemagne, jusqu'à la conclusion des « nouveaux arrangements ». (*Correspondance de Napoléon*, tome XII, p. 547.)

Gundelsheim tous les membres qui en avaient été enlevés, et de faire arrêter à l'avenir tout commissaire soi-disant wurtembergeois qui se permettrait d'exercer ces sortes de spoliations avant la remise légale [1].

[1] La trêve de quelques mois qui était comme la suite de la campagne de 1805, et pendant laquelle une partie de la grande armée, notamment le 3e corps, occupait la Souabe, allait bientôt finir : avant qu'un mois fût écoulé, tout se disposait pour cette guerre nouvelle : c'était la campagne de 1806 contre la Prusse.

III

CAMPAGNE DE 1806-1807

La situation créée par la paix de Presbourg n'était rien moins que simple, et l'orage ne semblait s'apaiser d'un côté par le dénoûment de la campagne de 1805 que pour reparaître bientôt d'un autre côté, sous une autre forme.

Cette paix qui venait d'être signée le 26 décembre 1805 à Presbourg avait pour résultat d'affaiblir sensiblement l'Autriche, en donnant à l'empire français les États vénitiens destinés au royaume d'Italie, la Dalmatie, les bouches du Cattaro, en agrandissant la Bavière, le Wurtemberg transformés en royaumes, Bade érigé en grand-duché, et en préparant enfin la réorganisation d'une partie de l'Allemagne sous le titre de Confédération du Rhin, sous la protection de Napoléon. Restait à exécuter ce traité, et l'exécution souffrait bien des difficultés, tantôt au sujet de Wurtzbourg qui avait été donné à l'ancien grand-duc de Toscane, archiduc Ferdinand, et que l'Autriche prétendait occuper temporairement, tantôt au sujet des bouches du Cattaro, qu'un gouverneur autrichien livrait aux Russes au lieu de les remettre à la France. C'étaient autant de raisons pour que Napoléon se tînt en garde et prolongeât le plus possible le séjour de l'armée française en Allemagne. Bref, il restait un certain nombre de questions ouvertes avec l'Autriche, avec la Russie, et Napoléon ne simplifiait pas cette situation en faisant marcher en ce moment même une armée sur Naples pour aller conquérir un royaume au profit de son frère Joseph; mais, au milieu de toutes ces complications qui pouvaient se dénouer pacifiquement, il y avait une autre affaire déjà plus grave, c'était la question de l'attitude et du rôle de la Prusse qui avait commencé en pleine campagne de 1805.

La politique de la Prusse avait été et restait, à vrai dire, des plus équivoques. Au début de la guerre d'Autriche, la Prusse avait paru vouloir garder une sorte de neutralité entre Napoléon qu'elle craignait et l'alliance austro-russe vers laquelle elle inclinait de tous ses sentiments. Le passage du corps de Bernadotte sur le territoire d'Anspach, en l'exaspérant, avait semblé la tirer de ses incertitudes, et elle avait signé, le 3 novembre, avec l'Autriche et la Russie, le traité de Potsdam par lequel elle se liait à la coalition. Elle entendait toutefois procéder encore à sa manière. Elle croyait pouvoir tenter une dernière démarche auprès de Napoléon, qui était déjà en marche sur Vienne après le succès d'Ulm.

Elle avait envoyé vers lui M. d'Haugwitz avec la mission d'offrir une sorte de médiation de la cour de Berlin, et en cas de refus de cette médiation, de déclarer l'accession de la Prusse à la coalition. M. d'Haugwitz était arrivé en Moravie tout juste pour voir le dénoûment foudroyant de la campagne à Austerlitz. Napoléon, qui soupçonnait la vérité, avait attendu la bataille pour le recevoir. Il ne gardait pas toutefois rigueur à la Prusse, et en recevant peu après M. d'Haugwitz, il lui offrait encore une fois le Hanovre, avec l'alliance française, ce que M. d'Haugwitz se hâtait d'accepter : de sorte que l'envoyé prussien, au lieu de se conformer à ses instructions, remplissait par le fait une mission toute différente en entrant en arrangement avec Napoléon. Le nouveau traité, signé à Schœnbrunn, était du 15 décembre 1805, six semaines après le traité de Potsdam.

A son retour à Berlin, M. d'Haugwitz trouvait la cour fort émue de l'œuvre inattendue qu'il lui portait. La cour de Prusse était très-tentée par l'offre du Hanovre; elle était aussi très-embarrassée du rôle qui lui était fait vis-à-vis de ses alliés d'un moment, et, comme toutes les puissances faibles, elle cherchait à se tirer d'affaire par un expédient. Sans se refuser absolument à la ratification du traité de Schœnbrunn, elle voulait avoir l'air de faire modifier ce traité. Elle envoyait M. d'Haugwitz à Paris pour obtenir les modifications dont son amour-propre avait besoin, et dans sa position elle ne pouvait guère arriver à rien. Elle n'obtenait qu'un nouveau traité du 15 février 1806, qui aggravait sous certains rapports les conditions du traité de Schœnbrunn. Cette fois elle était obligée de se résigner, au risque d'avoir l'air, en acceptant le Hanovre, de recevoir le prix de sa défection envers ses anciens alliés; mais elle se répandait en lamentations, elle se représentait comme une puissance opprimée, à qui l'on imposait un agrandissement qu'elle n'aurait pas souhaité. Au fond, elle ne se sentait tranquille ni avec elle-même, ni vis-à-vis des autres puissances. Elle comprenait qu'en prenant le Hanovre elle s'aliénait l'Angleterre, que par sa conduite pendant la dernière guerre elle avait indisposé l'Autriche et la Russie, qu'elle restait isolée de toutes parts. Elle était d'autant plus inquiète que pendant les six premiers mois de 1806 l'avénement passager de Fox aux affaires, à Londres, réveillait un moment les espérances de paix entre la France et l'Angleterre, et que, d'un autre côté, Napoléon était en négociation avec la Russie pour arriver à un arrangement de toutes les questions demeurées en suspens; elle craignait de payer les frais de ce travail diplomatique dont elle n'avait pas le secret. La Prusse, en un mot, était livrée au trouble, et, comme il arrive toujours, dans son trouble, elle multipliait les faux mouvements. Elle se laissait emporter au courant des passions belliqueuses qui régnaient à la cour autour du Roi. Elle armait comme si elle eût été menacée, sans prendre garde que, par ses effarements, par ses armements extraordinaires, elle créait elle-même un danger qui n'existait pas; elle allait, par une singulière imprudence, au-devant d'une guerre qui ne pouvait être pour elle que tardive ou prématurée.

Napoléon avait démêlé bien vite et suivait tous ces mouvements; comme l'année précédente, il avait suivi les agitations autrichiennes. Il était probablement sincère dans les avances qu'il avait faites à la Prusse, et il s'était peut-être flatté de gagner son alliance; il n'avait pas tardé à se dégoûter d'une alliée si versatile, à la prendre en peu d'estime, et il la traitait avec peu de ménagements. Sans dédaigner l'armée prussienne, il ne la craignait pas; sans rechercher la guerre, il ne songeait pas à s'y dérober : il se sentait en mesure de faire face à tous les événements. Pendant le printemps et l'été de 1806, il avait gardé une extrême réserve vis-à-vis de la cour de Berlin; il ne lui avait rien dit, lorsque le 12 septembre, impatienté et irrité des préparatifs prussiens, il se décidait à écrire au Roi une lettre amicale, mais péremptoire, dans laquelle il ne dissimulait ni la gravité de la situation qu'on créait, ni l'obligation qu'on lui faisait de prendre à son tour des dispositions militaires. Ces dispositions dont il parlait, il avait commencé en effet depuis quelques jours à les prendre par une série de lettres et d'ordres envoyés à Berthier. Il se trouvait d'ailleurs merveilleusement servi par les circonstances qui lui avaient permis de maintenir jusque-là la grande armée en Allemagne. Il avait, il est vrai, parlé plus d'une fois de rappeler l'armée en France, il n'en avait rien fait. Non-seulement il ne l'avait pas rappelée, il l'avait pour ainsi dire refaite par des envois de conscrits qui avaient réparé toutes les pertes, par les soins donnés à tous les services. A cette date du 15 au 20 septembre 1806, l'armée française reposée, reconstituée, plus forte que jamais, se trouvait répandue en Bavière et en Souabe. Elle n'avait besoin que de quelques jours pour se concentrer, gagner la Saxe et aller à la rencontre des Prussiens.

Mieux inspirée, la cour de Berlin aurait pu voir le danger que lui créait ce seul fait de la présence de l'armée française à une si courte distance, au cœur de l'Allemagne. Elle était trop engagée par ses armements, par les passions qu'elle avait excitées, pour pouvoir s'arrêter. Elle redoublait d'agitation, essayant par sa diplomatie de renouer alliance avec l'Angleterre, avec la Russie, poussant d'un autre côté ses armées placées sous les ordres du vieux duc de Brunswick, du prince Hohenlohe, jusqu'aux revers de la forêt de Thuringe, sur la Saale, à Weimar, à Erfurth. Napoléon, de son côté, hâtait toutes ses dispositions, mettant en marche sa garde, ses équipages, faisant converger la masse de ses forces en Souabe, vers la Franconie, prêt à partir lui-même pour se trouver à la fin de septembre à Mayence, le 1er ou le 2 octobre à Wurtzbourg, au milieu de ses soldats. Une fois les armées presque en présence, sans qu'il y eût eu une dernière et définitive explication, le choc devenait à peu près inévitable. On en était là aux premiers jours d'octobre 1806, et c'est ainsi que s'engageait cette guerre nouvelle où Napoléon allait rencontrer d'abord la Prusse seule, puis, dans la seconde partie de la campagne, la Prusse et la Russie, — accablant l'une et l'autre puissance dans cette série de batailles qui va de Saalfeld, Iéna et Auerstædt à Friedland.

---

170. — AU GÉNÉRAL FRIANT [1].

Paris, 15 septembre 1806.

J'arrive de Saint-Cloud, mon cher Général; Sa Majesté m'a accueilli avec sa bonté ordinaire. Elle m'a parlé de partir sous

---

[1] Au commencement de septembre 1806, Napoléon, soit qu'il ne crût pas réellement à la guerre, soit qu'il voulût pour le moment avoir l'air de n'y pas croire, faisait donner à quelques-uns de ses principaux lieutenants des

peu de jours pour vous rejoindre. Cette nouvelle est pour vous seul et mon chef d'état-major. Tout est à la guerre ici; une partie de la garde est partie ce matin. Cependant beaucoup de personnes croient que ces préparatifs n'auront aucun autre résultat que de déterminer la paix, et par conséquent de rendre ridicule l'armement des Prussiens. Mais dans tous les cas, nous sommes en mesure; ma dernière inspection des troupes m'a donné cette conviction. Il y a un article bien important cependant dont nous manquons totalement, c'est celui des marmites, bidons, etc. Je me suis assuré ici que l'on n'avait aucun moyen de nous en faire délivrer. Il ne faut donc compter que sur nous. Aussi je vous invite à la réception de ma lettre à prévenir les généraux de division de recommander aux colonels de s'assurer que dans le cas d'un ordre de départ, chaque capitaine se procurera de gré à gré des habitants de ces marmites faites en tôle battue dont on fait usage en Allemagne. Cet objet n'est point très-coûteux et donnera au soldat la facilité de faire sa soupe. Il faut que chaque compagnie s'en procure de manière à en avoir un ou deux de plus. Il vaut mieux à cet égard être riche puisqu'il ne s'en perd que trop. Cet ordre devra être promptement exécuté et est pour toutes les armes du 3ᵉ corps.

Il est probable que lorsque vous recevrez cette lettre, je serai en route pour vous rejoindre.

Votre femme se porte bien et est depuis quelques jours à Pontoise, où elle a été chercher sa mère. Ma femme a été sur-

---

permissions pour se rendre à Paris. Il écrivait à Berthier qui était toujours à Munich, le 4 septembre 1806 : « Je ne vois pas d'inconvénient à donner un congé de vingt jours au maréchal Ney pour assister aux couches de sa femme. Il laissera ses chevaux, ses bagages et ses aides de camp à son quartier général. Le plus ancien général de division de son corps en prendra le commandement. Vous pouvez donner au maréchal Davout également un congé de vingt jours aux mêmes conditions et sous les mêmes prétextes, s'il veut en profiter. » Le maréchal Davout avait effectivement profité de la permission et s'était rendu à Paris; mais il n'y restait pas longtemps. Le 19 septembre, l'Empereur écrivait au ministre Dejean : « Vous donnerez l'ordre aux maréchaux Davout et Ney, qui se trouvent à Paris, d'être rendus à leurs corps d'armée pour le 28 septembre... » (*Correspondance de Napoléon*, tome XIII, p. 221.)

prise de mon arrivée. Elle fait mille amitiés à son excellent beau-frère. Je pars à l'instant pour Savigny y faire la connaissance de ma petite.

---

171. — AU MAJOR GÉNÉRAL DE LA GRANDE ARMÉE
PRINCE DE NEUFCHATEL, ETC. [1].

Bamberg, 1er octobre 1806.

Monseigneur, je viens d'arriver à Bamberg pour me concerter avec le prince de Ponte-Corvo, qui m'a communiqué les ordres de Votre Altesse Sérénissime le 29, me faisant connaître

---

[1] Les premières instructions décisives de Napoléon en vue d'une entrée imminente en campagne sont du 15 au 20 septembre. Jusque-là, il s'était borné à prendre des mesures préliminaires, à ordonner des reconnaissances minutieuses des terrains et des routes conduisant en Prusse, à communiquer au prince Berthier son intention d'établir en cas de guerre sa base d'opération à Wurtzbourg. Le 19 septembre, il écrivait au major général : « Mon cousin, j'ai dicté ce matin pendant deux heures à Clarke pour ordonner tous les mouvements de l'armée... J'ai envoyé directement l'ordre au corps du maréchal Ney de se réunir à Ulm, ainsi qu'à la cavalerie de la division de dragons du général Becker. J'ai fait donner l'ordre au maréchal Davout de réunir tout son corps à OEttingen. Ces mouvements sont les plus pressés. Vous devez donner ordre au parc qui est à Augsbourg et au grand quartier général de se tenir prêts à partir. Donnez le même ordre au maréchal Soult. Tout part d'ici en grande diligence et par des moyens extraordinaires... » Le même jour, confirmant et complétant ces ordres, il ajoutait : « J'ai donné directement les ordres au roi de Hollande pour qu'il se trouve le 2 octobre avec son corps d'armée à Wesel. Le maréchal Augereau se réunira à Francfort le 2 octobre, ayant des postes de cavalerie et une petite avant-garde à Giessen. — Le maréchal Lefebvre se réunira à Kœnigshofen le 3 octobre. Ce mouvement s'exécutera plus tôt si l'ennemi était en force à Hall. — Le maréchal Davout sera réuni à Bamberg avec tout son corps au plus tard le 3 octobre. — Le maréchal Soult sera réuni à Amberg (hormis le 3e de ligne, qui reste à Braunau) et sera prêt à partir avec tout son corps le 4 octobre. — Le prince de Ponte-Corvo sera réuni à Bamberg le 2 octobre; il y sera réuni avant cette époque si les dispositions des Prussiens paraissent être de faire des mouvements hostiles. — Le maréchal Ney sera réuni à Anspach le 2 octobre. Les six divisions de cavalerie de la réserve se mettront en mouvement et seront arrivées en position le long du Mein depuis Cronach jusqu'à Wurtzbourg. Le 3 octobre, la grosse cavalerie sera du côté de Wurtzbourg. Le 2 octobre, on prendra possession du château de Wurtzbourg, qu'on armera et approvisionnera. On prendra possession de Kœnigshofen et du château de Cronach, qu'on mettra en état de défense; le parc général se ren-

que l'intention de l'Empereur est que je détache ma cavalerie sur Cronach, que je fasse occuper cette place et que je cherche sur-le-champ à la faire mettre en bon état, et enfin que le maréchal Bernadotte me fera connaître les ordres que vous avez donnés sur cet objet : la différence de date et le mouvement que fait le prince de Ponte-Corvo devraient me faire supposer qu'il y a de nouvelles dispositions dont je n'ai point connaissance. Quoi qu'il en soit, ainsi que j'ai eu l'honneur de vous en rendre compte ce matin, ma cavalerie n'étant arrivée près de Forcheim que ce soir, je ne puis la porter demain qu'entre Bamberg et Staffelstein ; j'aurai donc le temps de recevoir les ordres de Votre Altesse sur les mouvements ultérieurs de cette cavalerie ; cependant je dirigerai toujours le 7ᵉ de hussards sur Cronach, conformément aux premiers ordres de Votre Altesse Sérénissime.

La première division est arrivée et est établie entre Bamberg et Forcheim, sa tête à une lieue de cette première ville, où demain elle appuiera sa gauche, sa droite se prolongeant du côté de Staffelstein ; demain 2, tout le reste du 3ᵉ corps sera entre Bamberg et Forcheim, Votre Altesse Sérénissime peut compter là-dessus.

J'ai envoyé un chef de bataillon à Cronach, à la réception de votre lettre du 27.

---

172. — AU MAJOR GÉNÉRAL DE LA GRANDE ARMÉE
PRINCE DE NEUFCHATEL, ETC.

Bamberg, 2 octobre 1806.

Monseigneur, j'ai l'honneur de rendre compte à Votre Altesse des diverses positions occupées aujourd'hui par le 3ᵉ corps d'armée.

La 1ʳᵉ division est établie en colonne entre Staffelstein

---

dra à Wurtzbourg... » (*Correspondance de Napoléon*, t. XIII, p. 214-217.) — On voit, par la lettre du maréchal Davout, que les ordres de Napoléon avaient été ponctuellement exécutés. A cette date du 2 octobre, que l'Empereur fixait, il arrivait d'ailleurs lui-même à Wurtzbourg.

exclusivement et Hallstadt; Bamberg sera occupé par un régiment de cette division.

La 2ᵉ division placée également en colonne entre Bamberg et Hirscheid inclusivement.

La 3ᵉ division dans le même ordre entre Hirscheid et Forcheim.

La réserve de cavalerie légère entre Schesliz, Hallstadt et Bamberg.

Le matériel du parc de réserve près Forcheim, et le personnel ainsi que les chevaux cantonnés dans les villages situés à la rive gauche de la Wisen.

J'ai l'honneur de rappeler à Votre Altesse que l'objet de ma lettre d'hier était de savoir si son intention était toujours que j'envoie ma cavalerie légère à Cronach; je désire ardemment recevoir les derniers ordres de Votre Altesse pour me tirer d'embarras à cet égard.

P. S. — Le 7ᵉ de hussards continue son mouvement sur Cronach, conformément aux premiers ordres de Votre Altesse.

---

173. — AU MAJOR GÉNÉRAL DE LA GRANDE ARMÉE
PRINCE DE NEUFCHATEL, ETC.

Bamberg, 5 octobre 1806.

Monseigneur, j'ai l'honneur d'assurer à Votre Altesse que le 3ᵉ corps d'armée est cantonné de manière à pouvoir être réuni à Bamberg dans cinq heures et en mesure de se mettre en marche au premier ordre que Votre Altesse pourrait me faire passer.

---

174. — AU MAJOR GÉNÉRAL DE LA GRANDE ARMÉE
PRINCE DE NEUFCHATEL, ETC.

Bamberg, 5 octobre 1806.

Monseigneur, j'ai l'honneur de rendre compte à Votre Altesse du résultat de la revue du corps d'armée que j'ai passée, en vertu de l'ordre du jour du 3 octobre.

En général, toutes les troupes ont mis à profit les moments de repos, pour se préparer à entrer en campagne, et je dois ajouter que la sollicitude des généraux et des officiers a eu les meilleurs résultats.

L'armement est partout dans un très-bon état. Sur tout le corps d'armée il ne manquait pas au delà de quinze à vingt baïonnettes, qui ont été remplacées peu d'heures après.

L'habillement a été reçu et délivré par tous les régiments; les troupes sont dans la tenue où elles eussent été, si elles avaient passé la revue de Sa Majesté l'Empereur à Paris.

La chaussure remplit les intentions de Sa Majesté; chaque soldat a deux paires de souliers dans le sac et une aux pieds; quelques régiments en ont même une quatrième paire de réserve qu'ils font suivre; quelques-uns davantage; tous quelques paires de rechange.

Quant aux ustensiles de campement, cet objet avait été entièrement oublié; mais depuis la marche, on s'en est essentiellement occupé; toute la 1re division peut être considérée comme ayant ce qui lui est nécessaire.

La 2e est bien moins fournie, mais sous vingt-quatre heures elle sera au niveau. La 3e est la plus arriérée; cependant il n'y a que ce reproche à lui faire, car sa tenue est excellente.

Il ne manque rien à l'artillerie; les troupes sont pourvues de 50 cartouches par homme et de 3 pierres à feu.

Indépendamment de l'approvisionnement de 1,200,000 cartouches contenues dans les caissons, il en restera 200,000 provenant du dernier envoi de 300,000 que j'avais demandées pour compléter les 50 par homme. Je ferai déposer à Cronach les 200,000 restantes, attendu que je n'ai aucun moyen de transport pour les faire suivre, et que ce serait les exposer à être entièrement avariées que de les faire transporter sur des voitures du pays.

175. — AU MAJOR GÉNÉRAL DE LA GRANDE ARMÉE
PRINCE DE NEUFCHATEL, ETC.

6 octobre 1806.

Monseigneur, les rapports sur les Prussiens sont encore très-obscurs; il en résulte seulement qu'ils sont en marche et en grand mouvement[1].

Hier 7, tout me porte à croire qu'il en est arrivé vers les

---

[1] On peut voir, par la correspondance de Napoléon, le plan que l'Empereur se disposait à exécuter, d'après ce qu'il entrevoyait on pouvait connaitre des positions des Prussiens. A ce moment, avant le 10 octobre, l'armée prussienne, forte de 160,000 hommes, plus 20,000 Saxons alliés, — divisée en deux grosses masses sous les ordres du duc de Brunswick et du prince Hohenlohe, avait passé l'Elbe partie à Magdebourg, partie à Dresde, envahissant la Saxe, ce qui était considéré par Napoléon comme une déclaration de guerre. Elle s'était avancée sur les deux rives de la Saale, occupant Weimar, Erfurt, Saalfeld, Schleitz, faisant face aux défilés qui passent de la Thuringe en Franconie où était l'armée française. Rien ne répondait mieux aux calculs de Napoléon, qui avait déjà tout vu de suite la possibilité de renouveler avec les Prussiens la manœuvre par laquelle il avait, une année auparavant, accablé les Autrichiens. Il se proposait, en effet, de franchir les défilés, de se jeter en Saxe, de tourner et déborder les Prussiens sur l'Elbe par Dresde, en leur coupant la route de Berlin. Dès le 5 octobre il écrivait de Wurtzbourg au maréchal Soult:

« ...Je crois convenable que vous connaissiez mes projets afin que cette connaissance puisse vous guider dans les circonstances importantes. J'ai fait occuper, armer et approvisionner les citadelles de Wurtzbourg, de Forcheim et de Cronach, et je débouche avec toute mon armée sur la Saxe par trois débouchés. Vous êtes à la tête de ma droite, ayant à une demi-journée derrière vous le corps du maréchal Ney, et à une journée derrière 10,000 Bavarois, ce qui fait au delà de 50,000 hommes. Le maréchal Bernadotte est à la tête de mon centre; il a derrière lui le corps du maréchal Davout, la plus grande partie de la réserve de la cavalerie et ma garde, ce qui forme plus de 70,000 hommes. Il débouche par Cronach, Lobenstein et Schleitz. Le 5ᵉ corps est à la tête de ma gauche. Il a derrière lui le corps du maréchal Augereau. Il débouche par Cobourg, Grafenthal et Saalfeld. Cela forme plus de 40,000 hommes. Le même jour que vous arriverez à Hof, tout cela sera arrivé dans des positions à la même hauteur... Arrivé à Hof, votre premier soin doit être de lier des communications entre Lobenstein, Ebersdorf et Schleitz. Je serai ce jour-là à Ebersdorf. Selon tous les renseignements que j'ai aujourd'hui, il paraît que si l'ennemi fait des mouvements, c'est sur ma gauche, puisque le gros de ses forces est à Erfurt. Je ne saurais trop vous recommander de correspondre très-fréquemment avec moi et de m'instruire de tout ce que vous apprendrez sur la chaussée de Dresde. Vous sentez bien que ce serait une belle affaire que de se porter autour de cette place en un

quatre heures du soir à Cobourg, d'où ils ne laissent sortir ni entrer personne. Jusqu'à ce moment, il n'avait paru à Cobourg que 30 ou 36 hussards qui y étaient depuis cinq jours.

On y assurait que partie de l'armée prussienne avait dû arriver le même jour à Saalfeld et avait poussé une avant-garde à Grafenthal.

Suivant les rapports, les grandes forces prussiennes devaient se réunir sur Iéna et Saalfeld.

A Cobourg, ils faisaient courir que le roi de Prusse devait se rendre aujourd'hui à Bamberg, pour avoir une conférence avec notre souverain.

J'ai envoyé un parti à Culenbach, pour avoir des nouvelles du maréchal Soult : il n'est pas encore de retour.

Toute l'armée sera réunie aujourd'hui, de très-bonne heure, en avant de Cronach, conformément aux ordres de Votre Altesse.

---

176. — AU MAJOR GÉNÉRAL DE LA GRANDE ARMÉE
PRINCE DE NEUFCHATEL, ETC.[1].

Posneck, 11 octobre 1806, à deux heures du matin.

Monseigneur, ainsi que j'ai eu l'honneur de vous en rendre compte verbalement par l'un de mes aides de camp, j'ai été

---

bataillon carré de 200,000 hommes. Cependant tout cela demande un peu d'art et quelques événements... »

C'est à peu près ce qui est résumé, quant à la marche des corps, dans le 1er bulletin de la grande armée, daté de Bamberg, 8 octobre. On voit par là le plan que Napoléon allait exécuter et le rôle assigné à chacun. Le 8 octobre, le maréchal Davout était près de Lobenstein, envoyant des patrouilles sur Grafenthal, Neustadt et Judenbach, pour se lier avec le maréchal Lannes qui marchait de son côté par Cobourg sur Saalfeld. (*Correspondance de Napoléon*, t. XIII, p. 309-327.)

[1] L'Empereur écrivait, le 10 octobre, d'Ebersdorf : « ...Voici ce qui me paraît le plus clair. Il paraît que les Prussiens avaient le projet d'attaquer; que leur gauche devait déboucher par Iéna, Saalfeld et Cobourg; que le prince de Hohenlohe avait son quartier général à Iéna et le prince Louis à Saalfeld; l'autre colonne a débouché par Meiningen sur Fulde. Le maréchal Lannes n'arrivera qu'aujourd'hui à Saalfeld, à moins que l'ennemi n'y soit en force considérable... Si ma jonction (avec ma gauche) est faite, je pousserai

obligé de faire arrêter la tête de la colonne d'infanterie à Posneck, tant pour attendre des nouvelles de la cavalerie du général Milhaud que j'avais fait porter en avant, que pour donner le temps à l'infanterie de se rallier, la marche, aussi longue que rapide, ayant extrêmement allongé ses colonnes.

Après les premiers rapports du général Milhaud, j'ai fait porter un premier régiment en avant de Posneck, à l'embranchement des routes de Neustadt et de Hummelsham; le reste de la division Dupont et la division Morand seront rendus ici à la pointe du jour.

Des partis de cavalerie ont été envoyés sur Neustadt et Saalfeld.

Une reconnaissance du 13ᵉ régiment de chasseurs à cheval, dirigée par Saalfeld, a poussé sur sa droite un petit détachement qui est tombé sur un poste d'infanterie et de cavalerie prussienne, et a enlevé un hussard de Wolfrad et deux fusiliers du 1ᵉʳ bataillon de chasseurs prussien.

Ces prisonniers rapportent qu'il y avait à l'affaire de Saalfeld donnée par les Français 7 bataillons saxons et 2 escadrons prussiens; le prince Louis commandait en personne; ces troupes venaient de Neustadt; ils ne savent rien de la grande armée, si ce n'est qu'on débite qu'elle marche en avant.

Il arrive en ce moment trois prisonniers du régiment de Schimmelfening hussards ramassés par nos reconnaissances; d'après ce qu'ils disent et ce que l'on débite, il paraît que le maréchal Lannes a complétement battu l'ennemi.

Je reçois la dépêche de Votre Altesse, datée de huit heures

jusqu'à Neustadt et Triptis. Après cela, quelque chose que fasse l'ennemi, s'il m'attaque, je serai enchanté; s'il se laisse attaquer, je ne le manquerai pas. Je désire beaucoup une bataille. S'il a voulu m'attaquer, c'est qu'il a une grande confiance dans ses forces; il n'y a point d'impossibilité alors qu'il ne m'attaque. C'est ce qu'il peut me faire de plus agréable. Après cette bataille, je serai à Dresde et à Berlin avant lui. » Pendant que Napoléon écrivait ceci (10 octobre), le maréchal Lannes attaquait Saalfeld, occupé par les Prussiens, et l'enlevait. Le prince Louis, un des instigateurs les plus passionnés de la guerre, tombait courageusement dans la mêlée. C'était la première action sérieuse, ou pour mieux dire la seconde : la veille, 9 octobre, le grand-duc de Berg, Murat, avait ouvert la campagne par une brillante affaire à Schleitz. (*Correspondance de Napoléon*, t. XIII, p. 333.)

et demie. Je vais me mettre en marche pour rejoindre de ma personne le 3ᵉ corps; je transmets au général Dupont et au général Milhaud les ordres qui les concernent pour leur marche de demain.

Je fais partir pour le maréchal Lannes la dépêche de Votre Altesse à son adresse.

---

177. — AU MAJOR GÉNÉRAL DE LA GRANDE ARMÉE
PRINCE DE NEUFCHATEL, ETC.

Naumbourg, 12 octobre 1806.

Monseigneur, j'ai l'honneur de rendre compte à Votre Altesse que ma cavalerie légère est entrée à Naumbourg à trois heures et demie; l'avant-garde y est arrivée à huit heures du soir[1]. La journée ayant été extrêmement forte et ayant occasionné beaucoup de traîneurs, j'ai fait arrêter la 1ʳᵉ division à une lieue ou deux de Naumbourg, la 2ᵉ un peu plus loin et la 3ᵉ à environ trois lieues.

La division de dragons du général Sahuc a été placée à hauteur de la 2ᵉ division; demain à deux heures du matin toute l'armée sera réunie ici.

Le général Vialannes s'est emparé de plusieurs voitures de

---

[1] L'Empereur au maréchal Berthier. « Auma, 12 octobre 1806, quatre heures du matin. — Donnez ordre au maréchal Davout de partir de sa position pour se diriger sur Naumbourg, où il arrivera le plus vite qu'il pourra, en tenant cependant toujours ses troupes en situation de combattre. Il se fera précéder par toute sa cavalerie légère, qui enverra des coureurs aussi loin que possible, tant pour avoir des nouvelles de l'ennemi que pour faire des prisonniers, arrêter les bagages et avoir des renseignements précis. » Le même jour, quelques heures après, pendant que le maréchal exécutait déjà l'ordre qu'il avait reçu, l'Empereur lui-même lui écrivait : « Mon cousin, je monte à cheval pour me rendre à Géra. Instruisez-moi de la route que vous prenez pour vous rendre à Naumbourg. Il serait possible que l'ennemi exécutât son mouvement de retraite derrière l'Ilm et la Saale, car il me paraît qu'il évacue Iéna. Il vous sera facile de vous en assurer une fois arrivé à Naumbourg. Faites battre la plaine par toute votre cavalerie légère, et envoyez des nouvelles aussi rapidement que vous pourrez au prince Murat, qui sera du côté de Zeitz, et à moi, qui serai du côté de Géra. Le maréchal Ney sera de bonne heure à Géra; vous pourrez lui faire part de ce qui viendra à votre connaissance. » (*Correspondance de Napoléon*, t. XIII, p. 336-338.)

pain et de bagages, mais une prise plus importante est celle de douze pontons en cuivre parfaitement attelés; cette dernière prise a été faite entre Naumbourg et Freybourg; je les fais conserver, ainsi que les attelages, pour les tenir à votre disposition, ayant promis au 1ᵉʳ régiment de chasseurs de faire payer les chevaux conformément aux règlements.

On annonce ici de grands magasins de fourrage et de grains; j'en ferai faire l'inventaire, que j'aurai l'honneur d'adresser à Votre Altesse.

Des reconnaissances ont été envoyées du côté d'Iéna, mais elles ne sont point encore rentrées. On entend quelques coups de canon de ce côté; je n'ai point encore de nouvelles du prince de Ponte-Corvo.

Tous les rapports des déserteurs, des prisonniers et des gens du pays se réunissent à annoncer que l'armée prussienne se trouve à Erfurt, Weimar et environs. Il est certain que le Roi est arrivé hier à Weimar; on assure qu'il n'y a point de troupes entre Leipzig et Naumbourg.

J'ai fait saisir à la poste tous les paquets; je les adresse à Votre Altesse; peut-être y trouvera-t-elle quelque chose d'intéressant. On annonce toujours beaucoup de jactance chez les officiers prussiens.

Une lettre sans signature, adressée au prince de Saxe-Cobourg, compare la défaite de Saalfeld à celle des Autrichiens devant Ulm, pour le découragement qu'elle a répandu dans l'armée. Il a passé hier et aujourd'hui par cette ville environ 200 déserteurs.

J'envoie un parti porter cette dépêche à Votre Altesse; demain matin, dès que j'aurai obtenu de nouveaux renseignements, j'aurai l'honneur de les adresser à Votre Altesse.

P. S. — Il me paraît constant que les troupes prussiennes se réunissent du côté de Weimar. Cette campagne promet d'être encore plus miraculeuse que celles d'Ulm et de Marengo.

178. — AU MAJOR GÉNÉRAL DE LA GRANDE ARMÉE
PRINCE DE NEUFCHATEL, ETC.

Naumbourg, 13 octobre 1806[1].

Monseigneur, j'ai l'honneur de rendre compte à Votre Altesse que dès hier ma cavalerie légère poussa des reconnaissances sur Iéna; après avoir passé le pont, elles rencontrèrent l'ennemi à peu de distance, sur la rive gauche de la Saale.

La division de dragons aux ordres du général Sahuc poussa également des partis sur ce point et rencontra aussi l'ennemi.

La première de ces reconnaissances a eu lieu hier, à six heures du soir; la seconde à neuf du soir; aujourd'hui, une nouvelle reconnaissance faite à dix heures du matin prouverait que l'ennemi occupe toujours Iéna et qu'il rallie ses forces à Eckartsberg. Je vous envoie la copie de cette reconnaissance; les rapports la confirment. On a entendu le canon hier soir depuis quatre heures jusqu'à cinq et demie. Aujourd'hui, on l'entend; il va assez fort sur notre gauche depuis une heure après midi : il y a de la fusillade.

J'envoie des partis sur Eckartsberg par Freybourg, que j'occupe en force, et par Kosen.

Toute l'armée est à Naumbourg. La division de dragons occupe Pforté et Flemmingen.

---

[1] Quatrième bulletin de la grande armée : « Géra, 13 octobre 1806, dix heures du matin. — Les événements se succèdent avec rapidité. L'armée prussienne est prise en flagrant délit, ses magasins enlevés; elle est tournée. Le maréchal Davout est arrivé à Naumbourg le 12, à neuf heures du soir, y a saisi les magasins de l'armée ennemie, fait des prisonniers et pris un superbe équipage de dix-huit pontons de cuivre attelés. Il paraît que l'armée prussienne se met en marche pour gagner Magdebourg; mais l'armée française a gagné trois marches sur elle. L'anniversaire des affaires d'Ulm sera célébré dans l'histoire de la France. » — D'un autre côté, l'Empereur écrivait le même jour, 13 octobre, neuf heures du matin, au grand-duc de Berg : « Enfin le voile est déchiré! l'ennemi commence sa retraite sur Magdebourg. Portez-vous le plus tôt possible avec le corps de Bernadotte sur Dornbourg, gros bourg situé entre Iéna et Naumbourg. » (*Correspondance de Napoléon*, t. XIII, p. 348-349.)

179. — A L'EMPEREUR ET ROI.

Au bivouac d'Eckartsberg, 14 octobre 1806.

Sire, j'ai l'honneur de rendre compte à Votre Majesté qu'en débouchant de Kosen, j'ai trouvé à un quart de lieue l'ennemi qui était en marche pour s'emparer lui-même de ce débouché[1]. La bataille s'est engagée tout de suite; elle a été

---

[1] Le cinquième bulletin de la grande armée, daté d'Iéna, 15 octobre, porte : « Voici la position de l'armée au 13. Le grand-duc de Berg et le maréchal Davout étaient à Naumbourg, ayant des partis sur Leipzig et Hall. Le corps du prince de Ponte-Corvo était en marche pour se rendre à Dornbourg. Le corps du maréchal Lannes arrivait à Iéna. Le corps du maréchal Augereau était en position à Kahla. Le corps du maréchal Ney était à Roda, le quartier général à Géra, l'Empereur en marche pour se rendre à Iéna. Le corps du maréchal Soult, de Géra, était en marche pour prendre une position plus rapprochée à l'embranchement des routes de Naumbourg et d'Iéna. »

Napoléon, en se disposant à aborder, à Iéna, les hauteurs de la Saale où il allait rencontrer les Prussiens, attachait un prix extrême à garder à quelques lieues sur sa droite le passage de Naumbourg par où l'ennemi aurait pu déboucher et le prendre à revers. Il y avait envoyé, on l'a vu, le maréchal Davout avec la mission de défendre à tout prix le débouché, et il croyait avoir pourvu à tout, en mettant Bernadotte à portée d'appuyer au besoin Davout, ce que Bernadotte, d'ailleurs, ne fit pas. Ceci dit, voici, sur cette partie des affaires du 14 octobre, ce que dit M. Thiers dans son *Histoire du Consulat et de l'Empire* :

« ...L'armée royale (la partie aux ordres du duc de Brunswick, celle du prince Hohenlohe étant devant Iéna) avait marché la veille en cinq divisions sur la grande route de Weimar à Naumbourg. Parcourant ces plateaux ondulés qui forment le sol de la Thuringe et viennent se terminer en côtes abruptes sur les rives de la Saale, elle s'était arrêtée à Auerstædt, un peu avant le défilé de Kosen, position militaire fort connue. Elle avait bivouaqué le 13 au soir en avant et en arrière du village d'Auerstædt.

« Comme le prince de Hohenlohe, le duc de Brunsvick paraissait donner peu d'attention aux débouchés par lesquels il était possible que les Français survinssent. Au delà d'Auerstædt et avant d'arriver au pont de Naumbourg sur la Saale se rencontre une espèce de bassin assez vaste, coupé par un ruisseau qui va rejoindre après quelques détours l'Ilm et la Saale. Ce bassin, dont les deux plans sont inclinés l'un vers l'autre, semblé un champ de bataille fait pour recevoir deux armées, en n'opposant à leur rencontre que le faible obstacle d'un ruisseau à franchir. La route de Weimar à Naumbourg le parcourt tout entier, descend d'abord vers le ruisseau, le passe sur un petit pont, s'élève ensuite sur le plan opposé, traverse un village qu'on nomme Hassenhausen et qui est le seul point d'appui existant au milieu de ce terrain découvert. Après Hassenhausen, la route poursuit sur le bord extérieur du

très-sanglante et disputée. Le roi de Prusse, le duc de Brunswick et le maréchal de Mollendorf et plus de 60,000 hommes ont disputé la victoire à votre 3ᵉ corps; elle nous est restée, ainsi que presque toute l'artillerie ennemie : le nombre des prisonniers n'est pas très-considérable, le peu de cavalerie que j'avais, qui a fort bien servi du reste, n'ayant pas été suffisant pour pouvoir profiter des succès de l'infanterie. Le grand-duc de Berg avait retiré la veille la division des dragons Sahuc.

Votre Majesté a perdu beaucoup de braves, parmi lesquels je citerai le général Debilly, les colonels Verges, Higonnet, Viala, Nicolas et plusieurs autres blessés. Plusieurs régiments ont perdu la plupart de leurs officiers. Le nombre des blessés est très-considérable.

Le duc de Brunswick a été grièvement blessé à la tête; on regarde sa blessure comme mortelle.

Des généraux prussiens ont été blessés. Parmi ces derniers, on compte le prince Auguste, oncle du Roi.

Les deux frères du Roi se trouvaient à cette bataille; les gardes à cheval et à pied ont beaucoup de morts et de blessés.

Les cartouches manquent. Les corps étant très-affaiblis, j'ai pris position vers les sept heures du soir. Cette nuit, on remplacera les cartouches, on mettra les armes en état, et demain nous serons prêts à exécuter les ordres de Votre Majesté.

Je dois citer avec le plus grand éloge la conduite des généraux Friant, Gudin et Morand. Le général Daultanne s'est fait distinguer de toute l'armée.

Ces jours-ci, j'aurai l'honneur d'adresser à Votre Majesté les

---

bassin dont il s'agit, s'arrête tout à coup et descend par des contours rapides sur les rives de la Saale. C'est là ce qu'on appelle le défilé de Kosen. Au-dessous se trouve un pont auquel on a donné le nom de pont de Kosen ou de Naumbourg... » (*Histoire du Consulat et de l'Empire*, t. VII, p. 129.)

C'est sur ces positions, dans ce défilé, dont les Prussiens avaient négligé de s'emparer le 13 au soir, que le maréchal Davout se hâtait d'occuper pendant la nuit du 13 au 14 jusqu'au haut de la rampe de Kosen, c'est là que s'engageait l'action. Davout livré à lui-même, avec ses 25,000 hommes, soutenait cette bataille d'Auerstædt qui mettait en déroute l'armée du duc de Brunswick, tandis qu'à la même heure Napoléon taillait en pièces l'armée du prince Hohenlohe, à Iéna.

détails nécessaires pour lui faire connaître la brillante conduite de tous ses officiers et soldats.

L'ennemi paraît s'être retiré du côté de Weimar.

---

180. — AU MAJOR GÉNÉRAL DE LA GRANDE ARMÉE
PRINCE DE NEUFCHATEL, ETC.

Au bivouac d'Eckartsberg, 15 octobre 1806.

Monseigneur, j'ai l'honneur d'adresser à Votre Altesse les rapports que je reçois à l'instant de mes reconnaissances de cavalerie sur les points de retraite de l'ennemi.

J'ai envoyé à la pointe du jour le général Lochet avec un régiment d'infanterie et 100 chevaux à Freybourg, où il y a un château à l'abri d'un coup de main où j'avais laissé une compagnie du 13e régiment d'infanterie légère. Le général Lochet enverra des partis sur Mersebourg et sur Querfurth.

Je ne pourrai vous donner, Monseigneur, aucun rapport sur la bataille d'Eckartsberg [1] d'ici à deux jours. Tout le monde y a fait son devoir; l'infanterie a fait ce que l'on devait attendre de la meilleure infanterie du monde. La cavalerie s'est fait écharper. Je l'ai employée pour me donner le temps de déboucher de Kosen. Le projet du Roi était de déboucher par ce point, de se porter sur Naumbourg; ses autres corps d'armée devaient déboucher par Freybourg.

Le prince Henri de Prusse a été blessé.

Leur cavalerie, qui a chargé vigoureusement notre infanterie, a beaucoup souffert; nous avons pris presque toute l'artillerie de l'ennemi et des drapeaux.

Le général Mollendorf, le duc de Brunswick, le comte de Kalkreuth, le Roi, ses frères, son oncle, l'élite de l'armée prussienne, voilà ce que le 3e corps a combattu.

La Reine est partie de Weimar pour Berlin il y a deux jours.

---

[1] C'est la bataille d'Auerstædt désignée sous le nom d'Eckartsberg dans le premier moment.

J'ai remplacé les cartouches et les munitions consommées, ce qui a entièrement épuisé mon parc de réserve. Je prie Votre Altesse de donner les ordres les plus prompts au général Songis afin qu'il me fasse passer toutes les munitions qui me sont nécessaires et que j'estime à un approvisionnement complet.

L'armée est prête à partir. Du point que j'occupe, je suis plus à portée de remplir les intentions de l'Empereur.

Je demanderai à Votre Altesse des adjudants généraux, des officiers du génie, des sapeurs, des canonniers, surtout des officiers d'état-major ; presque tout ce que j'en avais a été blessé ou tué.

L'adjudant général Hervo, sous-chef d'état-major, ainsi que son brave chef le général Daultanne, se sont particulièrement distingués.

L'adjudant général Hervo est blessé, et il nous suit. Il est nécessaire d'envoyer des secours d'officiers de santé, des objets de pansement à Naumbourg, le nombre des blessés étant très-considérable.

---

181. — AU MAJOR GÉNÉRAL DE LA GRANDE ARMÉE
PRINCE DE NEUFCHATEL, ETC.

Au bivouac d'Eckartsberg, 15 octobre 1806.

Monseigneur, j'ai l'honneur de rendre compte à Votre Altesse que d'après ses ordres, je me rends à Naumbourg.

La 1re division sera placée en avant de Naumbourg pour maîtriser la route de Weisenfels.

La 2e division se porte sur Freybourg, où elle appuiera sa gauche pour tenir la route de Mersebourg.

La 3e division restera aujourd'hui en position à Eckartsberg pour couvrir l'évacuation des parcs et ambulances ; demain elle entrera à Naumbourg.

La cavalerie légère sera établie à Leisling sur la route de Weisenfels, éclairant la route de Leipzig.

Le 1er régiment de chasseurs à Leiha pour éclairer la route de Mersebourg.

182. — AU MAJOR GÉNÉRAL DE LA GRANDE ARMÉE
PRINCE DE NEUFCHATEL, ETC.

Naumbourg, 15 octobre 1806, à minuit.

Monseigneur, j'ai reçu la lettre que Votre Altesse m'a écrite par mon aide de camp Falcon.

Vos ordres sont exécutés; le corps d'armée, ainsi que j'ai eu l'honneur de vous en rendre compte, est à Freybourg et à Naumbourg; le prince de Ponte-Corvo est maintenant entre moi et l'ennemi [1] : je ne puis en conséquence le poursuivre, mais je me tiendrai toujours en mesure d'exécuter les dispositions que renferme votre lettre du 15.

J'ai l'honneur de vous faire connaître le nouveau rapport que je reçois du général commandant la cavalerie du 3ᵉ corps :

---

[1] Bernadotte avait eu dans cette journée d'Auerstædt une conduite des plus équivoques. Il se trouvait à Naumbourg quelques heures avant l'action, et au lieu de se concerter avec Davout comme il en avait l'ordre, comme le lui demandait le maréchal, il était allé prendre position à quelque distance, à Dornbourg, emmenant même la division de dragons Sahuc, dont il n'avait pas le droit de disposer exclusivement. Vainement, pendant la journée, au plus fort du combat, Davout lui avait envoyé un de ses officiers pour le prévenir de la gravité de l'affaire et pour lui dire qu'il n'avait plus de réserves : Bernadotte avait répondu par une gasconnade et n'avait pas bougé. Cette conduite indisposait vivement l'Empereur, qui lui faisait témoigner son mécontentement par le major général, et comme le prince de Ponte-Corvo cherchait à se justifier, l'Empereur lui-même lui écrivait le 22 octobre :

« Je reçois votre lettre. Je n'ai point l'habitude de récriminer sur le passé, puisqu'il est sans remède. Votre corps d'armée ne s'est pas trouvé sur le champ de bataille, et cela aurait pu m'être très-funeste. Cependant, après un ordre très-précis, vous deviez vous trouver à Dornbourg le même jour que le maréchal Lannes se trouvait à Iéna, le maréchal Augereau à Kahla et le maréchal Davout à Naumbourg. Au défaut d'avoir exécuté ces dispositions, je vous avais fait connaître dans la nuit que si vous étiez encore à Naumbourg, vous deviez marcher sur le maréchal Davout et le soutenir. Vous étiez à Naumbourg lorsque cet ordre est arrivé; il vous a été communiqué, et cependant vous avez préféré faire une fausse marche pour retourner à Dornbourg, et par là vous ne vous êtes pas trouvé à la bataille, et le maréchal Davout a supporté les principaux efforts de l'armée ennemie. Tout cela est certainement très-malheureux. Les circonstances se sont offertes depuis de donner des preuves de votre zèle; il s'en offrira d'autres encore où vous pourrez donner des preuves de vos talents et de votre attachement à ma personne. »

(*Correspondance de Napoléon*, t. XIII, p. 393.)

« Grossnenhausen, 15 octobre, à quatre heures et demie du soir.

« Une colonne de l'ennemi que j'ai en vue se dirige par
« Colleda ; l'autre que j'ai en vue marche sur Osterhausen. »

Ces rapports me paraissent bons. Le prince de Hohenlohe, depuis la mort du duc de Brunswick et la blessure du Roi, paraît être investi du commandement général ; il fait courir le bruit qu'il veut tenter encore le sort des armes du côté de Frankenhausen.

Une grande partie des bagages se sont dirigés sur Erfurt avec quelques troupes ; les ennemis doivent tenter ce sacrifice pour sauver leur infanterie et leur cavalerie, et les rallier sous Magdebourg ; tel est le plan qui a été arrêté, m'a assuré un officier prussien.

Parmi les deux mille et quelques cents prisonniers dont j'ai déjà connaissance, il s'y trouve deux généraux, plusieurs colonels et soixante et quelques officiers de grades inférieurs.

Tous les régiments du 3ᵉ corps, quelques pertes qu'ils aient faites, ont conservé leurs drapeaux, même les régiments qui ont perdu les deux tiers de leur monde ; tels sont les 13ᵉ d'infanterie légère, 12ᵉ et 85ᵉ de ligne ; la perte des officiers est très-considérable.

Le 17ᵉ a un drapeau de la garde royale à la tête de laquelle le Roi a donné.

P. S. — Je reçois à l'instant un nouveau rapport du général commandant la cavalerie légère :

« Vingt-cinq pièces de canon ont été prises ce matin, ainsi
« que beaucoup de caissons ; le tout était abandonné et n'a pu
« être emmené, faute de chevaux. »

---

183. — AU MAJOR GÉNÉRAL DE LA GRANDE ARMÉE
PRINCE DE NEUFCHATEL, ETC.

Naumbourg, 16 octobre 1806.

Monseigneur, j'ai l'honneur de rendre compte à Votre Altesse de la position qu'occupe le corps d'armée.

La 1re division est en arrière de Weisenfels, ayant son avant-garde sur la route de Leipzig et des grand'gardes sur la rive gauche de la Saale pour couvrir le pont et être maîtresse du débouché sur Mersebourg.

La 2e division occupe la position de Freybourg et se lie par des postes et patrouilles avec le 1er corps d'armée.

La 3e division est placée une lieue en avant de Naumbourg, à cheval sur la route de Leipzig, ayant sur son front la Wethaubach.

Les 2e et 12e régiments de chasseurs sont à Keina, avec ordre de pousser de fortes reconnaissances sur Mersebourg, Halle et Eisleben.

Le 1er régiment de chasseurs est en avant de Weisenfeld, pour éclairer les routes de Leipzig, Pegau et Altenbourg.

J'ai l'honneur d'adresser à Votre Altesse le rapport du général Friant. Il lui fera connaître la nécessité de pourvoir au remplacement des officiers supérieurs qui manquent à plusieurs des régiments qui la composent.

Les divers mouvements que le corps d'armée a faits depuis le 14 ne m'ont point permis de recueillir encore la totalité des rapports. Dès qu'ils me seront parvenus, je m'empresserai d'avoir l'honneur de vous en faire passer un général.

184. — A L'EMPEREUR ET ROI.

Naumbourg, 16 octobre 1806.

Sire, les félicitations que Votre Majesté veut bien adresser à son 3e corps et aux généraux qui le commandent les pénètrent tous de la plus profonde sensibilité; déjà, Sire, leur dévouement à votre personne était sans bornes; ils ne sauraient y ajouter, mais ils brûlent de trouver l'occasion de vous en donner de nouveaux témoignages. L'expression de la satisfaction de Votre Majesté va devenir pour nos blessés un motif de consolation de ce qu'ils ne pourront aussitôt que leurs camarades courir à d'autres dangers. Quant aux braves que nous avons perdus, Sire, ils sont morts en héros : leur dernier vœu a été pour leur bien-aimé souverain.

Permettez, Sire, pour ce qui me concerne, de vous exprimer combien je suis touché des éloges de Votre Majesté; mon sang vous appartient; je le verserai avec plaisir dans toutes les occasions, et ma récompense sera de mériter votre estime et votre bienveillance [1].

185. — AU MAJOR GÉNÉRAL DE LA GRANDE ARMÉE
PRINCE DE NEUFCHATEL, ETC.

Naumbourg, 17 octobre 1806.

Monseigneur, j'ai l'honneur de rendre compte à Votre Altesse qu'il y a environ 2,000 prisonniers à Naumbourg, et que les villages environnants en fourmillent; j'ai l'honneur d'en prévenir Votre Altesse, afin qu'elle donne des ordres à leur égard, vu le départ du corps d'armée, ainsi que pour le

---

[1] On a raconté que Napoléon avait d'abord montré quelque incrédulité au sujet de la gravité de l'affaire d'Auerstædt, et qu'il aurait été ensuite, s'il faut dire le mot, un peu jaloux, qu'il aurait cherché à éteindre la gloire de son lieutenant. C'est une simple légende. Il est certain que l'Empereur, tout en sachant parfaitement l'importance de la mission qu'il confiait à Davout, ne soupçonnait pas le soir même du 14 octobre que le maréchal eût pu avoir affaire à des forces si considérables. Il ne sut la vérité que dans la nuit, et il songeait si peu à diminuer l'affaire d'Auerstædt, que dès le matin du 15, dans une note qu'il adressait à M. de Talleyrand pour être publiée, et où il résumait la bataille d'Iéna, il ajoutait : « Le maréchal Davout, placé aux débouchés de Kosen, en avant de Naumbourg, a empêché l'ennemi de déboucher. Il s'est battu toute la journée et a mis en déroute plus de 60,000 hommes, commandés par Mollendorf, Kalkreuth et par le Roi en personne. Ce corps d'armée s'est couvert de gloire. Au reste, tout le monde a rivalisé de zèle et de courage. Les corps des maréchaux Lannes, Soult, Ney et Augereau, ont pris part à l'action avec une égale intrépidité. » Les témoignages de l'opinion de l'Empereur surabondent. Le même jour, il écrivait au grand-duc de Berg : « Le maréchal Davout a eu une affaire superbe; il a battu seul 60,000 Prussiens. » Tout ceci est du 15 octobre. Dès le lendemain 16, Napoléon écrivait au maréchal :
« Weimar, 16 octobre 1806, sept heures du matin. — Mon cousin, je vous fais mon compliment de tout mon cœur sur votre belle conduite. Je regrette les braves que vous avez perdus; mais ils sont morts au champ d'honneur. Témoignez ma satisfaction à tout votre corps d'armée et à vos généraux. Ils ont acquis pour jamais des droits à mon estime et à ma reconnaissance. Donnez-moi de vos nouvelles et faites reposer quelques moments votre corps d'armée à Naumbourg. » (*Correspondance de Napoléon*, t. XIII, p. 361.)

transport que Votre Altesse a bien voulu m'annoncer devoir avoir lieu sur un autre point que celui qui avait d'abord été désigné.

J'ai également l'honneur de prévenir Votre Altesse que d'après l'autorisation qu'elle m'en a donnée, je laisse à Naumbourg le 85ᵉ régiment, au lieu du 13ᵉ régiment d'infanterie légère ou du 12ᵉ de ligne. Le chef de bataillon Husson, officier ferme et d'une grande distinction, qui commande ce régiment, commandera la place de Naumbourg ; il est chargé de prendre les ordres de Votre Altesse pour le transport des prisonniers.

186. — LE GÉNÉRAL GUDIN AU MARÉCHAL DAVOUT.

Naumbourg, 17 octobre 1806.

J'ai l'honneur de vous rendre compte que, conformément à vos ordres, ma division est partie le 14 octobre à quatre heures du matin de sa position de Neufleming pour passer la Saale au pont de Kosen ; à six heures, la tête de la division a traversé le défilé, et le 25ᵉ régiment d'infanterie de ligne, commandé par le colonel Cassagne, s'est formé en colonne à droite de la chaussée d'Erfurt, tandis que le 85ᵉ arrivait sur la gauche, le 21ᵉ régiment d'infanterie de ligne suivant le mouvement du 85ᵉ, et le 12ᵉ celui du 25ᵉ.

Arrivé à la hauteur du village d'Hassenhausen, la découverte du 1ᵉʳ régiment de chasseurs rencontra l'ennemi et vint se rallier au 25ᵉ régiment. Le général Gauthier fit alors former le carré à ce régiment, et à peine cette manœuvre était terminée qu'une batterie de 6 pièces ennemies placées en avant du village commença un feu très-vif, et qui nous aurait infiniment fait souffrir si le général Gauthier ne l'eût fait enlever par deux compagnies de grenadiers et une de voltigeurs, sous la direction de son aide de camp le capitaine Lagoublaye ; cette charge fut en même temps appuyée par un détachement du 1ᵉʳ régiment de chasseurs commandé par le capitaine Hullot, et par le feu de notre artillerie établie aux flancs du 25ᵉ.

Nous nous sommes alors portés à la tête du village d'Hassenhausen; l'ennemi voulant profiter de l'isolement dans lequel se trouvait le 25e, ce corps eut à résister à une charge de cavalerie soutenue par une batterie pareille à celle que nous venions d'enlever, mais il la repoussa avec la plus grande vigueur. Le 25e avançait pendant ce temps sur la gauche.

L'effort que faisait l'ennemi sur ma droite me détermina à y faire passer le 21e régiment de ligne, et à peine ce régiment fut-il arrivé qu'il fut chargé vigoureusement par la cavalerie; mais le feu de ce régiment obligea l'ennemi à une prompte retraite.

Le 12e régiment arrivait alors en arrière du 21e régiment; la cavalerie prussienne voulut encore essayer une charge, mais le peu de succès qu'elle avait eu aux précédentes et la contenance du régiment l'en empêchèrent.

Le 85e régiment pendant ces événements était sur la gauche, combattant sous la conduite de son brave colonel Viala.

L'ennemi, voyant que la majorité de nos forces étaient portées sur la droite, où j'avais réuni presque toute mon artillerie, se prolongea sur la sienne et dirigea les attaques contre le 85e, qui eut alors à combattre infanterie, cavalerie et artillerie.

Ce régiment repoussa plusieurs des charges dirigées contre lui, mais il eût infailliblement succombé, si le 12e régiment, commandé par le colonel Vergez, ne se fût porté promptement à son secours. Ce dernier était à peine sur le terrain qu'il fut assailli par toutes les forces que l'ennemi avait sur ce point, et sans l'extrême bravoure qu'il a déployée, la division, tournée complétement sur sa gauche, courait les plus grands dangers. Pendant que le 12e régiment se portait à la gauche et en arrière du village d'Hassenhausen, le 21e régiment, sous les ordres du colonel Dufour, s'y établissait en avant, occupant le village par son centre.

La résistance des régiments de la division contre des forces aussi supérieures ayant donné le temps à la 1re division d'arriver à notre secours, le combat redevint offensif, et les efforts que nous avions faits pour la conservation du village d'Hassenhausen furent couronnés du plus grand succès; car l'ennemi fut obligé de nous abandonner toute l'artillerie qu'il nous avait laissée sur ce point.

Le corps d'armée étant de ligne, la division marcha sur le village de Tauchwitz, poursuivant l'ennemi devant elle, et ce village fut enlevé avec la plus grande énergie ; une compagnie de sapeurs entre autres y entra à la baïonnette, culbuta tout ce qui se trouvait devant elle et fit un bon nombre de prisonniers ; un petit détachement du 2ᵉ régiment de chasseurs, conduit par M. le capitaine Decouz, chargea aussi très à propos et avec succès.

Nous nous portâmes ensuite sur ce village de Popel, qui fut enlevé aussi avec la même facilité, et la division vint se former d'après vos ordres sur le rideau qui domine les villages d'Auerstædt et de Reisdorf.

Pendant que nous exécutions ce mouvement, le général Petit, ayant avec lui 400 hommes des 12ᵉ et 21ᵉ régiments, contribua puissamment à l'enlèvement du plateau d'Eckartsberg, qui fut le dernier exploit de la journée et où le reste de l'artillerie, que l'ennemi avait mis en batterie contre nous, fut enlevé.

Je ne saurais, Monsieur le Maréchal, vous faire trop d'éloges de la conduite de MM. les officiers des corps de ma division ; tous ont montré qu'ils étaient dignes de faire partie de la grande armée et du général en chef auquel notre auguste souverain en a confié la direction.

J'ai à vous citer particulièrement le général Petit, qui a été blessé, a eu un cheval tué et un autre percé de trois balles ;

Le général Gauthier, qui a eu aussi un cheval tué sous lui et qui a été blessé lui-même ;

L'adjudant commandant Delotz, chef d'état-major de la division, officier du plus grand mérite, qui a eu la cuisse traversée d'un biscaïen ;

Le colonel Viala, qui a reçu un biscaïen dans les reins et a eu un cheval tué ;

Le colonel Cassagne, blessé légèrement, et dont le cheval a été emporté d'un boulet de canon ;

Le chef de bataillon Groguet, officier très-distingué, qui a eu la cuisse emportée par un boulet et son cheval tué sous lui ;

Le chef de bataillon Husson, qui a pris le commandement du 85°, en remplacement du brave colonel Viala;

Les chefs de bataillon Vaugrigneuse, du 21°; Saint-Faust, qui a eu un cheval tué, et Lavallée, du 25°; ce dernier a été blessé trois fois, sans vouloir quitter le champ de bataille.

J'ai aussi beaucoup à me louer des officiers d'état-major :

Le chef de bataillon Gudin; le lieutenant de Creutzer, atteint d'une balle légèrement au bras droit sans contusion et plusieurs dans ses habits; le chef d'escadron Cabrol; mes trois aides de camp; les capitaines adjoints Ferraris et Massot, et le capitaine du génie Sirès; le capitaine Lagoublaye, aide de camp du général Gauthier, qui a eu le genou fracassé; le lieutenant Frossart, aussi aide de camp du général Gauthier, qui a eu un cheval tué, et le lieutenant Guyot, aide de camp du général Petit, qui a eu un cheval tué sous lui.

Je dois aussi des éloges à l'artillerie, et particulièrement au chef d'escadron Pelegrin, qui la commandait.

Il m'est impossible de vous désigner tous les braves qui se sont distingués dans cette journée mémorable; mais je recommande particulièrement à vos bontés tous ceux que je viens de désigner. Je joins aussi les rapports qui m'ont été adressés par MM. les généraux et colonels, et où plusieurs d'eux se trouvent désignés.

La perte de l'ennemi a été énorme en tués et blessés; nous lui avons fait 1,200 prisonniers, et la division peut compter avoir pris 25 pièces de canon et un drapeau.

J'ai aussi considérablement souffert, et d'après les états qui m'ont été fournis, notre perte passe 3,500 hommes, parmi lesquels se trouvent 124 officiers.

Gudin.

187. — AU MAJOR GÉNÉRAL DE LA GRANDE ARMÉE
PRINCE DE NEUFCHATEL, ETC.

Leipzig, 18 octobre.

J'ai l'honneur de rendre compte à Votre Altesse que tous les renseignements du pays, qui sont unanimes, ne placent aucun corps de Prussiens entre Leipzig et Dresde, ainsi que sur les routes de Dessau, de Wittenberg et de Torgau. Depuis quelques jours plusieurs officiers saxons sont venus à Leipzig recommander que l'on dirige sur Mühlberg-sur-l'Elbe tous les Saxons égarés ou autres qui arriveraient à Leipzig.

La consternation est entre la Mulda et l'Elbe. Les partis sont en route depuis quatre heures sur tous les points, afin d'intercepter les dépêches et les courriers, et d'avoir des nouvelles de l'ennemi; ces partis iront une partie de la nuit et reviendront au jour. J'aurai l'honneur d'adresser à Votre Altesse les nouvelles importantes qui me parviendront.

Le corps battu par le maréchal Bernadotte a dû se replier sur Magdebourg.

Demain, si je ne reçois pas d'ordre, vers les huit heures du matin, l'armée se mettra en marche. La 1re division se portera près de Breitenfeld, et le reste entre Breitenfeld et Leipzig : sans ce mouvement, je ne pourrais être en mesure pour exécuter les ordres de Votre Altesse.

L'équipage de pontons pris est resté à Naumbourg, faute de chevaux, ayant été obligé de me servir des chevaux de prise pour remplacer ceux tués le 14; mais j'ai requis ici 150 chevaux de trait pour aller chercher les pontons; enfin s'ils arrivaient trop tard, on mettra l'industrie nécessaire pour remplir les intentions de l'Empereur.

Tout le monde est très-bien disposé; je n'ai vu un peu de tristesse sur les figures que dans deux régiments, mais ce sont ceux qui ont perdu plus de la moitié de leur monde, et encore je garantis qu'ils sont susceptibles d'être électrisés. Sa Majesté peut compter sur son 3e corps.

J'ai eu l'honneur de faire passer à Votre Altesse, par mon aide de camp Trobriant, les lettres interceptées ici.

Quelques rapports font blessé le roi de Prusse dans la bataille du 14.

188. — AU MAJOR GÉNÉRAL DE LA GRANDE ARMÉE
PRINCE DE NEUFCHATEL, ETC.

Duben, 18 octobre 1806.

J'ai l'honneur de rendre compte à Votre Altesse que la 1re division est en avant de Duben et les deux autres sur la rive gauche de la Mulda.

Ce matin, il est passé ici un bataillon et environ 80 chevaux des troupes battues à Halle; la plupart étaient sans armes; tous les autres régiments ont dû faire leur retraite sur Magdebourg [1].

On ne nous attendait pas ici; aussi aucune disposition n'avait été faite pour brûler le pont. J'ai tout lieu de croire qu'il en sera de même de celui de Wittenberg. Ce matin il n'y avait à Wittenberg que quarante vieux invalides qui y font le service de la place depuis des siècles, et depuis il ne s'est retiré aucune troupe ennemie sur cette route; celles dont j'ai parlé plus haut ont pris la route de Torgau.

Il n'y a à Dresde d'autre troupe que les gardes, et il y a trois

---

[1] Le maréchal Bernadotte, après la bataille du 14, s'était remis en mouvement. Il avait atteint le 17 à Halle la réserve de l'armée prussienne, commandée par le prince Eugène de Wurtemberg, et, après un brillant combat, où se distinguait le général Dupont, il l'avait mise en déroute. Voici, au reste, ce que dit le 11e bulletin de la grande armée, daté de Mersebourg, 19 octobre 1806 :

« ...Le corps du maréchal Davout a pris possession, le 18, de Leipzig. — Le prince de Ponte-Corvo, qui se trouvait le 17 à Eisleben, pour couper des colonnes prussiennes, ayant appris que la réserve de Sa Majesté le roi de Prusse, commandée par le prince Eugène de Wurtemberg, était arrivée à Halle, s'y porta. Après avoir fait ses dispositions, le prince de Ponte-Corvo fit attaquer Halle par le général Dupont et laissa la division Drouet en réserve sur sa gauche. Le 32e de ligne et le 9e d'infanterie légère passèrent les trois ponts au pas de charge et entrèrent dans la ville, soutenus par le 96e. En moins d'une heure tout fut culbuté... La réserve du prince de Wurtemberg fut mise dans la plus complète déroute et poursuivie l'espace de quatre lieues. Les résultats de ce combat sont 5,000 prisonniers, dont 2 généraux et 3 colonels, 4 drapeaux et 34 pièces de canon. » (*Correspondance de Napoléon*, t. XIII, p. 370.)

Cela n'empêchait pas l'Empereur de prendre encore une fois, deux jours après, le maréchal Bernadotte en défaut au sujet de sa marche sur l'Elbe, et de le lui témoigner assez vivement.

jours qu'on y était dans la plus parfaite ignorance et par conséquent dans la plus grande tranquillité.

Les voyageurs venant de la Silésie disent que l'on parle beaucoup des Russes, mais tous déclarent n'en avoir vu aucun.

Je ferai partir cette nuit des détachements d'infanterie et de cavalerie, pour surprendre le pont sur l'Elbe à Wittenberg, et j'espère que demain avant la nuit tout le corps d'armée sera sur la rive droite du fleuve.

J'ai laissé, conformément aux ordres de Votre Altesse, le 13ᵉ régiment d'infanterie légère à Leipzig.

Lord Morpeth a dû passer à Hambourg le 6 octobre comme ambassadeur extraordinaire près du roi de Prusse, pour y traiter des subsides[1].

Un voyageur venant de Berlin m'a assuré qu'on y était dans la plus parfaite ignorance, que l'on croyait même que les Français étaient battus et qu'on avait fait des réjouissances à cette occasion.

---

189. — AU MAJOR GÉNÉRAL DE LA GRANDE ARMÉE
PRINCE DE NEUFCHATEL, ETC.

Wittenberg, 20 octobre 1806.

Monseigneur, j'ai l'honneur de rendre compte à Votre Altesse que l'avant-garde du 3ᵉ corps a passé l'Elbe aujourd'hui à dix heures du matin, et est entrée à Wittenberg. Les Prussiens, à l'approche des Français, ont mis le feu au pont, mais ne sont point restés pour s'opposer au secours; le colonel Guyon, du 12ᵉ de chasseurs, y en a fait apporter de très-prompts, qui ont eu le meilleur succès; tout est réparé, l'artillerie passe.

---

[1] Dès le commencement de la guerre, lord Morpeth avait été envoyé par la cour de Londres; il avait passé par Hambourg et s'était rendu le 11 octobre à Weimar, où était encore le roi de Prusse, avec la mission de négocier un traité d'alliance et de subsides. Sur ces entrefaites avait eu lieu la bataille d'Iéna. Il est plus d'une fois question de ce voyage de lord Morpeth dans les bulletins impériaux.

La cavalerie légère, les 1re et 2e divisions prendront position en avant, sur les routes de Magdebourg et de Berlin; la 3e sera sur la rive gauche de l'Elbe.

Maintenant je prie Votre Altesse de me faire connaître où elle veut que je dirige l'équipage de pont qui me suivait et qui me devient inutile.

J'ai pensé qu'il était important que l'Empereur eût une prompte connaissance du passage de l'Elbe; c'est ce qui fait que je n'ai point voulu différer à vous envoyer un officier, préférant vous en envoyer un second si j'apprends ici quelque chose de nouveau.

---

190. — A L'EMPEREUR ET ROI.

Wittenberg, 20 octobre 1806.

Sire, les intentions de Votre Majesté sont remplies[1]: l'avant-garde du 3e corps a passé l'Elbe, le 20, à neuf heures du matin; tout le corps d'armée était sur la rive droite avant trois heures après midi : j'ai adressé, à cette époque, l'adjudant commandant Beaupré au prince de Neufchâtel, pour lui donner connaissance de cet événement. Les Prussiens, à notre approche, ont mis le feu au pont et se sont sauvés sans s'opposer aux secours prompts qui ont été apportés et ont eu le meilleur

---

[1] L'Empereur au maréchal Davout. — « Halle, 20 octobre 1806. Mon cousin, je vous ai expédié hier des ordres. Il est bien important d'avoir un pont sur l'Elbe. Je fais essayer par trois corps d'armée différents; mais comme le vôtre est le seul qui ait des bateaux, je ne doute point que ce pont ne soit jeté dans la journée... Emparez-vous de Wittenberg; si cette place est aussi bonne qu'on me l'assure, faites-la mettre sur-le-champ en bon état de défense. Nous sommes sous Magdebourg. Le maréchal Soult a suivi dans sa retraite pendant cinq jours une colonne où était le Roi et lui a pris la moitié de son monde. » (*Correspondance de Napoléon*, t. XIII, p. 373.)

Le 14e bulletin de la grande armée (Dessau, 22 octobre) dit d'un autre côté : « Le maréchal Davout est arrivé le 20 à Wittenberg, et a surpris le pont sur l'Elbe au moment où l'ennemi y mettait le feu. Le maréchal Lannes est arrivé à Dessau; le pont était brûlé, il a fait travailler sur-le-champ à le réparer... Magdebourg est bloqué... Le maréchal Soult a ses postes autour de la ville. Le grand-duc de Berg y a envoyé son chef d'état-major, le général Belliard... » (*Correspondance de Napoléon*, t. XIII, p. 384.)

résultat en sauvant le pont, qui est de la plus grande solidité.

Les reconnaissances ont rencontré sur la route de Berlin, à une lieue et demie d'ici, deux régiments d'infanterie et quelques escadrons de cavalerie qui se portaient sur Wittenberg pour défendre le passage de l'Elbe. Se voyant prévenus, ils se sont retirés.

J'ai envoyé un parti pour communiquer avec le maréchal Lannes; je n'en ai pas encore de nouvelles.

Les Prussiens ont brûlé toutes les barques entre Wittenberg et le pont de Dessau.

50 chasseurs du 1er régiment que j'ai envoyés en reconnaissance sur Torgau se sont emparés du pont, que les Saxons n'ont pas défendu, disant qu'ils étaient en paix avec nous. Ce pont est dans le meilleur état.

Il existe à Wittenberg un magasin contenant plus de 140 milliers de poudre en bon état. On en a les clefs.

Les fortifications qui étaient autour de Wittenberg sont en grande partie détruites : il faudrait beaucoup de travaux pour mettre cette place à l'abri d'un coup de main.

En conséquence de vos ordres, Sire, on a tracé et l'on travaillera tout de suite à une tête de pont. Il serait à désirer qu'on envoyât quelques compagnies de sapeurs et des fonds pour cet objet. Je réclamerai aussi quelques officiers du génie, presque tous ceux du 3e corps ayant été blessés à l'affaire du 14.

Il y a dans tous les villages beaucoup de déserteurs prussiens et de traînards.

---

191. — AU MAJOR GÉNÉRAL DE LA GRANDE ARMÉE
PRINCE DE NEUFCHATEL, ETC.

Wittenberg, 21 octobre 1806.

Monseigneur, j'ai l'honneur d'adresser à Votre Altesse quatre lettres du prince de Wurtenberg à l'officier prussien qui commandait les troupes à Wittenberg. Ces lettres, qui ont été interceptées, prouvent que l'armée prussienne ne songe pas à couvrir Berlin, et que sa retraite est ordonnée sur l'Oder.

J'ai fait prendre au 3ᵉ corps les positions suivantes :

La 1ʳᵉ division est placée en avant de Wittenberg, maîtrisant les routes de Potsdam et de Belzig; elle a en avant d'elle un parti de 100 chevaux pour éclairer ces deux routes. La 2ᵉ division a sa brigade de droite sur la route de Torgau, maîtrisant celles de Jessen et de Zahna; cette brigade est couverte par le 2ᵉ régiment de chasseurs à cheval. La 2ᵉ brigade est sur la route de Koswich.

La 3ᵉ division est en réserve au village de Plata, sur la rive gauche de l'Elbe.

Je me fais éclairer par ma cavalerie sur le triangle qui se trouve vers Dessau, entre la Mulda et l'Elbe.

J'ai ordonné au général Vialannes de pousser une forte reconnaissance sur Potsdam.

En attendant les ordres de Votre Altesse, le corps d'armée prend ici quelques instants de repos dont il avait besoin pour rallier les hommes, que des marches longues dans un pays sablonneux avaient forcés de rester en arrière.

Il m'a été rendu compte qu'il existe sur l'Elbe des magasins considérables, notamment à Wittenberg et à Koswich. J'ai ordonné qu'on en prît possession et qu'on en fît constater l'état.

Le général Hanicque a reconnu à un quart de lieue de cette ville un magasin à poudre. D'après son rapport, il existe 300 milliers de poudre de bonne qualité et bien conservée.

L'équipage de pont a été arrêté par les sables; il ne pourra guère arriver à Wittenberg que sous quelques heures. Je fais réunir tous les mariniers et pilotes du pays pour lui faire descendre l'Elbe jusqu'au point qu'il plaira à Votre Altesse de désigner. On fera suivre par terre les chevaux et les haquets.

J'ai l'honneur d'adresser à Votre Altesse le compte que m'a rendu le colonel du génie Touzard, sur l'état de la place de Wittenberg. J'ai ordonné à cet officier supérieur de faire tracer sur-le-champ, aux deux rives de l'Elbe, les ouvrages nécessaires pour mettre le pont de l'Elbe à l'abri d'un coup de main. Je l'ai autorisé à faire aux autorités du pays toutes demandes de pionniers, ouvriers et matériaux qui seront nécessaires. Je prie Votre Altesse de considérer qu'à la bataille du 14, quatre officiers du génie du corps d'armée ont été mis hors de combat, et que la compagnie de sapeurs a tellement souffert à cette même bataille, qu'il n'y reste que 36 hommes disponibles, parmi lesquels il ne se trouve aucun ouvrier d'art.

Je prie Votre Altesse d'envoyer à ce corps d'armée des officiers du génie, ainsi que des compagnies de mineurs et de sapeurs pour pouvoir suivre ces travaux.

Une reconnaissance du 12e régiment de chasseurs à cheval, envoyée sur Roslau, y est arrivée pendant la nuit et a trouvé les troupes de la division Suchet passant l'Elbe sur des nacelles.

Une autre reconnaissance du 1er régiment de chasseurs à cheval s'est emparée du pont de Torgau et en a confié la garde aux troupes saxonnes, avec la condition expresse d'en défendre le passage aux troupes prussiennes.

---

192. — AU MAJOR GÉNÉRAL DE LA GRANDE ARMÉE
PRINCE DE NEUFCHATEL, ETC.

Wittenberg, 22 octobre 1806.

Monseigneur, j'ai l'honneur d'adresser à Votre Altesse un rapport du capitaine de chasseurs chargé de la reconnaissance de Torgau, ainsi qu'un état des denrées et munitions qui existent dans cette place.

---

193. — AU MAJOR GÉNÉRAL DE LA GRANDE ARMÉE
PRINCE DE NEUFCHATEL, ETC.

Lukenvalde, 23 octobre.

Monseigneur, j'ai reçu en marche de Zahna à Lukenvalde la lettre que Votre Altesse me fait l'honneur de m'écrire pour renvoyer au dépôt de Wittenberg les hommes écloppés qui pourraient se trouver dans le corps d'armée. J'ai l'honneur de faire observer à Votre Altesse que cette mesure devient déjà presque inexécutable pour ce corps, qui va être aujourd'hui à deux grandes marches de Wittenberg, et que d'ailleurs il s'y trouve peu d'hommes qui seraient susceptibles d'être renvoyés sur les derrières. Tout le monde peut suivre.

---

194. — AU MAJOR GÉNÉRAL DE LA GRANDE ARMÉE
PRINCE DE NEUFCHATEL, ETC. [1].

Lukenvalde, 23 octobre 1806.

Monseigneur, j'ai l'honneur de rendre compte à Votre Altesse que le corps d'armée ayant fait hier une marche plus

[1] Le major général au maréchal Davout. — « Wittenberg, 23 octobre 1806. Si les partis de troupes légères, Monsieur le Maréchal, que vous n'aurez pas manqué d'envoyer sur la route de Dresde et sur la Sprée, vous assurent que vous n'avez pas d'ennemis sur vos flancs, vous dirigerez votre marche de manière à pouvoir faire votre entrée à Berlin le 25 à midi. Vous ferez reconnaître le général Hullin pour commandant de la place de Berlin. Vous laisserez dans la ville un régiment à votre choix, vous enverrez des partis de cavalerie légère sur la route de Custrin, de Landsberg et de Francfort-sur-l'Oder. Vous placerez votre corps d'armée à une lieue, une lieue et demie de Berlin, la droite appuyée à la Sprée et la gauche à la route de Landsberg; vous choisirez un quartier général dans une maison de campagne sur la route de Custrin, en arrière de votre armée. Comme l'intention de l'Empereur est de laisser les troupes quelques jours en repos, vous ferez faire des baraques avec de la paille et du bois. Généraux, officiers d'état-major, colonels et autres, logeront en arrière de leurs divisions, dans les villages; personne à Berlin. L'artillerie sera placée dans des positions qui protégent le camp; les chevaux d'artillerie aux piquets, et tout dans l'ordre le plus militaire.

« ...Le quartier général sera demain à Potsdam; envoyez un de vos aides de camp qui me fasse connaître où vous serez dans la nuit du 23 au 24 et dans celle du 24 au 25.

« ...*Faites connaître à votre corps d'armée que l'Empereur, en le faisant entrer le premier à Berlin, lui donne une preuve de sa satisfaction pour la belle conduite qu'il a tenue à la bataille d'Iéna.*

« ...Comme Sa Majesté compte faire son entrée à Berlin, vous pouvez provisoirement recevoir les clefs en faisant connaître aux magistrats qu'ils ne les remettront pas moins à l'Empereur quand il fera son entrée; mais vous devez toujours exiger que les magistrats et notables viennent vous recevoir à la porte de la ville, avec toutes les formes convenables. Que tous vos officiers soient dans la meilleure tenue, autant que les circonstances peuvent le permettre. L'intention de l'Empereur est que votre entrée se fasse par la chaussée de Dresde. » (*Correspondance de Napoléon*, t. XIII, p. 392.)

forte que je ne le présumais, il prendra position aujourd'hui entre Trebin, où sera la 1re division, et Veittersdorff; de sorte que demain 24, vers les deux heures après midi, le corps d'armée sera rendu devant Berlin.

Si je ne reçois point d'ordres contraires, l'armée sera en marche à cinq heures du matin.

J'attends le général Hulin pour le mettre en possession du commandement de cette place.

Cette nuit, j'enverrai quelques partis pour cerner Berlin; l'adjudant commandant Romeuf y sera envoyé pour y assurer la subsistance des troupes.

---

195. — AU MAJOR GÉNÉRAL DE LA GRANDE ARMÉE
PRINCE DE NEUFCHATEL, ETC.

Lukenvalde, 23 octobre 1806.

Monseigneur, je m'empresse de rendre compte à Votre Altesse que le général Vialannes, commandant ma cavalerie légère, avait poussé une reconnaissance jusque sur Potsdam; il y serait entré s'il n'avait reçu auparavant les ordres que je lui ai fait expédier, pour me rejoindre à Lukenvalde.

Il arrive à l'instant, et il confirme le rapport qu'il n'existe aucune troupe ennemie ni à Potsdam, ni à Berlin; que tout s'est retiré par Magdebourg et derrière l'Oder.

---

196. — AU MAJOR GÉNÉRAL DE LA GRANDE ARMÉE
PRINCE DE NEUFCHATEL, ETC.

Aux faubourgs de Berlin, 24 octobre 1806.

Monseigneur, j'ai l'honneur de rendre compte à Votre Altesse que le 3e corps est arrivé sous Berlin; j'y avais envoyé à l'avance l'adjudant commandant Romeuf avec des officiers supérieurs d'artillerie et du génie et un commissaire des guerres désigné par l'intendant général pour prendre possession des arsenaux et magasins militaires et faire préparer des subsistances.

L'adjudant commandant Romeuf m'a rendu compte qu'aussitôt après son arrivée, un escadron du 9e régiment de hussards faisant partie du 5e corps et quelques officiers de M. le maréchal Lannes étaient entrés dans la place, annonçant le 5e corps. J'ai écrit aussitôt au maréchal Lannes la lettre dont j'ai l'honneur d'adresser copie à Votre Altesse [1].

Le général Hulin est arrivé; je lui ai fait donner un détachement de cavalerie légère pour qu'il puisse placer les postes essentiels; il est en possession de son commandement.

Demain, conformément aux ordres de Votre Altesse, le 3e corps fera son entrée à Berlin et sera reçu par les magistrats et notables, etc., et de là il ira prendre position à une lieue en avant de la ville.

[1] C'était un malentendu tenant sans doute à ce fait, que le maréchal Lannes, ayant reçu son ordre de marche de Dessau sur Berlin, ne connaissait pas les instructions spéciales du maréchal Davout et avait cédé à la tentation de brusquer l'entrée à Berlin, comme il l'avait fait l'année précédente avec Murat devant Vienne. La lettre ci-dessus du major général lève tous les doutes sur les intentions de l'Empereur. — Le 17e bulletin de la grande armée, daté de Potsdam, 25 octobre, porte :

« Le corps du maréchal Lannes est arrivé le 24 à Potsdam.

« Le corps du maréchal Davout a fait son entrée le 25, à dix heures du matin, à Berlin.

« Le corps du maréchal prince de Ponte-Corvo est à Brandebourg.

« Le corps du maréchal Augereau fera son entrée à Berlin demain 26.

« L'Empereur est arrivé hier à Potsdam et est descendu au palais. Dans la soirée, il est allé visiter le nouveau palais de Sans-Souci et toutes les positions qui environnent Potsdam... Il est resté quelque temps dans la chambre du grand Frédéric, qui se trouve tendue et meublée telle qu'elle l'était à sa mort...

« ...Le général Hulin est nommé commandant de Berlin.

« ...Le général Bertrand, aide de camp de l'Empereur, s'est rendu à Spandau, la forteresse se défend; il en a fait l'investissement avec les dragons de la division Dupont.

« Le grand-duc de Berg s'est rendu à Spandau, pour se mettre à la poursuite d'une colonne qui file de Spandau sur Stettin, et qu'on espère couper.

« Le maréchal Lefebvre, commandant la garde impériale à pied, et le maréchal Bessières, commandant la garde impériale à cheval, sont arrivés à Potsdam le 24, à neuf heures du soir. La garde à pied a fait quatorze lieues dans un jour.

« Le corps du maréchal Ney bloque Magdebourg.

« Le corps du maréchal Soult a passé l'Elbe à une journée de Magdebourg et poussait l'ennemi sur Stettin... » (*Correspondance de Napoléon*, t. XIII, p. 404.)

Je laisserai à Berlin, à la disposition du général Hulin, le 108ᵉ régiment, qui a beaucoup souffert et qui a perdu ses chefs à la bataille du 14.

Toutes les dispositions renfermées dans la lettre du 23 de Votre Altesse seront exactement exécutées.

J'établirai ce soir mon quartier général à Schönberg.

---

197. — A M. LE MARÉCHAL LANNES
COMMANDANT LE 5ᵉ CORPS D'ARMÉE.

Des faubourgs de Berlin, 24 octobre 1806.

L'adjudant commandant Romeuf, que j'avais envoyé, Monsieur le Maréchal, cette nuit à Berlin, me rend compte qu'un escadron du 9ᵉ régiment de hussards, faisant partie de votre corps d'armée, est entré ce matin dans cette place. Cependant Son Altesse le prince de Neufchâtel m'a fait connaître que l'intention de l'Empereur était que le 3ᵉ corps devait y entrer le premier, et qu'il ne devait le faire que demain 25. J'ai lieu de croire, à l'arrivée de cet escadron du 9ᵉ de hussards et de quelques-uns de vos officiers, que des dispositions ultérieures et contraires ont eu lieu; dans ce cas, je vous aurais obligation de me les faire connaître, pour que je m'y conforme; mais si rien n'était changé aux ordres qui m'ont été prescrits, j'ai l'honneur de vous prier, Monsieur le Maréchal, de donner vos ordres pour que qui que ce soit de votre corps d'armée n'entre dans Berlin avant qu'il y soit autorisé par Son Altesse le prince de Neufchâtel : j'ai donné les miens en conséquence [1].

---

[1] Conformément aux ordres qu'il avait reçus et aux instructions de l'Empereur, le maréchal Davout entrait le 25 à Berlin, qu'il ne faisait d'ailleurs que traverser. Il recevait les clefs de la ville, qu'il rendait aussitôt aux représentants de la bourgeoisie berlinoise, en leur disant « qu'elles appartenaient à plus grand que lui », c'est-à-dire à Napoléon. C'est deux jours après, le 27, que Napoléon lui-même faisait à Berlin cette entrée triomphale que M. Thiers a décrite dans ses récits : « ...Napoléon entra entouré de sa garde et suivi par les beaux cuirassiers des généraux d'Hautpoul et Nansouty. La garde impériale, richement vêtue, était ce jour-là plus imposante que jamais. En avant les grenadiers et les chasseurs à pied, en arrière les

198. — AU MAJOR GÉNÉRAL DE LA GRANDE ARMÉE
PRINCE DE NEUFCHATEL, ETC.

Schonberg, 25 octobre 1806.

Monseigneur, l'officier de correspondance que Sa Majesté m'a envoyé avec l'ordre de porter la division de dragons sur Oranienbourg, n'est arrivé qu'à sept heures du matin; cet ordre va recevoir son exécution, ainsi que tout ce que me prescrit Sa Majesté [1].

J'ai fait arrêter à la poste toutes les lettres; j'ai observé que la plupart étaient adressées à Magdebourg, où l'on croit encore ici que sont les forces prussiennes; je les adresse à Votre Altesse : il m'en est tombé une française sous la main que je joins ici, parce que la personne qui l'écrit et qui paraît instruite, assure que l'armée du prince de Hohenlohe se rassemble près de Brandebourg.

J'y joins également une lettre d'une personne française qui reste ici et qu'il serait important de découvrir pour avoir des renseignements.

grenadiers et les chasseurs à cheval, au milieu les maréchaux Berthier, Duroc, Davout, Augereau, et au sein de ce groupe, isolé par le respect, Napoléon, dans le simple costume qu'il portait aux Tuileries et sur les champs de bataille, Napoléon, objet des regards d'une foule immense, silencieuse, saisie à la fois de tristesse et d'admiration, tel fut le spectacle offert dans la longue et vaste avenue de Berlin, qui conduit de la porte de Charlottenbourg au palais des rois de Prusse... » (*Histoire du Consulat et de l'Empire*, t. VII, p. 175.)

[1] L'Empereur au maréchal Davout. — « Potsdam, 24 octobre 1806. Mon cousin, une colonne assez considérable est partie de Magdebourg pour Stettin; on manœuvre en ce moment pour la couper. Toute la cavalerie légère du maréchal Lannes et la réserve de cavalerie se dirigent sur Oranienbourg, où il me paraît qu'il est à propos que vous dirigiez toute votre division de dragons. Envoyez de petits partis pour vous mettre en correspondance avec le général Milhaud qui sera dans la matinée à Hennigsdorf, le général Lassalle qui sera à Oranienbourg. De l'autre côté, envoyez des partis à huit ou dix lieues de Berlin chercher des renseignements, et faites-moi connaître tout ce que vous pourrez savoir dans cette grande ville. Je resterai toute la journée d'aujourd'hui à Potsdam. Comme le fort de Spandau veut tenir, on le canonnera aujourd'hui. Envoyez-y savoir des renseignements, mais n'en prenez pas d'inquiétude. » (*Correspondance de Napoléon*, t. XIII, p. 403.)

Enfin, j'y joins aussi un extrait des dernières gazettes de Berlin, qu'il sera peut-être utile de mettre sous les yeux de Sa Majesté parce qu'elles prouvent que, malgré l'assertion de M. Lucchesini, lord Morpeth n'est parti qu'après la bataille du 14; ces gazettes peuvent aussi faire connaître l'esprit qui a dicté les derniers manifestes de la Prusse.

J'envoie à Votre Altesse un rapport que j'ai reçu du colonel Charbonnel sur ce qu'il a déjà découvert concernant sa partie à Berlin.

L'armée traversera la ville vers midi pour aller prendre position en arrière du petit ruisseau qui se jette dans la Sprée au-dessous de Cöpnick.

Mon quartier général sera à Frederickfels.

---

199. — AU MAJOR GÉNÉRAL DE LA GRANDE ARMÉE
PRINCE DE NEUFCHATEL, ETC.

Frederickfels, 25 octobre 1806.

Monseigneur, j'ai l'honneur de rendre compte à Votre Altesse que, par tous les renseignements que j'ai su me procurer, je suis instruit qu'il n'existe que très-peu de troupes à Francfort, et que le pont n'est pas encore coupé; j'ai en conséquence donné au général Vialannes, commandant la cavalerie légère, l'ordre de surprendre cette ville.

J'ai également l'honneur d'adresser à Votre Altesse un rapport de voyageurs allant à Hambourg et qui ont été obligés de rétrograder.

Tous les partis que j'ai envoyés sur la Sprée ne m'ont encore donné aucune nouvelle : et comme ils ont ordre de pousser jusqu'à ce qu'ils rencontrent l'ennemi, je présume qu'ils ont une longue course à faire.

Suivant les ordres de l'Empereur qui m'avait prévenu qu'il était possible que Spandau fît quelque résistance, j'ai envoyé sur ce point un adjoint à l'état-major qui m'a fait le rapport que cette place avait capitulé [1].

---

[1] L'Empereur, de son côté, écrivait de Potsdam, le 25 au soir, au maréchal

200 — A L'EMPEREUR ET ROI.

Frederickfels, 26 octobre 1806.

Sire, j'ai l'honneur de rendre compte à Votre Majesté que de mon quartier général de Lukenvalde, le 24, à cinq heures du matin, j'ai fait diriger par des chemins détournés sur Furstenwalde et de là sur Francfort deux trompettes prussiens qui avaient accompagné le 14 l'aide de camp du maréchal Kalkreuth. L'officier d'état-major que j'ai chargé de cette mission est très-intelligent; il n'a pas encore reparu.

Dès le 24 au soir, trois partis de cavalerie légère ont été poussés sur Mittenwalde et Kœnigs-Wusterhausen; là ils se sont séparés; l'un s'est porté directement par Storkow sur Neubrick, point de jonction du canal de l'Oder avec la Sprée; les deux autres, remontant la rive droite de la Sprée, se sont dirigés, l'un sur Francfort et l'autre sur Müllrose, centre du canal de navigation.

Dans la nuit du 25 au 26, j'ai donné ordre au général Vialannes, commandant ma cavalerie légère, de marcher sur Francfort en se faisant flanquer par des partis sur les routes de Custrin et de Furstenwalde.

Je pense par ces mesures avoir rempli les intentions de Votre Majesté[1]; j'attends incessamment les premiers rapports; le général Vialannes a l'ordre de s'emparer de Francfort et de maîtriser le pont s'il n'a point encore été coupé.

Je viens d'être instruit que le canon se fait entendre au loin

---

Davout : « Mon cousin, je vous annonce la nouvelle que Spandau vient de se rendre. On y a trouvé 80 pièces de canon, beaucoup de poudre, beaucoup de vivres et 300 prisonniers d'État. On y a fait 1,200 prisonniers. » (*Correspondance de Napoléon*, t. XIII, p. 411.)

[1] L'Empereur au maréchal Davout. — « Potsdam, 26 octobre 1806, quatre heures du matin. Mon cousin, envoyez des partis le long du chemin de Francfort et du canal qui se jette dans l'Oder, près de Francfort, afin de prendre tous les bateaux partis de Berlin, il y a cinq ou six jours, portant des objets appartenant à la cour ou des objets d'artillerie. J'imagine que vous avez envoyé des partis sur Custrin. Les deux divisions de cuirassiers de Nansouty et d'Hautpoul se rendent à Berlin. Je me rends aujourd'hui à Charlottenbourg. J'attends des détails sur la situation de Berlin. » (*Correspondance de Napoléon*, t. XIII, p. 413.)

du côté d'Oranienbourg; je fais partir un officier pour aller aux renseignements.

J'ai eu l'honneur d'adresser cette nuit à Son Altesse le major général un rapport de divers voyageurs auquel Votre Majesté peut ajouter foi.

On me prévient qu'il vient d'arriver à Berlin un espion prussien; je donne l'ordre qu'il soit arrêté à l'instant. Il arrive de Francfort.

201. — AU MAJOR GÉNÉRAL DE LA GRANDE ARMÉE
PRINCE DE NEUFCHATEL, ETC.

Frederickfels, 26 octobre 1806.

J'ai l'honneur de rendre compte à Votre Altesse du résultat des partis qui dès le 24 avaient poussé pour intercepter la navigation du canal de jonction de l'Oder et de la Sprée. Le rapport du général Vialannes, dont je joins ici une copie, fera connaître à Votre Altesse les prises faites par ces partis, et je m'empresserai de lui adresser les nouvelles que j'attends des autres partis envoyés sur la Sprée.

D'après les ordres de Sa Majesté, j'ai envoyé dès hier la division de dragons du général Beker sur Oranienbourg avec ordre de prendre ceux de Son Altesse le grand-duc de Berg.

Si le général Vialannes parvient à surprendre le pont sur l'Oder, d'après les mesures que j'ai prises, j'en serai instruit demain avant midi; j'y enverrai aussitôt, à moins d'ordres contraires de Votre Altesse, le 17ᵉ régiment de ligne qui y arrivera avec quelques pièces de canon pour y être dans la nuit du 27 au 28.

Sa Majesté m'ayant fait connaître la prise de la forteresse de Spandau, j'en ai fait part à l'armée par la voie de l'ordre.

202. — AU MAJOR GÉNÉRAL DE LA GRANDE ARMÉE
PRINCE DE NEUFCHATEL, ETC.

Frederickfels, 27 octobre 1806.

J'ai l'honneur d'annoncer à Votre Altesse l'espérance que j'ai de surprendre le pont de Francfort où le général Vialannes a dû arriver ce matin avec 400 chevaux. Des voyageurs venant de Posen y sont passés le 26 à huit heures du matin et n'ont vu aucune disposition pour l'incendier; seulement quelques madriers étaient enlevés, ce qui les a obligés de passer dans des bacs.

Des négociants polonais partis de Varsovie le 10 octobre assurent qu'il n'y avait point de Russes, et que les bruits sur leur prochaine arrivée étaient contradictoires.

La reconnaissance poussée sur Custrin a rencontré à une lieue de cette ville un poste de 15 dragons prussiens dans le village de Ade; 50 chevaux sont placés au village de Monter. D'après d'autres rapports, le Roi est dans la ville avec 2 bataillons de la garde royale, 2 bataillons de chasseurs, 1 bataillon de fusiliers, 6 escadrons de cavalerie, dont 2 escadrons ont descendu l'Oder : ces derniers sont de hussards; les 4 autres escadrons sont composés de 2 de la garde et de 2 de dragons : ces derniers font le service au pont avec des chasseurs à pied.

Le roi de Prusse a dû partir hier de Custrin pour se retirer sur la Vistule.

J'ai l'honneur de prévenir Votre Altesse que si je reçois de bonne heure la nouvelle de la prise du pont de Francfort, j'irai l'annoncer pour demander des ordres, afin de ne point faire de détachements de troupes qui pourraient être en opposition avec les projets de l'Empereur.

203. — A L'EMPEREUR ET ROI[1].

Frederickfels, 29 octobre 1806.

Sire, je me suis empressé de faire connaître à votre 3ᵉ corps les nouvelles importantes qu'il a plu à Votre Majesté de me transmettre ; il part comblé de ses bienfaits et plein du désir de lui donner de nouvelles preuves de sa fidélité et de son dévouement.

Demain, Sire, j'aurai l'honneur d'aller prendre les derniers ordres de Votre Majesté et de lui soumettre le travail qu'Elle a daigné me permettre de lui présenter sur les officiers généraux et officiers d'état-major du 3ᵉ corps[2].

---

[1] L'Empereur au maréchal Davout. — « Berlin, 29 octobre 1806. Mon cousin, vous aurez reçu du major général les ordres de votre mouvement de demain ; mais je ne veux pas perdre un moment de vous instruire de la nouvelle du beau combat de cavalerie de Prenzlow. Le prince de Hohenlohe a mis bas les armes avec 16,000 hommes d'infanterie et 4,000 de cavalerie, 45 drapeaux, 84 pièces d'artillerie attelées. Le prince Auguste de Prusse, le prince de Schwerin sont prisonniers, et d'autres généraux prussiens, tous les gardes du Roi. Ces 4,000 hommes de cavalerie arrivent demain à Spandau, et comme tous mes dragons à pied sont déjà montés, envoyez tous vos hommes de la cavalerie qui sont à pied pour y avoir des chevaux ; les chevaux sont sellés et e état. La colonne de Blücher sera prise probablement demain. J'attends des nouvelles de Soult, qui aura aussi pu prendre celle du duc de Weimar. Communiquez cela au corps d'armée. » (*Correspondance de Napoléon*, t. XIII, p. 433.)

[2] Le 22ᵉ bulletin de la grande armée, daté de Berlin, 29 octobre, dit : « ...L'Empereur a passé, le 28, la revue du corps du maréchal Davout sous les murs de Berlin. Il a nommé à toutes les places vacantes et a récompensé les braves. Il a ensuite réuni les officiers et sous-officiers en cercle, et leur a dit : Officiers et sous-officiers du 3ᵉ corps d'armée, vous vous êtes couverts de gloire à la bataille d'Iéna. J'en conserverai un éternel souvenir. Les braves qui sont morts, sont morts avec gloire. Nous devons désirer de mourir dans des circonstances si glorieuses. — En passant la revue des 12ᵉ, 61ᵉ et 85ᵉ régiments de ligne..., l'Empereur a été attendri de savoir morts ou grièvement blessés beaucoup de ses vieux soldats dont il connaissait le dévouement et la bravoure depuis quatorze ans. Le 12ᵉ régiment surtout a montré une intrépidité digne des plus grands éloges. » (*Correspondance de Napoléon*, t. XIII, p. 436.)

204. — AU MAJOR GÉNÉRAL DE LA GRANDE ARMÉE
PRINCE DE NEUFCHATEL, ETC.

Fréderickfels, 29 octobre 1806.

J'ai l'honneur d'annoncer à Votre Altesse que je reçois à l'instant, du général Vialannes, l'avis que le pont de Francfort-sur-l'Oder est entièrement rétabli de manière à pouvoir permettre le passage de l'artillerie.

J'ai ordonné au général Vialannes de pousser des partis de cavalerie au delà de l'Oder dans toutes les directions.

A Varsovie, le 18 octobre, il n'y avait qu'une garnison que l'on estime être de 7,000 à 8,000 hommes, en raison de l'importance de cette place et de sa proximité des frontières de l'Autriche.

En général, il ne reste dans toutes les places de la Pologne ou de la Prusse que des bataillons de dépôt.

A la même époque du 18, il n'était nullement question que les Russes fussent en mouvement; aucun préparatif n'était fait, rien n'était annoncé.

L'officier d'état-major que j'avais chargé de rendre aux avant-postes prussiens les trompettes et cavaliers qui avaient accompagné le major Ziethen, aide de camp du général Kalkreuth, envoyé en parlementaire le lendemain de la bataille, vient de rentrer; il a trouvé les premières troupes prussiennes à trois lieues de Custrin; il a été introduit dans cette place le 26, vers six heures du soir.

Il paraît que le Roi est parti avec la Reine pour Graudenz, sur la Vistule.

La garnison de Custrin paraît faible.

Un de mes interprètes s'est procuré à Berlin un des extravagants manifestes du roi de Prusse; je l'ai adressé, par un de mes aides de camp, à Votre Altesse.

205. — A L'EMPEREUR ET ROI[1].

Francfort, 31 octobre 1806.

Sire, je reçois à l'instant la lettre de Votre Majesté qui annonce une continuation de bonnes nouvelles ; elles ne peuvent que m'engager, avec celles que j'ai, à m'approcher demain de Custrin et à faire des tentatives sur cette place.

Aujourd'hui 31, j'ai dirigé la division du général Gudin sur Custrin par la rive gauche de l'Oder, pour s'emparer de la tête du pont que je supposais y exister : les premiers éclaireurs du général Gudin se sont présentés et ont trouvé, derrière une digue, quelques éclaireurs d'hommes d'infanterie, qui aux premiers coups de fusil se sont repliés dans la place et ont brûlé le pont sur l'Oder ; on leur a fait quelques prisonniers.

Le reste du 3e corps s'est porté sur Francfort et a pris position sur la rive droite de l'Oder.

Ce matin, à mon arrivée ici, j'ai envoyé à Sonnenbourg le 12e régiment de chasseurs, pour passer la Wartha, et couper toute communication entre Custrin et le pays situé entre la rive droite de l'Oder et la Wartha ; j'en attends des nouvelles.

Demain, avant le jour, je me mets en marche sur Custrin avec le corps d'armée. Le général Gudin, pour me rejoindre, part à quatre heures du matin de Gorgast, où il laisse seulement un bataillon avec 100 chevaux et 2 pièces de 4 ; il suivra

---

[1] L'Empereur au maréchal Davout. — « Berlin, 31 octobre, huit heures du matin. Mon cousin, une nouvelle colonne de 6,000 hommes a mis bas les armes devant le 13e de chasseurs que commande le général Milhaud. Stettin est pris ; on y a trouvé 160 canons en batterie, 6,000 hommes de belles troupes, beaucoup de généraux. Tout cela a été pris par le général Lassalle et ses deux régiments de hussards. Des magasins de toute espèce existent dans cette place. Après cela, la prise de Custrin devient plus raisonnable. Nous tenons encore 22,000 hommes, le duc de Weimar avec 14,000 et Blücher avec 7,000 à 8,000. Ils sont tellement cernés par les maréchaux Lannes et Bernadotte, et par le grand-duc de Berg, qu'il est très-probable qu'ils sont pris à l'heure qu'il est. J'ai fait vérifier à Stettin qu'il n'est pas passé un seul homme de l'armée prussienne par cette ville. Je suis très-curieux de savoir ce qui a passé à Custrin. Par là on saura positivement le nombre de troupes qui restent au roi de Prusse. » (*Correspondance de Napoléon*, t. XIII, p. 443.)

mon mouvement, en laissant cependant un régiment pour couvrir le pont de l'Oder à Francfort.

J'ai fait partir également aujourd'hui en partisans les autres régiments de cavalerie sur Posen et Breslau.

J'ai eu mon quartier général la nuit dernière, sans m'en douter, dans une maison du baron d'Hardenberg ; on a trouvé dans sa bibliothèque quelques libelles contre Votre Majesté, mais aucun papier intéressant. J'ai cru devoir faire peser le fléau de la guerre sur un des principaux provocateurs ; en conséquence, j'ai donné les ordres ci-joints.

Les nouvelles ici sont que le roi de Prusse s'est retiré à Graudenz, où il cherche à réunir les troupes qui existaient dans cette partie de la Prusse.

Des voyageurs partis tout récemment de Varsovie n'avaient pas de nouvelles des Russes.

---

206. — AU MAJOR GÉNÉRAL DE LA GRANDE ARMÉE
PRINCE DE NEUFCHATEL, ETC.

Custrin, 2 novembre 1806.

Monseigneur, j'ai l'honneur d'adresser à Votre Altesse une note des objets trouvés dans cette place. Cela est beaucoup plus conséquent que je ne le croyais. J'y joins une seconde note rédigée par le colonel du génie Touzard qui vous donnera une idée exacte de la place. J'envoie en même temps à Votre Altesse une note sur les magasins trouvés dans la place et sur l'argent qui était dans les caisses royales où j'ai fait apposer les scellés. Pour être sûr que cela serait fait avec probité, j'en ai chargé le commissaire Thomas, qui a répondu à mon attente. C'est le même pour qui je vous ai demandé pendant votre séjour à Munich de vouloir bien le nommer à une place de sous-inspecteur aux revues.

Le colonel Exelmans était hier au soir à Meseritz. Depuis quelques jours on a fait dans ce pays, ainsi que dans les environs de Landsberg, des recrues que l'on dirige du côté de Graudenz.

A Varsovie, on a commandé des approvisionnements de vivres et fourrages pour le 17 novembre, époque où doivent y arriver les Russes. Les mêmes personnes donnent la nouvelle qu'un corps de 30,000 hommes doit déjà être dans la haute Silésie à Rastenbourg. Je ne vous donne ces dernières nouvelles que comme des *on dit*. Pour le recrutement qui se fait dans le pays, rien n'est plus certain. Les têtes commencent à être en fermentation en Pologne. La garnison faite prisonnière dans cette place a été mise en marche ce matin sur Spandau. Elle était sans drapeaux; le commandant et les magistrats de la ville ont donné leur parole d'honneur qu'elle n'en avait pas, étant composée des 3ᵉˢ bataillons de différents corps qui n'ont pas de drapeaux.

Les Prussiens ont brûlé le pont sur l'Oder. On travaille à sa réparation, et quel que soit le dommage, j'espère qu'il sera en état sous sept à huit jours. Ils avaient brûlé aussi celui sur la route de Landsberg; les dommages sont déjà réparés.

---

207. — AU MAJOR GÉNÉRAL DE LA GRANDE ARMÉE
PRINCE DE NEUFCHATEL, ETC.

Francfort, 3 novembre 1806.

Monseigneur, je dois exprimer à Votre Altesse tout le plaisir que j'ai ressenti de la satisfaction que l'Empereur a éprouvée en apprenant la prise de Custrin; les félicitations de Sa Majesté seront toujours l'objet de mes vœux[1].

Les ordres que Votre Altesse a bien voulu me donner de faire respecter les propriétés de madame Lucchesini seront mis à exécution, et j'y mettrai tous mes soins.

---

[1] L'Empereur au maréchal Davout. — « Berlin, 2 novembre 1806. Mon cousin, je vous félicite de la prise de Custrin. J'attends avec impatience l'état des magasins que vous y avez trouvés. Sur un plan que j'ai, je vois qu'il y a un petit fortin sur la rive gauche de l'Oder, formant tête de pont. Faites-le rétablir; ayez là une bonne tête de pont qui nous rende maîtres de l'Oder et de la Wartha. Faites-moi connaître ce qu'il y a de fours et ce qu'on peut faire de pain. Voilà un bon appui pour l'armée. » (*Correspondance de Napoléon*, t. XIII, p. 453.)

J'ai reçu les lettres que Votre Altesse a bien voulu m'adresser cette nuit, relatives au général Ménard et au chef d'escadron Bouillé, ainsi qu'au sujet de la marche des troupes de Bade sur Custrin.

Je dois également prier Votre Altesse d'arranger la dépense des cartes que je suis bien fâché d'avoir faite; mais je n'ai aucuns fonds pour satisfaire à ces engagements; j'aurai l'honneur d'ajouter à Votre Altesse que les 10,000 francs qui avaient été mis à ma disposition à Bamberg pour dépenses secrètes, sont totalement épuisés, et je la prie de m'en faire donner de nouveaux.

---

208. — A L'EMPEREUR ET ROI.

Francfort, 3 novembre 1806.

Sire, les intentions de Votre Majesté se trouvent en partie remplies par la prise de Custrin; je ferai reconnaître depuis cette place jusqu'à Crossen les rives de l'Oder[1].

Un parti de cavalerie que j'ai envoyé à Crossen a trouvé le pont détruit; les autorités du pays ont eu l'ordre de travailler à la réparation, et l'on y met la plus grande activité. Le parti a continué et s'est porté sur Glogau, place où il y a quelques dépôts, portés, dit-on, à 2,000 et 3,000 hommes; j'attends demain des nouvelles de ce parti. D'autres partis de cavalerie ont dû reconnaître et entrer à Posen, à moins d'obstacles majeurs. Nous sommes depuis quarante-huit heures à Landsberg, et demain des partis seront portés à Carzig, Friedberg, Borcow, Driesen et Schwerin, en conséquence des ordres de Votre Majesté.

---

[1] L'Empereur au maréchal Davout. — « Berlin, 2 novembre 1806, cinq heures du matin. Mon cousin, il paraît que l'Oder est environné de marais; faites-en faire la reconnaissance depuis Crossen jusqu'à Custrin par un officier du génie. Faites aussi faire la reconnaissance de la Wartha et de la Marche depuis Custrin jusqu'à Landsberg. De quelle nature sont ces marais? y a-t-il des chaussées? comment communique-t-on de Sonnenbourg à Custrin? J'ai donné ordre au corps des Bavarois et des Wurtenbergeois, formant 18,000 hommes, de se porter à Crossen, ce qui formera votre droite. » (*Correspondance de Napoléon*, t. XIII, p. 452.)

L'ennemi étant très-loin, l'armée cantonnera de manière à pouvoir être réunie dans six heures.

J'ai envoyé ce soir à votre major général l'état de l'artillerie, des magasins trouvés dans Custrin; les magasins valent plus de deux millions; il y a 240,000 francs pour ce qui concerne l'artillerie. La prise est très-considérable. Sous quarante-huit heures, par tous les partis que j'ai eus en Pologne et les hommes que j'y ai envoyés, et le rapport des voyageurs, j'espère pouvoir donner à Votre Majesté des renseignements certains sur les Russes que quelques personnes, qui prétendent être instruites, font marcher et devant arriver vers le milieu de ce mois à Varsovie, où des préparatifs de subsistance ont été ordonnés pour le 17 novembre.

Je me mettrai en communication avec le prince Jérôme qui se porte à Crossen; il s'est fait depuis dix à douze jours un recrutement considérable à Landsberg et Posen; toutes les recrues sont dirigées sur la Vistule; les rapports des partis de cavalerie sont unanimes, ils ont dérangé cette opération.

---

209. A L'EMPEREUR ET ROI.

Francfort, 3 novembre 1806.

Sire, j'ai adressé hier soir de Custrin à votre major général les états que Votre Majesté me demande par sa lettre du 2. Les magasins de subsistances sont immenses, ainsi que les approvisionnements d'artillerie. J'ai engagé l'officier d'état-major porteur des ordres de Votre Majesté à passer par Custrin pour y recevoir du colonel Touzard le plan de cette place, trouvé chez le commandant du génie prussien. Le colonel Touzard accompagnera ce plan d'un mémoire qui fera connaître la différence qui pourrait exister entre la place, telle qu'elle est, et le plan, et ce qui reste du petit fortin sur la rive gauche de l'Oder, formant tête de pont. Tous les ordres sont donnés pour le rétablissement de ce petit fortin.

L'artillerie et le génie ont reçu l'ordre de mettre cette place dans le meilleur état de défense.

Il y a assez de fours à Custrin pour y faire de 20,000 à 25,000 rations de pain par jour; j'ai donné les ordres d'en faire rétablir de manière à en pouvoir confectionner 80,000 rations.

210. — A L'EMPEREUR ET ROI.

Francfort, 4 novembre 1806.

Sire, les intentions de Votre Majesté sont remplies; nous ne touchons point aux magasins qui sont à Custrin. Le 3ᵉ corps tire ses subsistances des ressources qu'on a trouvées à Francfort[1].

J'ai envoyé un adjudant général avec un détachement pour faire amener à Francfort tous les bâtiments chargés qui étaient sur le canal de jonction de la Sprée à l'Oder : le commissaire des guerres Désirat, faisant les fonctions d'ordonnateur, adressera incessamment à M. l'intendant général les procès-verbaux de ce qu'ils contiennent. On a déjà annoncé qu'il y avait pour plus de 200,000 francs de sel appartenant au Roi et une très-grande quantité d'avoine.

J'ai reçu ce matin un rapport d'un de mes officiers que j'ai envoyé sur Breslau avec 80 chevaux, pour arrêter les courriers et avoir des nouvelles; il m'écrit de Beuthen, sur l'Oder, à quelques lieues de Glogau, que toute la Silésie est sans troupe prussienne, excepté les places fortes; que la garnison de Glogau se monte à 3,500 hommes, dont 1,000 de cavalerie; elle est composée comme celle de Custrin des 3ᵉˢ bataillons : le

---

[1] L'Empereur au maréchal Davout. — « Berlin, 3 novembre, cinq heures du matin. Mon cousin, ne consommez pas les vivres de siége de Custrin; ces approvisionnements sont très-difficiles à faire, et Custrin est une place de première ligne; portez au contraire tous vos soins à les conserver, continuez à tirer vos subsistances de Francfort et de Landsberg. Je donne ordre que tout ce qui appartient à votre corps d'armée, qui serait aux dépôts d'Erfurt, Wittenberg, Spandau et autres dépôts en arrière, se rende à Custrin. Si vous le jugez convenable, vous pouvez envoyer une bonne division d'infanterie à Landsberg. La division Beaumont est arrivée aujourd'hui; je la laisserai reposer deux jours, immédiatement après je vous l'enverrai. Le corps que commande le prince Jérôme sera réuni le 4 à Crossen et appuiera ainsi votre droite. Il se chargera de vous couvrir de tout ce qui pourrait déboucher de la Silésie. Il a plus de 3,000 hommes de cavalerie, Bavarois, Badois et Wurtembergeois. » (*Correspondance de Napoléon*, t. XIII, p. 460.)

général-major Nargitz commande la place, il passe pour être très-inquiet et médiocre.

J'ai reçu un rapport du colonel du 12e de chasseurs qui est à Landsberg, où il a trouvé des magasins considérables ; l'ennemi est très-loin ; j'ai fait pousser des partis sur les routes de Posen, Schneidemühl et en avant de Friegberg ; j'aurai sous vingt-quatre heures de ses nouvelles.

A l'arrivée de Son Altesse Impériale, le prince Jérôme, j'aurai l'honneur de lui donner tous les détails que j'ai sur la Silésie.

La terreur est répandue dans toute cette province ; on leur annonce des Russes auxquels ils ne croient point et dont ils redoutent même l'arrivée.

Le pont de Crossen, que ce détachement avait trouvé endommagé, est déjà remis en état.

J'attends des nouvelles du colonel Exelmans, qui a dû entrer à Posen hier matin ; il me donnera des renseignements exacts sur l'esprit des Polonais ; toutes les lettres interceptées écrites par les employés prussiens, dans cette partie, peignent les Polonais comme se réjouissant de nos victoires et parlant de se révolter ; ces employés s'occupent déjà des moyens de se sauver.

Le 27 octobre, le roi et la reine de Prusse ont couché à Filehne ; le 28, sur une estafette qu'ils ont reçue, ils ont rétrogradé à Driesen ; le 29 au matin, ils ont pris la route de Stettin ; les nouvelles qu'ils ont apprises en route leur ont fait prendre une autre direction.

J'ai l'honneur de rendre compte à Votre Majesté que, d'après ses ordres, j'avais envoyé à Spandau tous les hommes démontés de ma cavalerie pour avoir des chevaux ; ils sont revenus sans en avoir reçu.

J'ai le rapport qu'il y a à Driesen des magasins très-considérables ; je n'ai fait occuper cet endroit que par de la cavalerie légère ; Votre Majesté m'ayant ordonné d'envoyer une division à Landsberg, j'y envoie celle du général Friant.

D'après tous les rapports, les Russes paraissent avoir fait un mouvement dans les derniers jours de septembre pour se rassembler à Wilna et Grodno. Je n'ai reçu aucune nouvelle qu'ils se soient portés en avant.

Le roi de Prusse, en partant de Driesen pour prendre la route de Stettin, a expédié M. le comte de Ponckin, attaché à la légation russe et porteur, selon lui, de dépêches importantes pour l'empereur Alexandre. Il a été rencontré à une station de poste : il a demandé à un voyageur qui venait de Russie s'il avait rencontré les Russes sur le territoire prussien ; la réponse ayant été négative, il s'est écrié : Il n'y a plus de ressources pour les Prussiens [1].

[1] L'Empereur au maréchal Davout. — « Berlin, 5 novembre 1806. Mon cousin, je reçois votre lettre. Je vous laisse le maitre d'avancer vos troupes sur Driesen et Meseritz, sur le chemin de Posen. Je vous enverrai même probablement bientôt l'ordre de vous diriger avec tout votre corps sur Posen; mais avant de vous laisser partir, je veux vous donner une division de 2,500 dragons du général Beaumont, que j'ai passée en revue hier et qui se reposera ici aujourd'hui. Je veux être aussi défait de cette colonne du duc de Weimar qui m'occupe les corps des maréchaux Soult, Bernadotte et du grand-duc de Berg... Du moment que j'en aurai la nouvelle, ces trois corps me deviendront disponibles. Le maréchal Lannes est à Stettin, poussant de forts partis sur Colberg, Posen et Graudenz. J'ai envoyé 2,000 Badois pour former la garnison de Custrin. Le prince Jérôme doit avoir plus de 24,000 hommes pour flanquer votre droite. Si je prends Glogau, je le dirigerai sur cette place; sans cela je l'enverrai sur Posen pour vous soutenir : vous auriez alors un corps de plus de 50,000 hommes. Le corps du maréchal Augereau qui est à Berlin, bien reposé, ainsi que les cuirassiers de la division Nansouty et ma garde, pourraient très-facilement porter ce nombre à 80,000 hommes; mais par le présent ordre, je vous fais connaitre que mon intention n'est pas que votre infanterie, sous quelque prétexte que ce soit, dépasse Meseritz. Peut-être, avant que vous ayez fait ces quinze lieues, vous donnerai-je l'ordre de continuer. Il est convenable qu'avant d'ôter vos troupes de Landsberg, vous soyez assuré que les Badois sont arrivés à Custrin. Les magasins que vous avez à Landsberg seront très-utiles, puisqu'ils sont sur la rivière pour approvisionner toute l'armée.

« Selon mes lettres de Moldavie, du 9 octobre, toute l'armée russe se trouvait encore sur le Dniester, près de Kaminietz. On parlait d'aller en Moldavie ou de marcher contre nous; mais on n'avait fait aucun mouvement; je ne pense pas qu'elle puisse être à Varsovie avant le 20 novembre. Le maréchal Ney va bombarder Magdebourg; il me tarde que cette place soit prise. Le roi de Hollande va occuper le Hanovre : le maréchal Mortier est entré à Cassel le 1er, a mis pied à terre toute la cavalerie hessoise et a désarmé le pays. Cet ennemi hors d'état de nous nuire, tout va s'avancer sur vous.

« Les hommes à pied que vous avez envoyé à Spandau se sont trop pressés de s'en aller; toutefois ils n'auraient pas eu de bons chevaux, les régiments les ayant changés en route et les ayant remplacés par de mauvais chevaux. » (*Correspondance de Napoléon*, t. XIII, p. 481.)

NOTE EXPLICATIVE.

On peut dire que la campagne de Prusse (1806), comme la campagne d'Autriche de l'année précédente (1805), se partage en deux phases.

La première phase commence à peu près le 8 octobre par la marche de l'armée française, se portant de la Franconie en Saxe et sur la Saale; elle aboutit en quelques jours au coup de foudre du 14, Iéna-Auerstædt. Aussitôt Napoléon, prompt à profiter de la victoire, met en mouvement la cavalerie de Murat, les corps de Ney, de Soult, de Bernadotte, pour achever la déroute de l'armée prussienne qui, diminuée de tout ce qu'elle a perdu en morts, blessés ou prisonniers, désorganisée par la défaite, n'a plus d'autre ressource que de chercher à passer l'Elbe. Murat court partout, et avec l'aide de Ney, il ramasse 9,000 prisonniers à Erfurt; Soult attaque le vieux Kalkreuth à Greussen et lui prend une partie de son monde; Blücher n'échappe que par une ruse de guerre. Bernadotte atteint à Halle le prince de Wurtemberg. Napoléon, en faisant poursuivre l'ennemi dans sa retraite, se hâte d'occuper lui-même les principaux passages de l'Elbe avec les corps de Davout, de Lannes. Le 20 octobre, il est à Wittenberg, à Dessau, jusqu'aux appproches de Magdebourg, où paraissent bientôt Ney et Soult.

Maître par là de la route de Berlin, où il arrive de sa personne le 25, précédé de Davout et de Lannes, suivi d'Augereau, de la garde et peu après de Murat, — certain désormais de couper à l'ennemi toute communication entre l'Elbe et l'Oder, Napoléon n'a plus qu'une préoccupation : enlever les places le plus rapidement possible et en finir avec ce qui reste de l'armée prussienne. Gardant à Berlin autour de lui Augereau et la garde, il envoie Davout prendre Francfort-sur-l'Oder, puis Custrin. Il laisse à Ney le soin d'investir Magdebourg et de faire rendre la place. Il met Soult à la poursuite du duc de Weimar. En même temps il charge Murat et Lannes, en les faisant appuyer par Bernadotte, d'atteindre à tout prix les dernières colonnes du prince de Hohenlohe, qui, après avoir passé l'Elbe à Magdebourg, s'efforcent de gagner par un grand détour le bas Oder, vers Prenzlow et Stettin, pour se jeter dans la Prusse orientale. Murat et Lannes remplissent leur mission avec une prodigieuse activité. Les résultats ne se font pas attendre. Le 28 octobre, le prince de Hohenlohe, surpris dans sa marche désespérée et cerné par Murat et Lannes à Prenzlow, est obligé de mettre bas les armes avec 14,000 hommes d'infanterie et 2,000 cavaliers. La cavalerie du général Milhaud atteint au même instant un autre détachement à Passewalk et le force à capituler. Le général Lassalle court avec ses hussards sur Stettin et en obtient la reddition. Blücher, le dernier à se débattre avec les débris du corps du duc de Weimar et ses cavaliers, Blücher, un moment réfugié à Lubeck, est réduit à se rendre le 7 novembre devant Soult et Bernadotte, qui ne lui laissent plus une issue, et il livre encore près de 15,000 prisonniers. Magdebourg capitule enfin devant Ney le 9 novembre, avec la garnison. De l'armée prussienne qui s'élevait à 160,000 hommes, il ne reste plus rien. En un mois tout est accompli pour la Prusse. Ici finit la première phase de la campagne et s'ouvre une phase nouvelle où, comme l'année précédente, mais dans des conditions plus étendues et plus graves, la guerre va se transformer par l'intervention de la Russie, que Napoléon lui-même au reste va chercher en Pologne.

Jusque-là la Russie n'avait pas bougé, laissant la Prusse se débattre. Le 24ᵉ bulletin de la grande armée, daté de Berlin, 31 octobre, dit encore : « On n'entend point parler des Russes. » Cependant les relations des deux empires, demeurées incertaines depuis Austerlitz, s'étaient singulièrement compliquées pendant l'été de 1806, d'abord par l'incident des bouches du Cattaro, puis par le refus de la part de la Russie de ratifier un traité qu'un de ses envoyés, M. d'Oubril, avait été chargé d'aller négocier à Paris pour le règlement de tous les différends. Ce n'était pas un état de guerre formelle et déclarée, ce n'était pas non plus la paix, et la Russie qui venait de se rapprocher de l'Angleterre, qui avait refusé de ratifier le traité d'Oubril à l'instigation de la cour de Londres, se préparait évidemment à la lutte; elle allait joindre ses armes à celles du roi Frédéric-Guillaume, lorsque celui-ci se voyait rejeté avec quelques débris de forces dans la Prusse orientale, jusqu'à Kœnigsberg.

Telle était la situation au moment où Napoléon se trouvait porté par la victoire à Berlin, et l'on peut dire que ce séjour de Berlin, aux premiers jours de novembre 1806, a décidé de sa politique et de sa destinée. C'est là, en effet, que Napoléon, exalté par le sentiment de sa puissance, se mettait à rouler dans son esprit les plus vastes pensées. Toujours préoccupé de sa lutte avec l'Angleterre, il méditait de la vaincre en tournant contre elle le continent tout entier, en domptant au besoin toutes les résistances; il publiait à Berlin même, le 21 novembre, ce décret qui s'est appelé le décret du « Blocus continental ». En même temps il envoyait le général Sébastiani à Constantinople, pour décider la Porte à déclarer la guerre à la Russie, au sujet de cet éternel objet des convoitises russes, les provinces danubiennes. Tout cela impliquait manifestement la continuation et même l'extension de la guerre. Les événements, il est vrai, auraient pu encore être arrêtés ou suspendus par une proposition d'armistice que le roi de Prusse envoyait sur ces entrefaites à Napoléon. L'Empereur, tout plein de ses projets, réclamait des garanties proportionnées à ses succès. Un armistice, d'ailleurs, dans sa pensée, ne pouvait plus être qu'un moyen de donner du temps aux Russes, qui, sous les ordres de Benningsen et de Buxhœwden, commençaient à passer en force le Niémen et à s'avancer sur la Vistule.

C'est alors qu'après quelques jours passés à réorganiser son armée, à se créer un système de communications avec la France, à multiplier les établissements de dépôts et d'approvisionnements, Napoléon se décidait à une marche nouvelle. Il mettait d'abord en mouvement Davout qui était à Francfort et à Custrin, Lannes qui était à Stettin, Augereau qui était resté à Berlin, Murat qui ralliait sa cavalerie après la poursuite des Prussiens; au total à peu près 80,000 hommes en première ligne. Napoléon était prêt à les suivre avec Ney, Soult, Bernadotte, la garde, encore à peu près 80,000 hommes, — résolu à gagner la Vistule, à courir sur les Russes, au risque d'une campagne d'hiver, préoccupé aussi de cette question de Pologne qu'il voyait renaître et s'élever devant lui. Le maréchal Davout, prenant la tête du mouvement, était chargé d'entrer le premier à Posen. C'était une campagne nouvelle qui commençait. — (*Correspondance de Napoléon*, t. XIII, novembre 1806.)

---

211. — AU MAJOR GÉNÉRAL DE LA GRANDE ARMÉE
PRINCE DE NEUFCHATEL, ETC.

5 novembre 1806.

Monseigneur, j'ai l'honneur de rendre compte à Votre Altesse que j'ai reçu des nouvelles du colonel Exelmans, commandant le 1er régiment de chasseurs, qui est entré à

Posen le 4 à six heures du soir, aux acclamations du peuple; les rues étaient tellement pleines de monde qu'à peine les Français pouvaient les traverser. Le bruit répandu par les Polonais était que les Russes s'étaient arrêtés sur les frontières.

Les Polonais sont très-disposés à se soulever et voulaient déjà prendre les armes à notre arrivée.

Je joins ici plusieurs lettres interceptées, ainsi que leur traduction.

La division Friant se porte sur Landsberg, où elle arrivera demain 6; elle prendra position sur la rive droite de la Wartha, en se couvrant du petit ruisseau qui tombe dans cette rivière à Landsberg et poussant des avant-postes sur les routes de Driesen et Friedberg.

Le 2ᵉ régiment de chasseurs est à Schwerin, ayant des avant-postes à Driesen.

Le 12ᵉ de chasseurs est à Friedberg, occupant Woldenberg comme avant-poste.

L'ennemi étant décidément en retraite, je laisse le 1ᵉʳ de chasseurs à Posen, où les 50 chevaux que j'avais envoyés en parti sur Glogau et Breslau le rejoindront en passant par Lissa.

Les partis envoyés de Landsberg, sur la rive droite de la Wartha, du côté de Graudenz, n'ont rencontré aucun ennemi et ont confirmé le rapport que tout se ralliait sur cette dernière ville.

Le départ du général Kalkreuth pour Vienne, annoncé dans la lettre interceptée, m'a été confirmé d'autre part.

Je joins à ma lettre le tableau des régiments qui restent au roi de Prusse dans la Pologne et qui n'ont pas encore donné; ces régiments doivent se réunir du côté de Graudenz et de Thorn.

D'après les rapports qui me sont faits, les magasins de Landsberg contiennent 380 tonneaux de farine, 1,000 sacs de blé, 1,500 sacs d'avoine, 5,000 bottes de paille, 6,000 bottes de foin, le tout sous clef et bien gardé.

Le général Dombrowski arrive à l'instant; il m'a communiqué ses proclamations et continue sa route sur Posen.

Il m'a demandé si, voyant les dispositions de la nation polonaise à se soulever, il pouvait commencer à faire remplacer les autorités prussiennes par des individus polonais. J'ai autorisé provisoirement le colonel Exelmans à n'y mettre aucune opposition et à seconder le général Dombrowski.

Je prie Votre Altesse de me faire connaître la décision de Sa Majesté à cet égard.

Je viens d'envoyer l'ordre à Custrin d'encaisser les 3,000 fusils prussiens provenant du désarmement de la garnison, afin que si Sa Majesté le juge convenable, ils soient disponibles pour être transportés à Posen, ce qui fera gagner du temps.

Le prince Jérôme est parti ce matin de Francfort; je lui ai transmis des renseignements que j'ai déjà adressés à Votre Altesse[1].

[1] L'Empereur au maréchal Davout. — « Berlin, 7 novembre 1806. Mon cousin, j'ai lu votre lettre du 5 au prince de Neufchâtel. Vous recevrez l'ordre de vous diriger sur Posen avec votre corps d'armée. Faites suivre comme vous pourrez vos 3,000 fusils, afin que vous puissiez les distribuer aux Polonais à Posen. Des lettres du 30 octobre interceptées paraissent prouver que les Russes ne sont pas encore à Varsovie. J'imagine que vous serez le 9 ou le 10 à Posen. Toutefois, mon intention est que vous n'engagiez aucune affaire sérieuse, surtout avec les Russes, s'il en était arrivé sur la Vistule. Le maréchal Augereau sera le 9 à Driesen. Le maréchal Lannes sera le même jour à Schneidemühl. Le prince Jérôme sera maître de Gross-Glogau, si cette place veut se rendre, et en cas qu'elle ne veuille pas se rendre, mon intention est de faire passer l'Oder au corps du prince Jérôme et de le diriger du côté de Schmiegel pour intercepter la route de Breslau à Posen. Quand vous serez à Posen, vous enverrez des partis pour intercepter les routes de Posen à Breslau, Graudenz et Thorn. Envoyez reconnaître les ponts sur la Wartha entre Custrin et Posen... Envoyez des ordres à la division de dragons du général Beaumont qui est partie d'ici ce matin à la pointe du jour... elle sera le 7 sur l'Oder, et elle pourra être le 10 à Posen. Prévenez le général Beaumont de maintenir une sévère discipline, et établissez-la dans votre corps d'armée. Il serait malheureux d'indisposer les Polonais. J'imagine que vous avez quelques Polonais avec vous. Vous devez trouver facilement des espions et des agents pour être instruit de la marche des Russes. N'ayez point trop de confiance, c'est ce que je dois vous recommander aujourd'hui.

« Envoyez un adjoint sur la route de Stettin pour avoir des nouvelles du maréchal Lannes. Ne fatiguez point vos troupes et arrivez à Posen sans faire de marches forcées. Choisissez à Posen une bonne position militaire qui couvre la route de Thorn et celle de Varsovie. Comme il est possible que je vous laisse là trois ou quatre jours, ne pouvant m'avancer davantage sans avoir fait rapprocher les corps qui sont sur mes derrières, faites faire des

212. — AU MAJOR GÉNÉRAL DE LA GRANDE ARMÉE
PRINCE DE NEUFCHATEL, ETC.

Francfort, 5 novembre 1806.

Monseigneur, j'ai l'honneur d'annoncer à Votre Altesse que tous mes partis de cavalerie légère, partis de Landsberg et sur quatre ou cinq routes de la rive droite de la Wartha, ayant poussé à plus de douze lieues de Landsberg sur Graudenz, s'accordent à dire que l'ennemi se retire sur cette ville; une lettre de Varsovie du 27 octobre, adressée à Landsberg, confirme que la garnison de cette ville s'est également retirée sur Graudenz.

Le parti envoyé à Driesen y a pris trois bateaux contenant 1,066 quintaux de poudre, et un quatrième bateau chargé de boulets et de mitraille; j'ai donné des ordres pour que toutes ces munitions soient dirigées sur Custrin.

On fait toujours de nouvelles découvertes, entre autres des caisses contenant des tableaux venant de Berlin et appartenant au Roi.

Il s'est trouvé aussi à Landsberg 1,000 tonnes de sel appartenant au Roi, et une grande quantité de bois de construction; il paraît que ce pays est rempli de magasins très-considérables. On dresse des procès-verbaux de tout, lesquels seront adressés au commissaire à Custrin.

Les rapports de tous ces partis me prouvant qu'il n'existe point d'ennemis à plus de trente lieues de Custrin, et par vos lettres antérieures devant présumer que mon corps d'armée doit se diriger sur Posen, j'arrête aujourd'hui la division

---

baraques et établissez-vous là très-militairement. Faites lever par des ingénieurs le croquis de votre position tout autour, et que, dans la position que vous prendrez, vous puissiez faire votre retraite indistinctement sur la rive gauche et sur la rive droite de la Wartha...

« Faites construire des fours à Posen, puisque toute l'armée va se réunir là... Prenez des mesures pour établir des magasins de farine, d'avoine, d'eau-de-vie et de viande, si vous n'y en trouvez pas, non-seulement pour votre corps, mais pour toute l'armée. » (*Correspondance de Napoléon*, t. XIII, p. 491.)

Friant à Radunch, et demain elle ne continuera point sa route sur Landsberg; par là elle se trouvera en mesure de se porter à Landsberg ou Posen, suivant les ordres que je recevrai de Votre Altesse.

Le 12ᵉ de chasseurs a ordre de se porter sur Schneidemühl pour s'emparer de tous les magasins qui peuvent y exister, et de là se rendre à Posen pour se réunir au premier, qui y est déjà rendu.

Le 2ᵉ reçoit ordre de se porter sur Pinne, route de Meseritz à Posen.

---

213. — AU MAJOR GÉNÉRAL DE LA GRANDE ARMÉE
PRINCE DE NEUFCHATEL, ETC.

Francfort, 6 novembre 1806.

Monseigneur, en conséquence des ordres de Votre Altesse, j'ai dirigé l'avant-garde sur Meseritz, route de Posen. Demain elle y sera rendue : le corps d'armée en sera à trois lieues.

Le parti que j'avais envoyé sur Glogau vient de rentrer; il a été jusqu'aux portes de cette ville. Il a arrêté une estafette porteur de la lettre particulière ci-jointe, que je vous adresse avec la traduction. On fait courir le bruit, à Breslau, qu'on a annoncé officiellement l'arrivée des Russes à Rastenbourg entre Grodno et Graudenz.

Pour tranquilliser davantage les habitants de Breslau qui tremblent d'être bombardés, on leur a annoncé que des régiments hongrois venaient à leur secours. Il ne se trouve dans la ville que des dépôts, à l'exception d'un régiment polonais.

Je n'ai pas reçu de nouvelles de Posen depuis que le général Dombrowski y est arrivé; j'en attends à chaque instant.

Le Roi, qui, ainsi que je l'ai annoncé, était revenu à Filehne, dont il était parti le 29, pour se diriger sur Stettin, a appris à Stargard que les espérances qu'on lui avait données étaient sans fondement, et que nous étions dans cette place. Le 30, il est parti de Stargard pour Graudenz.

Journellement les bateaux chargés de blé, farine, sel, etc., qui ont été pris sur le canal, arrivent ici. D'après les états, il y aurait, en blé et en farine, de quoi nourrir une armée de 30,000 hommes pendant près de quatre mois.

Aussitôt que j'aurai reçu des nouvelles de Posen, je vous les ferai connaître par un de mes aides de camp.

Je me propose de rester à Francfort une partie de la journée de demain, dans l'attente des ordres de Sa Majesté.

---

214. — AU MAJOR GÉNÉRAL DE LA GRANDE ARMÉE
PRINCE DE NEUFCHATEL, ETC.

Francfort, 7 novembre 1806.

Monseigneur, j'ai l'honneur d'annoncer à Votre Altesse qu'en vertu de ses ordres, la division du général Friant arrivera le 9 à Posen, et le reste du corps d'armée le 10.

La division du général Beaumont, qui arrive aujourd'hui à Francfort, sera le 11 à Posen; les subsistances sont assurées pour toutes ces troupes.

Le général Milhaud passe par Custrin et arrivera également le 11 à Posen.

Une brigade du général Gudin, qui tenait garnison à Custrin, en partira aussitôt l'arrivée des troupes badoises; elle a son itinéraire.

J'ai fait connaître mon mouvement à Son Altesse le prince Jérôme, ainsi que les nouvelles que j'avais de la Silésie. A cet égard, je dois faire connaître à Votre Altesse que mon beau-frère, le général Beaumont, m'ayant annoncé que le prince de Hohenlohe était autorisé à se retirer à Liegnitz, je présume que ce lieu, quoique sur la rive gauche de l'Oder, faisant partie de la Silésie, et étant d'ailleurs voisin des frontières de l'Autriche, la présence du prince de Hohenlohe, aussi intrigant que jactancieux, ne pourrait qu'être nuisible dans les circonstances actuelles; j'envoie à Votre Altesse la lettre du général Beaumont à cet égard, afin que si elle le juge convenable, elle assigne au prince de Hohenlohe un autre lieu.

Je n'ai pas eu, depuis le passage du général Dombrowski ici, des nouvelles directes du colonel Exelmans qui est à Posen, avec le 1ᵉʳ régiment de chasseurs ; cependant j'en ai d'indirectes, mais certaines, de trente heures ; il n'y avait point d'ennemis à vingt lieues entre Posen et Varsovie [1].

L'esprit d'indépendance des Polonais se manifeste à chaque instant ; je ferai tout ce qui dépendra de moi pour que les troupes n'apportent point de changements dans cette disposition des esprits par l'indiscipline. Comme elle avait été considérable dans ces derniers temps, principalement parmi les troupes légères, j'ai fait fusiller ce matin un chasseur du 2ᵉ et un du 12ᵉ, convaincus d'avoir levé des contributions à main armée.

Ayant eu beaucoup à me plaindre du général ***, commandant ma cavalerie légère, sous le rapport des mauvais exemples qu'il a donnés et encore plus sur sa conduite dans la nuit du 13 au 14 octobre, je l'ai réduit à ne recevoir que des états de situation des régiments de cavalerie, qui ne recevraient d'ailleurs de ce général qu'un esprit qui empêcherait

[1] On peut voir par la correspondance journalière de l'Empereur combien il redoublait d'attention en s'engageant dans une entreprise compliquée, et le soin qu'il mettait à munir ses lieutenants d'instructions précises. Le 7 novembre, il écrivait au maréchal Davout, déjà en marche sur Posen :

« Mon cousin, voici les renseignements positifs que je reçois sur les Russes. Le général Bennigsen commande en chef l'armée russe. Elle est composée de quatre colonnes ; chaque colonne, infanterie, cavalerie et artillerie comprises, est de 14,000 hommes, ce qui fait en tout 56,000 hommes, qui probablement se réduiront à 50,000, car cette armée a mis vingt jours pour arriver sur les frontières, et elle en mettra bien vingt autres pour arriver au point de rendez-vous. Le général Bennigsen est arrivé en courrier à Grodno, le 18 octobre ; il y a conféré avec les généraux prussiens envoyés pour conduire les colonnes. Le 22, les quatre colonnes doivent se réunir, l'une dans le nord de la Pologne, à Georgenbourg, la seconde à Olita, la troisième à Grodno, la quatrième à Jalowka. Il ne paraît pas que la tête d'aucune de ces colonnes fût arrivée le 22 octobre. En faisant la supposition la plus favorable à l'ennemi, que la tête des colonnes arrivât le 23, on savait que la queue était à dix jours en arrière, c'est-à-dire ne pouvait arriver que le 2 novembre. Le général prussien avait obtenu du général Bennigsen, qui cependant n'avait pas reçu les instructions de son maître, qu'il ferait entrer les colonnes par 5,000 hommes à mesure qu'elles arriveraient. En supposant que les nouvelles de la bataille n'aient point changé ces dispositions, comme tout porte à le penser, on peut supposer que les cinq premières colonnes de 5,000 hommes seraient entrées le 23. Il leur faut quinze jours pour arriver à Thorn ; elles

cette armée de rendre les services que l'on a droit d'attendre et d'exiger d'elle.

Mon quartier général sera ce soir à Meseritz, le 8 à Pinne et le 9 à Posen.

215. — AU MAJOR GÉNÉRAL DE LA GRANDE ARMÉE
PRINCE DE NEUFCHATEL, ETC.

Meseritz, 8 novembre 1806.

Monseigneur, j'ai l'honneur d'adresser à Votre Altesse une lettre du colonel du 12ᵉ régiment d'infanterie de ligne contenant diverses demandes relatives à son corps.

La première concernant une demande de fusils est extrêmement urgente. Quelque raison qu'il y ait d'exercer une retenue pour combler le déficit dont ce régiment paraît chargé dans ce genre, je ne crois pas qu'il puisse y en avoir aucune pour retarder la délivrance des armes dont ce régiment a besoin,

arriveraient donc le 7 ou le 8 dans cette ville, et les autres colonnes, si elles avaient continué leur mouvement, y arriveraient le 18 ou le 20 novembre.

« Voici la disposition des choses. Je vous ai fait mettre sur un croquis les positions que prennent les colonnes russes, afin que, par les renseignements que vous aurez, vous puissiez être instruit de leurs mouvements. Ce que je vous dis là est sûr.

« Si la nouvelle de la bataille du 14 n'a point changé les dispositions des Russes et qu'ils n'aient point retardé leur mouvement, mon intention n'est pas de dépasser Posen. Il faut donc m'établir là des magasins, choisir une belle position, en faire lever le croquis par les ingénieurs géographes et tracer un plan tel que je puisse me retirer sur Stettin ou sur Custrin à volonté, c'est-à-dire sur la rive droite ou sur la rive gauche de la Wartha. Faites bien reconnaître tous les ponts de cette rivière. Je ne suppose pas que dans la position de Posen, l'ennemi vienne m'attaquer avant le 18. Il y a donc plus de huit jours pour faire ses dispositions et s'établir bien convenablement. Je réunirai là, avant ce temps, les corps des maréchaux Lannes et Augereau avec le vôtre, les alliés que commande le prince Jérôme, ma garde et les divisions Klein et Nansouty...

« ...Si les Russes, au contraire, avaient retardé leur mouvement, les choses seraient différentes, et je me résoudrai à un autre parti. Faites-moi faire par l'officier du génie qui a suivi votre marche, un croquis de la route de Francfort et Custrin à Posen. Faites faire aussi un croquis de la route de Posen à Glogau et de Posen à Thorn, avec une bonne reconnaissance de la Wartha depuis Posen jusqu'à l'Oder. » (*Corresp. de Napoléon*, t. XIII, p. 495.)

surtout dans les circonstances actuelles. Votre Altesse en appréciera les raisons, et je la supplie de vouloir bien donner à cet égard les ordres les plus précis; elle se convaincra, par la lettre du général Müller, que ce corps a le besoin le plus pressant d'une fourniture d'environ 700 fusils.

La seconde et juste demande du colonel du 12ᵉ régiment est relative au remplacement des officiers morts à la bataille d'Iéna. Je joins à ma lettre les demandes et propositions qu'il m'a adressées, en priant Votre Altesse de les prendre en considération.

La troisième, enfin, porte sur le manque d'officiers supérieurs qu'éprouve ce corps pour le commandement de son second bataillon. M. Pierre, nommé à cet emploi depuis longtemps, n'a encore donné aucune de ses nouvelles. Je prie Votre Altesse de vouloir bien lui envoyer, au moins provisoirement, le chef de bataillon Boudet, nouvellement promu à ce grade et maintenant à la suite de votre état-major. Cet officier, qui a servi longtemps dans ce corps, mérite la confiance qu'il en a obtenue, et sa présence y sera fort utile.

---

216. — A L'EMPEREUR ET ROI.

Posen, 9 novembre 1806.

Sire, j'ai l'honneur de rendre compte à Votre Majesté qu'en entrant dans cette ville, j'ai été à même de reconnaître que c'est de toutes les classes de la société que part le vœu de secouer le joug des Prussiens. L'officier de votre état-major qui est entré à Posen ayant vu tout ce qui s'était passé, je ne donne aucun détail à Votre Majesté [1].

[1] On lit dans l'*Histoire du Consulat et de l'Empire* : « Ce fut dans les journées des 9, 10 et 11 novembre que les divisions du corps de Davout entrèrent dans Posen. Elles y furent reçues avec de tels transports d'enthousiasme, que le grave maréchal en fut touché, et qu'il céda lui-même à l'idée du rétablissement de la Pologne, idée assez populaire dans la masse de l'armée française, mais très-peu parmi ses chefs; aussi écrivit-il à l'Empereur des lettres fortement empreintes du sentiment qui venait d'éclater autour de lui... »

Il est certain qu'à ce moment si le maréchal Davout se laissait vivement

Demain je reconnaîtrai la position en avant de Posen, pour la faire prendre au corps d'armée.

Les routes étant très-fatigantes à raison des sables et des distances, les divisions Beaumont, Morand et Gudin n'arriveront ici que le 11; la division Friant y est arrivée aujourd'hui.

J'ai envoyé un adjoint pour aller chercher les fusils prussiens qui sont à Custrin et les faire transporter et remettre ici au général Dombrowski. J'ai des partis sur les routes de Breslau, Graudenz et Thorn; des officiers du génie sont en tournée pour reconnaître les deux rives et les ponts de la Wartha depuis Posen jusqu'à Custrin.

On dit ici que Glogau s'est rendu hier; les habitants ont dû forcer les bataillons de dépôt à rendre la place; des lettres de négociants de Breslau annoncent qu'ils sauront bien empêcher que leur ville soit brûlée, en la faisant rendre aux Français, attendu que c'est une folie de leur résister.

Une personne de marque, partie le 1er novembre de Varsovie, m'a dit que les Russes devaient décidément arriver dans cette place le 22 novembre. Le moment de l'explosion dans cette ville, où règne la plus grande fermentation, sera celui de notre approche; c'est ce dont je ne puis douter.

Il y a des personnes parties pour Graudenz. Le colonel Guyon était le 7 avec 50 chevaux à Schneidemühl, où doit se rendre le maréchal Lannes; on y débitait que les Russes avaient reçu l'ordre de rétrograder. Il n'y avait de cet endroit jusqu'à la Vistule que des soldats isolés; d'ici à Thorn également. Le pont de Thorn n'est point brûlé; les habitants paraissent avoir opposé de la résistance à ce qu'il le soit. Les Prussiens n'avaient là que la valeur d'un bataillon.

Le général Dombrowski est fort aimé ici et jouit de la confiance générale; tout le monde lui fait des offres de le seconder; déjà une centaine de jeunes gens des meilleures familles se sont réunis à lui et font faire des uniformes.

---

impressionner, d'autres chefs de l'armée, Lannes, Augereau, qui, à cette heure même, cheminaient assez péniblement à travers la Poméranie, par des pays sablonneux et stériles, pour atteindre Bromberg et Thorn, avaient des impressions beaucoup plus sombres qu'ils ne déguisaient pas.

217. — AU MAJOR GÉNÉRAL DE LA GRANDE ARMEE
PRINCE DE NEUFCHATEL, ETC.

Posen, 10 novembre 1806.

Monseigneur, par votre lettre du 8, Votre Altesse Sérénissime m'invite à lui donner plus de détails sur les motifs de plainte que j'ai contre le général ***. Les voici; ils sont d'une nature à ne pouvoir jamais être oubliés par un général en chef :

Dans la nuit du 13 au 14, dans l'attente des ordres de l'Empereur et pour ne pas perdre une minute dans leur exécution, j'avais fait prier tous les généraux de division et tous les commandants des armes de se réunir chez moi et d'y passer la nuit. Tous le firent : le général *** s'y présenta comme les autres, et il me mit dans le cas de l'inviter plusieurs fois, avec beaucoup de modération, du reste. Malgré mes instances, il s'en alla à mon insu à trois heures du matin. Lorsqu'un aide de camp m'apporta les ordres de l'Empereur, tous les généraux partirent aussitôt pour mettre en marche leurs troupes. Ce ne fut qu'à cinq heures qu'on put parvenir à trouver le général ***, qui me montra, dans cette circonstance, un esprit mauvais et dangereux, et beaucoup d'insolence, parce qu'il sentait qu'on avait besoin de lui. Il en est résulté que sa cavalerie, au lieu de déboucher la première, est débouchée trois heures plus tard, et que je ne l'ai eue que vers les neuf ou dix heures. Enfin, sans avoir été positivement mécontent du général ***, dans l'affaire, je n'ai pas eu à m'en louer.

Le général ***, en outre, a laissé piller toute sa cavalerie légère, dans l'arrondissement de Francfort, où elle a pris et revendu plus de 240 chevaux; et lui-même a fait des demandes de chevaux qu'il a convertis en argent, nonobstant la défense que je lui avais faite plusieurs fois... Je suis beaucoup plus content de la cavalerie légère, sous tous les rapports, depuis le parti que j'ai pris [1].

---

[1] On lit dans l'*Histoire du Consulat et de l'Empire* : « ...Il s'était introduit une certaine indiscipline dans les rangs de la cavalerie légère qui prend

218. — AU MAJOR GÉNÉRAL DE LA GRANDE ARMÉE
PRINCE DE NEUFCHATEL, ETC.

Posen, 10 novembre 1806.

Monseigneur, j'ai l'honneur d'adresser à Votre Altesse un rapport que vient de recevoir le général Dombrowski qui est le résultat de sa proclamation. D'après les inquiétudes manifestées par les habitants dans leur rapport, sur la cavalerie prussienne dont on les menace, — comme il y a tout lieu de croire que les bruits sont répandus par les Prussiens, j'ai cru qu'il était utile de montrer, dans ce pays-là, des troupes françaises, ce qui ne peut être d'ailleurs que d'un bon exemple pour les autres. En conséquence, j'y ai envoyé tout de suite le colonel Guyon du 12e de chasseurs, avec son régiment. D'ailleurs, c'est une des routes de Varsovie, et il sera rendu à Konin le 14 ou le 15.

---

219. — AU MAJOR GÉNÉRAL DE LA GRANDE ARMÉE
PRINCE DE NEUFCHATEL, ETC.

Posen, 10 novembre 1806.

Monseigneur, j'ai l'honneur d'adresser à Votre Altesse Sérénissime, 1° le rapport d'un Polonais, parti de Varsovie le 8, à qui j'ai parlé, et dont tous les renseignements pris sur son compte me confirment la véracité; 2° des rapports de Graudenz, de quarante-huit heures, qui annoncent que tout y est dans la consternation, ce qui ne fait pas supposer l'arrivée des Russes.

J'ai l'honneur d'envoyer également à Votre Altesse Sérénissime un rapport du colonel Guyon, du 12e chasseurs, qui, en faisant voir la consternation et l'esprit d'abattement qui existent chez le roi et la reine de Prusse, expliquera celle qui règne derrière la Vistule.

plus de part et contribue davantage aux désordres de la guerre. Deux soldats de cette armée ayant commis quelques excès, le maréchal Davout les fit fusiller en présence du 3e corps. » (T. VII, p. 260.)

Tous les partis de troupes légères, entre Breslau et Posen, et entre Posen et Schneidemühl, ont renvoyé chez eux les recrues qui se faisaient par ordre du Roi.

Le convoi parti de Breslau et dirigé sur Graudenz a pris le parti de rétrograder sur la première de ces places. J'espère que le 1er de chasseurs, qui est à sa poursuite, parviendra à s'en emparer.

Les rapports des partis jetés sur Thorn et Bromberg assurent qu'il n'existe entre ces endroits, Schneidemühl et Posen, aucune troupe prussienne.

Les approvisionnements de toute espèce arrivent en grande quantité.

Par tous les renseignements que j'ai, la route de Francfort à Posen, par Meseritz, est beaucoup meilleure que celle par Landsberg et Schneidemühl. Il y a à Meseritz de très-grands approvisionnements pour un passage de 60,000 hommes.

Je ne dis rien à Votre Altesse de l'esprit qui règne dans ce pays-ci; il est unanime. Les habitants attendent avec la plus vive impatience qu'on leur permette de s'armer.

Des mesures sont prises pour que tous les courriers qui voudraient se rendre de Graudenz à Varsovie, soit à Cracovie, soit en Silésie, soient arrêtés.

Une chose que je dois aussi faire connaître à Votre Altesse, c'est qu'il sera très-difficile d'empêcher l'insurrection dans la Pologne autrichienne, si l'on voit prendre les armes aux Polonais qui étaient sous la domination de la Prusse.

Du 12 au 14, je puis répondre à Votre Altesse qu'il y aura assez de fours pour fabriquer 50 à 60,000 rations par jour.

J'attends à chaque moment des rapports. Plusieurs personnes sûres sont parties pour suivre et donner des nouvelles des colonnes russes qui doivent être en marche de Georgenbourg, Olita, Grodno et Jalowka sur la Vistule.

Demain 11, l'armée sera réunie en avant de Posen, mes troupes légères à Slupcé et Gnesen s'éclairant du côté de Thorn, les dragons sur la rive droite de la Wartha, ayant la tête de leurs cantonnements à Szrem.

Les chefs polonais ont toutes les peines du monde à contenir le peuple de Varsovie, qui est dans la plus grande fermentation et qui voulait désarmer les Prussiens.

On a trouvé ici 40,000 francs dans les caisses. Le colonel Exelmans était seul ici, et craignant d'être forcé d'évacuer, les avait pris pour les conserver. Le général Dombrowski a besoin de fonds. Je vous prie de demander à Sa Majesté si je puis mettre cette somme à sa disposition.

---

220. — A L'EMPEREUR ET ROI.

Posen, 12 novembre 1806.

Sire, je n'ai point de nouvelles à donner à Votre Majesté depuis celles que j'ai adressées au prince de Neufchâtel, venant de Varsovie. Tous les bruits du pays sont que les Russes se sont arrêtés sur la frontière, d'après les nouvelles qu'ils ont reçues de la défaite des Prussiens. A chaque instant j'attends quelque chose de plus positif à cet égard.

Un Juif que j'ai fait partir le 7 novembre pour Thorn est arrivé hier soir; on n'y attendait pas prochainement les Russes. Des magasins de blé qu'ils avaient faits dans le mois d'août, à Thorn, Wroclaveck, Nieszawa, ont été mis en vente et vendus depuis quinze jours. Cette nouvelle paraît certaine.

La garnison de Thorn était d'un régiment de hussards noirs et d'un régiment d'infanterie, le même qui était parti de Posen. Tout le reste de l'armée prussienne est dans les environs de Graudenz.

Aucun préparatif n'était fait pour brûler le pont de Thorn; on avait seulement décloué les madriers et ôté les planchers.

Plus je reçois de rapports des partis des troupes légères, plus j'acquiers la conviction de l'unanimité qui existe dans ce pays, pour secouer le joug des Prussiens, des Russes et des Autrichiens. Partout nos détachements sont accueillis avec le plus vif enthousiasme, par les nobles comme par le peuple.

Posen est encombré de tous les Palatins et des premières familles nobles de la Pologne, qui se sont réunis pour venir au-devant de Votre Majesté.

Ce soir nous aurons assez de fours pour faire confectionner 50,000 ou 60,000 rations, et demain ou après, cette quantité sera doublée.

Nous ne devons pas compter sur les fours de la ville, qui peuvent à peine suffire aux besoins de la population, qui est doublée depuis quelques jours, par l'affluence des nobles polonais.

Les approvisionnements ordonnés s'exécutent.

J'ai fait publier la nouvelle de la prise de Magdebourg et du corps du général Blücher[1].

Le bruit circule ici depuis vingt-quatre heures qu'à Varsovie les habitants ont désarmé les troupes qui y étaient : ils en ont déjà fait assez pour s'attirer des vengeances terribles, s'ils restent sous le joug de leurs maîtres actuels.

---

221. — AU MAJOR GÉNÉRAL DE LA GRANDE ARMÉE
PRINCE DE NEUFCHATEL, ETC.

Posen, 14 novembre 1806.

Monseigneur, j'ai reçu l'annonce de Votre Altesse de l'arrivée de la division du général Klein.

Le temps qu'il a fait cette nuit a retardé la manutention; mais à compter d'aujourd'hui, on pourra faire de 50,000 à 60,000 rations, ce qui me sera d'un grand secours, attendu que nous étions sans pain.

L'officier d'état-major que j'ai envoyé pour avoir des nouvelles du maréchal Lannes me fait le rapport que la division Suchet est entrée le 13 à Nakel, près de Bromberg, sur le canal qui se jette dans la Vistule. Il me mande que la canonnade dont j'ai parlé à Votre Altesse dans une de mes lettres est ignorée là.

---

[1] L'Empereur au maréchal Davout. — « Berlin, 9 novembre 1806. Mon cousin, Magdebourg s'est rendu. Il y avait 16,000 hommes et 800 pièces de canon. Lubeck a été pris d'assaut par le grand-duc de Berg, le prince de Ponte-Corvo et le maréchal Soult. Le carnage y a été affreux. Le lendemain, le corps de Blücher s'est rendu par capitulation. Il y avait 18,000 hommes, dont 3,000 de cavalerie; les 2,000 Suédois qui gardaient le Lauenbourg ont été pris. » (*Correspondance de Napoléon*, t. XIII, p. 506.)

Les renseignements commencent à arriver. A Varsovie, le 8, le commerce avait reçu la nouvelle que l'annonce de la défaite de l'armée prussienne avait produit une grande sensation à Pétersbourg; que l'Empereur voulait secourir le roi de Prusse, mais que cette opinion n'était pas celle du Sénat.

Il paraissait certain que les Russes étaient en marche sur la Vistule, pour se réunir aux Prussiens entre Graudenz et Plock.

Le 9 novembre est arrivé officiellement dans le Palatinat de Lenczica l'ordre de préparer, pour le 15, des vivres pour 30,000 Russes : le 10, il est arrivé un contre-ordre.

Lenczica est une forteresse qui a été évacuée par les Prussiens; il s'y trouve beaucoup de magasins. On trouvera les canons dans les environs, les paysans qui les conduisaient s'étant sauvés avec leurs chevaux.

Demain matin, j'aurai un parti de cavalerie qui entrera dans cette forteresse.

Le 11, la chambre de Wroclaweck a envoyé officiellement à celle de Kalisz l'avis qu'une colonne russe, dont on précise la force, arriverait du 21 au 22 sur le territoire de Plock. J'envoie à Votre Altesse la traduction de cet avis qui a été interceptée.

Aujourd'hui, mon aide de camp, Perrin, arrive avec un fort parti de troupes légères à Wroclaweck : demain, j'aurai des nouvelles positives.

J'envoie également un rapport de quelqu'un qui est parti de Varsovie le 11.

Le séjour de Sa Majesté à Berlin a jeté quelque inquiétude parmi les Polonais : ils craignent des négociations contraires à leurs vœux bien prononcés.

La proclamation du général Dombrowski commence à être répandue et produit son effet. Dans beaucoup d'endroits, des patrouilles prussiennes ont été prises et désarmées.

Un officier prussien, envoyé à Kalisz par le commandant de Czenstochowa, un petit fort sur la frontière de la Silésie et de la Pologne, a été pris par les paysans. La garnison de ce petit fort est composée du 3e bataillon d'un régiment qui est à Varsovie.

Le général Dombrowski m'a soumis le projet ci-joint, dont j'ai autorisé la publication. J'ai mis à sa disposition les fusils venant de Custrin.

En général, à Varsovie, et dans tous ces pays-ci, on regarde les annonces de l'arrivée des Russes, envoyées par des chambres, comme des ruses prussiennes. Cependant il me paraît qu'ils sont en marche. Tous les voyageurs qui ont vu cette armée s'accordent à la dépeindre comme n'étant pas encore remise des désastres d'Austerlitz et comme animée d'un mauvais esprit.

Je joins ici un rapport envoyé de Kalisz par le colonel du 12ᵉ chasseurs, qui confirme ce que j'ai déjà dit à Votre Altesse sur l'esprit qui anime les Polonais.

---

222. — AU MAJOR GÉNÉRAL DE LA GRANDE ARMÉE
PRINCE DE NEUFCHATEL, ETC.

Posen, 13 novembre 1806.

J'ai l'honneur d'envoyer à Votre Altesse un rapport d'une personne partie de Varsovie le 10. Il est d'un étudiant polonais que j'ai envoyé de Francfort à Varsovie. J'ai tout lieu de croire à la véracité de ce jeune homme.

Le résumé de ce rapport est qu'il n'y avait point de Russes à Varsovie à cette époque; qu'une partie de la garnison prussienne en était sortie pour aller à Graudenz, par la rive droite de la Vistule; que les magasins étaient embarqués sur ce fleuve pour la même destination; que les Russes étaient en marche de Grodno pour se rendre à Graudenz; qu'il paraît constant qu'ils s'étaient arrêtés à dix milles de cette place, et qu'on disait qu'ils devaient rétrograder.

Le magistrat de Varsovie avait fait une publication pour qu'on préparât des logements aux Russes; on ne regardait cela que comme un bruit répandu pour maintenir les Polonais.

La proclamation du général Dombrowski n'y était pas encore arrivée, et d'après tous les renseignements, elle y produira peut-être trop d'effet, les esprits des Varsoviens étant plus montés que partout ailleurs. Depuis qu'ils sont sous le joug des Prussiens, ils ont constamment conservé cet esprit, et une maison qui eût reçu des généraux ou des officiers prussiens eût été en horreur à toutes les autres, et l'on n'en cite pas un exemple.

Toutes les classes de la nation polonaise sont dans le même esprit, et presque partout on peut dire qu'ils se sont déjà mis la corde au cou.

J'envoie à Votre Altesse un rapport que je reçois à l'instant, qui vous donnera une idée de l'esprit qui anime les Polonais.

Tous les rapports des partis de ma cavalerie légère sont dans le même style.

Je puis moi-même juger de l'esprit de cette nation par ce qui se passe sous mes yeux à Posen, où les Palatins, les anciens généraux et tous les principaux nobles de la Pologne sont réunis pour attendre l'arrivée de l'Empereur, et sont par toutes leurs actions, en révolte ouverte contre leur ancien souverain.

Les Prussiens n'ont plus rien de ce côté de la Vistule.

A Gniewcowo, près de Thorn, mes partis de cavalerie ont trouvé des chevaux destinés au transport du convoi parti de la Silésie. Les paysans ont été renvoyés de chez eux. Il paraît que ce convoi a été abandonné et caché dans les bois. On ne doit pas tarder à le découvrir.

Les rapports de tous les partis de cavalerie m'annoncent des convois de recrues auxquels ils ont rendu, à leur grande satisfaction, la liberté.

Pour intercepter la navigation de la Vistule et avoir des nouvelles positives des Russes, j'ai envoyé mon aide de camp, Perrin, avec 100 chevaux à Wroclaweck, entre Thorn et Plock; il y arrivera demain 14.

Les subsistances arrivent ici. Il y a déjà des fours construits pour 40,000 et 50,000 rations. On y a mis le feu cette nuit, et ils cuiront cette après-midi. Dans un ou deux jours il en existera pour cuire 80,000 rations par jour.

Sur le rapport qui m'a été fait qu'on avait entendu une canonnade du côté de Graudenz, j'y ai envoyé un officier d'état-major avec un parti de cavalerie. Si ce n'est pas le maréchal Lannes qui est là, peut-être est-ce l'arrivée des Russes qu'on a célébrée.

Les fusils prussiens provenant de la garnison de Custrin, que j'ai fait venir par ordre de l'Empereur, arrivent; je vais les remettre au général Dombrowski.

223. — A L'EMPEREUR ET ROI [1].

Posen, 15 novembre 1806.

Sire, j'ai reçu les ordres que Votre Majesté m'a adressés de Berlin le 13 novembre à quatre heures du soir. Son Altesse le prince de Neufchâtel me donnait en même temps l'ordre de me porter avec un corps d'armée sur Gnesen; mais Votre Majesté, par sa lettre, me laissant la latitude d'aller à Kowal, je serai rendu beaucoup plus promptement à Thorn, à cause de la nature des chemins. De Gnesen à Thorn, ce n'est que défilés et un pays peu propre à la nombreuse cavalerie que j'ai; en outre, la certitude que j'ai que les Russes ne sont pas encore arrivés sur la rive droite de la Vistule, et que les

---

[1] L'Empereur au maréchal Davout. — « Berlin, 13 novembre 1806. Mon cousin, le maréchal Lannes sera le 15 à Thorn. Avancez-vous sur Gnesen, et envoyez un adjoint à Thorn pour savoir ce qui se passe. Pour peu qu'il y ait rien de sérieux, prévenez-en le prince Jérôme et conseillez-lui de se rendre à Posen. Le maréchal Augereau a ordre de se rendre à Bromberg. Le major général vous fera connaître que je vous autorise à diriger sur Kowal la division Beaumont; elle pourra envoyer quelques partis à Plock, et le général Milhaud pourra essayer de s'approcher de Varsovie. Il ne vous échappera pas que mon intention, en envoyant la division Beaumont à Kowal, est qu'elle soit à portée de Thorn et de Varsovie, de manière que si les Russes se trouvaient en force entre Grodno et la Vistule, vous puissiez réunir tout ce qui serait sur Thorn. Tous mes renseignements sont que les Russes ont rétrogradé quand ils ont su ce qui était arrivé aux Prussiens; mais cela peut avoir changé. J'ai ordonné à la division Beker de se rendre à Thorn; elle sera sous les ordres du maréchal Lannes comme elle a été précédemment sous vos ordres. Dirigez-la sur Thorn si elle n'en avait pas encore l'ordre. Il n'y a pas d'inconvénient que vous laissiez au général polonais les 40,000 francs trouvés à Posen, j'en ai mis 50,000 à votre disposition.

« Voici la conduite à tenir avec les Polonais : du moment que vos 3,000 fusils seront arrivés à Posen, vous les remettrez au général Dombrowski, et vous lui direz qu'il peut lever six bataillons de jeunes gens, en

ponts sur cette rivière, même celui de Thorn, sont détruits, m'a déterminé à prendre cette route plutôt que celle de Gnesen, puisqu'il n'y a pas à craindre de mouvement offensif de l'ennemi, jusqu'à l'époque où je serai près de la Vistule. En prenant ce parti, je rassure encore les Polonais qui, depuis quelques jours, ne voyant pas qu'il fût question de l'arrivée de Votre Majesté à Posen, avaient conçu des inquiétudes.

Les ordres renfermés dans la lettre de Votre Majesté recevront leur exécution.

A chaque instant, il arrive des personnes de Varsovie, toutes parties du 8 au 10. On n'attendait là que les ordres du général Dombrowski et l'annonce de l'arrivée des Français pour faire main basse sur la garnison prussienne. Ces rapports s'accordent sur l'entrée des Russes sur le territoire prussien : toutes leurs colonnes se sont mises en marche vers le 30, ainsi que Votre Majesté en a été informée; elles devaient se porter sur l'Oder, ignorant les désastres de l'armée prussienne; depuis, il est certain qu'en ayant eu connaissance, ils

chosissant le plus possible les officiers parmi ceux qui ont servi dans les légions polonaises et parmi les gens les plus considérables du pays.

« ...On m'avait d'abord annoncé des députés de Varsovie; je ne les ai point vus. Sans écrire, faites part aux Polonais du mouvement que vous faites, et faites-leur dire que s'ils veulent s'insurger contre les Prussiens et désarmer la garnison de Varsovie, ils en sont les maîtres, que vous les soutiendrez avec votre cavalerie. Si Varsovie s'insurgeait, il serait bon d'y envoyer sur-le-champ le général Dombrowski, *pour organiser tout de suite les gardes nationales et armer les bataillons de jeunes gens.* Si cet événement arrivait, vous pourrez faire soutenir les insurgés par la division Beaumont, celle du général Milhaud et même par celle du général Klein. Vous pouvez vous rapprocher de Varsovie, en vous tenant toujours cependant à portée de marcher sur Thorn, si les circonstances l'exigeaient. Il serait assez convenable, si les Polonais sont insurgés à Kalisz et à Posen, d'en envoyer un millier à la ville de Lenczyca, pour voir si la citadelle veut se rendre.

« Vous voyez que je désire que vous ne passiez pas la route de Kalisz, mais que vous vous rapprochiez le plus possible de la route de Thorn. Donnez-moi quelques renseignements sur la nature du pays jusqu'à Varsovie et de Thorn à Grodno. Ne fatiguez point vos troupes par de fausses marches. Il n'y a dans tout ceci qu'une chose très-importante : c'est que mes trois corps et ma cavalerie puissent se réunir en peu de temps si les mouvements des Russes le rendaient nécessaire... » (*Correspondance de Napoléon*, t. XIII, p. 529.)

ont pris un autre parti, et des colonnes se sont arrêtées. Est-ce pour rétrograder ou pour se réunir entre Plock et Graudenz, sur la rive droite de la Vistule? voilà ce qui est encore incertain, mais ce qui sera éclairci sous quarante-huit heures.

Un rapport de Varsovie dit qu'une colonne de 10,000 Russes a forcé, en Gallicie, le passage à quelques postes autrichiens, et qu'ils se portent, par Radom, sur Breslau. Si ce rapport est exact, ce mouvement est le résultat des ordres donnés avant la connaissance de l'arrivée des Français sur l'Oder. Quoi qu'il en soit, j'ai envoyé des partis sur ce point pour être instruit. D'ailleurs, il est utile de montrer des Français dans tous ces pays.

Depuis le 12, je suis en communication avec le général Suchet, qui est arrivé le 13, à quatre heures après midi, à Nakel. J'ai un officier d'état-major qui fera connaître au maréchal Lannes mon mouvement, et qui me donnera des nouvelles de sa marche. La forteresse de Lenczica, dont parle Votre Majesté, doit avoir été prise aujourd'hui par des hommes du pays et par des troupes légères.

Je donne connaissance à Son Altesse Impériale le prince Jérôme du départ du corps d'armée de Posen, en lui mandant que les nouvelles que j'ai de l'ennemi ne me font pas présumer que l'arrivée de son corps d'armée à Posen soit nécessaire.

J'ai l'honneur d'adresser à Votre Majesté les renseignements qu'elle me demande, non-seulement sur la nature du pays jusqu'à Varsovie, et de Thorn à Grodno, mais bien au delà, jusqu'en Russie et sur la mer Noire. Ils sont le travail d'un homme très-intelligent, qui est avec moi depuis Bamberg, qui ne fait que cela et qui a recueilli une foule de notions qui lui ont été fournies par les négociants, les voyageurs, etc.[1].

---

[1] En réponse à une lettre précédente du maréchal Davout, l'Empereur écrit le 14 novembre de Berlin : « Mon cousin, je reçois votre lettre du 12. Je vous ai écrit hier ce que vous deviez faire des Polonais. J'imagine que les 3,000 fusils que vous avez fait partir sont arrivés; pour les autres, l'artillerie a l'ordre de les faire transporter de Custrin à Posen. Ces fusils seront distribués à Posen selon le besoin. Je vous ai écrit de préparer la formation de six bataillons à Posen. Douze autres doivent être formés à

224. — AU MAJOR GÉNÉRAL DE LA GRANDE ARMÉE
PRINCE DE NEUFCHATEL, ETC.

Posen, 15 novembre 1806.

Monseigneur, j'ai reçu les ordres que Votre Altesse m'a adressés le 13, de diriger mon corps d'armée sur Gnesen; mais Sa Majesté m'ayant laissé la latitude d'aller à Kowal, puisque là je suis à la même distance de Thorn, j'ai préféré ce parti, parce qu'avec la nombreuse cavalerie que j'ai, je serai dans un pays meilleur, pour m'en servir, qu'à Gnesen, où je serais au milieu des lacs; en conséquence, l'armée sera à Sompolno le 18, sur la route de Thorn et à mi-chemin de Posen à Varsovie.

Le général Milhaud se porte sur cette dernière ville, avec le 13°, et 3 ou 400 chevaux de la cavalerie légère.

Je suis en communication avec le corps d'armée du maréchal Lannes.

Les ponts sur la Vistule sont brûlés; les Russes n'y sont pas attendus avant le 20 ou le 21, si même ils n'ont pas rétrogradé, ce qui est une question qui sera éclaircie sous quarante-huit heures.

Varsovie, s'ils s'insurgent. Je vous ai fait connaître que je ne voyais pas d'inconvénient à ce qu'ils se saisissent de la garnison prussienne et la désarment. Je ne vois pas non plus d'inconvénient à ce qu'on donne permission aux deux plus riches du pays de former des régiments de uhlans à leurs frais; à ce qu'on organise des gardes nationales à Posen et dans les autres villes, et qu'on forme un comité composé des hommes les plus considérables pour organiser l'insurrection administrative et militaire.

« Ne prenez part à tout cela que par vos conseils et par des encouragements verbaux, et faites connaître que je ne puis me déclarer que lorsque je verrai les Polonais organisés et armés. Il doit y avoir une gazette à Posen. J'imagine qu'on commence à y imprimer les nouvelles et tout ce qui peut mettre du mouvement dans le pays. Je désire beaucoup savoir positivement sur quoi l'on peut compter, et si dans ce pays on est assez décidé pour que les hommes armés nous soient d'une assistance réelle. » (*Correspondance de Napoléon*, t. XIII, p. 537.)

On peut remarquer que le langage de l'Empereur dans cette lettre au sujet des Polonais est à peu près celui qu'il tenait vers ce moment en recevant à Berlin une députation du palatinat de Posen. (*Correspondance de Napoléon*, t. XIII, p. 551.)

En comparant les rapports, je suis porté à croire qu'étant entrés sur le territoire prussien, ils ont eu connaissance de notre arrivée sur l'Oder, et des désastres de l'armée prussienne, et qu'ils ont été alors obligés de changer la marche de leurs colonnes qui se portaient à journées d'étapes sur l'Oder; mais qu'ils se sont arrêtés à continuer leur marche pour se réunir aux Prussiens, entre Plock et Graudenz. Au surplus, sous quarante-huit heures cela sera éclairci.

Depuis trois ou quatre jours, on traduit en polonais ou en allemand les bulletins de la grande armée. Je vous envoie les premières gazettes où ils sont insérés. Ils sont précédés d'un précis des opérations de l'armée, publié avec mon approbation [1].

Depuis cinq jours, j'ai fait assurer les subsistances sur la route de Posen à Thorn et de Posen à Varsovie.

De dix lieues en dix lieues, j'ai fait construire 40 ou 50 fours de paysans, pour fabriquer de 50 à 60,000 rations de

---

[1] Au 16 novembre, au moment où « la campagne contre la Prusse se trouve entièrement finie », et où la marche en Pologne, déjà résolue, commence à se dessiner de toutes parts, le 32ᵉ bulletin de la grande armée représente ainsi la situation militaire. Après la prise de Magdebourg et la capitulation de Blücher à Lubeck, l'armée prussienne est considérée comme à peu près détruite. Elle avait perdu en morts, blessés ou prisonniers de 140 à 150,000 hommes. Il ne restait au roi de Prusse que 15,000 hommes d'infanterie et 3 ou 4,000 de cavalerie. Une partie de ces forces était dans les places. Les Russes, il est vrai, arrivaient et se liaient déjà à ce qui restait de l'armée prussienne. D'un autre côté, le 32ᵉ bulletin ajoute :

« ...Voici la position de l'armée française. La division de cuirassiers du général d'Hautpoul, les divisions de dragons des généraux Grouchy et Sahuc, la cavalerie légère du général Lassalle, faisant partie de la réserve de cavalerie que le grand-duc de Berg avait à Lubeck, arrivent à Berlin.

« La tête du corps du maréchal Ney, qui a fait capituler la place de Magdebourg, est entrée aujourd'hui à Berlin.

« Les corps du prince de Ponte-Corvo et du maréchal Soult sont en route pour venir à Berlin. Le corps du maréchal Soult y arrivera le 20, celui du prince de Ponte-Corvo quelques jours après.

« Le maréchal Mortier est arrivé avec le 8ᵉ corps à Hambourg pour fermer l'Elbe et le Weser.

« ...Le corps du maréchal Lannes est à Thorn.

« Le corps du maréchal Augereau est à Bromberg.

« Le corps du maréchal Davout est en marche de Posen sur Varsovie, où se rend le grand-duc de Berg avec l'autre partie de la réserve de cavalerie

pain. Il y a partout des magasins considérables, en farine, avoine et fourrages.

On m'annonce de Kalisz qu'on y a reçu la nouvelle que Glogau s'était rendu le 12 aux Français.

---

225. — A SON ALTESSE IMPÉRIALE
LE PRINCE JÉRÔME, COMMANDANT LE CORPS DES ALLIÉS.

Posen, 15 novembre 1806.

Monseigneur, j'ai l'honneur de faire connaître à Votre Altesse Impériale que conformément aux ordres de Sa Majesté, je pars de Posen demain, avec le corps d'armée et les deux divisions de dragons Beaumont et Klein, et la division de cavalerie Nansouty, mises provisoirement sous mes ordres. Du 18 au 19, je serai à Kowal, à portée de Thorn et de Varsovie, où j'envoie mes troupes légères.

Le maréchal Lannes est, aujourd'hui 15, vis-à-vis de Thorn, dont le pont a dû être brûlé.

Tous les rapports s'accordent à dire que les Russes se portent sur la rive droite de la Vistule, pour se réunir aux Prussiens du côté de Graudenz. Il y a eu hésitation dans la marche des Russes. Ils sont partis d'abord à journées d'étape, ignorant les grands revers de l'armée prussienne; mais en

---

composée des divisions de dragons des généraux Beaumont, Klein et Beker, de la division de cuirassiers du général Nansouty et de la cavalerie légère du général Milhaud.

« Le prince Jérôme, avec le corps des alliés, assiège Gross-Glogau. Son équipage de siège a été formé à Custrin. Une de ses divisions investit Breslau. Il prend possession de la Silésie.

« Nos troupes occupent le fort de Lenczicka, à mi-chemin de Posen à Varsovie. » (*Correspondance de Napoléon*, t. XIII, p. 543-546.)

Ainsi à ce moment, tandis qu'une partie de l'armée que Napoléon évaluait à 80,000 hommes, qui se composait des corps de Davout, de Lannes, d'Augereau, plus la cavalerie de Murat, faisait tête en Pologne, l'autre partie, composée des corps de Bernadotte, de Ney, de Soult, plus le reste de la cavalerie de réserve, arrivait à Berlin. Napoléon attendait l'arrivée de cette seconde partie de l'armée pour la mettre en marche et partir lui-même pour Posen par Custrin et Meseritz. Il allait quitter Berlin de sa personne le 25.

route, en ayant eu connaissance, ils doivent avoir changé de projets et renoncé à passer la Vistule.

J'ai l'honneur d'envoyer à Votre Altesse Impériale le dernier rapport de Varsovie.

Sa Majesté, dans ses derniers ordres, me mande que le maréchal Lannes sera le 15 à Thorn, et m'ordonne de porter mon corps d'armée de manière à le soutenir en cas d'événement. Pour peu qu'il y ait rien de sérieux, je dois en rendre compte à Votre Altesse Impériale et vous conseiller de vous rendre à Posen. Comme tout annonce, par la destruction de tous les ponts sur la Vistule, et par tous les rapports, que l'ennemi n'a aucun projet offensif, je pense qu'il n'y a aucun inconvénient à suivre vos projets sur Glogau, qu'on assure ici être pris, et sur Breslau. La grande population de cette dernière place, la faiblesse et la mauvaise composition de sa garnison doivent faire espérer qu'elle se rendra facilement.

Je dois faire connaître à Votre Altesse Impériale que dans les rapports que j'ai reçus, il y en a un qui annonce qu'une colonne de 10,000 Russes a dû forcer, en Galicie, le passage à quelques postes autrichiens, et se diriger sur Breslau, en passant par Radom.

Cette marche, si elle a été commencée, devait tenir au premier plan des Russes, qui se portaient à journées d'étapes sur l'Oder; mais des contre-ordres ont dû certainement être donnés à cette colonne, et, dans tous les cas, je regarde comme impossible que son mouvement se continue.

Un parti de 200 chevaux qui était à Kalisz se porte sur Czenstochowa, qui est une espèce de fort, où il n'y a que quelques invalides et des recrues, qui ont dû l'évacuer ou qui se rendront à l'approche des troupes françaises. Ce parti a l'ordre de prendre des renseignements sur cette colonne russe, et j'aurai l'honneur de vous faire connaître si, contre toute vraisemblance, elle faisait ce mouvement.

Je charge l'officier qui vous remettra cette dépêche, de me faire connaître les endroits où je pourrai vous adresser tous les renseignements qui me parviendront.

Je suis le 16 à Wreschen, le 17 à Kleczewo, le 18 à Sompolno.

P. S. — A l'instant où je fermais cette lettre, m'arrive un rapport de Varsovie, postérieur de quelques heures seulement à celui que je vous adresse : j'ai tout lieu de croire à sa véracité. Quoique les Russes se soient présentés plus tôt que je ne le supposais, cela ne fait que m'engager à accélérer le mouvement que je fais sur Sompolno, où j'arriverai demain de ma personne, pour être plus à portée des nouvelles. Cela ne change rien non plus aux réflexions que j'ai eu l'honneur de faire à Votre Altesse Impériale, puisque vous aurez toujours le temps de vous porter sur Posen.

Il serait seulement à désirer que vos troupes légères se rapprochassent de Posen et fussent instruites de votre quartier général, pour pouvoir l'enseigner aux officiers et estafettes que je vous adresserai.

---

226. — A SON ALTESSE IMPÉRIALE
LE PRINCE JÉROME, COMMANDANT LE CORPS DES ALLIÉS.

Posen, 16 novembre 1806.

Monseigneur, j'ai l'honneur d'adresser à Votre Altesse un rapport que je reçois à l'instant d'un Polonais sûr, parti de Varsovie le 12 dans l'après-midi; il est confirmé par la déclaration que m'a faite le prince Radziwil, parti le même jour quelques heures auparavant. Ce dernier pense que l'on n'a fait paraître des Russes que pour maintenir le peuple; ce prince a vu une de ses connaissances qui a ses propriétés près de l'endroit où les Russes ont passé la Narew, pour de là continuer leur route sur la rive droite de la Vistule et se réunir aux Prussiens à Plock et Graudenz.

C'est une raison de plus pour porter l'armée à Sompolno où je serai, ainsi que je l'ai annoncé à Votre Altesse ce matin; le 18, j'enverrai le général Milhaud avec le 13ᵉ et une partie de ma cavalerie légère sur la route de Varsovie aux nouvelles.

Mon aide de camp Perrin, que j'ai envoyé à Wroklaveck

avec 100 chevaux, m'annonce que le pont volant qui existait là a été détruit il y a quarante-huit heures; il n'y avait pas de Russes de l'autre côté; il me donnera demain des nouvelles de Plock où il marche.

Les magasins de Varsovie, pour les Prussiens, ont été conservés; il y a eu défense de les vendre.

J'ai donné tous ces renseignements au prince Jérôme; je vous envoie copie de la lettre que j'ai eu l'honneur de lui écrire.

Je serai de ma personne pour être plus près des nouvelles le 17 à Sompolno, et je me mettrai en fréquente communication avec le maréchal Lannes.

J'envoie à Votre Altesse un premier rapport d'un Polonais parti de Varsovie six heures avant celui dont il est question dans cette lettre. Ce rapport a été porté à l'Empereur par un officier de correspondance parti de Posen hier à quatre heures après midi.

Le rapport fait qu'une colonne russe avait traversé une partie de la Galicie autrichienne pour se diriger sur Breslau par Radom est faux.

---

227. — A SON ALTESSE IMPÉRIALE
LE PRINCE JÉROME, COMMANDANT LE CORPS DES ALLIÉS.

Urzesna, 16 novembre 1806.

Monseigneur, je rencontre à l'instant mon aide de camp Perrin, qui arrive de Wroklaweck, où je l'avais envoyé avec un parti de 100 chevaux. L'ennemi avait repassé la Vistule. On s'est servi d'un bateau qu'il avait laissé sur la rive gauche pour faire passer quelques chasseurs. Les 60 dragons prussiens qui étaient là se sont sauvés; nous avons déjà sur la rive gauche 7 ou 8 bateaux chargés d'eau-de-vie, de bière et d'avoine. Je vais faire soutenir ce premier parti de 2 à 300 chevaux de troupes légères, pour intercepter la navigation du fleuve et rassembler sur sa rive gauche le plus de bateaux possible.

J'adresse à Votre Altesse le rapport de mon aide de camp Perrin sur un individu qui était à Graudenz le 11, et qui était parti le 14 au soir de Thorn.

Les rapports sur les Russes depuis deux jours s'accordaient tous à faire arriver à Varsovie 5 à 600 Cosaques le 14. Mais maintenant ces rapports deviennent obscurs. Je rencontre ici M. *** qui a été dans les environs de Bialistock; il résulte de son rapport, que je vous envoie, qu'il est impossible que l'infanterie russe puisse être à Varsovie avant le 18 ou le 20. Comme ceux qui ont fait les précédents rapports sont partis quatre heures après lui, il est possible qu'un parti de Cosaques faisant vingt à trente lieues par jour soit arrivé à Varsovie; mais je ne crois même pas à cette nouvelle. Je crois plutôt à son rapport. La facilité avec laquelle quelques chasseurs ont passé la Vistule à Wroklaweck donne quelque consistance à cette nouvelle, car bien certainement si les Russes étaient en marche, il y aurait eu de la résistance.

Un petit parti de troupes légères a été à Lenczica; on y a mis de bons Polonais, et j'ai ordonné qu'on chasse les Prussiens. Un autre parti de 50 chevaux commandé par le capitaine Tavernier du 1ᵉʳ de chasseurs, officier intelligent et entreprenant, est sur la route de Varsovie; sûrement il me donnera des nouvelles positives.

Je vous envoie le courrier de Varsovie que mon aide de camp a intercepté à Brezck. Peut-être qu'on y trouvera quelques renseignements. Les lettres sont du 12 et du 14. Aucune ne donne des nouvelles positives des Russes. Dans quelques-unes on mande que l'on dit que l'avant-garde est arrivée à Praga et que les Russes s'y conduisent mal.

Je n'ai point de nouvelles du maréchal Lannes; mais j'ai plusieurs officiers que j'ai envoyés de son côté, qui me rejoindront demain à Sompolno et qui pourront m'en donner.

228. — A L'EMPEREUR ET ROI.

Sompolno, 18 novembre 1806.

Sire, j'ai l'honneur d'envoyer à Votre Majesté le dernier rapport sur les Russes; il est d'un Polonais de confiance envoyé par le général Dombrowski, de Posen. Il est constant que des troupes russes sont arrivées à Praga; que le 15 quelques centaines de Cosaques sont entrés dans Varsovie et quelques-uns, le 16, ont été aperçus à quelques milles de Varsovie, demandant où étaient les Français et commettant des désordres. A Varsovie, le 15, on croyait que les Russes devaient rétrograder; ainsi il n'y a encore rien de certain sur le parti qu'ils ont pris, depuis qu'ils ont eu connaissance des désastres des Prussiens.

Le 16, un de mes partis a enlevé 20 uhlans prussiens à Kutno.

Le 18, 80 chasseurs du 1er sont en reconnaissance sur Lowicz.

La petite forteresse de Lenczica, évacuée par les Prussiens, a été occupée par les Polonais, qui l'ont défendue ensuite contre de la cavalerie prussienne; le 16, 50 chasseurs du 1er y sont entrés, à la grande satisfaction du pays. Il y a beaucoup de magasins. Cette petite forteresse est, par sa position, assez forte. J'y ai envoyé l'aide de camp Perrin, avec 200 hommes d'infanterie.

Le 18, le général Milhaud, avec le 13e, arrive à Klodawa, le général Beaumont à Chodecz et Kowal, et le camp du général Nansouty s'établira entre Sompolno et Konin. La division Morand sera le même jour en avant de Sompolno, la division Gudin à Slezin et la division Friant à Kleczewo.

A Wroklaweck sur la Vistule, on a déjà réuni 20 bateaux chargés de marchandises de toute espèce, qui venaient de Varsovie et de Danzig. On intercepte la navigation de la Vistule.

J'ai l'honneur d'adresser à Votre Majesté un résumé des dépêches interceptées.

Celles de Plock ne semblent point annoncer l'arrivée prochaîne des Russes; les esprits ne seraient pas si disposés à la révolte, s'ils étaient proches. Ayant eu connaissance des pièces trouvées à Kalisz, sur la marche de 3 colonnes russes, j'ai envoyé sur les points où ils devaient passer la Vistule, en vertu de l'arrangement du 24 octobre.

Ma cavalerie légère a trouvé, le 16, à Inowraclaw, de la cavalerie légère du maréchal Lannes, marchant sur Thorn. J'ai deux officiers sur ce point pour être tenu au courant.

Tous les ordres renfermés dans la lettre de Votre Majesté, du 14, seront exécutés. J'invite le général Dombrowski à envoyer à Custrin des moyens de transport pour y prendre des armes sur les 3,000 annoncées; il n'en a reçu que 1,300, les autres ayant été gardées pour être réparées.

Le général Dombrowski est plein de bonne volonté, mais il a peu de tête et de mémoire, il ne suit rien. Il s'en faut de beaucoup qu'il jouisse dans ces pays de la considération de Kosciusko, dont le nom est dans toutes les conversations[1]. Il paraît que les députés de Varsovie que j'avais autorisés à aller trouver Votre Majesté à Custrin n'y ont point été, par crainte du général Dombrowski; il y a dans tout cela de petites passions et d'anciens souvenirs de partis. Je joins ici une note sur ces députés.

J'ai rempli les intentions de Votre Majesté. Je n'ai rien écrit, mais j'ai cherché à monter les Polonais. Suivant les rapports de tous les partis, l'esprit des bourgeois, des petits nobles et du peuple est très-monté. La grande noblesse fait des vœux, mais elle est timide, cependant il y a quelques exceptions.

---

[1] Napoléon, comme on sait, en entrant en Pologne, avait songé à utiliser les services de l'illustre patriote Kosciusko, dont le nom était très-populaire et qui résidait depuis longtemps à Paris. Kosciusko, avant de répondre à l'appel qui lui était adressé, tint à faire ses conditions. Il écrivit une lettre où il exposait ses idées politiques. Napoléon, qui était déjà assez perplexe, contre son habitude, se montrait étonné et impatienté qu'on prétendit lui faire des conditions, au moment où il pensait qu'il n'y avait qu'à combattre. Il répondit au ministre de la police Fouché, qui lui avait envoyé cette lettre : « La lettre que vous m'avez envoyée de Kosciusko à ses compatriotes est ridicule; ce n'est qu'une amplification de rhétorique... Si Kosciusko veut venir, bien; sans cela on se passera de lui. Il serait pourtant bon qu'il vînt. » (*Correspondance de Napoléon*, t. XIII, p. 589.)

229. — AU MAJOR GÉNÉRAL DE LA GRANDE ARMÉE
PRINCE DE NEUFCHATEL, ETC.

Sompolno, 19 novembre 1806.

Monseigneur, j'ai l'honneur de rendre compte à Votre Altesse que dès mon entrée en Pologne, j'ai donné des ordres pour qu'il fût construit des fours et formé des magasins de subsistances sur différents points, tant sur la route de Posen à Varsovie, que sur celles de Posen à Thorn et de Meseritz à Posen.

A Posen, il a été construit des fours capables de fournir de 60 à 80,000 rations par jour; 1,500,000 rations en farine, eau-de-vie et légumes y ont été réunies, et 200,000 en avoine et autant en foin.

Les points désignés sur la route de Thorn sont : Gnesen, Mogilnow, Inowraclaw.

Les points de la route de Varsovie sont : Slupcé, Sompolno, Klodawa, Kutno, Lowicz.

L'approvisionnement ordonné sur chaque point consiste en 30,000 rations de fourrages, 250,000 de pain en farine blutée, 250,000 de légumes, 250,000 de viande et 500,000 d'eau-de-vie.

Il a dû être construit dans chacun de ces endroits des fours dans la proportion nécessaire pour donner 40,000 rations de pain par jour.

Les points désignés de Francfort à Posen sont : Meseritz, Pinne, Bytyn.

L'approvisionnement ordonné sur le premier point consiste en 500,000 rations en farine, le même nombre en légumes et eau-de-vie, 100,000 en avoine et 15,000 en foin, et moitié seulement de ces approvisionnements sur les points de Pinne et de Bytyn.

J'ai aussi ordonné dans ces lieux des fours d'une capacité suffisante pour environ 40,000 rations par jour; et pour la conservation de ces subsistances, j'ai exigé qu'il fût établi dans chaque lieu de dépôt une garde polonaise armée, chargée d'y veiller; les comptes qui me sont rendus sur l'exécution de ces dispositions m'annoncent que les fours sont construits sur les différents points désignés, et que les approvisionnements, déjà en partie formés, se complètent tous les jours.

Aussi, Monseigneur, les armées qui suivront ces routes y trouveront des approvisionnements suffisants; il sera seulement nécessaire de les faire précéder par des commissaires français et des commissaires du pays, pour réunir un assez grand nombre de boulangers, ou ce qui serait mieux encore, d'envoyer en avant des boulangers français. Il faudra aussi que des gardes devancent les troupes pour éviter toute dilapidation.

J'ai enfin l'honneur d'informer Votre Altesse que j'ai donné des ordres, dans tous les lieux d'approvisionnements que je lui ai indiqués, aux bourgmestres, pour qu'à l'arrivée de chaque troupe française, ils se présentent au commandant pour lui demander une garde suffisante, si elle n'était envoyée d'avance; si Votre Altesse approuve cette disposition, je la prie de donner ses ordres pour en exiger l'exécution.

---

230. — AU MAJOR GÉNÉRAL DE LA GRANDE ARMÉE
PRINCE DE NEUFCHATEL, ETC.

Sompolno, 20 novembre 1806.

Monseigneur, l'aide de camp de Votre Altesse, M. Montholon, m'a remis vos dépêches du 16.

Votre Altesse aura pu voir que les intentions de l'Empereur pour l'occupation de la petite forteresse de Lenczica ont été remplies. Mon aide de camp Perrin y est entré le 18 avec 200 hommes d'infanterie. Il a toutes les instructions nécessaires pour mettre cette petite place en état de défense.

On m'a annoncé que les Polonais confédérés avaient arrêté à Stawisczyn, entre Kalisz et Lenczica, 16 pièces d'artillerie. Si le rapport est vrai, j'ai envoyé l'ordre qu'on ne perde pas un instant pour envoyer cette artillerie à Lenczicka. S'il n'est pas fondé, j'y ferai passer 4 pièces d'artillerie prussiennes que j'ai prises à Custrin et que j'avais ajoutées à l'artillerie de l'armée.

Le rapport, en date d'hier, que j'ai adressé à Votre Altesse, lui fera voir que j'ai pourvu, à l'article des subsistances, au delà de ses appréciations. Tout le monde ici est plein de la meilleure volonté, et l'on met une intelligence extraordinaire dans l'exécution des ordres. Les troupes, depuis Francfort jusqu'ici, se sont très-bien comportées, il n'y a eu que quelques plaintes particulières ; la population est restée et est tranquille, et conserve ses mêmes sentiments pour nous. On m'annonce que la division du général Klein, qui arrive bien lentement, se conduit d'une manière toute différente. Très-certainement, si le rapport que des villages et des châteaux ont été incendiés sont exacts, je témoignerai mon mécontentement à cet officier général.

Le maréchal Lannes, le 19, était encore devant Thorn. Il y avait des parlementaires. Si ce général n'est pas entré dans Thorn, je présume que les ennemis n'avaient d'autre objet que de gagner du temps, pour faire arriver quelques Russes. Ce qui me le ferait croire, c'est que, le 18 au soir, on a aperçu, de l'autre côté de la Vistule, vis-à-vis de Wroklaweck, quelques Cosaques.

Les nouvelles des 16 et 17 de Varsovie sont toujours les mêmes. Les Cosaques étaient venus en reconnaissance sur la route de Thorn, de Posen et de Rawa. Les autres troupes russes étaient sur la rive droite de la Vistule, à Praga.

Je ne puis pas tarder à avoir des nouvelles certaines sur le parti que les Russes auront pris, depuis que les circonstances ont dû les forcer de changer la direction de leur marche dont il a été donné connaissance à Votre Altesse [1].

---

[1] Les Russes avaient passé le Niémen dès le 1er novembre en deux corps, l'un sous le général Bennigsen, l'autre suivant de près, sous le général Buxhœwden ; ils comptaient à peu près 100,000 hommes auxquels devaient se joindre une réserve organisée par le général Essen. Aussitôt après avoir franchi le Niémen, ils s'étaient avancés dans la première quinzaine de novembre sur la Vistule, et ils avaient pris possession de Varsovie. Précédés d'une nuée de Cosaques, ils envoyaient des partis au delà de la Vistule, et à Varsovie même, dans la prévision d'une retraite ; ils ne s'occupaient guère qu'à emporter les vivres, à détruire les approvisionnements et les moyens

J'adresse à Votre Altesse quelques lettres interceptées. Il y en a une du général Koler, gouverneur de Varsovie, en date du 13, où il conseille à un détachement de se diriger à travers la Silésie supérieure, vers Glatz. Est-ce parce qu'ils seraient plus en sûreté près des Autrichiens?

Il y a, dans les extraits des lettres interceptées, une lettre de Varsovie du 17. La phrase qui m'a le plus frappé est celle-ci :

« Dieu sait quelle fin aura tout cela, si malheureusement l'affaire de Graudenz n'a pas une issue à souhaiter. »

Et aussi celle-ci : « On annonce que des Russes se dirigent en aussi grande quantité sur la basse Vistule. »

Ces extraits sont assez mal soignés. Je regrette qu'on ne m'ait pas envoyé les pièces originales.

A l'instant je reçois le rapport ci-joint du capitaine Tavernier. Connaissant cet officier intelligent et ferme, j'y dois faire quelque fonds.

Je réunirai demain le corps d'armée et reconnaîtrai le pays.

J'ai fait connaître ce rapport à Son Altesse le prince Jérôme et au maréchal Lannes, qui m'a prévenu qu'il marcherait de mon côté, si cela devenait nécessaire. Je le prie de me mander s'il fera occuper Arzec par une avant-garde. Enfin je me concerterai avec lui.

J'envoie des partis pour observer la route de Breslau à Varsovie, présumant que l'ennemi peut avoir l'intention de jeter quelques troupes dans les places de la Silésie, et pour couvrir ce mouvement, d'occuper avec quelques forces la Bzura.

---

de passage. Les Russes commettaient en ce moment une faute qui était peut-être une nécessité de leur politique, mais qui, en les affaiblissant, était tout ce qui pouvait le mieux convenir à Napoléon. En querelle avec la Sublime Porte, au sujet de la Moldavie et de la Valachie, dont le sultan Sélim, encouragé par Napoléon, venait de remplacer les hospodars, ils se trouvaient engagés dans la guerre avec les Turcs. Ils étaient obligés de maintenir une armée vers le Danube, et ils se privaient ainsi de forces qui leur auraient été bien utiles en Pologne. 120,000 hommes, 150,000 avec ce qui restait de l'armée prussienne sous le général Lestocq qui occupait Thorn, Graudenz, Danzig, c'était tout ce que les Russes avaient pour le moment, en novembre, sur la Vistule, et derrière la Vistule sur le Bug, la Narew.

231. — AU MAJOR GÉNÉRAL DE LA GRANDE ARMÉE
PRINCE DE NEUFCHATEL, ETC.

Sompolno, 21 novembre 1806.

Monseigneur, j'ai l'honneur d'adresser à Votre Altesse copie du rapport que je reçois à l'instant du colonel du 12e régiment de chasseurs à cheval qui m'annonce la reddition du fort de Czenstochowa [1].

J'ai sur-le-champ expédié l'ordre à ce colonel de se jeter avec tout son régiment dans le fort et d'y rester jusqu'à ce qu'il ait été relevé par de l'infanterie, d'armer des Polonais sûrs avec les fusils de la garnison, et de rassembler dans le fort les vivres et fourrages nécessaires pour y tenir le plus longtemps possible.

J'ai transmis également copie de ce rapport à Son Altesse le grand-duc de Berg, avec prière d'envoyer dans ce fort une garnison d'infanterie du corps d'armée de Son Altesse Impériale le prince Jérôme.

---

232. — AU MAJOR GÉNÉRAL DE LA GRANDE ARMÉE
PRINCE DE NEUFCHATEL, ETC.

23 novembre 1806.

Monseigneur, j'ai l'honneur d'annoncer à Votre Altesse l'arrivée de Son Altesse Impériale le prince Joachim, qui est ici depuis ce matin [2].

---

[1] Le 34e bulletin de la grande armée, daté de Berlin, 23 novembre, dit : « Un bataillon prussien de 800 hommes tenant garnison à Czenstochowa, à l'extrémité de la Pologne prussienne, a capitulé le 18 devant 150 chasseurs du 2e régiment réunis à 300 Polonais confédérés qui se sont présentés devant cette place. La garnison est prisonnière de guerre. Il y a des magasins considérables. » (*Correspondance de Napoléon*, t. XIII, p 566.)

[2] Napoléon, pendant son séjour de près d'un mois à Berlin, avait préparé l'exécution de ses nouveaux desseins. Après avoir envoyé le maréchal Davout prendre position sur l'Oder, sur la Wartha et jusqu'à Posen, en donnant d'un autre côté, aussitôt qu'il l'avait pu, l'ordre à Lannes et à Augereau de se porter de Stettin vers la Vistule, sur Bromberg et Thorn, après avoir

Voici la position de l'armée :

La division Morand, en avant de Klodawa, à droite de la route de Kutno ; la division Friant, à la gauche de la première ; la division Gudin, la droite à Klodawa et la gauche à Chodecz.

La division de dragons du général Klein, en arrière de la 1re division d'infanterie, ayant la route de Klodawa à Lowicz

attendu lui-même à Berlin l'arrivée du reste de son armée, des corps de Ney, de Bernadotte, de Soult, d'une partie de la cavalerie de réserve pour les faire suivre en seconde ligne, il avait pris définitivement ses résolutions. Il avait chargé Murat d'aller prendre la tête de l'armée, de se rendre d'abord à Posen, pour marcher de là sur Varsovie, et en lui confiant cette mission, il lui avait donné le commandement de toutes les forces qui étaient en avant, c'est-à-dire des corps de Davout, de Lannes, d'Augereau et de la partie de la réserve de la cavalerie qui avait été déjà envoyée en Pologne. Militairement et encore plus politiquement, ce n'était peut-être pas le meilleur choix. Napoléon avait sans doute obéi à un sentiment de parenté en mettant en avant son brillant beau-frère. Il s'était toutefois efforcé d'atténuer les inconvénients de ce choix en prémunissant le grand-duc de Berg contre les séductions qui l'attendaient à Varsovie, en lui donnant des instructions aussi minutieuses que précises et en gardant d'ailleurs, bien entendu, pour lui-même la direction supérieure. De loin comme de près, il conduisait tout, suivant du regard Murat, qui, ainsi qu'on le voit par la lettre de Davout, était arrivé le matin du 23 novembre à Sompolno. Napoléon écrivait de Berlin, le 24 novembre, au grand-duc de Berg :

« Je reçois votre lettre du 22 ; j'approuve le parti que vous avez pris de vous rendre aux avant-postes. J'attends des nouvelles de Duroc (*envoyé auprès du roi de Prusse*) pour me rendre en Pologne.

« Vous avez avec vous les divisions de dragons Beaumont et Klein, 4,800 hommes ; les brigades Beker, 1,200 ; Nansouty, 2,400 ; Milhaud, 800 ; total de la réserve de cavalerie, 9,200. En outre, Davout, 22,000 hommes d'infanterie, 1,200 de cavalerie ; — Lannes, 16,000 hommes d'infanterie, 1,200 de cavalerie ; — Augereau, 16,000 d'infanterie, 800 de cavalerie ; — Jérôme, 12,000 d'infanterie, 2,000 de cavalerie, — soit 66,000 hommes d'infanterie, 5,200 de cavalerie légère : total, cavalerie de la réserve, 9,200 hommes ; cavalerie légère, 5,200 ; infanterie, 66,000 ou 80,400 hommes.

« Je ne pense pas que les Russes puissent avoir plus de 30 à 40,000 hommes à Varsovie. Ney sera le 24 à Posen, Soult le 25 à Francfort-sur-l'Oder, Sahuc le 25 à Posen, Grouchy le 29, Lasalle le 28. Ainsi il y aura une belle armée sur vos derrières. » (*Correspondance de Napoléon*, t. XIII, p. 571.)

Après cela, ayant pourvu à tout, ayant réglé la marche de ses têtes de colonnes sur la Vistule en même temps que la marche de ses autres corps déjà en mouvement sur l'Oder, Napoléon partait lui-même de Berlin ; il était le 25 à Custrin, le 27 à Meseritz, le 28 à Posen, attendant là l'effet de ses premières mesures et prêt à se rendre de sa personne à Varsovie, pour suffire à toutes les circonstances.

sur son front. La division de dragons du général Beaumont, à Lanienta, ayant un régiment à Gostynyn. La division de cavalerie du général Nansouty, en arrière de Klodawa.

Le 13° et le 2° de cavalerie légère, à Kutno et Lowicz. Le 1ᵉʳ de chasseurs qui était à Wroklaweck a eu ordre de se rendre à Radzivie, vis-à-vis Plock, après avoir été relevé par le corps du maréchal Lannes; mais je n'ai pas encore la nouvelle de son arrivée à cette destination.

Hier 22, 5 ou 600 Cosaques ont attaqué un parti de 130 chevaux du 1ᵉʳ et du 13° qui était à Lowicz. L'engagement a duré depuis le matin jusqu'au soir. Nos troupes, malgré le nombre, ont conservé ce point important, où il y a de très-grands magasins de réunis. Dans cet engagement, nous avons eu 4 ou 5 hommes blessés. De ce nombre est M. Simoneau, officier très-brave. Il y a eu un des jeunes Polonais qui nous suivent de tué.

Le chef d'escadron Guillaume du 13° et le capitaine Tavernier doivent être cités pour avoir su apprécier cette multitude et ne s'être point laissé épouvanter par le nombre.

L'ennemi a brûlé le pont de Sochaczew.

Quelques centaines de Cosaques ont rencontré un parti de 25 dragons du 9° qui n'ont pas délibéré pour les charger et en ont tué et blessé quelques-uns, mais ils ont été ramenés de suite, et nous avons perdu quelques dragons.

Le colonel Maupetit me fait le rapport du 22 au soir de Gostynyn, mais seulement sur des ouï-dire, que le même jour 4 à 5,000 Russes de toutes armes ont passé la Vistule à Plock et Tokay; cette nouvelle sera vérifiée.

L'ennemi, du 20 au 22, avait 6 ou 7,000 hommes entre Varsovie et Sochaczew.

Tous les rapports s'accordent à dire qu'instruit des préparatifs qui se faisaient à Wroklaweck, où il y avait des magasins et des fours, et où l'on avait réuni tous les matériaux nécessaires pour jeter un pont sur la Vistule, et dans le voisinage duquel se trouvaient trois corps d'armée, l'ennemi avait conçu des inquiétudes et avait fait ce mouvement sur Plock.

Le dernier rapport de Varsovie est du 21, je le joins ici. De petits partis français, accompagnés de seigneurs polonais, ont été, le 21, à Rawa. Aucun Russe n'y avait paru.

Aussitôt que j'aurai quelque chose de nouveau, je le ferai connaître à Votre Altesse. L'armée est réunie; des subsistances sont préparées, et le prince Joachim étant sur les lieux, il mettra l'ensemble nécessaire entre les divers corps d'armée, en cas de besoin.

Dans la crainte que Sa Majesté ne trouve que j'ai beaucoup aventuré le parti de cavalerie qui s'est emparé de la forteresse de Czenstochowa, voici un exposé des motifs qui m'ont déterminé à ordonner cette expédition. Un jeune officier prussien, sorti de Czenstochowa, le 10 novembre, a été arrêté par les Polonais, dans les environs de Kalisz, où il était venu pour avoir des nouvelles. Le 14, il m'a été amené de Posen; dans la conversation, j'ai tiré de lui des détails sur le fort, et j'en ai tiré la conclusion que le commandant était un homme à se rendre devant des feux de bivouac. Il était utile, en outre, pour remuer ce pays, d'y montrer des Français; de plus, ce fort renfermait des trésors plus ou moins considérables. Le commandant, dans une lettre interceptée, demandait au roi de Prusse la conduite qu'il avait à tenir pour la défense du fort et la garde du trésor. Tous ces motifs m'ont déterminé à envoyer l'ordre de faire cette tentative, qui a été couronnée du succès, par l'intelligence du chef d'escadrons Deschamps, des chasseurs du 12e. On a dû mettre les scellés sur ce trésor, qui sera conservé intact.

Le fort de Czenstochowa paraît être assez important par sa position. Il a été assiégé sans succès par les Russes dans les guerres de Pologne.

On n'a pas encore de nouvelles de l'aide de camp chargé de communiquer aux Russes la suspension d'armes en vertu de laquelle nous devons occuper Varsovie [1].

---

[1] Une suspension d'armes avait été en effet négociée entre des plénipotentiaires du roi de Prusse et des plénipotentiaires français; elle avait été signée le 16 novembre à Charlottenbourg. Par cette convention, l'armée prussienne devait se réunir à Kœnigsberg. L'armée française devait occuper les places de la Vistule, Thorn, Graudenz, Danzig, Kolberg, Lenczica, et, dans la

233. — AU MAJOR GÉNÉRAL DE LA GRANDE ARMÉE
PRINCE DE NEUFCHATEL, ETC.

Klodawa, 24 novembre 1806.

Monseigneur, j'ai l'honneur de rendre compte à Votre Altesse Sérénissime que Son Altesse Impériale le prince Joachim a repris immédiatement le commandement des trois divisions de cavalerie. Il se porte sur la Bzura ; je suis, en conséquence de ses ordres, ce mouvement. L'armée sera ce soir près de Kutno.

Tous les rapports de Varsovie qui me sont parvenus, depuis l'arrivée de Son Altesse Impériale, lui ont été remis par moi ; elle vous les fera connaître.

Il se fait des levées de Polonais, depuis Lenczica jusqu'à Czenstochowa. Le commandant des confédérés de Kalisz vient d'organiser une correspondance depuis Lenczica jusqu'au quartier général du prince Jérôme, qui servira à porter rapidement les dépêches du prince Joachim. Plus on s'approche de Varsovie, plus on retrouve l'esprit polonais, mais tout cela manque d'ensemble.

Nous nous servons avec avantage des nobles polonais, dont on forme de la cavalerie, en leur faisant faire des patrouilles ; ils interceptent les courriers. J'envoie celui intercepté à Rawa, le 22. Il n'y a rien de remarquable que la proclamation du Roi, en date du 18 novembre, d'Osterode, où il devait être, ce qui fait que le maréchal Duroc l'aura joint vingt-quatre heures plus tard qu'on ne le supposait.

Je vous envoie cette proclamation avec la traduction des reconnaissances de cavalerie légère ; on a encore vu l'ennemi entre Wyszogrod et Sochaczew.

Silésie, les places de Glogau et de Breslá La convention déterminait une zone qui ne devait être occupée « par aucune des armées, soit françaises, soit prussiennes, soit russes ». Des négociations devaient s'ouvrir par suite à Charlottenbourg, et si la paix n'était pas signée, les hostilités ne pouvaient reprendre qu'après dix jours. Cette convention n'avait pas été ratifiée par le roi de Prusse, ce prince ayant déclaré qu'il ne pouvait la faire accepter par les Russes, qui occupaient déjà une partie de ses États sur la rive droite de la Vistule. (*Correspondance de Napoléon*, t. XIII, p. 549.)

Toutes les dispositions sont faites pour incendier le pont de Varsovie. Les habitants ayant fait des représentations à ce sujet, on leur a objecté un ordre du Roi qui prescrivait impérativement cette mesure. Tous les rapports établissent qu'il n'y a que 4,000 Russes entre la Bzura et Varsovie.

---

234. — A SON ALTESSE IMPÉRIALE
LE GRAND-DUC DE BERG.

Zichlin, 26 novembre 1806.

Monseigneur, un officier de Son Altesse le prince de Neufchâtel, qui porte des dépêches à Votre Altesse, a passé à mon quartier général et m'a remis des lettres par lesquelles le ministre m'annonce que vous devez me faire connaître les ordres de l'Empereur.

Pour accélérer la marche de cet officier, je lui ai fait procurer des chevaux et je l'ai fait accompagner par un de mes officiers, à qui je prie Votre Altesse de vouloir bien confier les ordres qu'elle aura à me transmettre.

---

235. — A SON ALTESSE IMPÉRIALE
LE GRAND-DUC DE BERG.

Zichlin, 26 novembre 1806.

Monseigneur, je reçois au moment du départ de l'officier qui vous porte des ordres de l'Empereur vos dépêches de ce jour à une heure après midi. J'ai renvoyé le colonel Exelmans sur le point de Plock qu'il avait abandonné avant d'y avoir été relevé par les troupes du maréchal Lannes. Je vais encore faire partir ce soir des officiers qui se rendront sur ce point, et si l'ennemi y débarquait, je marcherais tout de suite en vous en donnant avis.

Je porte demain une de mes divisions d'infanterie à Gombyn, pour avoir des troupes à portée; une autre sera à Osmolin et la 3ᵉ à Pniewie, sur la route de Varsovie.

Mon quartier général sera à Kiernosia.

236. — A SON ALTESSE IMPÉRIALE
LE GRAND-DUC DE BERG.

Kiernosia, 27 novembre 1806.

Monseigneur, j'ai déjà eu l'honneur de prévenir Votre Altesse que j'avais fait rassembler sur les points de Wroklaweck et particulièrement à Niszawa des matériaux en tous genres pour jeter un pont sur la Vistule; et, d'après les comptes qui m'ont été rendus par les officiers que j'avais chargés de préparer ces moyens, ils étaient parvenus à en réunir même au delà des besoins.

Le corps de M. le maréchal Lannes suivant de très-près les mouvements de celui que je commande, j'ai cru devoir prévenir Votre Altesse de la réunion de ces moyens, pour la mettre à même de donner ses ordres, soit pour la destruction de tous ces objets, soit pour leur garde, afin qu'ils ne soient point exposés à tomber au pouvoir du premier parti qui voudrait s'en emparer.

---

237. — AU MAJOR GÉNÉRAL DE LA GRANDE ARMÉE
PRINCE DE NEUFCHATEL, ETC.

Zichlin, 27 novembre 1806.

Monseigneur, j'ai l'honneur d'envoyer à Votre Altesse une copie de la capitulation du fort de Czenstochowa, en même temps que les revers des officiers qui ont été faits prisonniers dans ce fort; ils y étaient au nombre de quatorze qui ont été renvoyés chez eux sur parole; le reste de la garnison était composé de 460 hommes qui sont conduits sur Posen, à l'exception de 60 Polonais à qui la capitulation même a réservé la faculté de servir avec les Polonais, et qui font aujourd'hui partie de la garnison que nous avons dans ce fort, après s'être enrôlés dans une compagnie polonaise qui s'est organisée sur les lieux.

On a trouvé dans le fort 500 fusils en bon état, 24 bouches

à feu, 296 quintaux de poudre dont une partie est avariée, une grande quantité de cartouches, quelques caissons assez bons, 100 tonneaux de farine et quelques sacs d'avoine.

Le fort de Czenstochowa n'est autre chose qu'un monastère enfermé dans un carré bastionné, et c'est dans ce monastère qu'était conservé le trésor dont j'ai déjà eu l'honneur d'entretenir Votre Altesse. Ce trésor formé des offrandes pieuses des nations voisines passe pour avoir une assez grande valeur. Les habitants du pays mettent le plus grand prix à sa conservation dans cette église, où est une image de la Vierge qu'ils regardent comme la patronne de la Pologne. D'après leurs réclamations, j'ai ordonné qu'il restât sous la surveillance et la responsabilité de ses anciens gardiens jusqu'à ce que Votre Altesse m'ait fait connaître les ordres de Sa Majesté. En attendant, il en sera dressé un inventaire que j'aurai l'honneur de transmettre à Votre Altesse.

Il s'est organisé à Czenstochowa une compagnie polonaise d'environ 100 hommes, commandée par un ancien capitaine polonais, et qui forme la nouvelle garnison du fort; elle y est secondée par le 12ᵉ régiment de chasseurs que j'y ai placé jusqu'à ce qu'il y arrive quelques troupes d'infanterie pour le relever. Je dois à ce sujet informer Votre Altesse que j'ai eu l'honneur d'écrire à Son Altesse Impériale le prince Jérôme pour le prier d'envoyer quelques centaines d'hommes d'infanterie pour la garde de ce fort.

J'ai de plus invité le général polonais qui est à Kalisz à y faire passer deux ou trois des compagnies qu'il a organisées et qui sont sans armes, pour y recevoir celles de la garnison prisonnière et faire le service du fort conjointement avec les troupes que pourra y envoyer Monseigneur le prince Jérôme.

Je ne négligerai point cette occasion de rappeler à Votre Altesse que c'est à l'intelligence et à la bonne conduite du chef d'escadrons Deschamps, du 12ᵉ de chasseurs, qu'est dû en partie le succès de l'opération dont il était chargé pour l'enlèvement de ce poste. S'étant présenté le 18 à huit heures du soir devant les remparts, il y fut reçu par un feu assez vif que l'ennemi dirigeait du côté où il avait vu ses troupes. Ce chef d'escadrons dispersa adroitement son monde autour du fort, eut soin de faire allumer des feux de tous les côtés et de placer à côté de ses vedettes des chasseurs à pied à qui il fit mettre leurs plumets et leurs épaulettes de grenadiers pour persuader à l'ennemi qu'il avait avec lui quelques troupes d'infanterie. Il en fut en effet la dupe; en reconnaissant au point du jour ces doubles sentinelles, il se crut attaqué par beaucoup plus de monde qu'il y en avait, et accepta la capitulation que le chef d'escadrons Deschamps lui proposa. Je supplie Votre Altesse de vouloir bien mettre ces détails sous les yeux de Sa Majesté, et de demander pour cet officier supérieur le grade de colonel qu'il mérite par son intelligence, sa bravoure et ses bons et anciens services.

Aussitôt la prise du fort, le chef d'escadrons Deschamps envoya aux nouvelles un détachement de 20 hommes à Tarnowits, sur la route de Kosel, en Silésie, et pour y enlever une caisse royale que les rapports du pays lui avaient fait connaître. Ce détachement revenait déjà avec ce faible trésor dont il s'était emparé, quand il eut connaissance d'un détachement de 400 hussards prussiens qui était déjà sur ses talons et qui le poursuivit bientôt. Il fut obligé d'abandonner le trésor, mais il ne perdit aucun de ses hommes. Il paraît certain, d'après les rapports de l'officier qui commandait ce détachement, qu'il existe à Kosel trois bataillons et 500 chevaux prussiens qui tiennent la campagne.

---

238. — AU MAJOR GÉNÉRAL DE LA GRANDE ARMÉE
PRINCE DE NEUFCHATEL, ETC.

Varsovie, 30 novembre 1806[1].

Monseigneur, j'ai l'honneur d'annoncer à Votre Altesse que le corps d'armée est arrivé aujourd'hui à Varsovie.

---

[1] Dès le 27 novembre, Murat, après avoir refoulé les avant-gardes russes, était aux portes de Varsovie, où il entrait le 28 et où il était reçu par la population avec un enthousiasme que constatent toutes les relations du temps. Napoléon écrivait de Posen, 1er décembre, au grand-duc de Berg :

La première division est casernée dans la ville, la seconde est cantonnée dans les villages voisins, et la troisième est à Blonie, avec le parc.

J'adresse à Votre Altesse quelques lettres interceptées dont plusieurs sont très-intéressantes; j'y joins la traduction de celles qui sont en allemand.

Je vous envoie également le rapport d'un homme parti de Pultusk le 26 novembre.

On a reçu ici des lettres de Bialistock du 25 novembre; à cette époque, il n'y avait encore aucun Russe sur ce point; mais d'après les marches routes dont on avait eu connaissance, le corps du général Buxhœwden y était attendu du 25 au 27.

J'ai communiqué ces différents rapports au prince Joachim.

« Je reçois votre lettre du 28, à onze heures du soir, où j'apprends votre arrivée à Varsovie. — Le maréchal Ney est aujourd'hui à Gnesen, se dirigeant sur Thorn. Faites donc appuyer sur Varsovie les corps des maréchaux Lannes et Augereau. Je pense que le corps du maréchal Augereau pourrait se tenir à la hauteur et vis-à-vis du confluent de la Narew dans la Vistule. Si l'ennemi faisait la sottise d'évacuer Praga, emparez-vous de ce faubourg, rétablissez le pont et faites construire une bonne tête de pont; alors, la Vistule passée, je ferai appuyer les corps des maréchaux Soult et Bernadotte sur Varsovie. Vous devez avoir le parc du génie à la suite du corps du maréchal Davout. Il y a là beaucoup d'ingénieurs, d'outils, et beaucoup de sapeurs. J'envoie le général Chasseloup pour construire deux têtes de pont à l'embouchure de la Narew pour l'unir à la Vistule. Si en attendant vous pouvez avoir la tête de pont de Praga, faites-y travailler.

« ...Les divisions des généraux Sahuc, Nansouty et d'Hautpoul sont ici. Celle du général Espagne, composée des quatre régiments de cuirassiers venant d'Italie, sera à Posen dans douze jours. Je laisse ici reposer toute cette cavalerie jusqu'à ce que j'aie vu le parti que j'aurai à prendre. »

D'un autre côté, le trente-sixième bulletin de la grande armée, daté de Posen, même jour 1er décembre, porte : « Le quartier général du grand-duc de Berg était, le 27, à Lowicz. Le général Bennigsen, commandant l'armée russe, espérant empêcher les Français d'entrer à Varsovie, avait envoyé une avant-garde border la rivière de Bzura. Les avant-postes se rencontrèrent dans la journée du 26; les Russes furent culbutés. Le général Beaumont passa la Bzura à Lowicz, rétablit le pont, tua ou blessa plusieurs hussards russes, fit prisonniers plusieurs Cosaques et les poursuivit jusqu'à Blonie.

« ...Le 28, à la nuit tombante, le grand-duc de Berg, avec la cavalerie, entra à Varsovie. Le corps du maréchal Davout y est entré le 29. Les Russes avaient repassé la Vistule en brûlant le pont. » (*Correspondance de Napoléon*, t. XIV, p. 1-10.)

Les personnes qui ont des correspondances avec Pétersbourg ne doutent pas que l'empereur de Russie n'emploie tous ses moyens pour faire la guerre.

---

239. — AU MAJOR GÉNÉRAL DE LA GRANDE ARMÉE
PRINCE DE NEUFCHATEL, ETC.

Varsovie, 1ᵉʳ décembre 1806.

Monseigneur, j'ai eu l'honneur de rendre compte à Votre Altesse que j'avais confié provisoirement le commandement de la place de Lenczica à mon aide de camp Perrin, pour y organiser et y remuer les Polonais : il s'est parfaitement acquitté de cette mission, et a déjà organisé 4 compagnies de cent et quelques hommes chacune, dont trois sont armées avec des fusils venus de Posen. La majeure partie des soldats sont déjà habillés ; le reste le sera incessamment. Ces hommes sont exercés deux fois par jour, et dans peu de temps, vu leur bonne volonté, ils pourront rendre des services.

La place de Lenczica est entièrement palissadée depuis qu'il y est : avec quelques travaux, on pourrait en faire une place assez bonne. Il faut y envoyer de l'artillerie, les Prussiens ayant évacué les 30 bouches à feu qui y étaient : il n'y a maintenant que les 4 pièces prussiennes de bataille que j'avais amenées, avec des munitions de Custrin.

Mon aide de camp s'est rendu, il y a quelques jours, par mes ordres à Kalisz, pour y organiser 3 compagnies et les diriger sur Czenstochowa pour y former la garnison de ce fort : elles y seront rendues aujourd'hui.

Le commandement de ces compagnies est donné à des officiers sûrs, qui ont servi dans les légions polonaises et qui ont contracté, par écrit, le serment de défendre le fort et de le conserver à Sa Majesté l'Empereur et Roi. Ces compagnies trouveront les armes que les garnisons prussiennes de Czenstochowa ont déposées en vertu de la capitulation.

On avait déjà organisé à Czenstochowa, soit avec les soldats de la garnison qui ont pris du service parmi nous, soit avec des Polonais, environ 200 hommes; ainsi la garnison du fort se montera à 500 hommes.

Le colonel du 12ᵉ chasseurs partira de Czenstochowa pour se rendre à Rawa, où je lui donnerai de nouveaux ordres.

Les levées d'hommes se font très-facilement, mais il manque des personnes qui puissent diriger leur organisation, leur équipement et leur instruction. Il manque aussi des fusils.

L'esprit est excellent à Varsovie, mais les grands se servent de leur influence pour calmer l'ardeur qui est générale dans les classes moyennes. L'incertitude de l'avenir les effraye, et ils laissent assez entendre qu'ils ne se déclareront ouvertement que lorsqu'en déclarant leur indépendance, on aura contracté l'engagement tacite de la garantir.

---

240. — AU MAJOR GÉNÉRAL DE LA GRANDE ARMÉE
PRINCE DE NEUFCHATEL, ETC.

Varsovie, 4 décembre 1806.

Monseigneur, le 2 décembre, ainsi que Son Altesse Impériale le prince Joachim a dû le faire connaître à Sa Majesté, les Russes ont évacué Praga : j'y ai une brigade d'infanterie[1].

---

[1] On remarquera le soin que prend Napoléon, à chaque pas qu'il fait, d'assurer les positions conquises et d'en tirer parti pour les opérations ultérieures. Dès le 2 décembre, les Russes évacuent le faubourg de Praga, sur la rive droite de la Vistule, comme le porte la lettre du maréchal Davout. Le 5, l'Empereur écrit de Posen au grand-duc de Berg : « ...Il paraît que l'arrivée de l'infanterie n'a pas tardé à décider les Russes à s'en aller. A l'heure qu'il est, j'imagine que le pont est tout à fait rétabli, que le général Chasseloup est arrivé, et qu'il emploie tous les sapeurs et ingénieurs à travailler aux fortifications de Praga, afin que cela serve de tête de pont.

« Je suppose que vos trois divisions de dragons, qui doivent former près de 8,000 hommes, et toute votre cavalerie légère, ont passé la rivière et bordent le Bug, la cavalerie légère en première ligne, vos dragons en seconde; que tout le corps du maréchal Davout a passé la Vistule, et que son avant-garde est sur la Narew; que le corps du maréchal Lannes tout entier est dans Varsovie; que celui du maréchal Augereau est descendu à l'embouchure de la Narew dans la Vistule et jette là un pont. Si ces dispositions ne sont pas faites, faites-les faire sur-le-champ. Le maréchal Augereau laissera ses deux régiments de cavalerie légère vis-à-vis Plock pour communiquer avec le maréchal Ney à Thorn. Je donne ordre au général Walther

Le grand-duc de Berg a fait passer le général Milhaud avec le 13ᵉ régiment de chasseurs, qui s'est porté sur le Bug. On a trouvé les ponts sur cette rivière brûlés.

On travaille à une tête de pont et à la réparation des retranchements qui entourent Praga. J'ai autorisé le général Cazals à faire les réquisitions nécessaires parmi les habitants, pour pousser les travaux avec la plus grande célérité.

La crue extraordinaire de la Vistule rendant impossible toute réparation du pont, puisque quand même il serait rétabli, il deviendrait nécessaire de le replier, j'ai ordonné au général Hanicque de faire retirer sans délai tous les débris qui existent encore, de faire réparer les bateaux endommagés et d'en rassembler un nombre suffisant pour jeter un pont aussitôt que la saison le permettra.

Pour assurer, jusqu'au rétablissement du pont, la communication entre Varsovie et Praga, j'ai ordonné qu'il fût réuni sur-le-champ des bateaux en assez grande quantité pour transporter à la fois d'une rive à l'autre 200 hommes d'infanterie et 50 chevaux.

Le nombre de ces bateaux sera le plus tôt possible augmenté de manière à jeter sur l'autre rive, en une seule fois, 2,000 hommes, dont 150 à 200 montés.

Un petit détachement du 1ᵉʳ de chasseurs, le 2 au matin, s'est servi de quelques embarcations pour aller surprendre et amener sur la rive gauche de la Vistule le bac d'Utrata, à l'embouchure du Bug.

---

et à mon petit quartier général de se porter à Varsovie. Je ne me rendrai moi-même à Varsovie que lorsque vous aurez passé le Bug ou la Narew. Le Bug passé, vous ferez jeter un pont et travailler à une belle tête de pont.

« Ainsi donc je veux avoir un pont à l'embouchure de la Narew dans la Vistule...; je veux avoir une tête de pont à Praga, un pont et une tête de pont sur le Bug : tout le corps du maréchal Davout en avant de la Vistule, pour défendre Praga et le pont de la Narew; tout le corps du maréchal Lannes dans Varsovie et même dans Praga, fournissant des travailleurs, s'il est nécessaire; le corps du maréchal Augereau défendant le pont à l'embouchure du Bug, fournissant des travailleurs pour la place que je veux construire, ayant sa cavalerie légère vis-à-vis de Plock et occupant Wiszogrod et Zakroczym... La Narew passée, il faudra inonder toute la Pologne de partis jusque vis-à-vis de Thorn... » (*Correspondance de Napoléon*, t. XIV, p. 32.)

Je ne parlerai point à Votre Altesse des subsistances, n'ayant aucune donnée sur cet objet, dont le commissaire ordonnateur Mathieu Faviers est chargé exclusivement.

---

241. — AU MAJOR GÉNÉRAL DE LA GRANDE ARMÉE
PRINCE DE NEUFCHATEL, ETC.

Varsovie, 4 décembre 1806.

Monseigneur, j'ai l'honneur d'adresser à Votre Altesse les renseignements qui m'ont paru les plus positifs au milieu de mille et mille rapports que je reçois.

Dans sa retraite de Praga sur le Bug, l'ennemi a brûlé les bacs qui servaient au passage de cette rivière, et le pont de Zegen est également détruit. Il a aussi des troupes sur le pont.

L'ennemi a brûlé tous les moulins qui étaient sur sa route de Praga au Bug.

L'armée de Bennigsen doit avoir sa gauche à Modlin sur le Bug et sa droite à Willenberg sur la route de Kœnigsberg à Pultusk. Tous les villages sont remplis de ces troupes depuis Willenberg jusqu'au Bug.

La réunion des divisions des généraux Tolstoï et Sedmaratzki doit être à l'embouchure de la Narew à Sierock. Il y a vingt-quatre heures que ces deux généraux y avaient leurs quartiers généraux.

Le 28, on attendait à Pultusk le prince Constantin.

Le Roi était parti le 27 de cet endroit pour retourner par Mlawa, Neidenbourg, à Zitno, un mauvais village près d'Osterode où la Reine se trouvait. On disait qu'elle venait d'accoucher d'un garçon mort.

La désertion parmi les Prussiens ne peut être plus forte qu'elle ne l'est; les régiments chaque jour se réduisent à rien.

Les dernières nouvelles reçues du corps d'armée de Buxhœwden étaient qu'il avait son quartier général à Wysokie.

Le général Essen avait ses troupes encore en marche, en arrière de Grodno, pour se joindre à Buxhœwden.

Les Russes font des batteries près de Drohynin et de Ciechanow.

Un voyageur parti de Casan, le 3 novembre, annonce que partout il y a des ordres pour faire marcher beaucoup de troupes sur la Pologne prussienne.

En Galicie, il est arrivé un régiment d'infanterie et un de hussards pour garder les frontières. On annonçait à Cracovie quelques troupes qui devaient y arriver. Il y avait eu là quelques arrestations.

242. — A SON ALTESSE IMPÉRIALE
LE GRAND-DUC DE BERG, ETC.

Varsovie, 7 décembre 1806.

Monseigneur, le général Morand, qui est établi à Praga, a reçu l'ordre dès hier de mettre à la disposition du général Cazals le nombre de travailleurs militaires que cet officier général demanderait.

J'ai vu par moi-même, hier soir, à Praga, un certain nombre de paysans que les officiers du génie et des sapeurs étaient occupés à rassembler.

Les régiments qui se trouvent en ce moment sur la rive droite de la Vistule sont :

1re *division*. — Les 17e, 30e, 51e et 61e de ligne; quelques détachements de ces deux derniers régiments qui étaient de garde passeront aujourd'hui.

3e *division*. — Les 12e et 85e de ligne ont commencé leur passage hier et le finissent aujourd'hui; 300 du 25e ont déjà passé, le reste passera dans la journée.

2e *division*. — Rien.

Cavalerie. — Rien.

ARTILLERIE.

Deux pièces de 4 de la 1re division et une compagnie d'artillerie à cheval sont passées.

Votre Altesse Impériale n'ignore pas que les moyens de

passage sont lents et peu considérables ; il serait même possible que le 25ᵉ régiment ne pût entièrement effectuer son passage que demain, les glaçons continuant à rendre ce trajet extrêmement difficile, tant par la dérive qu'ils causent aux bateaux que par la difficulté de vaincre de pareils obstacles.

---

243. — A SON ALTESSE IMPÉRIALE
LE GRAND-DUC DE BERG, ETC.

Jablonna, 11 décembre 1806.

Monseigneur, j'ai l'honneur d'adresser à Votre Altesse Impériale les rapports des généraux Gauthier et Milhaud ; et quoique je ne partage point l'opinion du premier, je me transporte sur la rive droite du Bug [1].

---

[1] Il y a ici un détail caractéristique à noter. On remarquera que depuis l'entrée à Varsovie, au courant de décembre, les lettres du maréchal Davout sont généralement adressées au grand-duc de Berg, qui se montrait jaloux de son rôle de général en chef et voulait en exercer les prérogatives. Ce n'était pas l'intention de l'Empereur, qui, en donnant le commandement à Murat, n'entendait pas moins rester en communication directe, journalière, avec les maréchaux, et qui se plaignait qu'on lui supprimât les rapports de ses lieutenants. Le 14 décembre, Napoléon écrivait de Posen, où il était encore, à Murat : « L'aide de camp du major général arrive et m'apporte votre lettre du 11. Je suis fâché de n'y voir pas le rapport du maréchal Davout. Les généraux ne correspondent plus avec moi par le canal du major général ; cela me fait de la peine. Cela est de l'essence de l'organisation de la grande armée ; car vos lettres, qui sont d'ailleurs remplies de beaucoup de choses, ne m'apprennent pas tout ce qu'il m'importe de savoir, ce que je trouverai dans les rapports de détails. Par exemple, je ne sais pas sur quelle rive de l'Ukra se trouve la tête de pont, si c'est sur la rive droite ou sur la rive gauche... Je ne sais pas quels sont les régiments qui avaient passé la Narew et ont soutenu l'affaire (une affaire d'avant-postes). Tout cela est cependant fort important. Je ne sais pas non plus en quelle force présumée était l'ennemi à l'attaque du village. J'aurais su tout cela dans les rapports du maréchal Davout. Cela est important pour former mon opinion et prendre mon parti. » (*Correspondance de Napoléon*, t. XIV, p. 85.)

L'affaire dont parle ici l'Empereur est ainsi relatée dans le quarante et unième bulletin de la grande armée, 14 décembre : « Le 11, à six heures du matin, la canonnade se fit entendre du côté du Bug. Le maréchal Davout avait fait passer cette rivière au général de brigade Gauthier à l'embouchure de l'Ukra, vis-à-vis du village d'Okunin. Le 25ᵉ de ligne et le 85ᵉ, étant passés, s'étaient déjà couverts par une tête de pont et s'étaient portés une demi-lieue en

J'ai l'honneur de prier Votre Altesse Impériale de vouloir bien donner des ordres pour faire passer ce qui nous reste d'artillerie, ainsi que notre cavalerie légère.

Dix à douze mille rations d'eau-de-vie nous seraient également bien nécessaires pour faire activer les travaux de la tête du pont d'Okunin; je prie Votre Altesse de donner ses ordres pour qu'elles nous soient envoyées.

---

244. — A SON ALTESSE IMPÉRIALE
LE GRAND-DUC DE BERG, ETC.

Jablonna, 11 décembre 1806, trois heures et demie du matin.

Monseigneur, je reçois à l'instant la lettre de Votre Altesse Impériale, du 10, à huit heures du soir; vos intentions sont remplies. J'ai 5 régiments à Nieporent et à une lieue et demie aux environs; 3 autres régiments y seraient rendus dans deux ou trois heures de temps. Je suis parfaitement rassuré sur tout projet que l'ennemi pourrait avoir de passer le Bug. S'il passait sur le territoire autrichien, les préparatifs qu'il devrait faire pour cela doivent nous faire supposer que nous le saurions à temps.

J'ai donné l'ordre, Monseigneur, au 1er régiment de chasseurs à cheval de passer à Utrata, et s'il ne peut effectuer là son passage, de venir passer la Vistule à Varsovie.

J'ai envoyé également au colonel du 12e, qui arrive de Czenstochowa, l'ordre de passer le plus tôt possible la Vistule à Varsovie; il me tarde beaucoup d'avoir ma cavalerie légère. En attendant, j'ose vous supplier, Monseigneur, pour le bien du service, de mettre exclusivement le général Milhaud sous mes ordres jusqu'à l'époque de l'arrivée de la cavalerie légère du 3e corps, et que ceux que Votre Altesse voudra faire exécuter à sa cavalerie lui soient transmis par moi avec les instructions

---

avant, au village de Pomichowo, lorsqu'une division russe se présenta pour enlever ce village; elle ne fit que des efforts inutiles, fut repoussée et perdit beaucoup de monde. Nous avons eu 20 hommes tués ou blessés. » (*Correspondance de Napoléon*, t. XIV, p. 88.)

que les circonstances nécessiteront; croyez que je ne négligerai rien pour leur exécution. Je me bornerai à citer à Votre Altesse un seul exemple pour lui prouver combien il y a d'inconvénients à ce que cela soit autrement. Vous lui ordonnez de diriger demain des reconnaissances sur Plonks, Nowemiaka, Nazielsk, pour forcer l'ennemi à évacuer Dembé qu'il paraissait occuper encore en force à cinq heures du soir; je voulais, en même temps que le général Morand chercherait à jeter du monde sur ce point, faire faire par celui où est le général Gauthier une forte reconnaissance sur les derrières de l'ennemi; je ne le pourrai pas si le général Milhaud dissémine sa cavalerie sur d'autres points.

Le général Gauthier est très-bien établi en avant de Okunin, où il a passé le Bug, couvert par de forts abatis. On travaille toute la nuit, et demain au soir il faudrait 20,000 hommes pour attaquer le général Gauthier, et avant ce temps, rien ne me fait supposer que l'ennemi puisse faire une attaque sérieuse.

---

245. — A SON ALTESSE IMPÉRIALE
LE GRAND-DUC DE BERG.

Jablouua, 12 décembre 1806.

Monseigneur, j'ai l'honneur d'envoyer à Votre Altesse le rapport d'un officier polonais que je vous ai adressé dernièrement et qui est retourné en Galicie.

Aujourd'hui, l'ennemi nous a laissés assez tranquilles à Pomichowo; il est revenu brûler encore quelques maisons dans ce village, où nous n'avions que quelques tirailleurs. 4 compagnies s'y sont portées et en ont chassé 5 ou 6 compagnies des ennemis. On leur a pris 1 officier et 7 ou 8 hommes; plusieurs autres ont été blessés.

On a communiqué avec les troupes du maréchal Augereau.

Les retranchements qui ont été faits sont très-respectables et sont garnis d'une artillerie suffisante pour les défendre.

Sur tout le reste de la ligne, l'ennemi paraît en force; il tire du canon sur ceux qui s'approchent du Bug.

L'ennemi a fait, la nuit dernière, beaucoup de retranchements; on présume qu'il se retranche sur l'Ukra.

246. — A SON ALTESSE IMPÉRIALE
LE GRAND-DUC DE BERG.

Jablonna, 14 décembre 1806.

Monseigneur, j'ai l'honneur d'adresser à Votre Altesse le rapport du général Morand.

Ce matin, un officier du génie a été reconnaître l'île qui est sur la rive gauche de l'Ukra, vis-à-vis de nos retranchements; l'ennemi, vers les trois heures après midi, y a envoyé 5 compagnies, ce qui a occasionné une fusillade et quelques coups de canon.

Les généraux Gauthier et Milhaud ont eu l'ordre de faire une reconnaissance en remontant l'Ukra. A la nuit, ils n'avaient eu aucun engagement lorsque je suis parti, et depuis, je n'ai rien entendu; j'attends les rapports.

Les glaces ont encore détruit, la nuit dernière, notre pont de communication pour l'infanterie. Il faut y renoncer. Nous attendons les barques que Votre Altesse nous a annoncées pour jeter un pont. Je joins ici un nouveau rapport d'un Polonais de la Gallicie.

Si, par les rapports de la reconnaissance des généraux Gauthier et Milhaud, l'ennemi n'est point en force sur la rive droite de l'Ukra, je ferai faire demain une forte reconnaissance sur Dembé, pour faciliter le débarquement de la 1re division. Je sens qu'il est préférable d'avoir un pont là qu'à Okunin; alors je ferais remonter jusque-là les barques que j'attends de Varsovie.

Nous sommes toujours très-maltraités pour les subsistances. M. Mathieu Faviers réduit toujours les bons. Le commandant de la place de Praga, d'un autre côté, s'empare de vive force des voitures que les corps se sont procurées dans les villages; aussi nous souffrons beaucoup, ce pays n'ayant rien.

247. — A SON ALTESSE IMPÉRIALE
LE GRAND-DUC DE BERG.

Jablonna, 15 décembre 1806.

Monseigneur, l'ordonnateur en chef me prévient qu'il n'a pas touché les 12,000 francs qui avaient été mis à sa disposition, pour procurer quelques subsistances, sous le prétexte que vous aviez mis à ma disposition une somme de 50,000 fr. Il y a dans tout ceci un malentendu que je regrette vivement, puisqu'il ne fait qu'ajouter à nos embarras pour nos subsistances ; car si l'ordonnateur avait touché cette somme, il aurait pu se procurer en Galicie 50 à 60,000 rations de pain.

Je vais entrer dans quelques détails sur ce malentendu. Voyant combien vous étiez embarrassé pour ces fonds, j'ai prévenu verbalement Votre Altesse qu'il se trouvait dans les caisses du 3ᵉ corps une somme de trente et quelques mille francs, trouvée dans les caisses de Posen, et dont il avait été rendu compte au payeur général pour être à sa disposition ; vous me dites que vous autoriseriez à employer cette somme pour acheter des subsistances, et je devais même vous remettre une demande à cet égard ; mais le payeur Pic de Ramsy m'ayant dit, le même jour, que cette somme n'était plus disponible, je vous en fis part, aussi verbalement. J'ai dû croire que cela était suffisant, puisqu'il n'y avait eu aucun écrit à cet égard. Au surplus, je joins ici le compte que le payeur Pic de Ramsy m'a rendu sur cet objet, qui prouvera à Votre Altesse qu'il n'existe aucun fonds dont elle puisse m'autoriser à disposer.

---

248. — A SON ALTESSE IMPÉRIALE
LE GRAND-DUC DE BERG.

Jablonna, 15 décembre 1806.

Monseigneur, l'ennemi n'a fait aucun mouvement aujourd'hui du côté de Pomichowo. Il paraît toujours avoir les mêmes forces sur la rive gauche de l'Ukra. Les retranchements et les batteries qu'il a établis, vis-à-vis le pont et les gués de Pomichowo, ont paru plus avancés[1].

Les 13 barques sont arrivées; mais suivant ce que m'a dit le général Hanicque, il manque beaucoup de matériaux pour jeter un pont de bateaux. Le pays ne peut rien fournir. J'adresserai à Votre Altesse le rapport de cet officier général. Au surplus, nous avons des moyens de passage pour pouvoir jeter 6 à 7,000 hommes par jour. J'ai ordonné d'établir deux va-et-vient; il y en a déjà un; le second sera établi demain.

Je vous envoie copie du rapport du général Morand.

J'ai donné ordre que l'on envoie à Varsovie les médecins et apothicaires, suivant les ordres que m'a transmis Votre Altesse; mais je dois vous faire observer que vous demandez plus que nous n'avons.

249. — A SON ALTESSE IMPÉRIALE
LE GRAND-DUC DE BERG.

Jablonna, 16 décembre 1806.

Monseigneur, j'ai l'honneur d'adresser à Votre Altesse Impériale le rapport que je reçois du général Gauthier, qui confirme ce que j'ai déjà eu l'honneur de lui marquer relativement aux forces de l'ennemi, qui s'augmentent journellement entre la Narew et l'Ukra.

J'ai également l'honneur d'adresser à Votre Altesse l'état de ce qui existe dans le magasin à sel de Modlin; cet état en fait connaître la valeur numérique. Je pense qu'il serait bien important de trouver des acquéreurs de ce magasin, afin d'en employer le produit à l'achat de denrées si nécessaires pour la subsistance de l'armée.

---

[1] A la date du 15 décembre, le 42e bulletin de la grande armée dit : « Le pont sur la Narew à son embouchure dans le Bug est terminé; la tête de pont est finie et armée de canons. Le pont sur la Vistule entre Zakroczym et Utrata, auprès de l'embouchure du Bug, est également terminé. La tête de pont, armée d'un grand nombre de batteries, est un ouvrage très-redoutable.

« Les armées russes viennent sur la direction de Grodno et sur celle de

250. — A SON ALTESSE IMPÉRIALE
LE GRAND-DUC DE BERG.

Jablonua, 16 décembre 1806.

Monseigneur, j'ai l'honneur d'adresser à Votre Altesse le rapport du général Hanicque, sur le pont d'Okunin, auquel est joint l'état des objets d'une urgente nécessité pour l'achèvement de ce pont.

Je prie Votre Altesse de vouloir bien donner ses ordres pour que toutes ces demandes soient accordées au général Hanicque. Votre Altesse connaît, ainsi que moi, toute l'importance de cette communication.

---

251. — A SON ALTESSE IMPÉRIALE
LE GRAND-DUC DE BERG.

Jablonua, 16 décembre 1806.

Monseigneur, ce matin j'ai fait jeter 200 hommes dans l'île qui est à l'embouchure de l'Ukra; cela, avec une compagnie que le général Gauthier a montrée au pont de Pomichowo, a donné lieu à une canonnade de la part de l'ennemi, qui a montré cinq ou six pièces, et à une fusillade. Nous avons eu cinq ou six blessés. Nous nous sommes établis dans l'île, et l'on y fera les ouvrages nécessaires pour lier sa défense aux retranchements.

Le général Morand me mande qu'il n'y a rien de nouveau sur sa ligne.

Il est encore douteux si l'ennemi est ou non en force entre la Narew et l'Ukra. Ce que j'ai vu, et le rapport ci-joint du général Milhaud, me feraient supposer que non; mais cela est très-incertain. J'ai écrit au général Morand de ne rien négliger pour réunir quelques moyens de passage entre Dembé

Brzesc, en longeant la Narew et le Bug. Le quartier général d'une de leurs divisions était le 10 à Pultusk, sur la Narew... » (*Correspondance de Napoléon*, t. XIV, p. 103.)

et Gora, et de l'effectuer demain. Après avoir fait faire les premiers épaulements dans l'île, je ferai passer quelques troupes pour forcer l'ennemi à montrer ce qu'il a vis-à-vis Pomichowo, sur la rive gauche.

Nous souffrons beaucoup pour les subsistances; il y a quelques mauvaises mesures qui s'ajoutent à nos embarras. C'est surtout la difficulté des transports qui les augmente. On donne à Varsovie la grande tuée, ce qui oblige à des transports qu'on pourrait utiliser pour le pain. Je prie Votre Altesse d'ordonner que l'on donne la viande sur pied aux troupes du 3e corps. Le pays n'offre que très-peu de ressources en bestiaux.

Les chemins qui remontent l'Ukra sur la rive droite, ceux de Janowo, sont détestables. Le général Milhaud m'a assuré qu'ils étaient impraticables pour l'artillerie.

Le général Hanicque a dû se présenter aujourd'hui chez Votre Altesse pour lui donner connaissance de ce qu'il était nécessaire de faire pour jeter un pont, et en même temps des moyens de passage qui existaient et qui sont suffisants pour les circonstances.

252. — A SON ALTESSE IMPÉRIALE
LE GRAND-DUC DE BERG.

Jablonna, 17 décembre 1806.

Monseigneur, j'ai l'honneur de rendre compte à Votre Altesse Impériale que mon aide de camp revient de la tête du pont d'Okunin, où il a passé la nuit; tout y était calme et tranquille jusqu'à dix heures, moment de son départ.

On occupe l'île, où l'on continue les travaux sans qu'ils soient inquiétés par l'ennemi.

P. S. — En ce moment, on tire quelques coups de canon.

253. — A SON ALTESSE IMPÉRIALE
LE GRAND-DUC DE BERG.

Jablonna, 17 décembre 1806.

Monseigneur, j'adresse à Votre Altesse différents rapports sur la Galicie, qui sont intéressants, en ce qu'ils font présumer quelles peuvent être les intentions ultérieures des Autrichiens[1].

J'ai tout lieu de croire à l'exactitude de ces rapports; je vous prie de les communiquer à Sa Majesté.

Ce soir, j'enverrai aussi à Votre Altesse l'interrogatoire d'un employé prussien qui faisait des rapports au général Koler, et dont j'en avais intercepté un, en date du 4 novembre. J'ai fait arrêter cet homme; il est reparti après m'avoir promis de continuer ses rapports.

---

[1] La campagne de Pologne inquiétait naturellement l'Autriche, qui n'était pas tranquille pour ses possessions polonaises de la Galicie, et qui avait commencé à prendre quelques mesures dont on ne démêlait pas bien le caractère. Napoléon, de son côté, sans méconnaître ce qu'il y avait de légitime dans les préoccupations de l'Autriche, n'entendait pas laisser derrière lui ou sur ses flancs une situation incertaine. Il surveillait de très-près tous les mouvements autrichiens, et il avait même donné suffisamment à comprendre à Vienne que si l'on voulait lui faire la guerre, on ne le prendrait pas au dépourvu; il désirait toutefois la paix avec l'Autriche. Il avait fait déclarer à Vienne qu'il n'avait jamais reconnu le partage de la Pologne, qu'il restait donc libre vis-à-vis de la Russie et de la Prusse, mais que respectant les traités vis-à-vis de l'Autriche, il « ne se mêlerait en rien de la Pologne autrichienne ». Pour éclaircir la question, il avait fait de plus une ouverture caractéristique, ainsi qu'on peut le voir dans une lettre adressée par lui de Posen, le 1er décembre, au général Andréossy, qu'il avait depuis peu envoyé comme ambassadeur à Vienne. Si l'Autriche, — il parlait à peu près ainsi, — croyait de son intérêt de rétrocéder les possessions polonaises, elle pourrait retrouver comme indemnité la Silésie qu'elle regrettait toujours; si l'Autriche tenait à garder la Galicie, il n'y avait qu'à n'en plus parler. L'Empereur était prêt à faire ce qu'elle désirerait, sous telle forme qu'elle voudrait. — Il y avait tous les dehors de relations pacifiques. L'Autriche ne se prêtait pas à l'ouverture qui lui était faite, elle désavouait d'un autre côté toute idée d'hostilité. Elle restait néanmoins toujours inquiète; elle se mettait en garde, et ses agents en Galicie tenaient souvent une conduite équivoque qui était l'objet des soupçons des chefs de l'armée française. C'est cela que fait allusion la lettre ci-dessus du maréchal Davout. (Voir aussi au sujet des relations avec l'Autriche la *Correspondance de Napoléon*, t. XIV p. 5 et 219.)

P. S. — L'interrogatoire que je ne devais envoyer à Votre Altesse que ce soir venant de m'être remis, j'ai l'honneur de le lui adresser.

---

254. — A SON ALTESSE IMPÉRIALE
LE GRAND-DUC DE BERG.

Jablonna, 17 décembre 1806.

Monseigneur, l'ordonnateur du 3⁰ corps m'a instruit que l'ordonnateur Pradel lui annonce que, par ordre de Votre Altesse, le 3⁰ corps devra se pourvoir de vivres dans le pays où il est. J'ai eu l'honneur de mander à Votre Altesse qu'il n'offrait que peu ou point de ressources, et si cette décision est maintenue, j'ignore comment nous existerons.

Il n'est point dans mon caractère de forger des embarras et de faire des contes; lorsque je fais connaître à Votre Altesse que chaque jour la misère des troupes augmente, cela n'est que trop vrai, et la mesure que l'on prend de nous refuser la viande à Varsovie va la porter à son comble si elle est maintenue. Le manque de viande oblige le soldat à manger tout ce qu'il trouve, et principalement du cochon, ce qui occasionne déjà le dévoiement, et vous n'ignorez pas, Monseigneur, que c'est le précurseur de la dyssenterie. Je demanderai en outre que, pour éviter les transports, on livrât aux régiments la viande sur pied.

L'ordonnateur me fait connaître aussi qu'il est décidé que la manutention de Praga servira exclusivement à la division Gazan. Il serait bien à désirer, cependant, que cette manutention, qui dans quarante-huit heures pourra fournir 30,000 rations par jour, si elle est alimentée de farine, fût affectée au 3⁰ corps et à la cavalerie de Votre Altesse ; cela éviterait le passage du pont et l'entrée à Varsovie, où il nous reste, sous mille prétextes et quelque précaution que l'on prenne, beaucoup de monde de ceux qui vont aux distributions.

Il y a encore une réclamation à vous faire, c'est l'eau-de-vie. Je prie Votre Altesse de se faire présenter les états de distribution; elle y verra que le 3ᵉ corps y figure pour peu de chose. Aucune de mes demandes n'a obtenu de succès; cependant il y a une division entière, celle du général Gudin, qui est au bivouac et occupée à des travaux de terre, pour lesquels les soldats ne sont point payés comme ceux de Praga, qui ont en outre l'eau-de-vie. Il serait donc de toute justice de l'accorder aux soldats de la division Gudin, outre que cela est nécessaire à leur santé.

Les divisions Morand et Friant ne sont cantonnées qu'en partie et dans des pays marécageux; s'il y avait possibilité, je réclame aussi l'eau-de-vie pour ces troupes, ou au moins une demi-ration.

Ce serait, dans le premier cas, 22,000 rations d'eau-de-vie par jour, et dans le second 14,000. Je prie Votre Altesse de donner ses ordres sur mes différentes demandes.

---

255. — A SON ALTESSE IMPÉRIALE
LE GRAND-DUC DE BERG.

Jablonna, 17 décembre 1806.

Monseigneur, le rapport du général Morand, que j'ai l'honneur de vous adresser, fera connaître à Votre Altesse qu'il est impossible de nous passer des distributions de Varsovie, même en viande. Ce que me dit Votre Altesse dans sa lettre d'aujourd'hui sur les ressources qu'elle a aperçues sur cette rive pourrait être vrai, s'il n'y avait pas si longtemps que nous y sommes si nombreux. Le fait est que si l'abandon où l'on nous laisse continue quelques jours, je ne sais ce que nous deviendrons. Si dans un pays comme la Pologne les administrateurs dont Votre Altesse se sert ne sont pas assez habiles pour y trouver des bœufs, je ne sais à quoi l'on peut les employer.

Mon chef d'état-major vient de me donner connaissance de la lettre du général Belliard, qui annonce que la manutention de Praga doit servir au 3ᵉ corps; je prie Votre Altesse de donner des ordres pour qu'on l'approvisionne de farines, afin que cette mesure ne soit pas illusoire.

Nous sommes aussi sans eau-de-vie; je vous supplie, Monseigneur, de donner à votre ordonnateur les ordres les plus impératifs pour qu'à tout prix il nous en procure. Toute la 3ᵉ division qui est sur la rive droite du Bug est au bivouac, et fait des retranchements considérables sans aucun salaire : je demande seulement qu'on ne la laisse pas manquer d'eau-de-vie, même pour la santé du soldat.

J'ai reçu une lettre du prince de Neufchâtel, en date du 14 décembre; il se plaint de ce que je ne lui ai pas adressé le double des rapports sur ce qui se passait au corps d'armée, et de tout ce que je savais sur les mouvements de l'ennemi[1]. Il doit y avoir un malentendu, puisque vous m'avez donné l'assurance que vous lui adressiez les rapports originaux que je transmettais sur ce dernier article. J'ai l'honneur de vous prier, en conséquence, de vouloir bien me disculper sur cet objet. Quant au premier, à l'avenir, j'enverrai le double des rapports généraux, et même, pour ce qui concerne ce que je sais des mouvements de l'ennemi, je l'enverrai sous cachet volant, afin que vous puissiez en prendre connaissance, n'ayant pas le temps de faire des écritures.

Je vous adresse les rapports des généraux Milhaud, Petit et Gauthier. Votre Altesse verra que l'ennemi n'a point réussi dans son entreprise pour nous chasser de l'île.

Maintenant, on ne peut douter que l'ennemi ne soit en force entre la Narew et l'Ukra. Il est vraisemblable que, pour aller entre ces deux rivières, il y aura à faire plus qu'une forte reconnaissance.

J'ai fait connaître à Votre Altesse ce qui était nécessaire pour jeter un pont sur le Bug. Nous avons pris dans le pays tout ce qu'il y avait. La barque que vous avez vue à Jablonna a été mise à l'eau, quoique avec beaucoup de peine, et conduite à Okunin, où elle sert au pont volant. Si le général Hanicque n'arrive pas avec des moyens suffisants, il sera impossible d'établir un pont[2].

---

[1] On a vu plus haut que l'Empereur se plaignait précisément de n'avoir pas ces rapports du maréchal Davout; la lettre du major général n'est que la reproduction de cette plainte au sujet d'un fait qui trouve ici son explication et dont le maréchal n'avait pas la responsabilité.

[2] Sur ces entrefaites, Napoléon, parti dans la nuit du 15 au 16 décembre

Il ne paraît pas que le général Lapisse ait été attaqué, du moins nous avons toujours été en communication avec celles de ses troupes qui sont à Modlin.

256. — AU MAJOR GÉNÉRAL DE LA GRANDE ARMÉE
PRINCE DE NEUFCHATEL, ETC.

Jablonna, 21 décembre 1806[1].

Monseigneur, j'ai l'honneur d'annoncer à Votre Altesse que nos reconnaissances de ce matin ont communiqué avec les

---

de Posen, était le 17 à Kutno, le 18 à Lowicz, et arrivait dans la nuit du 18 au 19 à Varsovie. Peu d'heures après son arrivée, le 19 au matin, il écrivait au maréchal Davout : « Mon cousin, je suis arrivé à Varsovie à minuit. Je comptais voir ce matin vos postes, mais le brouillard m'en a dissuadé, je n'aurais rien vu. Il est temps de prendre nos quartiers d'hiver, ce qui ne peut avoir lieu qu'après avoir chassé les Russes. Le maréchal prince de Ponte-Corvo, les maréchaux Ney et Bessières sont à Biezun. Ce mouvement, prononcé depuis plusieurs jours, doit déjà avoir attiré l'attention de l'ennemi. Le maréchal Soult passera la Vistule, partie à Wiszogrod, et partie sur le pont du maréchal Augereau vis-à-vis Zakroczim. Par ce moyen tout sera réuni, et il faudrait que votre pont fût terminé le 21, afin qu'on pût passer le 22. Faites-moi connaître ce que je dois espérer là-dessus. » (*Correspondance de Napoléon*, t. XIV, p. 106.)

[1] A cette date du 21 décembre on touchait à une reprise très-vive, quoique momentanée, des hostilités, et avant d'aller plus loin, il n'est pas inutile de préciser la situation militaire en même temps que le théâtre des opérations nouvelles au delà de la Vistule, entre la Vistule et la Pregel.

« ..... Le sol, dit M. Thiers dans l'*Histoire du Consulat et de l'Empire*, présente ici les mêmes caractères qu'entre l'Elbe et l'Oder, entre l'Oder et la Vistule, c'est-à-dire une longue chaîne de dunes parallèles à la mer, retenant les eaux et occasionnant une suite de lacs qui s'étendent de la Vistule à la Pregel. Ces lacs trouvent leur écoulement, les uns directement vers la mer, par de petites rivières dont la principale est la Passarge, les autres dans l'intérieur du pays, par une multitude de cours d'eau, tels que l'Omulew, l'Orezyc, l'Ukra, qui se rendent dans la Narew et par la Narew dans la Vistule. Ce pays singulier compris entre la Vistule et la Pregel a donc deux versants, un tourné vers la mer qui est allemand, colonisé jadis par l'Ordre Teutonique et très-bien cultivé ; l'autre tourné vers l'intérieur, peu habité, peu cultivé, couvert de forêts et presque impénétrable en hiver. A l'embouchure de la Vistule et à celle de la Pregel se rencontrent deux grandes villes commerçantes, Danzig sur la première, Kœnigsberg sur la seconde. Danzig, puissamment fortifiée, pourvue d'une nombreuse garnison, ne pouvait tomber que devant un long siége. Elle était pour les Russes et les Prussiens

troupes de M. le maréchal Augereau, qui avait cinq régiments sur la rive droite de la Vistule.

Hier soir, on a vu une batterie russe remonter la rive droite de l'Ukra avec un détachement d'infanterie.

Cette nuit, on a cru entendre un bruit d'artillerie remontant cette rivière, sur la même rive; ce fait est contesté. Ce matin, tout était comme à l'ordinaire. L'ennemi avait les mêmes postes, et l'on a distingué avant le brouillard sept pièces dans la batterie qu'il a vis-à-vis le pont. Il a travaillé à cette batterie hier, ainsi que sur d'autres points.

Les paysans qui, suivant le rapport du général Lochet, avaient déclaré que l'armée russe se retirait sur Pultusk, ont été interrogés cette nuit : il résulte de leurs réponses qu'à l'instant où ils se sont sauvés de Kikol sur une petite nacelle, ils avaient vu un régiment d'infanterie qui était en bataille et qui devait, disait-on, se rendre sur Pultusk, en passant par l'Ukra.

On a entendu, on a cru entendre de Pomichowo, un seul coup de canon vers huit heures et demie ce matin, beaucoup

un point d'appui d'une grande importance sur la basse Vistule, et rendait assez précaire notre établissement sur la haute Vistule, en permettant toujours à l'ennemi de passer ce fleuve sur notre gauche et de menacer nos derrières. Kœnigsberg, mal fortifiée, mais défendue par la distance, était le principal dépôt de l'ennemi et son moyen de communication avec les Anglais. Entre Danzig et Kœnigsberg s'étend le Frische-Haffe, vaste lagune semblable aux lagunes de Venise et de Hollande. Indépendamment de Danzig et de Kœnigsberg, d'autres villes commerçantes, Marienbourg, Elbing, Braunsberg, situées autour du Frische-Haffe, présentent une ceinture de cités riches et populeuses. C'était là le dernier débris de la monarchie prussienne resté à Frédéric-Guillaume. Ce monarque, placé de sa personne à Kœnigsberg, avait ses troupes répandues entre Danzig et Kœnigsberg, se liant aux Russes du côté de Thorn. Il défendait ainsi le versant maritime, avec 30,000 hommes, garnisons comprises. Les Russes avec 100,000 hommes occupaient le versant intérieur, adossés à des forêts épaisses et couverts par l'Ukra et la Narew, rivières qui, en se réunissant avant de se jeter dans la Vistule, décrivent un angle dont le sommet vient s'appuyer sur le grand fleuve un peu au-dessous de Varsovie..... »

Telle était donc la situation des Russes retranchés entre la Narew et l'Ukra. La situation de l'armée française était celle-ci : maître de Varsovie depuis le 28 novembre par l'entrée de Murat et de Davout, de Thorn depuis le 6 décembre par le coup de main audacieux et heureux de Ney, Napoléon disposait de deux points importants sur le cours de la Vistule. Il

sur notre gauche. Une heure après, il n'avait été suivi encore d'aucun autre.

Le général Milhaud a envoyé une reconnaissance de cavalerie sur la route de Plonsk, pour avoir des nouvelles du général Lapisse.

Le pont est aux trois quarts fait : il sera achevé peu d'heures après l'arrivée des matériaux que l'on attend de Varsovie, et qui ont dû en partir ce matin.

Ci-joint quelques dépositions de déserteurs.

---

257. — AU MAJOR GÉNÉRAL DE LA GRANDE ARMÉE
PRINCE DE NEUFCHATEL, ETC.

Czarnowo, 26 décembre 1806.

Monseigneur, j'ai l'honneur de rendre compte à Votre Altesse qu'instruit que les troupes russes qui étaient hier soir près de Strzegoczin avaient effectué leur retraite par

---

avait disposé ses troupes en deux groupes principaux : l'un autour de Thorn, composé de Ney, de Bernadotte, plus un 2ᵉ corps de réserve de la cavalerie qu'il avait mis sous Bessières ; l'autre à Varsovie ou à proximité, composé de la cavalerie de Murat, de Lannes qui restait à Varsovie même, de Davout qui était déjà en avant sur la Narew, d'Augereau qui tenait la Vistule à Modlin. Entre les deux groupes Soult était devant Plock, maître aussi du passage de la Vistule. On en était là au 21 décembre. La question pour Napoléon était de saisir l'ennemi et de le refouler pour prendre ses quartiers d'hiver et attendre le moment d'une campagne décisive. S'il avait eu jusque-là des doutes sur les mouvements réels des Russes, devenus pour lui le principal adversaire, il était bien vite éclairé par les rapports de plus en plus précis du maréchal Davout, qui, établi en avant, sentait l'ennemi en force devant lui, entre la Narew et l'Ukra. A peine arrivé à Varsovie, l'Empereur avait démêlé la situation, et il se décidait à attaquer les Russes par le confluent de l'Ukra et de la Narew, à tenter de les forcer dans leurs positions, tandis que de son côté Ney les contiendrait, les repousserait au besoin dans l'intérieur, en se jetant entre Russes et Prussiens. Il y avait, il est vrai, une grosse difficulté, c'était de s'engager par une saison si rigoureuse, d'avoir à passer des rivières à demi glacées, dans des pays boueux, presque impraticables pour l'artillerie. Napoléon se flattait de tout surmonter avec ses soldats ; il ne voulait d'ailleurs pour le moment qu'une action rapide pour refouler les Russes. C'est la campagne qui commence dès le 23, avec la garde, les corps de Davout, de Lannes, appuyés par Augereau et la cavalerie de Murat. Le 23, Napoléon lui-même est sur la Narew, près d'Okunin.

Kensy, Lady, route de Pultusk, j'ai envoyé, à la pointe du jour, le général Daultanne dans cette direction : il a effectivement trouvé l'ennemi, qui s'est replié à l'approche des troupes de Sa Majesté et a abandonné 14 bouches à feu, beaucoup de caissons et de bagages.

Le général Daultanne, instruit que le maréchal Lannes attaquait Pultusk, m'en a informé par le billet ci-joint, du 26 décembre 1806.

Le général Morand s'est porté sur Golymin avec les dragons commandés par le général Rapp.

On avait aperçu hier, ainsi que j'ai l'honneur de vous en rendre compte, à Bialice, une colonne d'artillerie, de cavalerie et d'infanterie, qui paraissait très-nombreuse. J'ai envoyé sur ce point le colonel Exelmans.

Instruit que cette colonne avait été aperçue par le général Morand, j'ai fait marcher tout de suite la division Friant, qui était en réserve soit pour la 3e, soit pour la 1re division. J'ai trouvé à mon arrivée l'ennemi en présence.

Le général Morand a fait attaquer le bois qui était à la droite de la plaine occupée par la cavalerie du prince Joachim, et l'a emporté.

L'infanterie ennemie s'est portée en avant pour reprendre ce bois.

Après un engagement très-vif, elle a été repoussée. Le général Rapp s'est porté à notre droite, et avec son brillant courage, quoique le terrain fût très-marécageux, il a voulu croiser le sabre : la cavalerie ennemie s'est repliée ; l'infanterie russe en a fait autant, mais après avoir tiré. Le général Rapp a été mis hors de combat par le feu, il a le bras cassé.

La 2e division n'a pu arriver qu'à la nuit, ainsi que 4 pièces d'artillerie de la 1re division. Les chemins sont affreux ; il faudra toute la nuit pour faire arriver les pièces des autres divisions.

J'ai envoyé avant midi l'ordre au général Daultanne de venir nous joindre avec la 3e division. Cet ordre a été réitéré. L'exécution dépend de circonstances que je ne puis prévoir.

La cavalerie légère du 3e corps, qui était avec la cavalerie de réserve, a beaucoup souffert.

Le général Morand a eu des blessés par la mousqueterie et a eu un cheval tué.

Nous employons cette nuit à faire rejoindre l'artillerie et à faire remplacer les cartouches ; à la fin de la journée, la 1re division en manquait. Demain, je serai plus en mesure.

Dans sa marche sur Golymin, la 1re division a forcé l'ennemi à abandonner 13 bouches à feu.

Toutes les routes et les bois sont remplis de caissons, de bagages et de soldats[1].

---

[1] Entre le 21 et le 27, on remarquera qu'il n'y a pas de dépêches du maréchal Davout, pas plus qu'on ne trouve d'ailleurs de lettres de Napoléon lui-même. C'est que pendant ces journées s'était déroulée, sans un instant de répit, cette campagne rapide que méditait Napoléon et où le maréchal avait un des principaux rôles. Le 18, le maréchal Davout avait été attaqué assez vivement à l'embouchure de l'Ukra et de la Narew, mais il avait repoussé l'ennemi, et l'affaire n'avait pas eu pour le moment de suites graves. Le 23 décembre, l'Empereur, arrivé dès le matin à Okunin, aux postes du 3e corps, s'était décidé à aller chercher les Russes fortement retranchés à Czarnowo, au delà de l'Ukra, dans l'angle formé par l'Ukra et la Narew, mettant en même temps tous ses corps en mouvement de toutes parts. C'était le commencement de l'action, que le 45e bulletin de la grande armée rapporte ainsi :

« .....La division Morand passa sur-le-champ l'Ukra (*après-midi du 23*) pour aller s'emparer des retranchements de l'ennemi près du village de Czarnowo. Le général de brigade Marulaz la soutenait avec sa cavalerie légère. La division de dragons du général Beaumont passa immédiatement après. La canonnade s'engagea à Czarnowo. Le maréchal Davout fit passer le général Petit avec le 12e de ligne pour enlever les redoutes du pont. La nuit vint, on dut achever toutes les opérations au clair de lune, et à deux heures du matin l'objet que se proposait l'Empereur fut rempli. Toutes les batteries du village de Czarnowo furent enlevées ; celles du pont furent prises ; 15,000 hommes qui les défendaient furent mis en déroute, malgré leur vive résistance. Quelques prisonniers et six pièces de canon restèrent en notre pouvoir. Plusieurs généraux ennemis furent blessés... »

C'était un sombre et violent combat de nuit qui avait fini par un premier succès. Le lendemain 24, sans perdre un instant, le maréchal Davout avait l'ordre de se diriger sur Nasielsk, et cette fois ce n'était plus la division Morand, exténuée par le combat de la nuit, qui marchait en avant, c'était la division Friant qui prenait la tête du mouvement, conduite par Davout sous les yeux de l'Empereur. Arrivé à Nasielsk, Friant attaquait l'ennemi retranché derrière des marais et des bois. Les Russes étaient encore une fois culbutés et mis en déroute. Le 25, le 3e corps se portait sur Strzegoczin, poursuivant toujours l'ennemi, à qui il prenait ses bagages et de nombreux prisonniers. Le 26, enfin, le maréchal Davout arrivé devant Golymin rencontrait les Russes commandés par Buxhœwden et les mettait de nouveau

258. — AU MAJOR GÉNÉRAL DE LA GRANDE ARMÉE
PRINCE DE NEUFCHATEL, ETC.

Strzegoczin, 31 décembre 1806.

Monseigneur, j'ai l'honneur d'adresser à Votre Altesse les mémoires descriptifs de la partie du cours de la Oryzic que les capitaines Prevost et Ménissier ont été chargés de reconnaître; c'est tout ce que ces officiers ont pu faire, vu les difficultés des chemins et le peu de temps qu'ils ont pu donner à cette besogne.

---

259. — AU MAJOR GÉNÉRAL DE LA GRANDE ARMÉE
PRINCE DE NEUFCHATEL, ETC.

Pultusk, 7 janvier 1807.

Monseigneur, j'ai l'honneur de rendre compte à Votre Altesse que le 10ᵉ régiment de hussards a repassé la Narew le 5, revenant d'Ostrow, et qu'immédiatement après avoir abandonné ce point les Cosaques y sont entrés et ont dû y commettre beaucoup d'excès.

Le général Marulaz, avec les 2ᵉ et 12ᵉ de chasseurs, a dû se porter aujourd'hui sur Ostrolenka, que, d'après les rapports, l'ennemi occupait encore avec de l'infanterie. Le 1ᵉʳ de chasseurs a dû arriver hier à Ostrow.

en déroute. C'est l'affaire dont il parle dans la lettre ci-dessus, et où le général Rapp était blessé.

Pendant ce temps, le maréchal Lannes, envoyé avec son 5ᵉ corps sur Pultusk, se trouvait tout à coup le 26 en face d'une partie de l'armée russe sous les ordres de Bennigsen. Malgré un temps affreux et l'infériorité de ses forces, Lannes n'hésitait pas à attaquer l'ennemi, et il trouvait heureusement un très-utile secours dans la division Gudin, commandée pour le moment par le général Daultanne et expédiée par l'Empereur pour le soutenir. Après un sanglant combat devant Pultusk, Lannes forçait les Russes à la retraite au moment où Davout les attaquait à Golymin. D'un autre côté, à la gauche de la ligne française, le maréchal Augereau avait passé l'Ukra, chassant l'ennemi devant lui et se reliant à Davout vers Golymin. Le maréchal Soult s'était porté de Plock sur Ciéchanow. Enfin, à l'extrémité de la ligne, Ney, Bessières et en partie Bernadotte, partis de Thorn, s'étaient avancés vers les

La division de dragons aux ordres du général Beker occupe Wousewo et ses environs.

Pultusk est occupé par un régiment de la division Friant, dont les trois autres sont cantonnés sur la rive gauche de la Narew.

Les divisions Morand et Reille sont cantonnées sur la rive droite de la Narew, où l'interruption des communications par le pont du Bug vient de faire refluer dans nos cantonnements la 1ʳᵉ division de grosse cavalerie, ce qui achève d'épuiser le peu de moyens qui pouvaient s'y trouver encore.

La position du corps d'armée devient de plus en plus fâcheuse; la plus grande partie de nos ressources existent sur la rive gauche de la Narew, et les glaces ont rompu toute communication avec cette partie. Les évacuations des blessés, qui devaient avoir lieu par eau, sont devenues impraticables, et il n'existe aucun moyen de les faire par terre; nous sommes obligés de réserver pour les blessés le peu de ressources que nous pouvons recueillir; je vous prie de venir à notre secours.

---

260. — AU MAJOR GÉNÉRAL DE LA GRANDE ARMÉE
PRINCE DE NEUFCHATEL, ETC.

Pultusk, 8 janvier 1807.

Monseigneur, j'ai l'honneur d'envoyer à Votre Altesse différents rapports du général Marulaz et copie des renseignements qui m'ont été fournis par le Juif dont il est fait mention dans l'un de ces rapports : je crois qu'on peut y ajouter foi.

sources de l'Ukra. Ney avait rencontré les Prussiens de Lestocq à Soldau, et leur avait infligé un sanglant échec. Le résultat de toutes ces affaires était de séparer de plus en plus les Prussiens des Russes et de rejeter ceux-ci au loin; mais pendant quatre jours on avait eu à se battre par la température la plus rigoureuse, à travers des forêts inextricables, sur un sol fangeux, souvent sous la neige, et cette campagne pénible, sombre, quoique en définitive heureuse, commençait à ne plus ressembler aux marches jusque-là si irrésistibles, si étonnamment victorieuses de la grande armée. Au demeurant, l'Empereur avait conquis pour quelques semaines, mais pour quelques semaines seulement, ce qu'il voulait, — des quartiers d'hiver. (*Correspondance de Napoléon*, t. XIV, 45ᵉ, 46ᵉ, 47ᵉ bulletins de la grande armée, p. 112, 117, 121.)

Il en résulte que les Russes se portent en avant; mais sur quels points et avec quelles forces, c'est ce qu'il est difficile de déterminer dans ce moment.

J'adresse copie de ces rapports et de ces renseignements à M le maréchal Soult et au général qui commande à Siérock.

Le pont qui avait été établi à Pultusk sur la Narew a été en partie emporté par les glaces. On s'occupe dans ce moment à le rétablir, et j'espère que demain il pourra être en état de servir.

Je prie Votre Altesse de m'envoyer des pontonniers. Tous ceux attachés au corps d'armée sont employés à Okunin, à Siérock et sur d'autres points, excepté ici, où nous en aurions le plus grand besoin.

J'ai l'honneur de remettre sous les yeux de Votre Altesse un rapport qui confirme ce que j'ai déjà eu l'honneur de lui dire, que, par défaut de moyens, le pont de pilotis de Pomichowo n'avait pu être rétabli, et qu'on avait été obligé d'y substituer un pont de radeaux et de chevalets, qui vraisemblablement est, dans ce moment, hors d'état de servir, et qui d'ailleurs était peu solide.

---

261. — AU MAJOR GÉNÉRAL DE LA GRANDE ARMÉE
PRINCE DE NEUFCHATEL, ETC.

Pultusk, 10 janvier 1807.

Monseigneur, je reçois les ordres de Votre Altesse pour les cantonnements définitifs; bien loin d'ajouter à ceux que nous occupons déjà et qui sont insuffisants, non pour y passer un quartier d'hiver, mais pour y séjourner encore douze ou quinze jours, surtout sous le rapport des fourrages, j'éprouve, comme Votre Altesse le verra par le tableau comparatif, une très-grande diminution de villages[1].

La petite rivière de Ziclino n'existe pas sur la carte de Gilly, mais sur celle de Rizzi-Zannoni, qui est absolument inexacte,

---

[1] Après les affaires de la fin de décembre, l'armée française prenait ses

et sur laquelle il est impossible de rien asseoir. J'ai envoyé un officier près du maréchal Soult pour lui faire connaître nos cantonnements actuels et obtenir pour limite la rive gauche de la Sonna jusqu'à son embouchure dans l'Ukra.

Je supplie Votre Altesse de jeter les yeux sur la carte et de se rappeler que c'est précisément dans cette partie que l'armée

quartiers d'hiver. Un ordre de l'Empereur, daté de Varsovie, 7 janvier 1807, porte :

« CANTONNEMENTS DÉFINITIFS. — Le corps de M. le maréchal Bernadotte, sur la gauche et sur la basse Vistule, occupe Osterode et Elbing.

« Le corps du maréchal Ney occupe Mlawa, Soldau, et a pour point d'appui Thorn, où il fera établir des hôpitaux et des manutentions.

« Le corps du maréchal Soult occupe Przasnisz, Makow, Ciechanow, et aura pour point d'appui Plock, sur la Vistule, d'où il établira des communications directes avec les points ci-dessus. Il fera établir à Plock des hôpitaux et des manutentions.

« Le maréchal Augereau occupe Noweminasto et les environs, et a pour point d'appui Wyszogrod, sur la Vistule, où il fera établir des hôpitaux et des manutentions.

« Le maréchal Davout a pour point d'appui Pultusk, et occupe les environs et une partie de la presqu'île entre la Narew et le Bug.

« Le maréchal Lannes occupe Sierock, la presqu'île, entre le Bug et la Vistule, ayant pour point d'appui Varsovie.

« La cavalerie du général Nansouty sera cantonnée sur la rive gauche de la Vistule, sur la Bzura.

« La division de cuirassiers du général d'Hautpoul sera cantonnée en avant de Thorn, entre Gollud et Rypin.

« La division de dragons du général Klein sera cantonnée du côté de Plock, le long de la Vistule.

« La division du général Grouchy doit se cantonner dans l'arrondissement du maréchal Bernadotte.

« La division de cavalerie légère du général Lassalle et la divion du général Milhaud restent cantonnées dans l'arrondissement du maréchal Soult.

« La division de dragons Beker reste cantonnée dans l'arrondissement du maréchal Davout.

« La division de cuirassiers du général Espagne est à Posen.

« En cas de mouvements de l'ennemi qui nécessiteraient la réunion de l'armée, le corps du maréchal Lannes se rassemblerait à Sierock, le corps du maréchal Davout à Pultusk, celui du maréchal Soult à Golymin, celui du maréchal Augereau à Noweminasto, celui du maréchal Ney à Mlawa. Les corps de grosse cavalerie se réuniraient sur-le-champ aux chefs-lieux de leurs cantonnements, où ils attendraient des ordres. Il en serait de même pour les divisions de dragons et de cavalerie légère... » Par un décret du 8 janvier, Napoléon ordonnait en même temps tout un ensemble de puissantes défenses sur la Vistule, la Narew et le Bug. (*Correspondance de Napoléon*, t. XIV, p. 157-166.)

russe a eu de grands rassemblements, que plusieurs corps de la grande armée et des divisions de cavalerie y ont passé et séjourné; Pultusk, qui pouvait offrir des ressources avant la bataille, n'en présente maintenant d'aucune espèce. Votre Altesse est dans la persuasion que nous avons dû y trouver beaucoup de vin; il en a été remis par les commissaires de M. le maréchal Lannes 4,000 bouteilles pour les hôpitaux et les blessés; des visites domiciliaires faites avec la plus grande rigueur en ont produit 2,000 autres bouteilles, qui ont reçu la même destination. La grande quantité de blessés laissés ici et qui ne s'évacuent que lentement, faute de moyens de transport, aura bientôt consommé ce qu'il en reste.

Nous n'aurons, même pour de l'argent, aucune ressource en draps, fers, cuirs, etc., dans cette ville; tout a été enlevé par les ennemis lors de leur retraite, et par les nôtres à leur entrée. Enfin pour former sur ce point tous les établissements de confection, réparation, etc., pour les corps et l'artillerie, ainsi que le prescrit la lettre de Votre Altesse, il faut que tout vienne de Varsovie.

J'ai l'honneur de vous supplier, Monseigneur, d'envoyer des officiers d'état-major dans tous nos cantonnements pour les visiter; ils pourront vous mettre à même de faire connaître toute la vérité à Sa Majesté.

Une grande partie des troupes du 3e corps ne vit que de viande et de pommes de terre, encore cette dernière ressource touche-t-elle à sa fin. Il n'y a eu tout au plus que 20,000 rations de pain, venant de Praga, distribuées au corps d'armée depuis mon départ d'Okunin. Beaucoup d'autres m'ont été sans doute expédiées, mais elles n'ont pu me parvenir et se sont perdues dans les mauvais chemins. 25,000 rations me sont annoncées depuis deux jours par l'ordonnateur, mais elles sont retenues sur le Bug, où il n'y a aucun passage pour les voitures.

Je ne puis trop réclamer l'exécution des mesures prises par M. l'intendant pour faire verser ici des grains, des farines et de l'eau-de-vie; ce marché peut seul donner du pain à l'armée, toutes les mesures prises ici étant sans succès. Je comptais entre autres sur l'accomplissement d'un marché dont j'ai adressé le double à Votre Altesse; j'ai appris hier soir qu'il allait manquer, le blé et la farine devant être tirés d'un pays occupé par un autre corps d'armée.

Une partie des villages se trouve sans habitants, sans administrateurs et sans prêtres; la guerre et la misère les ont forcés à fuir en Galicie; chaque jour voit augmenter l'émigration pour les mêmes causes. Ce qui ajoute encore à nos embarras, c'est qu'il ne se trouve aucun moyen de transport dans nos cantonnements, même pour évacuer les blessés. Suivant vos instructions, il semblerait qu'il ne devrait y avoir que la cavalerie légère et la division de dragons du général Beker de cantonnées dans la presqu'île; la nécessité m'a contraint à y faire passer trois régiments d'infanterie de la division Friant, qui y éprouvent jusqu'à ce moment moins de privations que les autres.

Pour me résumer et pour que les intentions de Sa Majesté puissent être remplies, que ses régiments du 3ᵉ corps puissent réparer leur chaussure, leur habillement, je demanderai à Votre Altesse :

1º Que l'on puisse continuer à faire faire à Varsovie des souliers, des capotes, et que les corps soient autorisés à y envoyer leurs armuriers et leurs armes en mauvais état;

2º Que nos malades puissent être évacués sur Varsovie; on en traitera ici autant que possible;

3º Qu'on laisse à Nasielsk le parc, et qu'il continue à tirer de Varsovie ce qui lui est indispensable;

4º Que le marché de l'intendant, pour faire verser des farines et blés à Pultusk, soit exécuté;

5º Qu'il soit accordé de l'eau-de-vie, du vin, si cela est possible, rien ne pouvant plus contribuer à arrêter les diarrhées que ces spiritueux;

6º De mettre à ma disposition le plus de capotes et souliers possible; pour les capotes, je m'en réfère à mes lettres d'hier;

7º De nous donner tous les cantonnements situés sur la rive gauche de la Sonna et de faire partir la division de cuirassiers, qui dévore nos ressources.

Croyez, Monseigneur, que tout en vous exposant avec franchise de tristes vérités, je n'en ferai pas moins tout ce qui dépendra de moi pour surmonter les difficultés de notre triste position.

---

262. — AU MAJOR GÉNÉRAL DE LA GRANDE ARMÉE
PRINCE DE NEUFCHATEL, ETC.

Pultusk, 12 janvier 1807.

Monseigneur, j'ai l'honneur de rendre compte à Votre Altesse que, d'après le rapport du général Beker du 11 de ce mois, la cavalerie légère du 3e corps s'est établie sur la ligne d'Ostrow à Ostrolenka, conformément aux ordres de Votre Altesse.

Le général Beker me mande que la découverte partie le 10 d'Ostrolenka a rencontré l'ennemi entre cette ville et Lomza. Ce rapport étant vague, j'ai ordonné au général Beker de me faire connaître à l'avenir les villages par où seront dirigées ses reconnaissances, et les points fixes sur lesquels on rencontrera l'ennemi.

Le général Beker me mande que deux régiments de dragons russes avec de l'infanterie sont cantonnés entre Ostrolenka et Lomza, sans faire aucune démonstration pour nous inquiéter dans notre position.

Le général Marulaz n'a trouvé à Ostrolenka aucune espèce de ressources; si l'on en excepte le sel, tout est épuisé. La subsistance des hommes et des chevaux présente les plus grandes difficultés; la ferrure devient impossible à rétablir, les matières premières manquent dans tous les villages, et lors même que l'on voudrait faire usage des ferrements de voitures et charrues, on ne trouve pas une forge en état; les enclumes sont enlevées et les soufflets détruits. Tels sont, Monseigneur, les détails que me donne M. le général Beker.

Le général Reille, qui veut bien se charger de cette lettre, pourra vous donner d'amples renseignements sur l'état de nos cantonnements d'infanterie. Ceux que Votre Altesse a assignés sur ma droite par son travail définitif sont encore occupés par les troupes du 5ᵉ corps; deux régiments de cavalerie légère du même corps d'armée, indépendamment de la division de grosse cavalerie, sont encore répandus dans les anciens cantonnements. Tant que cet état de choses durera, il est impossible de prendre aucune mesure administrative.

---

263. — AU MAJOR GÉNÉRAL DE LA GRANDE ARMÉE
PRINCE DE NEUFCHATEL, ETC.

Pultusk, 16 janvier 1807.

Monseigneur, j'ai l'honneur de rendre compte à Votre Altesse que l'ennemi a évacué Lomza : il avait à Piontnica, sur la rive droite de la Narew, en face de Lomza, un corps de 8,000 hommes.

A Sniendowo, nos reconnaissances ont pris un capitaine, un soldat russe, et trois autres à Nowogrod. L'ennemi a laissé à Lomza une centaine de malades.

Le corps de Buxhœwden paraît se retirer dans la Vieille Prusse, par Biala.

Celui de Beningsen se retire sur Grodno.

Les reconnaissances d'Ostrow sur Andrzejewo n'ont aperçu aucun ennemi.

J'ai appris par des émissaires que les Cosaques avaient paru à Zambrow, pour y faire du fourrage.

En général, le pays entre Ostrow et le Bug a beaucoup moins été ravagé par les Russes que celui entre Ostrow, Ostrolenka et Lomza.

Je reçois, dans ce moment, votre lettre du 15. La 3ᵉ division sera rendue le 21 à Varsovie[1]. Conformément aux inten-

---

[1] L'Empereur au major général. — « Varsovie, 15 janvier 1807. Mon cousin, donnez l'ordre aux 12ᵉ, 21ᵉ, 25ᵉ et 85ᵉ régiments, composant la division Gudin, de se rendre à Varsovie. Ils feront en sorte d'y être arrivés le 21... Faites connaître au maréchal Davout qu'il doit placer l'artillerie de la division Gudin où il le jugera convenable, parce qu'il n'y a pas de quoi la nourrir ici; qu'en faisant venir ces quatre régiments à Varsovie, mon intention est qu'il leur soit porté un soin particulier; que cependant il diri-

tions de Votre Altesse, je garderai ici l'artillerie, les ambulances et les transports de la compagnie Breidt.

J'ai recommandé aux colonels de mener le moins possible de leurs chevaux et ceux de leurs officiers à Varsovie.

---

264. — AU MAJOR GÉNÉRAL DE LA GRANDE ARMÉE.
PRINCE DE NEUFCHATEL, ETC.

Pultusk, 19 janvier 1807.

Monseigneur, j'ai l'honneur de rendre compte à Votre Altesse que le général Marulaz s'est porté le 17 sur Lomza, avec le 2ᵉ de chasseurs et un escadron du 12ᵉ ; il y a trouvé 30 soldats russes très-malades, et 5 officiers.

Le 16, deux escadrons de hussards, du régiment d'Yssum, un bataillon de chasseurs à pied d'Ygoroki et une centaine de Cosaques, avaient quitté cette ville pour prendre la route de Stawiszki et de là se diriger sur Johannisburg.

Le 14, un corps de 8 à 10,000 hommes, qui était sur la rive droite de la Narew, vis-à-vis Lomza, avait pris la même direction.

Suivant les rapports, une grande partie de l'armée russe, tous les équipages et tous les quartiers généraux avaient pris la route de Tykoczin ; cependant on a cru remarquer que des soldats qui avaient passé Tykoczin étaient revenus vis-à-vis de Lomza, par la rive droite de la Narew.

Avant cette reconnaissance, pour avoir des nouvelles des Russes sans compromettre des troupes, j'avais fait renvoyer à leurs avant-postes un domestique du colonel Duca. L'officier chargé d'en faire la remise a passé la Narew à Lomza. Le 16, il a trouvé à Piontnica 40 fantassins et des hussards ; il a été conduit à Yeziorka, où il a trouvé 20 hussards, 1 officier et quelque infanterie : il a été retenu là ; sa lettre

---

gera ce mouvement de manière à faire passer le Bug à ces régiments, soit sur le pont, soit sur les glaces, quand ce sera possible. En général, ils ne doivent mener aucuns chevaux, car le fourrage est rare à Varsovie. » (*Correspondance de Napoléon*, t. XIV, p. 197.)

et l'homme renvoyé ont été expédiés au général Dorochof, qui se trouvait à Stawiszki. Ce général a envoyé un reçu et a dû, d'après les nouvelles que s'est procurées l'officier, partir la même nuit, pour se porter trois lieues plus en avant.

La reconnaissance partie d'Ostrow le 16 a trouvé, à deux lieues de là, à Kalinowo, un poste d'une centaine d'hommes, infanterie et cavalerie; un peu plus loin, à Jasienice, il y avait une trentaine d'hommes, tant hussards que Cosaques. Dans tous ces environs, il y a des Cosaques et hussards russes.

Tous ces partis paraissent venir de Czyzewo, où il doit y avoir un régiment d'infanterie, un régiment de hussards et un millier de Cosaques.

La reconnaissance du 17, d'Ostrow, a trouvé les postes de Kalinowo et Jasienice évacués; ils ont dû se retirer sur Zaremby.

Le seigneur de Kalinowo a fait la déclaration suivante :
« Que dans la ville de Zambrow, à trois milles de Lomza
« et dans ses environs, se trouve une division russe de
« 40,000 hommes, sous le commandement du général Essen;
« Que l'avant-garde du général Beningsen, de 80,000 hommes,
« se trouve dans la ville de Stawiszki, à 3 milles de Lomza;
« Que la grande armée se trouve entre Biala et Johannis-
« burg, et est composée de 200,000 hommes. »

Il est à observer qu'il ne reste dans le pays que les seigneurs les plus pauvres, qui, intimidés par les menaces du roi de Prusse, paraissent servir plutôt la cause des Russes que celle des Polonais; les riches seigneurs se sont retirés en Galicie.

Il paraît que les Russes ont abandonné à Lomza 21 pontons. J'ai donné ordre au général Lochet de les faire enlever.

---

265. — AU MAJOR GÉNÉRAL DE LA GRANDE ARMÉE
PRINCE DE NEUFCHATEL, ETC.

Pultusk, 21 janvier 1807.

Monseigneur, j'ai fait interroger les cinq officiers russes pris à Lomza : l'un est du corps de Beningsen, les quatre autres appartiennent au corps de Buxhœwden. Ils s'accordent à dire que les corps de ces deux généraux sont en marche sur la Vieille Prusse. Quelques-uns disent même qu'ils se dirigent sur Kœnigsberg.

Ce rapport coïncide avec ceux des émissaires, des habitants du pays et des autres prisonniers, qui sont tous du corps de Buxhœwden.

Ces officiers assurent que Beningsen a le commandement supérieur de son corps et de Buxhœwden. Kamenski est rappelé et a dû se retirer par Grodno[1].

[1] Voici ce qui s'était passé, et la situation telle qu'elle commençait à se dessiner. En réalité, comme on le voit par les lettres du maréchal Davout, les Russes, quoique ayant perdu beaucoup de monde, d'artillerie, de bagages, dans les combats de Czarnowo, de Golymin, de Pultusk, de Soldau, ne s'étaient point éloignés autant que Napoléon l'avait cru d'abord. Pendant quelques jours du moins, ils n'avaient cessé de s'agiter sur le front des avant-postes de la Narew qui étaient la droite de l'armée française. Une révolution de commandement venait d'ailleurs de s'accomplir chez eux. Le général Beningsen, par des rapports assez peu véridiques sur les affaires de la fin de décembre, avait appelé sur lui la faveur de la cour de Pétersbourg, et il venait d'être nommé généralissime. Le vieux général Kamenski, après quelques semaines de commandement en chef, était rappelé, ainsi que le général Buxhœwden; Beningsen restait seul à la tête de l'armée, fortifiée sur ces entrefaites de deux divisions de réserve amenées par le général Essen. Le nouveau généralissime, soit qu'il se fit illusion à lui-même, soit qu'il voulût justifier les rapports où il se disait victorieux, tenait à montrer qu'il était en état de poursuivre les hostilités. Laissant le général Essen devant les Français sur la Narew, il manœuvrait avec le reste de son armée dans la direction de la Vieille Prusse, du littoral, pour gagner la basse Vistule, passer le fleuve et tenter de tourner, s'il le pouvait, l'armée française.

A ce moment, l'armée française à laquelle Beningsen allait avoir affaire dans son opération, se trouvait ainsi disposée : les corps de Davout et de Lannes étaient sur la Narew, de Varsovie à Pultusk. Le maréchal Soult, formant le centre, se trouvait entre Ostrolenka et Willenberg, se liant d'un côté à Davout, d'un autre côté au maréchal Ney sur la gauche. Celui-ci était à Hohenstein sur la haute Passarge, poussant devant lui des pointes hardies. Au delà, à l'extrême gauche, Bernadotte occupait Osterode, Mohrungen, Elbing. Il s'agissait donc pour les Russes de décrire un grand détour par la Vieille Prusse, d'arriver sur la basse Vistule en débordant l'aile gauche de l'armée française et en surprenant peut-être le maréchal Bernadotte. C'est le plan dont Beningsen avait commencé l'exécution, qui éveillait la vigilance du maréchal Davout, et que Napoléon lui-même n'allait pas tarder à saisir par les rapports plus décisifs encore du maréchal Ney.

L'armée russe de Beningsen, pouvait être évaluée à 80,000 hommes, et avec ce qui restait aux Prussiens, à 90.000 hommes.

Une reconnaissance envoyée à Lomza ce matin y a trouvé cinq Cosaques montés, qu'elle a pris. Ils venaient en patrouille de Czarnoczin, où est leur colonel. L'ennemi n'occupe plus à poste fixe Piontnica; mais il envoie des patrouilles de cavalerie et d'infanterie qui viennent jusqu'à Lomza.

Une trentaine de Cosaques se sont présentés le 20 devant Sniadow et ont chargé les vedettes du 2e de chasseurs; ils se sont ensuite retirés : ils étaient venus par les routes de Lomza et de Tykoczin.

Un officier que j'avais envoyé d'Ostrow le 17 pour remettre aux Russes un domestique trouvé parmi les prisonniers, les a rencontrés à Ruskolonki, forts de 50 hussards et autant de Cosaques. Cette route le conduisit à Andrzejewo, où il fut retenu jusqu'au 18 au matin.

D'après le rapport de cet officier, les Russes n'ont, de ce côté, qu'un régiment de hussards de 10 escadrons et deux bataillons d'infanterie légère, répartis ainsi qu'il suit :

Cinq escadrons et un bataillon d'infanterie à Czizewo, qui fournissent les avant-postes d'Andrzejewo, et sur la droite du côté de Zambrow, et cinq escadrons et un bataillon d'infanterie à Nur.

Il faut ajouter à ces troupes un millier de Cosaques.

Le général qui commande les avant-postes est à Czizewo, ainsi que le colonel des hussards.

Les reconnaissances des Russes viennent tous les jours à Jasienice.

Le gros de l'avant-garde de l'armée doit être à Bielsk et sur la gauche de cette ville.

---

266. — AU MAJOR GÉNÉRAL DE LA GRANDE ARMÉE
PRINCE DE NEUFCHATEL, ETC.

Pultusk, 23 janvier 1807.

Monseigneur, j'ai l'honneur de rendre compte à Votre Altesse que, le 21, l'ennemi a surpris 50 chevaux du 2e, qui étaient à Sniadow, et une pareille quantité du 1er, qui étaient à

Szumowo; il s'est montré sur toute la ligne, depuis Ostrow jusqu'à Lomza. Jusqu'ici je ne puis regarder cela que comme une simple reconnaissance. Depuis plusieurs jours il tourmentait les paysans pour avoir des renseignements sur les forces que nous avons sur cette ligne.

Le poste de Sniadow a été inquiété pendant toute la nuit du 20 au 21. Le 21, à midi, il a été attaqué par 3 ou 400 Cosaques et hussards. Le commandant du détachement du 2e a perdu la tête; il s'est retiré avec la plus grande précipitation et s'est jeté dans les marais, où il a été obligé d'abandonner une partie de ses chevaux. Le général Beker fait monter la perte de ce détachement à 40 chevaux et 15 ou 20 hommes, dont 2 officiers.

Je n'ai pas encore de rapports détaillés sur la perte du 1er de chasseurs, mais elle est beaucoup moins considérable.

Les différents postes d'infanterie qui devaient occuper toute la ligne n'ont pu arriver que le 22.

Maintenant que l'avant-garde de l'infanterie sous les ordres du général Lochet est établie, j'espère que notre cavalerie aura plus de tranquillité et qu'elle sera à l'abri de toutes ces échauffourées.

Une reconnaissance a été envoyée à Lomza le 21 pour y enlever une trentaine de sacs de seigle, que les Russes y avaient laissés. On y a trouvé 10 hussards qui ont été chargés, et dont un a été pris. Je les ferai questionner.

Plusieurs déserteurs russes sont arrivés des corps de Buxhœwden et de Beningsen.

Ceux du corps de Beningsen ont déserté le 15 janvier de Johannisburg.

Ceux du corps de Buxhœwden ont déserté à une époque plus ancienne, et aussi des environs de Johannisburg.

Ces déserteurs confirment la marche de ces deux corps dans la Vieille Prusse. Le général Beningsen était de sa personne à Johannisburg; c'est dans ces environs que se réunissait son corps d'armée, qui avait ordre de se tenir prêt à marcher. Ci-joint les rapports de ces déserteurs.

Un hussard russe, qui a déserté du côté de Lomza, était

porteur de la lettre ci-jointe ; aussitôt que cet homme sera arrivé, je le ferai interroger, et je vous transmettrai ses réponses.

Les travaux de la tête de pont de Pultusk étaient déjà avancés et se poursuivaient avec activité, lorsque la gelée a forcé de les interrompre. Quand ces travaux pourront être repris, 10 ou 12 jours suffiront pour les achever entièrement.

Nous avons quatre grands fours de 5 à 600 rations chacun. Malgré la gelée, on en aura bientôt terminé six autres.

L'aide de camp de Votre Altesse, M. Lebrun, qui est passé ici ce matin à trois heures, m'a dit que vous aviez remis des dépêches pour moi à M. Esparon, aide de camp ; il est trois heures, et je n'ai pas encore vu cet officier. Si les dépêches dont il est porteur sont importantes, je prie Votre Altesse de me les faire expédier en double.

---

267. — AU MAJOR GÉNÉRAL DE LA GRANDE ARMÉE
PRINCE DE NEUFCHATEL, ETC.

Pultusk, 23 janvier 1807.

Monseigneur, jusqu'ici il ne m'a pas été possible de profiter de la permission que Sa Majesté m'a donnée d'aller pour quelques jours à Varsovie, non-seulement à cause de l'incertitude du temps, qui arrête à chaque moment les communications, mais encore à cause des circonstances de la position de l'ennemi[1].

[1] L'Empereur au maréchal Davout. — « Varsovie, 15 janvier 1807. Mon cousin, j'ai lu avec attention les notes que vous m'avez envoyées. J'ai sous les yeux le travail des avancements dans la Légion d'honneur, que vous me demandez pour votre corps d'armée ; je ne m'en suis pas encore occupé ; j'y ferai droit sous peu de jours. Envoyez-moi l'état des places vacantes dans vos trois régiments de cavalerie légère. Je vous ai fait dire de mettre deux bataillons à Ostrolenka. Faites mettre de l'infanterie à vos avant-postes et laissez reposer la cavalerie. Il faut seulement ne pas se laisser surprendre et faire quelques reconnaissances ; mais il est inutile de courir après l'ennemi. Vous pourrez venir à Varsovie, aussitôt que le temps sera assez ferme pour que vous puissiez retourner librement à vos cantonnements ; mais tant que la saison sera ainsi variable, vous courriez risque de vous voir séparé de votre corps d'armée. » (*Correspondance de Napoléon*, t. XIV, p. 198.)

Le corps du général Essen, fort d'environ 20,000 hommes, qui a un peu plus de moral que les autres parce qu'il n'a combattu ni à Austerlitz ni dans les dernières affaires, est vis-à-vis de nous à Bielsk et à Ciechanowice et dans les environs. Les corps de Buxhœwden, et celui surtout de Beningsen, n'ont pas encore pris de quartiers d'hiver. Ce dernier est encore trop dans notre voisinage, et trop réuni pour qu'on puisse considérer sa position comme étant définitive.

Quoiqu'il soit très-invraisemblable qu'après les pertes que cette armée a faites, en tués, blessés, traîneurs, et par les maladies et en munitions et bagages, elle puisse penser à reprendre l'offensive, dans cette saison, cependant, il est nécessaire de l'observer et d'être prêt à tout événement. Cet état de choses ne peut durer plus longtemps, et j'espère qu'il me sera possible, sous peu de jours, de profiter de la permission de Sa Majesté et de l'entretenir des promesses qu'elle a daigné me faire sur les avancements et décorations à accorder au 3ᵉ corps, et sur d'autres objets relatifs au bien de son service.

268. — AU MAJOR GÉNÉRAL DE LA GRANDE ARMÉE
PRINCE DE NEUFCHATEL, ETC.

Pultusk, 23 janvier 1807.

Monseigneur, au moment où j'expédiais un officier d'état-major à Votre Altesse avec ma dépêche de ce jour, arrive un officier du 1ᵉʳ de chasseurs, qui était hier à midi à Ostrow. Ce poste était très-tranquille; on était instruit que l'ennemi avait fait sur Brok une tentative qui n'avait pas eu de succès.

D'un autre côté, j'ai appris indirectement qu'un officier général français avait été tué, et son aide de camp blessé; la personne qui a donné cette nouvelle annonçait que c'était par imprudence et surprise, et que d'ailleurs l'affaire n'avait pas eu de suite, ce qui confirme le rapport du commandant d'Ostrow. J'adresse à Votre Altesse le rapport d'un officier du 1ᵉʳ de chasseurs.

Toute l'infanterie se trouvant en mesure, les Cosaques et les hussards laisseront notre cavalerie tranquille.

Les officiers du 2e et du 1er de chasseurs qui ont eu ces échauffourées assurent qu'ils n'avaient pas encore eu affaire à ces Cosaques et à ces hussards. Les rapports des paysans annoncent aussi qu'ils n'ont pas encore vu ces troupes; ce qui peut faire conjecturer que ce sont les troupes légères du général Essen.

---

269. — AU MAJOR GÉNÉRAL DE LA GRANDE ARMÉE
PRINCE DE NEUFCHATEL, ETC.

Pultusk, 24 janvier 1807.

Monseigneur, il n'y a rien eu de nouveau à nos avant-postes depuis les affaires du 1er et du 2e de chasseurs, dont j'ai rendu compte à Votre Altesse. Des détachements d'infanterie sont actuellement placés aux avant-postes, et cette mesure nous donnera plus de tranquillité.

J'adresse à Votre Altesse les interrogatoires d'un déserteur russe et des cinq Cosaques pris le 20 à Lomza.

Ce déserteur était porteur de la lettre russe que je vous ai transmise hier; son rapport confirme la nouvelle de la marche des Russes sur la Vieille Prusse.

Les Cosaques ont donné peu de renseignements, mais leurs réponses confirment aussi la marche des Russes dans la Vieille Prusse.

---

270. — AU MAJOR GÉNÉRAL DE LA GRANDE ARMÉE
PRINCE DE NEUFCHATEL, ETC.

Pultusk, 24 janvier 1807.

Monseigneur, j'ai l'honneur de transmettre à Votre Altesse un rapport du général Beker du 24.

Le 23, l'ennemi n'a inquiété ni Srfiadow, ni Szumowo, où nous avons des postes d'infanterie et de cavalerie; il s'est montré du côté d'Ostrow; ses reconnaissances se sont rencontrées avec les nôtres sans engagement.

Tous les rapports du pays s'accordent à dire que l'ennemi a porté à Lomza 1,000 hommes d'infanterie et beaucoup de troupes légères. Nos découvertes ont reconnu, le 23, à une lieue et demie de cet endroit, des vedettes; il se trouve aussi à Yablonka des troupes de toutes armes dont les habitants du pays exagèrent la force suivant l'ordinaire; ces troupes arrivent de Grodno et, d'après ce qu'on dit, viendraient de la Russie et ne seraient pas du corps d'Essen, qui est très-certainement du côté de Ciechanowice.

Il n'y a pas de doute maintenant que les armées de Buxhœwden et de Beningsen ne soient en marche dans la Vieille Prusse et qu'elles ne soient en mouvement sur tous les points; dans peu de jours, tout cela sera éclairci.

Un officier polonais, que j'avais envoyé en Galicie, en est de retour. Il a été du côté de Bryeck; là, le bruit était que le corps d'Essen devait se porter en avant; qu'il y avait plus de huit jours qu'on lui avait expédié 300 chariots de pain biscuité, et qu'il y avait des mouvements dans toute l'armée russe.

Le grain du marché conclu à Varsovie, qui devait être versé de la Galicie sur Pultusk, commence à arriver. Je reçois aussi des farines de Praga, de mauvaise qualité, à la vérité, mais qu'on pourra améliorer par le blutage [1].

Les diarrhées diminuent, et le repos a fait le plus grand bien.

---

[1] Si l'on veut se faire une idée des soins minutieux que Napoléon, au milieu des plus vastes combinaisons, mettait à tous les détails des services de l'armée, on n'a qu'à lire les instructions et ordres qu'il donnait soit à l'intendant général Daru, soit à ses officiers, envoyés en mission à ces dates des 25, 26, 27, 28 janvier. Le 25 janvier, par exemple, il était parti de Varsovie des convois de grains, farines, bœufs, biscuit, eau-de-vie, pour les divers corps d'armée qui s'approvisionnaient difficilement. L'Empereur ne se bornait pas à donner des ordres d'expédition, il en surveillait l'exécution. Il envoyait un de ses officiers avec l'ordre de tout voir. «...M. de Tournon, disait-il, partira dans la nuit, de manière à arriver à Nieporent à la petite pointe du jour. Il comptera tous les convois et me fera un rapport qui me fasse connaître ce qui est passé, et dans quel ordre cela était. Il pressera la

271. — AU MAJOR GÉNÉRAL DE LA GRANDE ARMÉE
PRINCE DE NEUFCHATEL, ETC.

Pultusk, 25 janvier 1807.

Monseigneur, j'ai l'honneur de transmettre à Votre Altesse copie d'un rapport qui annonce une nouvelle attaque de l'ennemi contre un de nos avant-postes, à Szepankowo; cette attaque a été sans succès; l'ennemi a dû perdre du monde. Vous remarquerez, dans ce rapport, qu'on annonce que le général Beningsen revient de la Vieille Prusse pour se porter dans ces contrées.

Dans la déclaration d'un sous-officier déserteur, que j'ai transmise hier à Votre Altesse et qui confirme la marche du corps de Buxhœwden et Beningsen dans la Vieille Prusse, il y avait cette phrase :

« On disait dans l'armée qu'un corps considérable de « troupes françaises était en marche le long des côtes de la « mer, pour se jeter sur l'ancienne Prusse pour prévenir ce « mouvement. »

Si le retour du général Beningsen se confirme, cela prouverait que l'ennemi a fait cette fausse manœuvre sur la nouvelle de la marche que faisait le maréchal Ney sur Kœnigsberg, avant d'avoir reçu l'ordre du 8 janvier pour ses cantonnements définitifs.

Son retour s'expliquerait : 1° par la connaissance qu'ils ont dû avoir de la marche rétrograde du maréchal Ney.

2° Parce que, le 17, un officier a été en parlementaire jusqu'à trois lieues de Szezuczyu pour, sous le prétexte de

---

confection de la manutention à Nieporent; il s'assurera de la quantité de pain qu'on fait et de la quantité de blé qu'on peut faire moudre. Il attendra jusqu'à dix heures pour voir ce qui pourra passer encore, et entre dix heures et midi il me fera un rapport très-détaillé, tant sur le magasin et la manutention de Nieporent que sur les convois passés ; il me l'expédiera par estafette : ensuite il se rendra au pont, il y restera jusqu'à ce que tout soit passé. Avant la nuit il me fera un rapport sur tous les objets qui auront passé le pont, etc. » (*Correspondance de Napoléon*, t. XIV, p. 230 et suivantes.) Les principaux lieutenants de l'Empereur, le maréchal Davout au premier rang, mettaient les mêmes soins au service de tous les instants.

remettre un non-combattant, s'assurer de la position et des mouvements de l'ennemi.

3° Parce que, le 18, une de nos reconnaissances, forte de 200 chevaux, est entrée à Lomza, où nous avons paru le 19, le 20 et le 21. Cela aura donné lieu à différents bruits qui, transmis et exagérés par les habitants du pays, auront pu motiver le retour du général Beningsen.

Au reste, ce ne sont là que des conjectures, et je sais que dans notre métier elles se trouvent souvent sans fondement.

J'ai donné connaissance de tout ceci à M. le maréchal Soult, qui, par les postes qu'il a sur la Rosoga, sera à même de s'assurer du retour du général Beningsen ; de mon côté, j'emploierai tous les moyens pour acquérir une certitude à cet égard.

272. — AU MAJOR GÉNÉRAL DE LA GRANDE ARMÉE
PRINCE DE NEUFCHATEL, ETC.

Pultusk, 26 janvier 1807.

Monseigneur, il n'y a rien de nouveau à nos avant-postes depuis le rapport que j'ai eu l'honneur de transmettre hier à Votre Altesse. L'ennemi a poussé des reconnaissances, pendant la nuit, sur le poste de Sniadow ; mais il n'a rien tenté.

Suivant les on dit du pays, il devrait y avoir à Zambrow beaucoup d'infanterie et même de l'artillerie.

Je vous adresse le rapport d'un Polonais, officier dans les troupes russes, qui a déserté.

Ce rapport confirme le mouvement de l'armée russe dans la Vieille Prusse, et lui attribue pour motifs, ainsi que celui que je vous ai adressé hier, la connaissance que les Russes ont eue de la marche d'un corps de troupes françaises sur Kœnigsberg[1].

---

[1] A cette date, le mouvement de Beningsen se dévoilait complétement. Ney, qui poussait audacieusement des partis jusqu'à la Pregel, aux approches de Kœnigsberg, rencontrait inopinément les Russes en force vers Deppen et Liebstadt entre l'Alle et la Passarge, et il n'avait que le temps de se replier en prévenant Bernadotte et Soult. Bernadotte, dans son mouvement pour se rapprocher de Ney, se heurtait, le 25 janvier, contre un gros corps russe commandé

Je vous envoie aussi le rapport d'un officier polonais qui a servi dans les légions polonaises, et qui se propose de prendre du service dans les troupes qu'on leve dans ce moment. Ce rapport contient des renseignements sur la Galicie et sur les mouvements des Russes qui avoisinent cette province.

273. — AU MAJOR GÉNÉRAL DE LA GRANDE ARMÉE
PRINCE DE NEUFCHATEL, ETC.

Pultusk, 28 janvier 1807.

Monseigneur, j'ai l'honneur d'adresser à Votre Altesse un rapport sur la Galicie.

Ce rapport est de M. ***, inspecteur des douanes, sur la frontière de la Pologne, du côté de la Galicie, entre Czenstochowa et Cracovie.

par le général Markof, et il lui livrait à Mohrungen un sanglant combat d'où il sortait avec avantage. Napoléon, qui venait de donner un mois de repos à ses troupes, et n'aurait peut-être pas été fâché de prolonger de quelques semaines ses quartiers d'hiver, prenait cependant aussitôt son parti de marcher à l'ennemi. Au reçu des nouvelles qui lui arrivaient de toutes parts, il donnait ses ordres. Laissant le maréchal Lannes à Sierock pour faire face aux divisions russes d'Essen demeurées sur la Narew, il se disposait à pivoter sur le corps du maréchal Soult et à concentrer une grande partie de son armée sur Allenstein, entre l'Alle et la Passarge : Soult par Passenheim, Davout formant la droite par Myszyniec et Ortelsburg, Ney formant la gauche par Osterode, Augereau formant l'arrière-garde par Neidenburg et Hohenstein, la garde venant à la suite, — Murat, quoique malade, reprenant la tête avec ses escadrons. Bernadotte restait réservé à un autre rôle, sur la basse Vistule, où l'Empereur entrevoyait la possibilité d'acculer les Russes. Le maréchal Lefebvre lui-même, destiné à faire le siége de Danzig, avait sa place dans ces opérations nouvelles décidées à partir du 26, commencées déjà le 28.

Le 28, l'Empereur écrivait de Varsovie au grand-duc de Berg : « Le major général vous aura envoyé l'ordre de mouvement. Le 1er février, je compte prendre l'offensive en faisant seulement, ce jour-là, une petite journée. Le maréchal Lannes se porte sur Brok pour culbuter Essen; le maréchal Davout, sur Myszyniec; le maréchal Soult, sur Willenberg; le maréchal Augereau, sur Neidenburg et Janowo; le maréchal Ney, sur Hohenstein, et le prince de Ponte-Corvo, sur Osterode... » Une lettre de la même date, *minuit*, à Davout, mentionne l'ordre de mouvement donné au maréchal, en lui recommandant de bien faire assurer le pont de Pultusk avant son départ. (*Correspondance de Napoléon*, t. XIV, p. 245-251.)

Ce M. *** était employé par le gouverneur prussien de Varsovie pour lui transmettre des renseignements sur la Galicie. L'ayant appris, je le fis arrêter et je lui fis contracter l'engagement de continuer le même service pour moi.

C'est un homme qui a une femme et des enfants, et comme je n'ai pas manqué de lui faire entendre qu'il compromettrait grandement sa tranquillité et celle de sa famille s'il me faisait de faux rapports, que je lui ai dit cela de manière à lui faire croire que je tiendrais parole, que d'ailleurs je lui ai promis de le récompenser si ces rapports étaient exacts, j'ai lieu de croire qu'il n'a pas l'intention de me tromper.

Ses rapports mettent beaucoup de temps à me parvenir, et pendant ce délai il peut être utile de connaître plus tôt. On peut envoyer quelqu'un pour examiner les sources d'où il tire ses renseignements. Au surplus, je les donne pour ce qu'ils valent, et parce que j'ai vu qu'il était souvent utile de faire connaître les on dit à ceux qui ont des données pour les apprécier et les vérifier.

---

274. — AU MAJOR GÉNÉRAL DE LA GRANDE ARMÉE
PRINCE DE NEUFCHATEL, ETC.

Pultusk, 28 janvier 1807.

Monseigneur, j'ai l'honneur de faire passer à Votre Altesse les dépêches qui m'arrivent de M. le maréchal Soult.

Tout a été tranquille, hier 27, à nos avant-postes; les reconnaissances de l'ennemi sont moins fréquentes.

Il est dix heures du soir, je n'ai reçu aucun rapport, ce qui prouve qu'il n'y a eu rien de nouveau dans la nuit du 27 et pendant la journée.

275. — AU MAJOR GÉNÉRAL DE LA GRANDE ARMÉE
PRINCE DE NEUFCHATEL, ETC.

Myszyniec, 1er février 1807 [1].

Monseigneur, je reçois les ordres que Votre Altesse m'a transmis par sa lettre du 31 janvier; ils seront exécutés.

J'avais, dès hier soir, envoyé enlever les bourgmestres de Farienen, Wieden, Frederichshof et Liebenberg. Je les ai fait interroger séparément.

Celui de Farienen déclare qu'il y avait plus de huit jours qu'il ne s'était présenté de Russes dans cet endroit; qu'il n'y avait rien à la tête du lac de Niedersee, et qu'il avait appris que, le 28, il n'y avait aucune troupe à Johannisburg. Celui de Wieden a fait la même déclaration relativement à la tête du lac de Niedersee. Il assure aussi qu'il n'est pas vrai qu'il ait passé des Russes à Jerutten le 28, comme on me l'avait assuré hier. Le bourgmestre de Liebenberg ne savait rien; celui de Frederichshof a dit qu'il y avait dix à douze jours que les Russes étaient à Johannisburg, et qu'ils en étaient partis pour Nikolaiken, où il est arrivé des troupes fraîches depuis trois jours. Le bruit était qu'elles devaient se diriger sur Ortelsburg.

Il y a des régiments prussiens et russes depuis quatre jours à Bartenstein et Allenstein.

Il n'y a point d'ennemis à Jerutten, où les patrouilles françaises se présentent tous les jours.

---

[1] Les ordres de l'Empereur s'exécutaient rapidement de toutes parts. Le maréchal Davout avait quitté Pultusk pour marcher, suivant ses instructions, sur Myszyniec avec les divisions Friant et Morand, bientôt suivies de la division Gudin précédemment appelée à Varsovie. Napoléon, parti lui-même de Varsovie le 30 janvier au matin, était le soir à Przasnysz, d'où il écrivait au maréchal : « Mon cousin, j'arrive à Przasnysz, je serai demain à Willenberg. Il est probable que je vous enverrai l'ordre de vous porter sur Ortelsburg le 1er février. Je désire que vous me fassiez connaître ce que l'ennemi a du côté de la tête des lacs de Niedersee. Le maréchal Soult se trouverait au même moment à Passenheim; vous n'auriez à vous garder que du côté de votre droite. Le général Gudin est arrivé à Pultusk, et je vais lui envoyer des ordres dans la nuit pour son mouvement ultérieur ». (*Correspondance de Napoléon*, t. XIV, p. 268.)

Il n'y a rien sur les lacs.

Ces gens m'ont promis de nouveaux renseignements, et je ne négligerai rien pour m'en procurer.

On débitait à Lomza, il y a quarante-huit heures, que le général Beningsen était remplacé, dans le commandement de l'armée russe, par le prince de Bagration.

J'ai envoyé hier à Votre Altesse d'Ostrolenka, par un parti de 50 chevaux, deux lettres adressées, l'une à Votre Altesse, l'autre au prince de Bénévent, qui ont été remises aux avant-postes du général Lochet par des parlementaires prussiens. Depuis, le général Lochet m'a informé de la circonstance suivante :

Ces parlementaires s'étant informés du temps nécessaire pour faire parvenir leurs dépêches à leurs adresses, et le général Lochet ayant répondu qu'elles arriveront le lendemain au soir à Varsovie, ils observèrent qu'il était inutile d'envoyer si loin, puisqu'ils savaient que l'Empereur était à Pultusk.

Ceci se passait le 30, à six heures du soir.

Au reste, il est facile de concevoir que l'ennemi peut apprendre par la Galicie des nouvelles de cette nature.

---

276. — A L'EMPEREUR ET ROI[1].

Ortelsburg, 2 février 1807.

Sire, j'ai l'honneur de rendre compte à Votre Majesté que les 3 régiments du général Friant ont passé ici vers les trois heures et demie. Les deux premiers, qui avaient un peu d'avance, arriveront ce soir à Mensguth; le 3ᵉ, qui a des traînards, sera à Leynau, point intermédiaire entre Ortelsburg et Mensguth. Ce régiment sera à la pointe du jour à Mensguth, et

---

[1] Lettre de l'Empereur, datée de Willenberg, 2 février, trois heures du matin : « ...Le maréchal Davout quitte, le 2 au matin, Myszyniec, pour se porter sur Ortelsburg; mais il laisse une avant-garde de 2 régiments et de 250 chevaux, qu'il enverra sur la Skwa, à deux lieues d'Ostrolenka, afin de contenir les partis ennemis... » Le même jour, à huit heures du matin, l'Empereur écrit au maréchal Davout lui-même : « Mon cousin, nous avons occupé hier Passenheim, où l'ennemi, dans l'inquiétude de nos mouvements, commençait à

plus tôt si le général Friant, qui sera de sa personne en cet endroit, le jugeait utile.

Demain, à la pointe du jour, il y aura un régiment de la 1re division, à Lienau, qui sera à la disposition du général Friant.

Le 12e de chasseurs est dirigé aussi sur Mensguth : il poussera des reconnaissances sur Bischofsburg, Sensburg, et un parti pour communiquer avec les troupes du 4e corps qui, suivant la lettre de Votre Majesté, ont dû occuper aujourd'hui Wartenburg.

La division du général Morand sera à Ortelsburg, occupant Jerutten et Olschienen, et ayant des partis sur Piassicten et Schwentaynen.

Une reconnaissance envoyée cette après-midi à Piassieten a appris que le matin une vingtaine de hussards et de Cosaques y avaient paru et s'étaient retirés dans les bois, sur la route de Sensburg. Le dire des habitants est que ces détachements viennent de Sensburg, où il n'y avait hier, suivant eux, que 2 escadrons.

Le 2e chasseurs et le 11e sont avec le général Grandeau à Myszyniec. Le 2e n'a pas plus de 150 chevaux, y compris un détachement de 40 qui vient de lui arriver de France dans le plus mauvais état : les hommes sans manteaux, les harnachements incomplets, et les chevaux de la plus mauvaise qualité. J'adresserai à votre major général le rapport du général Marulaz sur l'état de ce détachement, afin que Votre Majesté puisse connaître l'insouciance du commandant du dépôt de ce corps.

J'attends avec bien de l'impatience la présence du colonel

arriver. Envoyez, aussitôt que vous pourrez, une de vos divisions à Mensguth. Celle du général Gudin se rend entre Ortelsburg et Willenberg. Vos trois divisions seront, par ce moyen, en colonne à quinze lieues derrière Bischofstein. On dit que l'ennemi a du monde à Sensburg; on ne croit pas qu'il en ait à Wartenburg. Toutefois il en sera chassé aujourd'hui, ainsi que d'Allenstein. Je pars moi-même pour Passenheim à l'instant même. Je vous prie de me renvoyer l'officier d'ordonnance, quand vous saurez l'heure à laquelle chacune de vos divisions arrivera, et écrivez-moi plusieurs fois dans la nuit. J'ai besoin d'avoir fréquemment des nouvelles. » (*Correspondance de Napoléon*, t. XIV, p. 273-275.)

Mathis, nommé au 2°. Sa présence y est bien nécessaire.

Aussitôt que j'aurai des nouvelles, et j'en aurai à chaque instant, j'aurai l'honneur de les transmettre à Votre Majesté.

---

277. — A L'EMPEREUR ET ROI.

Ortelsburg, 3 février 1807.

Sire, je reçois les ordres de Votre Majesté du 3 février à six heures du matin. Je fais mettre en marche tout de suite la division Morand pour Passenheim, où je me porte[1].

Je donne l'ordre au général Gudin de venir ici et des instructions, conformément aux ordres de Votre Majesté.

J'envoie au général Friant copie des ordres qu'il a dû recevoir du major général, à qui j'adresse des rapports et des renseignements qui prouvent que l'ennemi ne pense pas à notre flanc droit.

---

278. — AU MAJOR GÉNÉRAL DE LA GRANDE ARMÉE
PRINCE DE NEUFCHATEL, ETC.

Ortelsburg, 3 février 1807.

Monseigneur, j'ai l'honneur d'envoyer à Votre Altesse la déclaration d'un marchand qui, quoique se reportant à quelques

---

[1] L'Empereur au maréchal Davout. — « Passenheim, 3 février 1807, six heures du matin. Mon cousin, l'état-major vous envoie des ordres et doit en avoir envoyé directement au général Friant de se diriger de Mensguth sur Wartenburg. Dirigez la division Morand sur Passenheim et portez-vous-y vous-même. Faites-moi connaître l'heure à laquelle vous serez à Passenheim, afin que, si je devais changer la direction de la division Morand, je puisse le faire. Je pense que nous ne sommes pas éloignés d'une affaire. Il est possible que l'ennemi, pour se rallier, se batte aujourd'hui avec 30 ou 40,000 hommes qu'il a. Ne vous pressez pas d'envoyer la division Gudin à Mensguth; laissez-la se reposer aujourd'hui à Ortelsburg. Qu'il fasse faire la soupe et se tienne prêt à partir; qu'il envoie seulement une avant-garde de 4 compagnies de voltigeurs à Mensguth, avec un officier intelligent qui puisse recueillir les rapports de ce qui se passerait à Bischofsburg. Qu'il fasse courir le bruit qu'il marche sur Rastenburg et Nikolaiken. D'après votre dernier rapport, il paraît qu'il n'y aurait que 3 à 4,000 hommes et 2 ou 3 escadrons de cavalerie à Sensburg. » (*Correspondance de Napoléon*, t. XIV, p. 284.)

jours de date, ne laisse pas de doute sur la direction qu'ont prise les Russes.

Le général Friant me mande de Mensguth, à cinq heures du matin, que le parti envoyé sur Bischofsburg n'avait pas encore trouvé l'ennemi à Assenberg, à mi-chemin de cette ville. Le maître d'école de cet endroit, qui lui a été envoyé, n'a pu lui donner de renseignements sur ce qu'il y avait à Bischofsburg. Tous les paysans de ce pays lui ont dit que les Russes étaient en force du côté de Allenstein et de Rastenburg.

Les partis sur Wartenburg et Sensburg n'étaient pas encore rentrés.

A l'instant arrive un des hommes que j'avais envoyés pour chercher le bailli de Wieden. Il a fait la déclaration ci-jointe, par laquelle Votre Altesse verra que l'ennemi ne cherche pas encore à inquiéter notre flanc droit.

Les troupes du général Gudin sont dans un village à une lieue et demie d'ici. D'après les ordres de Votre Altesse, je ne lui en transmettrai aucun jusqu'à ce que cette disposition soit changée.

A l'instant je reçois les dépêches de Votre Altesse, du 3 février, à cinq heures du matin, et une de Sa Majesté, écrite une heure après.

Les dispositions prescrites par Sa Majesté seront celles qui seront exécutées.

En conséquence, la division Friant marche sur Wartenburg, et je me porterai, de ma personne, avec la division Morand à Passenheim. La division Gudin aura une avant-garde à Mensguth et attendra de nouveaux ordres à Ortelsburg.

---

279. — AU MAJOR GÉNÉRAL DE LA GRANDE ARMÉE
PRINCE DE NEUFCHATEL, ETC.

Passenheim, 4 février 1807.

Monseigneur, je reçois seulement à huit heures et demie du matin les ordres de Votre Altesse envoyés hier à huit heures du soir ; ce ne peut être que par un malentendu qu'ils m'ont été adressés à Wartenburg, puisque Sa Majesté, dans une lettre postérieure à la vôtre, m'avait ordonné de me porter à Passenheim avec la division Morand, de porter à Wartenburg la division Friant, et de laisser la division Gudin à Ortelsburg; et par un autre malentendu, mais plus heureux, cette division s'est portée à Mensguth, ainsi que j'ai eu l'honneur de vous en rendre compte par mon aide de camp Perrin. La division Morand part à l'instant de Passenheim et se porte sur Wartenburg; j'envoie un pareil ordre au général Gudin, et moi, je me porte au grand galop à Wartenburg pour y diriger la division Friant, suivant les circonstances.

Toutes réflexions sur ce malentendu sont inutiles, et vous devez croire qu'elles me sont pénibles, puisqu'elles m'exposent à n'être pas en mesure pour seconder les intentions de Sa Majesté; j'envoie à Votre Altesse le rapport que j'ai reçu du général Friant; je ne puis vous dire positivement l'heure où je pourrai arriver sur la droite du maréchal Soult avec les trois régiments du général Friant, qui sont tout ce qui lui reste, en ayant laissé un à Myszyniec, mais je ferai l'impossible.

---

280. — AU MAJOR GÉNÉRAL DE LA GRANDE ARMÉE
PRINCE DE NEUFCHATEL, ETC.

Rosengarten, 5 février 1807[1].

Monseigneur, j'ai l'honneur de rendre compte à Votre Altesse que je reçois à l'instant votre dépêche du 5 février.

---

[1] Les mouvements s'accéléraient depuis la levée des camps et l'arrivée de Napoléon. On allait à la rencontre des Russes placés en ce moment sur la Passarge et l'Alle, entre les deux rivières qui, après s'être un instant rapprochées, se séparent pour aller se jeter, l'une à la mer, l'autre dans la Pregel au-dessus de Kœnigsberg, formant un grand angle où se trouvent Eylau et Friedland.

Le 56ᵉ bulletin de la grande armée daté d'Arensdorf, 5 février, porte : « ...Le 1ᵉʳ février, on se mit en marche. On rencontra à Passenheim l'avant-garde ennemie, qui prenait l'offensive et se dirigeait déjà sur Willenberg. Le grand-duc (de Berg), avec plusieurs colonnes de cavalerie, la fit charger et entra de vive force dans la ville. Le corps du maréchal Davout se porta sur Ortelsburg. — Le 2, le grand-duc de Berg se porta à Allen-

Les ordres ont été expédiés en conséquence, et mon corps d'armée se rend à Guttstadt ; il y sera de bonne heure, surtout la 2e division, avec laquelle je pars à l'instant, en passant par Glotau. Je l'établirai sur la route de Liebstadt.

J'ai envoyé chercher le bourgmestre de Quetz. Voici les renseignements qu'il m'a donnés. L'ennemi ne s'est pas retiré par là, mais d'Helingental à Warlack et Wolfsdorf, sur la route de Liebstadt à Guttstadt, où il est arrivé vers les neuf heures du soir. Ce dernier rapport m'a été fait par un paysan, qui avait conduit à l'ennemi quatre chariots de Paris.

Les reconnaissances que j'ai envoyées cette nuit à Guttstadt y ont trouvé la cavalerie de M. le maréchal Soult.

J'envoie à Votre Altesse un rapport qui m'arrive de Wartenburg.

Je n'ai encore rien de positif sur les forces que l'ennemi peut avoir à Heilsberg. Le bourgmestre de Quetz dit qu'on assurait à Guttstadt que l'ennemi n'avait à Heilsberg que des bagages.

stein avec le corps du maréchal Soult. Le corps du maréchal Davout marcha sur Wartenburg. Les corps des maréchaux Augereau et Ney arrivèrent dans la journée du 3 à Allenstein. — Le 3 au matin, l'armée ennemie, qui avait rétrogradé en toute hâte, se voyant tournée par son flanc gauche et jetée sur cette Vistule qu'elle s'était tant vantée de vouloir passer, parut rangée en bataille, la gauche appuyée au village de Montken ; le centre, à Jonkowo, couvrant la grande route de Liebstadt... »

A cette vue, Napoléon, qui marchait à la tête de la garde, avait cru à une grande bataille. Il prenait aussitôt ses dispositions et chargeait le maréchal Soult de s'avancer sur la route de Guttstadt, d'enlever à tout prix le pont de Bergfriede sur l'Alle, ce que le maréchal exécutait dès le 3 au soir avec une grande vigueur, en livrant un très-sanglant combat. Par là l'Empereur se croyait en mesure de tourner l'ennemi et de lui couper toute communication ; mais les Russes, après avoir poursuivi un instant leur projet de déborder l'aile gauche de l'armée française, avaient vu le danger et s'étaient arrêtés. Ils venaient d'être éclairés en ce moment par une dépêche de Napoléon à Bernadotte qui avait été interceptée, qu'un jeune officier enlevé par un Cosaque s'était laissé prendre. Loin de poursuivre leur marche offensive, ils ne songeaient qu'à se dégager, sans attendre les Français sur le plateau de Jonkowo. Ils se repliaient pendant la nuit dans la direction de Landsberg, Eylau, Kœnigsberg, suivis le 4 et le 5 par l'armée française qui marchait ainsi disposée : l'Empereur, la garde, la cavalerie de Murat, les corps de Soult et d'Augereau au centre, le maréchal Davout à la droite sur l'Alle, le maréchal Ney à la gauche sur la Passarge. Dans la journée du 4,

281. — AU MAJOR GÉNÉRAL DE LA GRANDE ARMÉE
PRINCE DE NEUFCHATEL, ETC.

Heilsberg, 6 février 1807.

Monseigneur, j'ai eu l'honneur de rendre compte à Votre Altesse que l'ennemi occupait encore en force Heilsberg à une heure après-midi ; j'ai pu juger qu'il avait environ de 7 à 8,000 hommes et une vingtaine de bouches à feu [1].

La canonnade s'est soutenue de part et d'autre assez vivement ; quoique les ponts eussent été brûlés, le 13e régiment d'infanterie légère et le 17e de ligne de la division Morand sont parvenus promptement à jeter des tirailleurs de l'autre côté de la rivière.

L'ennemi paraissait résolu à tenir la position ; mais la division Friant débouchant du côté de Launau pendant l'engagement, il s'est promptement déterminé à la retraite ; le 13e régiment lui a pris environ 200 hommes dans Heilsberg.

Notre perte peut être évaluée à une vingtaine de morts et 60 ou 80 blessés.

L'ennemi se retirant par la route de Kœnigsberg, je l'ai fait poursuivre par la division Friant, qui, se trouvant déjà sur la rive gauche de l'Alle, avait son artillerie disponible.

Murat avait quelques affaires de cavalerie avec les arrière-gardes russes qu'il mettait en désordre ; Ney de son côté livrait un vif combat au pont de Deppen. (*Correspondance de Napoléon*, t. XIV, p. 284, 285, 286.)

[1] Le 6 février, l'armée suit toujours l'ennemi qui continue à se replier. Le maréchal Soult, le grand-duc de Berg marchent sur Landsberg ; le corps du maréchal Davout marche sur Heilsberg ; le corps de Ney est sur Wormditt, empêchant le corps campé la veille à Deppen de rallier l'armée russe. Dans la journée du 6, le grand-duc de Berg rencontre l'ennemi en avant d'Hof, il se jette sur lui. L'armée russe semble d'abord vouloir soutenir ses arrière-gardes et disputer la position d'Hof. Les corps d'Augereau, de Soult, s'avancent pour prendre part à l'action. Le combat devient assez violent pour que les cuirassiers de d'Hautpoul fassent plusieurs charges, et Hof reste aux Français. De son côté, le maréchal Davout, en marche le même jour sur Heilsberg, rencontre l'ennemi qui paraît vouloir défendre la position, et il le force à la retraite, après de vifs engagements de la division Friant qui le poursuit et lui fait des prisonniers. C'est la continuation de la marche qui va aboutir à Eylau. (*Correspondance de Napoléon*, t. XIV, p. 289.)

Le général Friant me rend compte à l'instant (huit heures du soir) de Jegothen que, dans sa poursuite, il a atteint et battu un corps d'environ 3,000 hommes d'infanterie, sur lequel il a fait 400 prisonniers et pris une pièce de canon, après avoir chassé l'ennemi à plus d'une lieue au delà de Jegothen; la nuit et un pays fourré ont dû forcer le général Friant à prendre position.

Le général Marulaz, avec quelques faibles escadrons des 1er et 12e régiments de chasseurs, et secondé par le colonel Exelmans, a chargé avec succès l'arrière-garde de cette colonne ennemie.

J'ai l'honneur d'observer à Votre Altesse que le général Marulaz n'avait pas 300 chevaux, même par la réunion de ces deux régiments.

Si le général Friant avait pu disposer de 7 à 800 chevaux dans la circonstance actuelle, je ne doute pas qu'il ne se fût emparé à son arrivée de toutes les colonnes qu'il a combattues depuis.

Votre Altesse sait que le 2e régiment de chasseurs, qui est encore plus faible que les deux autres, est détaché à Myszyniec avec le général Grandeau; que le corps d'armée occupant une aile, il est de toute nécessité qu'il soit éclairé constamment par de fréquents partis, et qu'en dernière analyse il ne me reste, à bien dire, plus de cavalerie disponible pour profiter des succès de l'infanterie.

Le général Lochet, à la tête du 33e régiment, a attaqué avec la plus grande vigueur ce corps ennemi qui voulait passer la nuit là, et qui avait déjà pris position.

Le général Friant me mande qu'avant de faire des prisonniers, l'infanterie et la cavalerie ont étendu sur le champ de bataille au moins 300 ennemis.

282. — AU MAJOR GÉNÉRAL DE LA GRANDE ARMÉE
PRINCE DE NEUFCHATEL, ETC.

Heilsberg, 7 février, à minuit et demi.

Monseigneur, au moment où je reçois les deux dépêches de Votre Altesse pour me faire connaître que l'intention de Sa Majesté est que je sois rendu à Grimwald entre neuf et dix heures, je lui expédiais un de mes officiers d'état-major pour lui donner connaissance de ce qui m'est arrivé.

Votre Altesse verra, par la position de mon corps d'armée, que les intentions de Sa Majesté seront remplies, et que je serai demain en ligne entre neuf et dix heures à Grimwald.

Le général Friant est à Jegothen, et c'est entre ce point et Sieslack qu'il a culbuté l'ennemi. Je pourrais garantir même que je serais en ligne avant l'heure prescrite, si le pont qui retient l'artillerie des 1re et 3e divisions, et auquel on travaille avec beaucoup d'activité, était achevé avant le jour.

---

283. — AU MAJOR GÉNÉRAL DE LA GRANDE ARMÉE
PRINCE DE NEUFCHATEL, ETC.

Beisleiden, 7 février 1807.

Monseigneur, au moment même où je recevais les ordres que Votre Altesse m'a transmis, de porter la majeure partie du 3e corps entre Eylau et Bartenstein, les rapports du général Marulaz m'ayant appris que l'ennemi, qui occupait Eylau, avait sa gauche à Molbeiten et paraissait même avoir l'intention de continuer son mouvement dans cette direction, je me suis porté tout de suite sur la route de Bartenstein à Eylau. Les divisions Morand et Friant sont à environ une lieue et demie d'Eylau. La division Gudin s'est portée sur Bartenstein et sera ici demain vers les huit heures du matin.

L'ennemi n'a de ce côté que de la cavalerie.

J'adresse ci-joint à Votre Altesse différents renseignements.

284. — AU MAJOR GÉNÉRAL DE LA GRANDE ARMÉE
PRINCE DE NEUFCHATEL, ETC.

Beisleiden, 7 février 1807.

Monseigneur, au moment où j'expédiais à Votre Altesse mes dépêches de ce soir, je reçois la lettre que vous m'avez adressée à six heures et demie du soir.

Si Sa Majesté entend par n'avoir pas eu de mes nouvelles n'avoir pas entendu de coups de fusil, de mon côté, je prie Votre Altesse de vouloir bien lui représenter l'ordre dont copie est ci-jointe, et qui m'a fait changer de direction. Au surplus, dans toutes les hypothèses, cette direction est bonne, et demain matin les ordres de l'Empereur seront exécutés de mon mieux.

NOTE EXPLICATIVE

Ici éclate le grand événement du moment. Le 7, après l'affaire victorieuse de Hof, l'armée française, — c'est-à-dire la garde, Soult, Augereau, Murat, — arrivait devant Preussich-Eylau, où elle rencontrait l'ennemi, qui paraissait cette fois s'arrêter, pour livrer une bataille décisive. Les Russes avaient des forces assez importantes en avant d'Eylau et dans la ville même; ils occupaient notamment l'église et le cimetière, qu'ils se montraient résolus à défendre. Le maréchal Soult, chargé de l'attaque, l'exécutait vigoureusement, et réussissait dans la soirée, non sans de sérieux efforts, à chasser les Russes. Le 58ᵉ bulletin de la grande armée dit : « ...Après un combat meurtrier de part et d'autre, la position fut enlevée à dix heures du soir. La division Legrand (corps de Soult) prit ses bivouacs au-devant de la ville, et la division Saint-Hilaire à la droite. Le corps du maréchal Augereau se plaça sur la gauche. Le corps du maréchal Davout avait, dès la veille, marché pour déborder Eylau et tomber sur le flanc gauche de l'ennemi, s'il ne changeait pas de position. Le maréchal Ney était en marche pour le déborder sur son flanc droit. C'est dans cette position que la nuit se passa... »

Au demeurant, le matin du 8 février 1807, au moment où allait se livrer la grande et terrible bataille d'Eylau, la situation était celle-ci : l'armée russe, forte encore après ses pertes, et sans les Prussiens, de plus de 70,000 hommes, était disposée au delà d'Eylau, en masses profondes, couverte par une immense artillerie. Napoléon, maître d'Eylau, avait sous la main le corps de Soult, le corps d'Augereau, la garde, la cavalerie de Murat, le tout ne dépassant pas 50 et quelques mille hommes. Il pouvait compter, il est vrai, sur le maréchal Davout, qui la veille avait été dirigé sur Bartenstein, à deux ou trois lieues d'Eylau, et qui devait accourir au bruit du canon. Il était beaucoup moins sûr de l'arrivée du maréchal Ney, qui était beaucoup plus éloigné, du côté de Kreutzburg, chargé de poursuivre les Prussiens de Lestocq et d'empêcher leur jonction avec les Russes. Le 8 au matin, les armées étaient en présence par un ciel sombre, la neige tombait par rafales et couvrait la terre. C'est ainsi que s'engageait la bataille, qui commençait par une effroyable canonnade prolongée assez longtemps. Napoléon ne se hâtait pas d'engager ses forces, attendant l'apparition du maréchal Davout, qui arrivait en effet avant dix heures, débouchant par le village de Serpallen sur le flanc gauche des Russes. La division Friant était en tête, suivie de la division Morand, puis de la division Gudin. La lutte prenait immédiatement de ce côté un caractère des plus acharnés.

Aussitôt, Napoléon se décidait à engager l'action au centre. Le corps d'Augereau, la division Saint-Hilaire qui était à Rothenen, se mettaient en mouvement, lorsqu'un ouragan de neige jetait le désordre dans le combat, sans interrompre le feu de l'artillerie russe, qui en un instant détruisait presque entièrement le corps d'Augereau. On n'eût peut-être pas échappé à un grand revers, si Napoléon, prompt à réparer un contre-temps et profitant d'une éclaircie, n'eût jeté Murat avec 80 escadrons sur les Russes. Cette charge colossale et irrésistible, en désorganisant les masses ennemies, rétablissait le combat qui avait été un instant compromis au centre, mais qui continuait avec avantage du côté du maréchal Davout. Rien n'était décidé, lorsque survenait une péripétie qui aurait pu tout compromettre pour les Français. Le général Lestocq, échappant à Ney, arrivait sur le champ de bataille, sur les derrières de l'armée de Beningsen, avec 10,000 Prussiens, et se joignant à une colonne russe, se portait avec fureur sur le maréchal Davout, qui n'avait cessé de gagner du terrain depuis le matin et avait atteint Klein-Sausgarten, même Kuschitten, presque sur les derrières de l'ennemi. Davout, conduisant de sa personne les divisions Friant et Gudin, tenait tête ' ce nouvel assaut avec sa tenace intrépidité, sans avancer, sans reculer.

La nuit approchait cependant; la situation restait incertaine, et elle serait peut-être restée telle si un nouvel incident n'était venu décider du sort de la journée. Ney, courant toujours après les Prussiens de Lestocq, arrivait enfin à son tour sur le champ de bataille par Schmoditten, prenant l'ennemi dans son flanc droit et sur ses derrières. Dès lors les Russes, impuissants au centre sur Eylau, se voyaient exposés à être pris comme dans un étau, d'un côté par Davout qui les serrait de près avec une opiniâtreté héroïque, de l'autre côté par Ney qui arrivait sur eux. Ils n'avaient plus d'autre sauvegarde que la fatigue des Français eux-mêmes qui étaient à bout de forces et la nuit qui leur permettait de se dérober, d'abandonner le champ de bataille, couvert de leurs morts. Ils avaient plus de 25,000 hommes hors de combat, 7,000 morts, 20,000 blessés dont ils laissaient une partie sur le champ de bataille. Les Français avaient eu à peu près 10,000 hommes hors de combat, 3,000 morts, 7,000 blessés.

Telle était sommairement cette bataille du 8 février, entre-coupée de péripéties tragiques, assombrie par les intempéries, et où le maréchal Davout, qui n'était d'ailleurs que le fidèle et intrépide exécuteur des instructions de Napoléon, avait eu depuis son arrivée le matin, pendant toute la journée, un rôle décisif. — *Correspondance de Napoléon*, t. XIV, pages 293, 294, 295.

---

285. — AU MAJOR GÉNÉRAL DE LA GRANDE ARMÉE
PRINCE DE NEUFCHATEL, ETC.

Domnau, 11 février 1807.

Monseigneur, j'ai l'honneur de rendre compte à Votre Altesse que les troupes sur lesquelles Sa Majesté a désiré avoir des renseignements étaient prussiennes, et avaient pris part à la bataille du 8. Un officier prussien, pris par une de mes reconnaissances de cavalerie légère sur la route de Friedland, a déclaré qu'il devait se porter avec son corps et quelques autres régiments prussiens sur Allenburg, mais qu'il ignorait quelle devait être ensuite la destination de ces troupes¹.

Conformément aux ordres de Votre Altesse, la queue du 3ᵉ corps d'armée devait être cantonnée à une lieue d'Eylau ; cependant Lampasch est toujours occupé par le 10ᵉ régiment d'infanterie légère, et le général de division Saint-Hilaire occupe encore de sa personne Wucken au milieu de mes cantonnements. J'ai l'honneur de prier Votre Altesse de faire étendre plus avant, si elle le juge convenable, les cantonnements du 3ᵉ corps, ou de vouloir bien doner ses ordres pour empêcher un encombrement toujours nuisible, et particulièrement entre troupes de différents corps d'armée.

¹ Les premiers jours qui suivaient la bataille d'Eylau étaient durs pour les deux armées, pour celle qui était restée maîtresse du champ de bataille aussi bien que pour l'armée vaincue. Les Russes qui avaient réussi à se dérober dans la nuit du 8 au 9 s'étaient repliés précipitamment sur Kœnigsberg et la Pregel, laissant nombre de blessés dans tous les villages. Napoléon était demeuré à Eylau même et y passait quelques jours, occupé à pourvoir à tous les besoins de ses soldats, à évacuer ses blessés, à réorganiser son armée. Malgré l'impassibilité qu'il avait montré pendant la bataille, au milieu du feu qui était venu l'assaillir jusque dans le cimetière d'Eylau où il s'était constamment tenu, il ne laissait pas d'être affecté du caractère de cette lutte. Il ne déguisait pas ses impressions, et six jours après encore, le 14, il écrivait à l'Impératrice : « Je suis toujours à Eylau. Ce pays est couvert de morts et de blessés. Ce n'est pas la belle partie de la guerre ; l'on souffre, et l'âme est oppressée de voir tant de victimes... » Le chef de l'armée française n'avait point cependant négligé de faire suivre les Russes dans leur retraite sur Friedland et Kœnigsberg. Dès le 9 au matin, les dragons et les cuirassiers de Murat s'étaient mis sur leurs traces, appuyés par Ney qui avait été peu engagé le 8, puis par Davout et Soult. Le 11, au moment où il écrivait la lettre ci-dessus, le maréchal Davout avait devant lui les Prussiens de Lestocq. Au total, la poursuite était peu vive, et Napoléon, en laissant ses lieutenants envoyer des coureurs sur Kœnigsberg, n'entendait pas pour le moment s'avancer sur la Pregel. Il n'avait d'autre pensée que de reprendre pour quelque temps ses cantonnements, comme le disait du reste le 58ᵉ bulletin de la grande armée dès le lendemain de la bataille. (*Correspondance de Napoléon*, t. XIV, p. 293 et suivantes.)

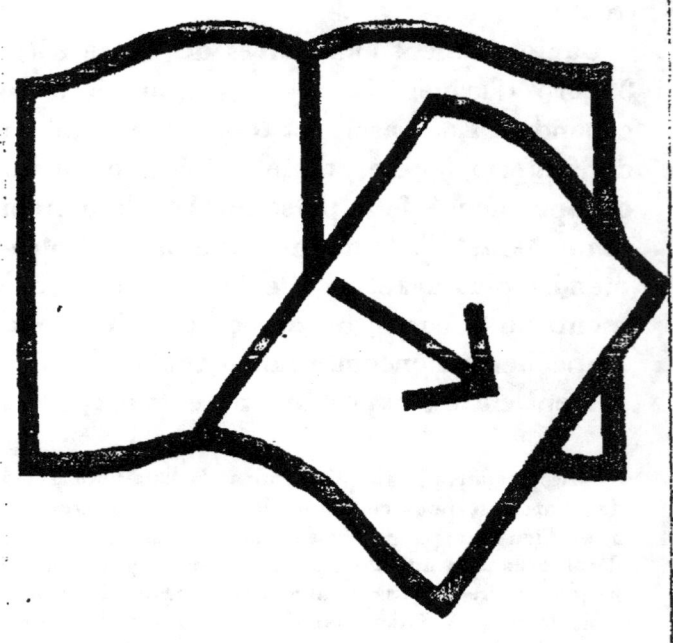

Documents manquants (pages, cahiers...)
NF Z 43-120-13

DE LA PAGE 417
A LA PAGE 464

La division Morand et la cavalerie légère du général Lassalle passent par Gumbinnen et se rendent à Willenberg, où elles arriveront le 31 juillet.

La division Friant et la cavalerie du général Marulaz passent par Insterburg et arriveront le 31 juillet à Neidenburg.

La division Gudin se dirige par Wehlau et sera à Osterode à la même époque du 31 juillet, ainsi que les dragons du général Lahoussaye.

La division du général Morand sera à Varsovie le 9 août; les dernières troupes des 5e et 6e corps ne quittant cette ville que le 8, j'ai dû attendre le 9 pour y faire entrer celles du 3e corps.

Les autres divisions du corps d'armée resteront dans le pays prussien jusqu'au terme fixé par la convention, c'est-à-dire jusqu'au 20 août; pendant ce temps, M. l'intendant pourra prendre des mesures pour organiser les services relatifs à la subsistance des troupes qui restent dans le duché de Varsovie; jusqu'à ce moment il n'y a rien d'arrêté; il paraît que le service de la viande continue à manquer; j'ai l'honneur de prier Votre Altesse de mettre cet article sous les yeux de Sa Majesté.

J'ai donné l'ordre au général Zayoncheck de mettre provisoirement une garnison d'infanterie à Sierock et Praga, et 3 à 400 chevaux sur le cordon, depuis Stabin jusqu'à Sierock et la frontière prussienne, depuis Raygrod jusqu'aux limites du district de Neidemburg.

Prusse jusqu'à l'Elbe, et en même temps la Silésie. Par un acte impérial du même jour, 12 juillet, un certain nombre de grands commandements étaient institués. — Le premier commandement établi dans le duché de Varsovie qui venait d'être créé par le traité de Tilsit appartenait au maréchal Davout, qui avait sous ses ordres le 3e corps, les troupes polonaises et saxonnes, la division de dragons du général Lahoussaye, la cavalerie légère Pajol et Watier, formant la division Lassalle. — Le maréchal Soult avait le deuxième commandement dans la Vieille Prusse jusqu'à l'Oder. — Troisième commandement sous Mortier, dans la haute et basse Silésie. — Quatrième commandement sous le maréchal Brune, dans la Poméranie. Les autres maréchaux, Ney, Lannes, Masséna, rentraient en France. Murat rentrait à Paris ou dans sa principauté de Berg. Napoléon avait quitté l'armée, il était le 18 juillet à Dresde, le 28 juillet à Saint-Cloud, — dix mois après son entrée en campagne. (*Correspondance de Napoléon*, t. XV, p. 411 et suivantes.)

J'ai laissé également 200 chevaux pour observer depuis Jurbock jusqu'à Lomza.

Le 19, des bateaux chargés de vivres venant de Tilsit, Kœnigsberg, pour nous, ont été arrêtés, ainsi que 15 Français qui les montaient, par les Prussiens qui sont entre le Gilge et le Niemen; il y a eu quelque lenteur à rendre justice, quelque mauvaise foi; mais lorsqu'on se fut aperçu de quelques démonstrations pour obtenir justice, le général Lestocq a fait faire mille excuses, et tout a été rendu; un bas officier prussien a dû être puni; si ces gens n'étaient pas sans ressource et dans l'impuissance, on aurait pu supposer qu'ils voulaient chercher une querelle d'Allemand.

Quatre bataillons russes sont entrés à Memel du 16 au 18. Les uns les font venir de Nehrung, les autres de Mustadt; ce qu'il y a de certain, c'est l'entrée de ces Russes qui paraissaient devoir séjourner.

Il y avait aussi quelques frégates anglaises en vue de Memel; on parlait de fermer le port.

Au 20 de ce mois, il n'y avait encore sur ma ligne depuis Kedullen jusqu'au Gilge aucun prisonnier de guerre français de rendu.

---

346. — IIIe CORPS DE LA GRANDE ARMÉE
ORDRE DU JOUR.

Sa Majesté l'Empereur et Roi a confié à M. le maréchal Davout le commandement des troupes françaises et alliées qui doivent rester dans le duché de Varsovie..

M. le maréchal est informé que plusieurs commandants de place dans le duché de Varsovie exigent des traitements de table et autres indemnités qui ne peuvent être perçues que par abus, et contre l'intention formelle de Sa Majesté; en conséquence, M. le maréchal invite les autorités locales à se refuser à toute demande de ce genre, et à lui faire connaître ceux des militaires, quels que soient leurs grades, qui se permettraient d'exiger de telles indemnités ou traitements, son intention étant de les punir sévèrement, de faire restituer sur leurs appointements l'argent perçu, et de mettre leurs noms sous les yeux de Sa Majesté.

Le présent ordre du jour sera transcrit dans trois langues française, polonaise et allemande, et envoyé directement aux commissions administratives du duché de Varsovie et aux magistrats des principales villes, avec autorisation de les transmettre aux autorités de toutes communes où il existe des commandants militaires.

FIN DU TOME PREMIER.

TABLE DES MATIÈRES

DU TOME PREMIER.

I

CAMP DE BRUGES. 1

Nomination du général Davout au commandement du camp de Bruges et instructions du Premier Consul. — Organisation du camp. — Formation des troupes. — Préparatifs militaires et maritimes. — Combat sur les côtes. — Conspiration de Georges. — Proclamation de l'Empire. — Institution des maréchaux et nomination du général Davout comme maréchal de l'Empire de la première promotion. — Réorganisation de l'armée de l'Océan. — Le maréchal Davout, commandant l'aile droite à Ambleteuse. — (*Correspondance du général, puis maréchal Davout du 23 fructidor an XI — 15 septembre 1803 — au 26 thermidor an XIII — 14 août 1805.*)

II

CAMPAGNE DE 1805. 131

Départ d'Ambleteuse et marche sur le Rhin. — Opérations du 3ᵉ corps sur le Danube. — Marche sur Vienne. — Combat de Mariazell. — Le maréchal Davout sur la March. — Bataille d'Austerlitz. — Paix de Presbourg. — Évacuation de l'Autriche. — Stationnement en Bavière. — (*Correspondance du maréchal Davout, du 26 septembre 1805 au 23 août 1806.*)

III

CAMPAGNE DE 1806-1807. 261

L'armée française en Allemagne. — Préliminaires de la campagne de 1806-1807. Le maréchal Davout à Bamberg. — Arrivée de l'Empereur à Wurtzbourg. Ouverture de la guerre et opérations en Thuringe. — Arrivée de l'armée française sur la Saale. — Combat du maréchal Lannes à Saalfeld et marche du maréchal Davout sur Naumbourg. — Bataille d'Iéna et d'Auerstædt (14 octobre 1806). — Marche du maréchal Davout sur l'Elbe. — Poursuite de l'armée prussienne et entrée du 3ᵉ corps à Berlin. — Marche du maréchal Davout sur l'Oder. — Le maréchal Davout à Posen. — Arrivée du 3ᵉ corps à Varsovie, le 30 novembre. — L'Empereur à Varsovie (décembre 1806). — Le maréchal Davout sur la Narew. — Combats de Czarnowo, Nasielsk, Golymin. — Quartiers d'hiver. — Le maréchal à Pultusk. — Reprise des hostilités. — Bataille d'Eylau. — Réorganisation de l'armée française. — L'Empereur à Osterode. — Campagne de mai et juin 1807. — Bataille de Friedland. — Paix de Tilsit. — (*Correspondance du maréchal Davout de septembre 1806 à juillet 1807.*)

FIN DE LA TABLE DU TOME PREMIER.

PARIS. — TYPOGRAPHIE E. PLON, NOURRIT ET Cⁱᵉ, RUE GARANCIÈRE, 8.

Original en couleur
NF Z 43-120-8

www.ingramcontent.com/pod-product-compliance
Lightning Source LLC
Chambersburg PA
CBHW051618230426
43669CB00013B/2087